장애인복지론

곽지영, 박수지, 이동영, 전지혜 공저

신정

머리말

"Nothing about us without us."

'우리 없이 우리에 대한 것은 없다.' 장애인 당사자주의를 표현하는 가장 적합한 표현이자 구호일 것이다. 여기서 '우리'는 소위 사회복지대상자로 불리는(사실상 권리주체자이지만) 장애인을 뜻한다. 장애인 당사자의 목소리가 배제된 복지정책이나 실천은 이들의 인권보장과 복지증진의 진정성을 오롯이 담보할 수 없다는 의미이다. 가령, 여성들의 목소리를 담아내지 않은 남성중심 전문가가 고안한 여성정책이 과연 여성들의 호응을 얻어낼 수 있을까? 이를 곰곰이 생각해 보면, '우리'라는 당사자의 목소리가 전제되어야 함은 매우 중요하다. 어찌 보면 너무나 당연한 실천가치로 여겨지지만, 또한 너무나 쉽게 간과하는 가치이기도 하다. 사회복지의 권리성을 망각하고, 사회복지사의 권위적 전문가 의식에만 함몰되는 순간, 특히 장애인복지와 관련해서는 더욱 그러하기에 그 중요성은 매우 높다 하겠다.

이러한 장애인복지의 실천가치가 일상과 현장에서 자연스럽게 그리고 가치롭게 구현되기 위해서, 대학의 사회복지전공교육, 특히 장애인복지교육에서는 어떤 고민과 노력들이 필요할까? 본서의 집필과 출간은 이러한 문제의식에서부터 출발했다. 저자들이 찾은 소박한 대안은 향후 실천의 지침과 양분이 되는 교재의 구성과 내용에 있어 1) 기존의 서비스중심적 접근보다는 인권중심적 접근으로(from service to right), 2) 기존의 이론중심적 서술보다는 실천중심적 고찰을 강조하는 것(from theory to practice), 3) 기본의 제한적 시점중심 논의보다는 역동적 흐름중심의 논의를 강조하는 것(from point to trend)이었다. 이를 통해 장애 이슈가 갖는 권리 보편성과 특수성 이해를 전제로, 장애인을 단순한 서비스 대상자가 아닌 권리주체자로 인식하고, 일상과 현장에서 이론적 이해를 넘어서는 공감적 실천이 가능하도록 하며, 장애인복지의 변화 흐름(패러다임 변화 등)과 최근 이슈를 충분히 담아내어 독자들이 이 책을 통해 열린 미래의 다양한 가능성에 도전할 수 있도록 하고자 했다.

이에 본서는 이러한 강조점이 전체 장에 걸쳐 잘 스며들 수 있도록 함은 물론 개별 장의 특화 서술을 통해 이를 보다 강조하여 쉽게 이해하고 올곧게 실천할 수 있도록 구성하고자 노력하였다. 본서는 크게 3부 15장으로 구성되었는데, 제1부에서는 장애인복지의 가장 기초와 토대가 되는 내용으로 '장애에 대한 이해'를, 제2부에서는 우리나라 장애인복지의 실제적 체계와 실질적 내용을 이해할 수 있는 '장애와 사회보장'을, 마지막 제3부에서는 장애인복지의 변화 흐름과 중요 이슈를 포함한 '장애와 인권'을 각각 연계하여 담았다.

즉, 제1부에서는 장애 혹은 장애인에 대한 기본적 이해를 위해 장애 개념 이해으로부터 시작하여 주요 장애 관련 이론적 내용을 다루었는데, 특히 2장의 유형별 특성의 이해와 실천, 3장의 장애 관련 용어 및 태도, 4장의 장애와 차별 등은 앞서 언급한 본서 취지와 방향에 부합되는 내용으로 보다 특화하여 삽입하였다.

제2부에서는 장애인복지를 구성하는 일반적 법률체계와 전달체계의 이해뿐 아니라 장애인복지의 주요 이슈인 장애인의 생존권(소득보장) 및 노동권(고용보장), 그리고 현장에서 실천되고 있는 각종 사회서비스들에 대해 소개하였다.

제3부에서는 다중차별 가능성을 고려하여 추가적 고찰과 지원이 필요한 여성장애인과 발달장애인, 그리고 그 자체로 중요한 기본권임과 동시에 다른 모든 기본권(노동권 등)의 토대가 될 수 있는 장애인의 접근권과 관련한 내용을 다루었다. 이동하고 접근하지 못하면 당연히 노동의 기회도 사회참여도 불가능하기 때문이다.

장애인복지는 사회복지분야에서 선택이 아닌 필수이다. 장애 혹은 장애인 이슈가 모든 생애주기에 걸쳐 있고, 또한 모든 사회체계에 맞물려 있기 때문이다. 즉, 아동연령(아동복지분야)에 '장애아동'이 있고, 학교체계(학교사회복지분야)에 '장애학생'이 있다. 사회복지의 어느 분야, 어느 영역을 전공하고 실천하든지 장애 혹은 장애인 이슈는 반드시 포함될 수밖에 없고 장애인복지의 이해와 실천은 필수사항이다. 본서가 사회복지를 전공하고 실천하는 많은 이에게 올곧은 이해의 방향과 공감적 실천, 그리고 미래비전의 모색에 조금이나마 도움이 되길 희망해 본다.

다시 한 번 의미와 다짐을 강조하며 "Nothing about us without us."

2024. 8.

힘찬 비상의 독수리상을 바라보며 저자 일동

차례

Social Welfare for People with Disabilities

PART 01

장애에 대한 이해

CHAPTER 01

장애의 개념과 범주

학습목표

1. 국제장애분류와 변천과정을 이해한다.
2. 우리나라의 장애 범주와 외국의 장애 범주를 비교할 수 있다.
3. 장애에 대한 법적 개념의 한계와 이슈를 이해한다.

장애는 국가와 시대에 따라 그 개념이 변해왔다. 현재 국제사회에서는 장애를 개념화할 때 손상에만 초점을 두지 않으며, 인간과 사회와의 상호작용 속에서 발생하는 상황적 · 맥락적인 문제라고 보고 있다. 유엔장애인권리협약에서도 손상을 가진 개인이 태도적 · 환경적 장벽과의 상호작용 속에서 장애를 경험한다고 밝히고 있다. 그럼에도 국내에서 장애인이란 「장애인복지법」에 근거하여 '신체적 · 정신적 장애로 오랫동안 일상생활과 사회생활에 상당한 제약을 받는 자'로 정의되고 있다. 다소 의료적인 판단에 근거한 개념이라는 비판을 받고 있으며, 해외의 여러 나라들은 보다 사회적 관점에서의 장애를 인정하는 추세이기에 국내의 장애 개념에도 변화가 요구되는 시점이다. 본 장에서는 국제사회에서의 장애 개념의 변화와 국내의 장애 개념 및 범주를 이해하고, 현행 장애인정제도가 지니는 한계와 이슈가 무엇인지 알아본다.

1. 장애 개념의 정의

장애란 문화와 사회, 국가적 차원으로 복잡하게 얽혀 있는 다차원적인 개념이다. 한 사회에서 장애를 어떻게 정의하는지에 따라 달라지기 때문에, 장애 개념은 국가나 사회의 복지철학에 영향을 받고, 시대상황에 따라서도 달라진다. 따라서 사회나 국가에 따라 장애 개념은 상대적으로 정의될 수 있으며, 개념 정의의 기준도 복잡하게 나타난다. 특정 국가에서는 장애인으로 인정되는 사람이 다른 국가에서는 장애인으로 인정되지 않기도 하는 등 장애에 대한 명확한 기준을 정하는 데는 수많은 사회문화적 변수가 작용하며, 관점에 따라 매우 다르기 때문이다. 이에 개별 국가별로 법적 장애 개념도 상이하며, 한 국가 내에서도 장애에 대한 국민의 사회문화적 이해도에 따라서 누구를 장애인으로 인정할 것인가와 관련한 논쟁이 벌어지기도 한다.

이렇게 '누가 장애인인가' 하는 질문에 대한 국제사회의 합의는 쉽지 않으나, 장애인을 사회적 소수자로 구분하여 정책의 우선순위에 두거나 별도의 추가적 지원이 필요한 사람으로 인식한다는 공통점이 있다. 국내에서도 장애인복지정책이라는 이름으로 국가차원의 계획이 수립되고 있으며, 누구를 대상으로 할 것인가의 문제는 장애의 개념 정의와 직결된다. 그렇다 보니, 장애에 대한 개념 정의는 사회문화적인 요인 이외에 정치적 영향도 받는다. '장애인이란 누구인가?' 하는 질문에 대해 사회문화적 차원의 논의도 있으나, 결국 실질 제도나 법적 장애 개념의 정의는 정책이 수립되고 시행되는 과정에서 가장 많이 논의된다. 장애의 개념은 정책적 의지나 예산 문제와도 연결되어 있다. 장애의 개념을 정의하고 그 개념에 따라 대상자의 수를 비교적 정확하게 파악해야 정책을 운용할 수 있는 예산이 책정되기 때문이다. 이에 대하여 올리버와 반즈(Oliver &

Barnes, 1998) 같은 일부 학자들은 정부가 장애인복지정책을 실천하기 위해 미리 수혜자의 수와 비용을 추정하는 것은 잘못된 접근이라고 주장하기도 한다. 그럼에도 불구하고 정책 의지에 따라서 법적 장애 개념의 범주가 결정되기도 하는 것이 현실이다.

우리나라는 「장애인복지법」에서 장애의 개념을 정의하고 있는데, 의료적 진단에 의해 규정된 개념을 사용하고 있다. 「장애인복지법」 제2조 제1항에는 장애를 '신체적 · 정신적 장애로 오랫동안 일상생활이나 사회생활에서 받는 상당한 제약'으로 규정한다. 이때 신체적 장애는 '주요 외부 신체기능의 장애, 내부기관의 장애 등'으로, 정신적 장애는 '발달장애 또는 정신질환으로 발생하는 장애'로 한정된다. 특히 '오랫동안', '상당한 제약'이라는 용어에 주목해 볼 때, 장애는 지속성이라는 시간적 요소가 강조된다는 것을 알 수 있고, 손상 및 기능상실의 정도가 중요하다는 것도 알 수 있다. 「장애인복지법」에서는 별표 조항을 별도로 두어 신체적 장애 12가지와 정신적 장애 3가지를 범주화하고 있으며, 의료적 진단 기준을 별도 고시와 지침으로 배포하고 있다. 즉, 장애에 대한 개념 정의 시 사회적 · 문화적 · 정치적 요인 등이 고려될 수 있는데, 우리나라는 의료적 기준을 토대로 신체와 정신의 정상성을 평가하여 장애를 개념화하고 있다.

「장애인차별금지 및 권리구제 등에 관한 법률」(이하, 장애인차별금지법)에서도 장애를 '신체적 · 정신적 손상 또는 기능상실이 장기간에 걸쳐 개인의 일상 또는 사회생활에 상당한 제약을 초래하는 상태(제2조 제1항)'로 유사하게 정의하고 있다. 「장애인복지법」과 「장애인차별금지법」에서 정의하는 장애 개념은 장애를 손상 및 기능상실과 비슷한 맥락으로 보고 있으며, 일상 또는 사회생활에서 발생하는 제약의 원인으로 정의하고 있다. 이처럼 우리나라 장애인복지정책은 신체적 · 정신적 손상, 손상의 항구성 및 지속성을 강조하고 있다.

그렇다면 국제사회에서의 '장애'는 어떤 의미로 통용되고 있을까? 국제사회에서는 장애 개념 체계화 작업이 몇 차례 시행되었다. 첫 번째는 1980년 세계보건기구(World Health Organization: WHO)에서 장애에 대한 새로운 접근법으로 제시한 1차 국제장애분류 ICIDH-1(International Classification of Impairments, Disabilities, and Handicaps)이고, 두 번째는 1997년 WHO가 ICIDH-1이 가진 문제점에 대한 여러 피드백을 수용하여 대폭 개정한 2차 국제장애분류 ICIDH-2(International Classification of Functioning and Disability)이다. 그 후 2001년 WHO가 다시 장애 개념을 체계화하였는데, 이것이 오늘날 국제사회에서 보편적으로 운용되고 있는 국제기능장애건강분류 ICF(International Classification of Functioning, Disability and Health)이다.

1) ICIDH-1

1980년 WHO가 제시한 1차 국제장애분류(International Classification of Impairments, Disabilities, and Handicaps: ICIDH-1)는 WHO가 혼란스러운 장애 용어를 정리하고 만성질환의 개념도 장애로 포괄하기 위해 기존의 국제질병분류 ICD(International Classification of Diseases)를 확대하는 과정에서 만들어졌다. 때문에 ICIDH-1은 장애를 질병(diseases)의 측면에서 다루었다.

ICIDH-1은 문구 그대로 장애 개념을 손상(impairments)과 장애(disabilities), 사회적 불리(handicaps)로 분류하였다. 먼저 손상(impairments)은 질병의 결과이며, 심리 · 생리 · 해부학적 구조 및 기능의 손실이다. 즉, 손상은 일시적이거나 영구적인 손실 및 비정상을 일컬으며, 피부, 기관, 사지, 더 나아가 정신적인 기능을 포함한 신체의 손실 그 자체, 또는 발생되는 상태를 포함한다.

두 번째로 장애(disabilities)는 정상이라고 여겨지는 범위 내에서 활동을 수행하는 능력이 손상으로 인해 제한되는 것을 말한다. 장애는 손상의 직접적인 결과이거나, 손상에 대한 개인적인 반응으로서 나타난다. 즉, 장애는 손상에서 야기된 것이라고 설명한다. 손상으로 인해 활동수행능력이 감소되어 신변처리의 어려움이나 일상생활 수행에서의 장애가 나타난다고 보았다. 즉, 장애는 손상에 이어서 발생되는 기능장애이자 능력장애를 포괄한 개인적 차원의 제약으로 이해할 수 있다.

마지막으로 사회적 불리(handicaps)는 손상이나 장애로부터 도출된 것으로, 사회에서 특정 개인의 성별, 연령, 사회문화적 요인을 고려하여 요구하는 정상적인 역할을 개인이 수행하지 못해 불이익을 받는 것을 의미한다. 즉, 손상과 장애로 인해서 사회적으로 불리한 상황에 처하게 되는 것을 의미한다. 장애인 개인이 활동제한과 기능제한을 경험하게 되고, 이것이 결국 사회참여에 제약을 일으켜 불리해지는 것을 말한다.

〈표 1-1〉 ICIDH-1의 장애 개념

개념	의미	차원
건강상태 (health condition)	병리학적인 변화로서의 증상. 개인에게 어떤 '비정상성'이 발생한 것	–
손상 (impairments)	개인의 임상질병을 타인이 인식할 수 있게 됨. 타인이 개인의 어떤 '비정상성'을 인식한 것	신체적 차원 (body level)
기능제약 (disabilities)	활동상의 능력이 제한됨. 즉, 개인적 차원에서 활동수행능력이 감소된 것	개인적 차원 (person level)
사회적 불리 (handicaps)	개인의 활동수행능력 제한으로 인해 사회적 참여의 제한이라는 사회적 반응이 발생함. 개인이 타인에 비해 불리한 상황에 처해진 것	사회적 차원 (society level)

출처: WHO(1980).

ICIDH-1 보고서에 따르면, 손상, 장애, 사회적 불리의 세 차원은 시간의 흐름에 따라 연쇄적으로 이어진다. 어떤 질병으로 인해 심신에 손상이 발생하고, 손상이 활동에 지장을 주는 장애를 발생시키며, 장애가 수행능력에 지장을 주게 되면서 사회적 불이익을 받게 된다. 그러나 이 일방적인 연쇄관계로 인해 비판을 받기도 했다. ICIDH-1는 모든 질병이 무조건 손상으로 이어지지 않을 수 있다는 가능성과 신체의 손상이 반드시 장애로 이어지지 않을 수 있다는 가능성을 배제하였다. 또한 장애나 사회적 불리가 손상을 야기할 수 있음도 간과하였다. 즉, 손상, 장애, 사회적 불리 간의 무조건적인 인과성과 역인과성을 간과하였다는 점에서 비판받았다.

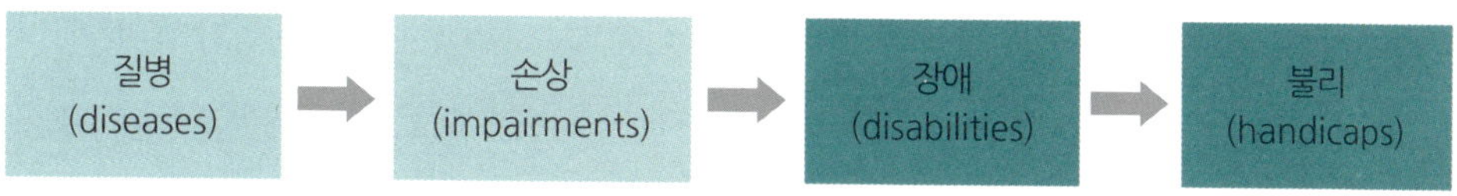

〈그림 1-1〉 ICIDH-1의 일방적인 연쇄적 흐름

출처: WHO(1980).

또한 기능장애와 여기서 야기되는 능력장애에 대한 내용을 포함하고 있으나, 기능장애와 능력장애를 '장애'라는 하나의 카테고리로 묶어 놓았다는 점에서 비판받았다. 기능장애와 능력장애가 가진 각각의 특성이 명확히 구분되지 않았기 때문이다. 무엇보다 능력장애를 규정할 때 인간의 주체성을 인정하지 않았다. 하지만 인간은 물리적 환경과 사회적 환경에 적응하거나 변화시킬 수 있는 능력을 가지고 있다. 때문에 장애가 있음에도 충분히 목적지향적인 행동을 할 수 있다. 그러나 ICIDH-1는 신체구조적인 장애나 기능장애를 가진 개인은 무조건적으로 능력장애를 가진 장애인으로 연결시켰다. 이는 곧 장애를 가진 개인의 주체적인 행동수행능력을 간과했다고 해석할 수 있다.

그리고 ICIDH-1에서 서술한 모든 개념은 신체적 · 심리적 '정상성(normality)'에 기초하고 있다. 손상을 설명할 때도 '정상'과 '비정상'이라는 개념을 대비시켜 서술하였으며, 기능장애와 능력장애를 규정할 때도 '정상적인 범위 내의 활동'을 기준으로 들었다. 사회적 불리 또한 '정상적 역할의 수행'을 기준으로 사회적 불리에 처했는가를 측정한다. 그러나 사실, 소위 손상의 기준이 되는 신체적 · 심리적인 정상의 개념을 쉽게 정의할 수 없다. '손상' 개념부터가 쉽게 정의되지 않는데 '정상' 개념을 정의하기는 더욱 힘들다.

정리하면 ICIDH-1은 비장애인을 토대로 구성되어 있는 장해적인 사회환경이 불리를 만든다고 생각하기보다는 개인의 손상과 장애가 사회적 불리를 만들어낸다고 본다. 애초에 ICIDH가 국제질병분류 ICD를 토대로 만들어진 것이기 때문에 '질병'과 그에 따른 '개인의 장애'에 초점을 맞춘 것이다. 이러한 비판과 함께 실제로 ICIDH-1는 장애분류의 기준으로서 보편적으로 사용되지 못했다. ICIDH-1을 더욱 조작화하고 세분화해 나눈 후속연구들도 거의 없었다. 결국 WHO는 여러 피드백을 수용하여 ICIDH-1을 수정하였고, 그 결과 ICIDH-2가 만들어졌다.

2) ICIDH-2

장애를 바라보는 관점의 흐름이 개인적 차원에서 사회적 차원으로 바뀌면서, ICIDH에 대한 비판이 더욱 가중되었다. 국제사회 최초의 장애 개념 보고서라는 의의는 있으나 실용적으로 상용화되지 못하면서 WHO는 기존 보고서 내용에 사회적 관점을 도입하면서 ICIDH를 전면적으로 개정하였다. 그로 인해 환경적 장애가 포함된 장애기준이 재탄생하게 되었다.

ICIDH-2는 건강상태(health condition)라는 큰 범위의 구조를 장애 개념의 요소로 포함하고, 건강상태를 신체기능 및 구조의 손상(body functions&structure impairments), 활동(activities), 사회적 참여(participation)까지 제시하여 구조적인 분류를 시도하였다. 또한 여기에 상황적 요인(contextual factors)을 연결하였다. 상황적 요인에는 개인적 요인(personal factors)과 환경적 요인(environmental factors)이 포함되어 있다. 이렇게 상황적 요인에 환경적인 요인을 포함하면서 장애를 보다 개별적 관점으로 보았던 ICIDH-1과 큰 차이를 나타냈다.

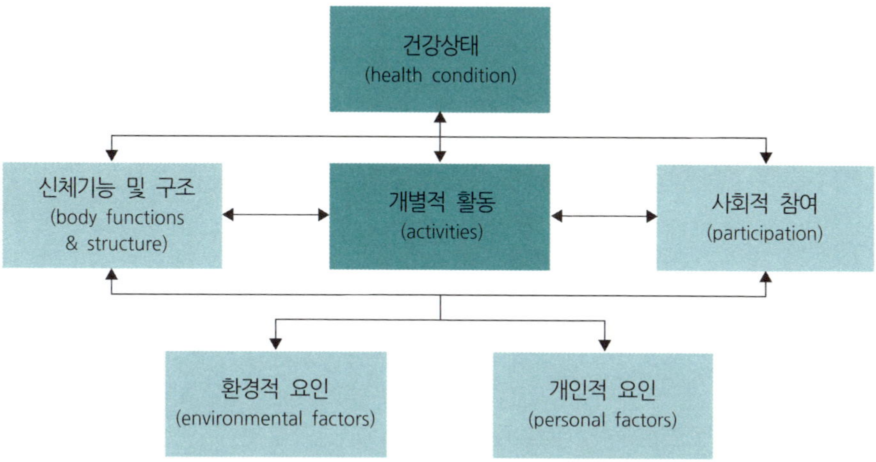

〈그림 1-2〉 ICIDH-2의 장애 개념

ICIDH-2가 제시한 신체기능(body functions)에는 말하기 · 듣기 · 전정기관 · 목소리 등의 기능, 보기기능, 감각기능, 피부 관련 기능, 순환계 및 심근계기능, 영양 · 소화 · 신진대사기능, 면역 및 내분비기능, 비뇨생식기능, 신경근골과 같은 운동 관련 기능 등이 있다. 신체구조(body structure)에는 뇌 · 척수 관련 구조, 눈 관련 구조, 귀 · 전정기관 구조, 목소리 · 말하기 관련 구조, 피부 관련 구조, 재생산 및 운동 관련 구조, 호흡계 및 순환계, 소화계 및 신진대사계, 면역 및 내분비계, 비뇨생식계 등이 있다.

활동(activities)은 일상생활과 관련된 개인의 활동을 다룬다. 개인에게 기대되는 일상과업을 통합한 활동으로서, 단순 걷기에서부터 쇼핑 및 직무완수까지 복합적인 일상활동을 포괄한다. ICIDH-2가 제시하는 활동영역은 보기 · 듣기 · 인지, 학습 · 학습적용 · 과업완수, 운동, 이동, 의사소통, 일상생활, 필수품을 얻기 위한 활동, 대인관계활동, 상황에 대한 반응 및 처리, 보조도구 및 기술적인 원조로 가능한 활동 등이 포함된다.

참여(participation)는 건강상태, 손상, 활동, 상황적 요인과 관련된 생활 전반의 상황에서 보다 사회현상적인 상황을 다루고 있다. 이 사회현상은 개인의 참여 정도, 참여를 방해하거나 촉진하는 사회적 반응을 보는 것이다. 보다 다양한 사회적 영역에 참여하는 것을 사회적 건강성의 척도로 바라보며, 여기에 환경적 요인을 포함한다. 장애인이 처한 환경상태가 당사자에게 영향을 주기 때문이다. 참여는 환경과 장애인 사이에서 복잡하게 얽혀 있으며, 상호작용하는 활동이다. 세부적으로 분류해 보자면 참여는 개인적인 상태 유지와 보호 및 참여, 정보교환의 참여, 이동성의 참여, 사회적 관계 참여, 노동 · 교육 · 레저의 참여, 정신적인 교류의 참여, 경제생활 참여, 도시사회 및 지역사회에의 참여로 나눌 수 있다.

〈표 1-2〉 ICIDH-2의 장애 개념

구분	손상 유형 (impairments)	활동 (activities)	참여 (participation)	상황요인 (contextual factor)
기능의 수준	신체의 부분	전체로서의 개인	사회와의 관계	환경적 요인(기능상의 외부적 영향) 개인적 요인(기능상의 내부적 영향)
특징	신체기능 신체구조	개인의 일상활동	상황과의 관계	신체적, 사회적, 인지적 세계의 형태
긍정적 측면	기능적 · 구조적 통합	활동가능	참여가능	촉진자
부정적 측면	손상	활동제한	참여제약	장벽, 어려움

출처: WHO(1997).

ICIDH-2는 사회적 환경으로 인해 참여에 제한을 받는 경우도 장애로 포함시켰다는 데 의의가 있다. 상황요인 중 환경적 요인으로 인해 장애인의 기능이나 개별활동, 사회적 참여까지 영향을 미칠 수 있음을 설명하는 것이 특징이다. 질병으로부터 사회적 불리를 설명한 ICIDH-1에 비해서 한 개인을 여러 요인에 따라 변화 가능한 복합적 존재로 설명하고 있다.

3) ICF

2001년 5월 WHO의 세계보건의회(World Health Assembly)는 ICF가 국제사회에서 통용될 수 있도록 승인하였고, 이후 현재까지 ICF는 대표적인 국제 장애 개념으로 사용되고 있다(이선우 · 이수경, 2020). ICF는 국제질병분류체계 ICD-10과 상호보완적으로 사용된다. 질병을 분류하는 ICD-10이 질병진단에 초점을 둔다면, ICF는 기능(function)에 초점을 맞춰 질병진단에 좀 더 풍부한 정보를 제공한다(배화옥 · 임채영. 2020).

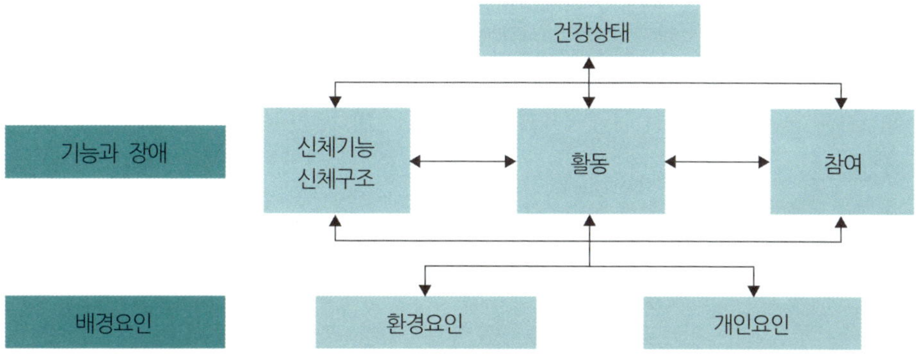

〈그림 1-3〉 ICF의 장애 개념

ICF의 내용은 '건강 영역(health domain)'을 넘어 '건강 관련 영역(health-related domain)'까지 포괄하고 있으며, 무엇보다 개인별 상이한 건강상태를 구체화했다. 즉, 건강이상 부분에 주력하여 질병의 결과를 정의했던 ICIDH-1에서 벗어나 건강을 구성하는 모든 요소를 정의한 것이다. ICF는 건강결정요소와 건강위험요소에 대한 연구를 촉진시키기 위해 개인이 마주하는 일련의 환경적 요소들을 포괄적으로 포함하고 있다. ICF는 이전 장애 개념의 분류체계와 달리 개개인의 상이한 건강에 대한 모든 측면을 포함하고 있으며, 복지정책에 쓰이는 인간 건강에 관한 범주 중 건강 영역과 건강 관련 영역을 설명하고 있다.

〈표 1-3〉 ICF의 장애 개념

구분	기능과 장애		배경요인	
구성요소	신체	활동과 참여	환경요소	개인요소
영역	신체기능 신체구조	생활영역 (과업, 행동)	기능과 장애에 미치는 외적 영향	기능과 장애에 미치는 내적 영향
구성개념	신체기능의 변화 (생리학적) 신체구조의 변화 (해부학적)	현재 환경에서 과업 수행 정도(수행) 표준 환경에서 과업 실행능력(능력)	물리적, 사회적, 인지적 영역의 촉진 및 방해요인	개인의 특성이 미치는 영향
긍정적 측면	기능·구조적 통합	활동과 참여	촉진요인	–
	기능			
부정적 측면	손상	활동제한 참여제약	장벽/방해물	–
	장애			

출처: WHO(2001).

ICF는 두 가지 파트로 구성되어 있다. 첫째는 '기능과 장애'이며, 두 번째는 '배경요인'이다(WHO, 2016). 먼저 '기능과 장애'는 '신체요소'와 '활동 및 참여 요소'로 분류된다. 다시 신체요소는 신체기능과 신체구조의 영역으로 나뉜다. 신체기능은 인간의 생리적·심리적 기능을 말하며, 신체구조는 인간의 해부학적 부분을 말한다. 때문에 신체요소의 손상이란 신체기능 및 구조의 이상, 손실, 결함을 포괄하는 넓은 의미이다. 그러나 신체요소에 손상이 발생했다고 해서 무조건 질병이 있거나 아픈 상태라고 볼 수는 없다. 다리가 절단된 것은 신체구조의 손상이 맞지만, 이상이 있거나 질병은 아닌 것과 같다. 이러한 신체요소의 손상은 단순 일시적인 현상에 그칠 수 있으나 영구적일 수도 있고, 퇴행적일 수도, 혹은 진행형일 수도 있다. 또한 손상은 또 다른 손상을 유발할 수 있다. 예를 들어, 근력이 부족하면 동작기능에 손상이 발생될 수 있고, 심장기능이 손상됐을 경우 호흡기능이 저하될 수 있다. 더 나아가 환경요인이 손상에 개입하기도 한다. 공기의 질은 호흡기능과, 빛은 시각기능과, 소리는 청각기능과, 기온은 체온조절기능과, 혼란스러운 자극은 주의집중 저하와 상호작용한다. 이처럼 손상과 기능 및 구조, 그리고 환경은 매우 복합적으로 상호작용하고 있다(석말숙 외, 2020).

이러한 신체요소 손상의 복합적 상태로 인해 '기능과 장애'는 '활동과 참여요소'와의 관계 또한 고려한다(배화옥 · 임채영, 2020). 활동과 참여요소는 개인적 관점과 사회적 관점에서 바라보는 인간의 활동능력 영역을 모두 포괄한다. 그중에서 활동은 개인이 생활 전반에서 과업이나 행동을 수행하는 것을 말한다. 반대로 활동제한은 개인이 생활에서 과업 및 행동을 수행하는 과정에서 경험하는 어려움이다. 참여는 개인이 마주하는 생활상황에 개입하는 것이기 때문에 참여제약은 생활상황에 개입하는 데에 부딪히는 어려움을 말한다. 또한 신체기능 및 구조의 손상이 없더라도, 사회적 환경에만 근거하여 참여제약이 발생할 수도 있다(이선우 · 이수경, 2020). 예를 들면, 개인이 충분한 능력을 가졌음에도 차별 및 편견으로 인해 애초에 능력을 발휘하지 못할 수 있다. 이렇듯 환경요소와 상호작용하는 '활동과 참여요소'에는 미시적으로 학습과 학습지식의 적용, 과업과 요구, 이동, 의사소통, 가정 내 생활, 개인위생(self-care), 타인과의 관계 등이 있으며 거시적으로는 사회 · 국가 생활 등이 포함된다.

활동 및 참여요소는 다시 수행과 능력요인으로 분류되는데, 수행(performance)은 개인이 처한 현재 환경에서 당장 하고 있는 것을 말한다. 능력(capacity)이란 개인이 과업 및 행동을 실행할 수 있는 것을 의미하며, 개인이 처한 일정 시점에서 일정 영역에 도달할 수 있는 최대수준의 능력을 규정하기 위해 추가된 요인이다. 최대수준의 능력을 표출하기 위해선 개인의 능력에 개입하는 환경의 영향을 중립적으로 만들어야 하는데, 이때 능력을 사정하는 데 사용되는 모든 요인을 배제한 실제 환경이나 가상환경과 같은 표준화된 환경이 필요하다(이선우 · 이수경, 2020). ICF는 이 표준화된 환경을 균등환경, 표준환경으로 정의하고 있다. 능력은 환경에 따라 조절되며, 국제적인 비교를 위해 이 환경의 조절은 모든 인류에게 동일해야 한다. 때문에 수행과 능력의 차이는 표준환경의 차이이며, 수행 및 능력을 향상시키기 위해서는 환경에 어떠한 조치가 이루어져야 한다.

다음으로는 ICF의 두 번째 파트인 '배경요인'을 살펴보고자 한다. 배경요인은 개인 삶의 모든 배경, 물리적 · 사회적 · 인지적 환경을 의미하며 환경요소와 개인요소로 나뉜다. 먼저 환경요소는 위에서도 설명했듯이 '기능과 장애'의 구성요소에 영향을 미친다. 즉, 개인의 기능 및 장애는 질병, 질환 등과 같은 건강이상과 배경요인 간의 역동적인 상호작용의 결과이다. 이러한 상호작용을 통해 환경요인은 개인의 기능과 장애에 긍정적이거나 부정적인 영향을 미칠 수 있다. 환경요소는 가정, 학교, 직장 등과 같은 개별 수준과 지역사회 활동, 정부기관, 비공식 사회연계망, 교통, 언론매체, 법, 비공식 규칙, 이데올로기 등과 같은 사회수준으로 구성되어 있다. 두 번째로 개인요소는 개인 고유의 삶이 배경이 되며, 건강상태만을 보는 것이 아닌 개인의 모든 특성을 바라본다. 이 요소는 인종, 연령, 성별, 건강상태, 생활양식 및 습관, 행동양식, 성격 유형, 양육방식, 대처방식, 교육, 직업, 사회적 배경, 과거 및 현재의 경험 등 광범위하게 포괄하고 있다.

ICF의 장애 개념의 가장 큰 특징은 개인의 기능수준은 건강요인 및 건강 관련요인과 배경요인 간의 상호작용의 결과라고 본다는 점이다. 이 부분에서 ICF가 국제사회에서 통용되는 장애의 사회적 모형을 잘 반영하고 있음을 알 수 있다. ICF는 여러 나라의 개인에게 적용 가능한 수용적이고 포용적인 틀이 되었으며, 중립적 · 긍정적 언어를 사용하여 장애 개념을 구체화했다.

하지만 ICF에 대한 비판점도 존재한다. 환경적인 요인의 중요성을 강조하고 있다는 점에서 중요한 기여를 하고 있으나, 환경요인이 지역이나 사회문화에 따라 큰 차이가 있음을 고려하지 못했기 때문이다(이선우 · 이수경, 2020). 무엇보다 구성내용이 서구적 특성으로 편향되어 있어 동양권에 적용하기에 오류가 따를 수 있다. 우리나라도 통계청에서 '장애인 질병 분류표'를 발간하고 있는데, 이는 ICF를 기반으로 하고 있다. 특히 기능과 장애요인을 상세히 규정하고 있다. 하지만 배경요인은 개개인마다의 사회 · 문화적 차이가 크기 때문에 분류가 어려운 현실이다. 즉, ICF 또한 아직 개선해야 할 부분이 많은 분류체계이다. 하지만 우리나라의 상황에 비해 선진적인 분류체계이기에 ICF의 분류체계가 한국 사회에 적용된다면 장애 개념의 큰 축이 움직일 것으로 예상된다.

4) 유엔장애인권리협약

유엔장애인권리협약(Convention on the Rights of Persons with Disabilities: CPRD)은 장애를 '인권'의 차원으로 접근하여 장애인의 존엄성과 권리를 보장하기 위해 2006년 12월 13일 제61차 유엔총회에서 채택한 협약이다(서지원, 2021). 1948년 12월 10일 유엔세계인권선언을 시작으로, 1975년 12월 20일에 유엔지적장애인권리선언, 1975년 12월 9일에는 유엔장애인권리선언(Declaration of the Rights of Disabled Person)이 공포되었는데, 이러한 변화의 여파가 근간이 되어 장애인권리협약까지 채택된 것이다. 변화의 초석인 1948년 유엔세계인

권선언은 두 차례의 세계대전 이후 국제사회의 비극적인 전후 상황을 재건하기 위해 선언되었다. 즉, 국제사회가 모두 힘을 합쳐 천부적 인권을 보장하고, 인간존엄성과 사회적 취약계층의 인권을 수호하기 위한 선언이었다(전지혜, 2015). 이후 국제사회는 '여성'과 '아동', '장애인'의 인권문제에 주목하였고 별도로 사회적 소수자에 대한 국제법을 만들기 시작했다. 여성차별철폐협약이나 아동권리협약이 그 예이다. 그리고 2006년 유엔에서는 만장일치로 유엔장애인권리협약을 채택하였다.

유엔장애인권리협약은 전체 장애인의 권리를 보장하는 최초의 국제법규이다. 본 협약에서는 장애인에 대한 권리보호 이외에도 '장애인'이라는 개념과 '장애로 인한 차별' 등의 기준을 설정하여 국제사회 전반에 장애 관련 정책의 토대를 제공하였다. 권리보호와 개념 정의, 그리고 원칙에 대한 부분은 협약 제1조, 제2조, 제3조에 명시되어 있다.

유엔장애인권리협약: 목적 및 원칙

제1조 목적

이 협약의 목적은 장애인이 모든 인권과 기본적인 자유를 완전하고 동등하게 향유하도록 증진, 보호 및 보장하고, 장애인의 천부적 존엄성에 대한 존중을 증진하는 것이다.
장애인은 다양한 장벽과의 상호작용으로 인하여 다른 사람과 동등한 완전하고 효과적인 사회참여를 저해하는 장기간의 신체적, 정신적, 지적, 또는 감각적인 손상을 가진 사람을 포함한다.

제2조 정의

이 협약의 목적상, "장애로 인한 차별"이란 정치적, 경제적, 사회적, 문화적, 민간 또는 다른 분야에서 다른 사람과 동등하게 모든 인권과 기본적인 자유를 인정받거나 향유 또는 행사하는 것을 저해하거나 무효화하는 목적 또는 효과를 갖는, 장애를 이유로 한 모든 구별, 배제 또는 제한을 의미한다. 이는 합리적인 편의제공에 대한 거부를 포함한 모든 형태의 차별을 포함한다.

제3조 일반원칙
이 협약의 원칙은 다음과 같다.
가. 천부적인 존엄성, 선택의 자유를 포함한 개인의 자율성 및 자립에 대한 존중
나. 비차별
다. 완전하고 효과적인 사회참여 및 통합
라. 장애가 갖는 차이에 대한 존중과 인간의 다양성 및 인류의 한 부분으로서의 장애인의 인정
마. 기회의 균등
바. 접근성
사. 남녀의 평등
아. 장애아동의 점진적 발달능력 및 정체성 유지 권리에 대한 존중

유엔장애인권리협약에서 정의하고 있는 장애 개념은 제1조 목적에서 찾아볼 수 있다. 제1조 목적에서 장애인은 "다양한 장벽과의 상호작용으로 인하여 다른 사람과 동등한 완전하고 효과적인 사회참여를 저해하는 장기간의 신체적, 정신적, 지적, 또는 감각적인 손상을 가진 사람"으로 정의내리고 있다. 여기서 주목할 만한 점은 장애인이 가진 손상을 강조하기보다는 다양한 장벽과의 상호작용으로 사회참여가 어려운 상태에 더 초점을 맞추었다는 점이다. 이로 인해 유엔장애인권리협약은 장애인의 손상을 없애는 것보다 다양한 장벽을 허물고 환경을 변화시키려는 노력에 더 강조점을 두고 있다.

또한 장애인을 비장애인과 동등한 인격체이자 인권을 향유하는 주체적 존재로 본다는 점에서 의의가 있다. 특히 다음의 유엔장애인권리협약의 전문 마항을 살펴보면, 장애가 점진적으로 변화하는 유동적인 개념이며, 손상을 가진 개인이 사회에 참여하는 과정에서 태도 및 환경적인 장벽이 영향을 미친다는 것을 설명하고 있다. 이는 장애는 건강요인과 배경요인의 상호작용을 통한 결과

라고 본 ICF의 장애 개념과 같은 맥락이다.

유엔장애인권리협약: 전문

이 협약의 당사국은,

가. 인류 모든 구성원의 천부적 존엄성과 가치 및 동등하고 양도 불가능한 권리를 자유, 정의 및 세계평화의 기초로서 인정하고 있는 국제연합헌장에 천명된 원칙들을 상기하고,

나. 국제연합은 세계인권선언과 국제인권규약에서 모든 인간은 어떠한 종류의 차별도 받지 않고 그 안에 규정된 모든 권리와 자유를 누릴 자격이 있다는 것을 천명하고 동의하여 왔음을 인정하며,

마. 장애는 점진적으로 변화하는 개념이며, 손상을 지닌 사람과 그들이 다른 사람과 동등하게 사회에 완전하고 효과적으로 참여하는 것을 저해하는 태도 및 환경적인 장벽 간의 상호작용으로부터 기인된다는 것을 인정하고,

그리고 유엔장애인권리협약을 비준한 국가들은 장애인의 권리와 평등한 기회를 제공하기 위한 정책 및 프로그램을 제공해야 한다는 의무를 명시하였다. 여기에 더 나아가 지속 가능한 정책발전을 위해 당사국이 장애 문제의 주류화를 도모해야 함을 제시하였다. 또한 장애인 차별의 부당성과 그에 따른 정책의 방향을 안내하고 있다. 정책은 장애인의 사회참여에 걸림돌이 되는 장벽을 제거해야 함을 무엇보다 강조하고 있다. 따라서 한국의 장애인복지정책도 이러한 장벽을 해소하는 방향으로 발전하고 있다. 다음 전문에서 당사국에서 추구해야 할 장애인 정책의 방향성도 살펴볼 수 있다.

유엔장애인권리협약: 전문

이 협약의 당사국은,

바. 장애인에게 보다 평등한 기회를 제공하기 위한 국가적·지역적·국제적 수준에서의 정책, 계획, 프로그램 및 활동의 증진, 수립 및 평가에 영향을 미치는 데 있어 장애인에 대한 세계행동계획과 장애인의 기회평등에 관한 표준규칙에 포함되어 있는 원칙 및 정책지침의 중요성을 인정하며,

사. 지속 가능한 발전과 관련된 전략의 핵심적인 부분으로서 장애문제 주류화의 중요성을 강조하고,

아. 장애를 이유로 한 차별은 인간 개인의 천부적 존엄성 및 가치에 대한 침해라는 것 또한 인정하며,

자. 장애인의 다양성을 보다 더 인정하고,

차. 보다 집중적인 지원이 필요한 장애인을 비롯하여 모든 장애인의 인권을 증진하고 보호할 필요성이 있음을 인정하며,

카. 이러한 다양한 문서와 약속에도 불구하고, 세계 각지에서 장애인이 동등한 사회구성원으로서의 참여에 대한 장벽과 인권 침해에 지속적으로 직면하고 있음을 우려하고,

타. 모든 국가, 특히 개발도상국에서 장애인의 생활조건을 개선하기 위한 국제적 협력의 중요성을 인정하며,

파. 지역사회의 전반적인 안녕과 다양성에 대한 장애인의 가치 있는 현재의 기여 및 잠재적 기여를 인정하고, 장애인의 인권과 기본적 자유의 완전한 향유 그리고 장애인의 완전한 참여의 증진이 장애인의 소속감을 강화시키고, 사회의 인적, 사회적 및 경제적 발전과 빈곤퇴치에 있어서 상당한 진보를 가져올 것임을 인정하고,

어. 장애인이 모든 인권과 기본적인 자유를 완전히 향유할 수 있도록 하는데 있어 물리적, 사회적, 경제적, 문화적 환경 및 보건과 교육, 그리고 정보와 통신에 대한 접근성의 중요성을 인정하며,

저. 다른 사람과 자신이 속한 지역사회에 대한 의무를 가진 개인은 국제인권장전에서 인정한 권리의 증진 및 준수를 위하여 노력할 책임이 있음을 인식하고,

커. 장애인의 권리와 존엄성을 증진하고 보호하기 위한 포괄적이고 통합적인 국제협약은 개발도상국과 선진국 모두에서 장애인에 대한 뿌리 깊은 사회적 불이익을 시정하는데 중대한 기여를 할 것이며, 시민적, 정치적, 경제적, 사회적 및 문화적 영역에서 장애인이 동등한 기회를 가지고 참여하는 것을 촉진할 것임을 확신하면서, 다음과 같이 합의하였다.

2. 장애 범주와 장애 유형별 특성

장애 범주는 법적으로 규정된다. 법령에 따라 그 사회에서 지원받을 수 있는 장애의 유형과 정도가 달라지며, 이에 따라 국가에서 장애인을 어떤 관점으로 바라보고 있는지 알 수 있다. 현재 국제사회의 장애 관점이 개인적 모형에서 사회적 모형으로 변화하면서 많은 국가들의 장애 범주가 확대되고 있다. 의학과 과학기술, 장애인식, 장애인복지제도의 발달 또한 장애 범주 확대에 영향을 미친다. 외국과 한국의 장애 범주를 알아보자.

1) 외국의 장애 범주 및 출현율

미국이나 유럽 등 서구 선진국의 장애 개념은 매우 다양하다. 때문에 '장애인이 누구인가'를 결정하는 기준 또한 다양하다. 첫 번째, '장기간의 건강문제' 영역으로 건강상의 문제가 최소 6개월 이상 지속될 가능성이 있는 건강상태와 장애를 가진 사람을 장애인으로 인정한다. 이러한 기준을 사용하는 국가로 노르웨이와 덴마크 등이 대표적이다. 두 번째, '법률 내 장애기준'을 장애 개념으로 사용하는 국가로 한국과 폴란드가 있다. 폴란드 사회에서 장애인은 법적 장애기준에 부합한 것으로 판단된 사람들이며, 지방 당국이 발급한 증명서를 소지한 자를 뜻한다. 한국의 경우에는 「장애인복지법」에 근거하여 장애인을 범주화하고 있으며, 장애 유형 및 등급을 의사에게 진단받아 장애인등록을 한 자를 장애인으로 칭한다. 세 번째, '능력 및 노동제한'을 장애로 정의하는 국가로 영국, 미국, 스위스, 네덜란드 등이 있다. 영국과 스위스는 1년 이상 장기간 지속되는 건강문제로 인해 능력이 감소된 경우를 장애로 범주화하고 있다. 장기간의 건강문제로 '유급근로 및 업무의 양에 영향을 받는 자', '일상생활능력 등이 감소된 자'를 능력 감소에 영향을 받은 사람으로 보고 있다. 미국에서의 장애는 '근로에 제한을 가져오는 신체적 · 정신적 상태'를 의미하며, 네덜란드에서의 장애는 '유급근로를 획득하거나 수행하는 데 제약이 되는 지속적인 통증 및 질병 또는 장애'를 의미한다. 마지막으로 '활동 및 참여제한' 영역에서 장애를 정의한 국가로 캐나다, 호주, 그리고 나머지 유럽연합 국가가 해당한다. 먼저 캐나다는 건강과 활동제약을 가진 경증부터 중증장애인까지 범주화하였고, 호주는 핵심활동의 제한 및 참여제한이 있는 자로 범주화하였다. 그리고 유럽연합 국가는 최소 6개월 이상 만성적인 건강문제로 일상생활에 제한을 받는 자로 장애기준을 세웠다(이선우 · 이수경, 2020).

〈표 1-4〉 OECD 국가의 포괄적 장애기준

국가	장애기준
덴마크	직업능력 50%선 이하
노르웨이	직업능력 50%선 이하
폴란드	일시석 혹은 영구적 직업능력 감소
대한민국	의료적 진단기준
영국	일상적 직업활동 제한
미국	실질적 소득활동 불능상태
스위스	소득능력 40%선 이하
네덜란드	소득능력 35%선 이하
캐나다	일상적 경제활동 불능상태
호주	장애진단표 기준 20점 이상 및 주당 15시간 이하 노동력
프랑스	소득능력 66.6%선 이하
벨기에	소득능력 66.6%선 이하
독일	직업능력 25%선 이하
이탈리아	직업능력 66.6%선 이하
룩셈부르크	일 또는 직업불능

스페인	직업능력 33%선 이하
스웨덴	직업능력 25%선 이하
헝가리	직업능력 25%선 이하
슬로바키아	직업능력 40%선 이하
오스트리아	직업능력 50%선 이하
체코	모든 경제활동 33%선 이하

출처: OECD(2003).

이렇듯 미국이나 유럽국가들과 같은 선진국가들의 장애기준은 한국에 비해 포괄적이다. 첫째, 외국은 신체내부기관 장애 범주를 폭넓게 설정하였다. 기존의 해부학적인 기능장애 외에도 암, AIDS, 당뇨, 알레르기 등이 포함된다. 또한 정신적 장애 범주가 매우 포괄적이며, 알코올중독이나 약물중독 외에도 학습장애, 정서장애, 치매 등까지 포괄하고 있다. 특히 스웨덴의 경우 기존 신체적 장애 및 정신적 장애 이외에도 사회적 장애를 광범위하게 인정하고 있다. 때문에 의사소통이 어려운 이민자나 노동력 감소로 인한 실생활 의존자들도 사회적 장애 범주에 포함된다(배화옥 · 임채영, 2020).

그 결과, 선진국들은 한국에 비해 장애인구비율 및 출현율이 높게 나타난다. 선진국가의 장애인구는 전체 인구의 10% 이상을 차지하며, 특히 사회적 장애 범주가 넓은 스웨덴은 20%선을 상회하고 있다. 또한 2021년 장애통계연보에 따르면, 2020년 OECD 국가 장애인출현율은 평균 24.1%로 나타나며, 한국은 5.1%에 그친다. 우리나라 또한 의료적 기준으로 토대로 하고 있으나 점차 장애 범주를 확대해 나가고 있다. 2021년 4월 「장애인복지법」의 개정이 발표되면서 기존의 장애 범주에 10개의 질병이 추가되었다.

〈표 1-5〉 OECD 국가의 장애 범주 비교

(단위: %)

국가	장애 범주	장애인구비율
한국	신체: 지체, 뇌병변, 시각, 청각, 언어, 안면장애 내부: 신장, 심장, 호흡기, 간장, 장루·요루, 뇌전증장애 정신: 지적장애, 정신장애, 자폐성장애	5.1
일본	신체: 지체, 시각, 청각, 언어장애 내부: 심장, 호흡기, 신장, 방광 및 직장, 소장기능장애	7.4
미국	신체: 지체, 시각, 청각, 언어, 안면추형, 감각기관장애 내부: 생식기, 소화기, 비뇨기, 피부, 혈액, 내분비계, 암, AIDS 정신: 정신질환, 발달장애, 정서장애, 학습장애, 알코올중독	12.8
독일	신체: 지체, 시각, 청각, 언어, 추형 내부: 호흡기, 심장·순환기, 소화기, 비뇨기, 신장, 생식기 신진대사, 혈관, 피부 정신: 지적장애, 정신질환, 정서장애	14.9
스웨덴	신체: 지체, 시각, 청각, 언어장애 내부: 폐질환, 심장, 알레르기, 당뇨 정신: 지적장애, 학습장애, 정신장애, 정서장애, 약물·알코올중독	16.1
호주	신체: 지체, 시각, 청각, 언어, 안면기형 내부: 심장, 신장, 호흡기 당뇨, 암, AIDS 정신: 지적장애, 정신장애, 정서장애, 알코올중독, 약물중독	18.3

출처: OECD(2003); 한국장애인개발원(2021). 2021 장애통계연보.

〈표 1-6〉 OECD 국가 장애인 출현율(2020)

(단위: %)

국가	전체	남성	여성
벨기에	25.0	23.1	26.9
체코	28.6	25.9	30.5
덴마크	33.0	30.8	35.3
독일	21.8	21.2	22.5
에스토니아	32.6	30.1	34.8
아일랜드	16.4	16.0	16.7
그리스	23.5	21.9	24.9
스페인	18.4	16.3	20.4
프랑스	25.0	23.0	26.8
이탈리아	22.1	19.6	24.5

라트비아	39.5	34.9	43.1
룩셈부르크	25.5	23.3	27.7
헝가리	22.8	19.7	25.5
네덜란드	28.6	24.9	32.2
오스트리아	31.9	31.1	32.6
폴란드	24.4	22.7	25.8
포르투갈	33.0	27.4	37.9
슬로베니아	22.1	20.9	23.3
슬로바키아	31.4	28	34.7
핀란드	35.2	31.1	39.3
스웨덴	12.9	10.8	15.1
아이슬란드	26.0	20.2	32.0
노르웨이	18.2	14.2	22.3
스위스	30.2	27.5	32.9
영국	27.3	25.0	29.5
터키	25.7	21.2	30.1
미국	12.7	12.6	12.8
캐나다	22.3	20.2	24.3
한국	5.4	6.0	4.44
일본	7.6	-	-
호주	17.7	17.6	17.8
OECD-31	24.1	22.8	27.7

출처: 한국장애인개발원(2021). 2021 장애통계연보.

2) 우리나라의 장애 범주

우리나라는 「장애인복지법」에서 장애의 개념과 범주를 규정하고 있다. 이는 두 차례에 걸쳐 확대된 결과이다. 처음 1981년 제정된 「심신장애자복지법」은 장애 범주를 지체장애, 시각장애, 청각장애, 언어장애, 정신지체(지적장애) 5가지만으로 한정하였다. 이후 1989년에 「심신장애자복지법」이 「장애인복지법」으로 개정되었고, 1997년 장애인복지 5개년 계획에서 '장애 범주 확대'가 목표로 설정되었다. 그 결과 1999년에 1차적으로 신장 · 심장장애를 포함한 내부장애와, 만성중증정신질환에 따른 정신장애, 발달장애(자폐증)가 장애 범주에 포함되었으며, 뇌병변장애가 지체장애에서 분리되면서 총 10개 범주로 확대되었다. 그리고 2003년에 호흡기장애, 간장애, 장루 · 요루장애, 안면장애, 간질장애 등 5개가 추가로 장애 범주에 포함되었다. 장애 범주가 세분화되고 신체내부기관의 장애까지 포함되면서 총 15개의 장애 범주로 자리잡게 되었다.

〈표 1-7〉 우리나라의 장애 유형

대분류	중분류	소분류	세분류
신체적 장애	외부 신체 기능 장애	지체장애	절단장애, 관절장애, 지체기능장애, 변형 등의 장애
		뇌병변장애	중추 손상으로 인한 복합적인 장애
		시각장애	시력장애, 시야결손장애, 겹보임(복시)
		청각장애	청력장애, 평형기능장애
		언어장애	언어장애, 음성장애, 구어장애
		안면장애	안면부의 추상, 함몰, 비후 등 변형으로 인한 장애
	내부 기관 장애	신장장애	투석치료 중이거나 신장을 이식받은 경우
		심장장애	일상생활이 현저히 제한되는 심장기능 이상
		간장애	일상생활이 현저히 제한되는 만성·중증의 간기능 이상
		호흡기장애	일상생활이 현저히 제한되는 만성·중증의 호흡기기능 이상
		장루 · 요루장애	일상생활이 현저히 제한되는 장루·요루
		뇌전증장애	일상생활이 현저히 제한되는 만성·중증의 뇌전증
정신적 장애	발달 장애	지적장애	지능지수가 70 이하인 경우
		자폐성장애	소아청소년 자폐 등 자폐성장애
	정신 장애	정신장애	정신분열병, 분열형 정동장애, 양극성 정동장애, 재발성 우울장애, 뇌의 신경학적 손상으로 인한 기질성 정신장애, 강박장애, 투렛장애(Tourette's disorder), 기면증

출처: 김성희 외(2020).

2021년에는 「장애인복지법」 시행령이 일부개정되면서 15개 장애 범주의 하위개념으로 10개의 질병이 추가되었는데, 복시(겹보임)가 시력장애, 시야결손장애에 더하여 시각장애에 포함되었고, 기질성 정신장애, 강박장애와 투렛장애, 기면증으로 인한 장애가 정신장애 범주에 추가되었다.

〈표 1-8〉 2021 장애 유형별 확대인정질환

소분류	세분류
지체장애	복합부위통증증후군(CRPS)으로 객관적인 검사 결과 이영양성 변화 등으로 인한 근위축 또는 관절구축 등이 있는 사람
시각장애	두 눈의 중심시야에서 20도 이내에 복시가 있는 사람
안면장애	노출된 안면부의 30% 이상이 변형된 경우
	노출된 안면부의 45% 이상에 백반증이 있는 사람
간장애	Child-Pugh 평가 정도 B이면서 ① 난치성 복수, ② 간성뇌증 2회 이상, ③ 간신증후군, ④ 정맥류 출혈, ⑤ 자발성 세균성 복막염 중 하나의 합병증이 현재 있는 사람
장루 · 요루 장애	심각한 배뇨장애가 있어 요역동학검사 등 객관적인 검사결과 배뇨근 수축이 없거나 현저히 감소된 사람
정신장애	뇌의 신경학적 손상으로 인한 기질성 정신장애로 양성증상 또는 음성증상이 지속되어 기능 및 능력장애로 인하여 능력장애 측정기준 6항목 중 3항목 이상에서 경미한 도움이 필요한 사람
	지속적인 치료에도 호전되지 않는 강박장애, 투렛장애 및 기면증에 따른 기분 · 의욕 · 행동 및 사고장애의 증상이 심하여, 일상생활이나 사회생활에 상당한 제한이 있는 경우로서 기능 및 능력장애로 인하여 능력장애 측정기준 6항목 중 3항목 이상에서 도움이 수시로 필요한 사람

출처: 보건복지부(2021). 장애인복지법 하위법령 개정안 공포시행안.

장애 범주는 장애인등록과 밀접하게 연관되어 있다. 우리나라는 1989년 「장애인복지법」을 개정하면서 장애인등록제가 시행되었고 장애인 대상 복지서비스를 받기 위해서는 장애진단 및 판정을 통해 장애인등록을 해야 한다. 장애인등록은 장애인복지정책의 대상을 선별하는 중간 기제이기 때문에 장애인으로 등록 가능한 공식적인 장애 범주가 굉장히 중요할 수밖에 없다. 한편 정부의 장애인 복지서비스 대상을 등록장애인으로 설정하는 시스템은 정부에게 장애인구를 통제하는 권리를 부여하는 것이라는 비판도 존재한다(이선우 · 이수경,

2020). 즉, 한국 사회에서 장애인은 통제의 대상으로 남아 있는 것이다. 현재 우리나라의 장애진단은 의료적 기준에 초점을 두고 있어 사회적 장애 개념이 확대되고 있음에도 장애의 의료적 관점에서 벗어나지 못했다는 비판 또한 존재한다. 장애등록 판정이 엄격한 의료적 기준을 통해 결정되기 때문에 장애로 인정받지 못하고 필요한 서비스를 받지 못하는 경우가 빈번하다. 예를 들어, 건강장애나 심각한 소화장애, 악성 피부질환 같은 경우 ICF의 기준에서는 상당한 사회참여 제약을 갖는 장애라고 보고 있지만, 한국 장애 범주의 의학적 기준에 부합하지 않아 장애등록이 불가능하다.

이와 같이 장애 범주가 좁고 의학적 기준으로만 결정되면 장애등록 또한 제한적이기 때문에 결과적으로 장애인복지 사각지대가 넓어질 수밖에 없다. 장애 범주에 포함되지 않은 만성질환 관련병을 장애 범주에 포함시키기 위해 관련단체들이 정부와 국회에 많은 의견을 제출하는 이유도 이 때문이다. 최근 정부는 장애 범주 및 장애인복지 대상 확대 요구를 반영하기 위해 장애인등급제를 폐지하였으며, 장애기준 완화를 위해 노력하고 있다. 대표적으로 지속적인 장애판정 요구에도 불구하고 장애인등록이 안 될 경우, 별도의 심사절차인 '예외적 장애 인정심사제도'를 도입하여 시행하고 있다. 즉 장애 범주 및 판단기준의 제약으로 장애인등록을 할 수 없는 경우에는 예외적으로 〈표 1-9〉와 같은 절차를 통해 권리구제를 받을 수 있게 한 것이다. 의료적 기준만으로 장애개념을 정의하던 것에서 벗어나 가변적인 장애 개념을 적용할 수 있는 정책적 도구로 활용할 수 있는 제도라 하겠다. 얼마나 많은 장애 미판정받은 이들이 이 제도를 활용하는가에 따라, 그리고 심사위원 및 심사기준을 어떻게 하는가 등의 영향요인이 있겠지만, 향후 한국의 장애인의 법적 개념은 더욱 넓어질 것으로 전망한다.

〈표 1-9〉 2021년 개정된 예외적 장애인정 심사제도

구 분	개정 전	개정 후
구 성	40명 내외	80명 내외
위원장	연금공단 담당실장	외부전문가
심사대상	연금공단이 심사대상 선정	연금공단 인정한 경우+보건복지부장관이 요청한 경우
심사방법	서면심사+필요시 대면심사	서면심사+필요시 대면심사+방문심사

3) 장애 개념 관련 이슈

(1) 장애에 대한 법적 개념의 모호성

현행 국내 장애 개념은 대체로 「장애인복지법」을 따른다. 「장애인복지법」 제2조에서는 장애인이란 다음과 같이 신체적 정신적 장애가 있어야 하며, 이로 인해 일상생활과 사회생활의 제약을 경험하고 있음이 입증되어야 한다. 여기서 주목할 단어는 '오랫동안', '상당한'과 같은 표현이다. 얼마나 오랜 기간 동안 장애의 영속성이 있는지, 얼마나 중대한 정도의 손상인지를 살펴서 장애인 등록 여부를 결정한다는 의미인 것이다. 따라서 장애판정을 받기 위해서는 의료적 자료를 통해 손상의 영속성과 손상의 정도를 인정받는 판정절차를 통과해야 한다.

〈장애인복지법 제2조〉

"장애인"이란 신체적·정신적 장애로 오랫동안 일상생활이나 사회생활에서 상당한 제약을 받는 자를 말한다.

② 이 법을 적용받는 장애인은 제1항에 따른 장애인 중 다음 각호의 어느 하나에 해당하는 장애가 있는 자로서 대통령령으로 정하는 장애의 종류 및 기준에 해당하는 자를 말한다.

1. "신체적 장애"란 주요 외부 신체 기능의 장애, 내부기관의 장애 등을 말한다.
2. "정신적 장애"란 발달장애 또는 정신질환으로 발생하는 장애를 말한다.

문제는 손상의 정도를 어떻게 얼마나를 기준으로 장애 여부를 결정할 것인가와 관련하여 모호한 부분이 있다는 점이다. 예를 들어, 한 눈의 시력에 손상이 있는 경우 시각장애로 인정된다. 그러나 한쪽 청력의 손상은 청각장애로 인정되지 않는다. 복합부위통증증후군 자체는 장애로 인정되지 않으나 복합부위통증증후군으로 인한 관절구축이 있으면 장애로 인정된다. 아이큐 68과 아이큐 72인 사람은 일상생활상 차이는 크게 없으나 아이큐 70을 기준으로 지적장애를 판정하는 현행 체계에서는 두 사람에 대한 복지지원은 매우 달라진다.

즉, 장애에 대한 법적 개념을 매우 명확하게 구분하려는 다양한 기준이 작동하고 있으나, 신체적·정신적 손상의 범주 또한 연속적 스펙트럼 선상에 있기 때문에 장애유무 판정의 모호성은 항상 남겨진 과제가 된다. 연령으로 구분하는 아동 또는 노인이나 성별로 구분되는 여성과는 달리, 장애인은 분명하게 구분되기 어려운 대상이다. 따라서 국가나 시대에 따라서 '누가 장애인인가' 하는 질문에 대한 답은 계속 달라졌다. 현재 우리나라에서는 15가지의 신체적·정신적 장애를 토대로 장애인을 개념화하고 있으나, 다양한 기제를 통해서 향후에는 장애 인정 범주가 달라질 것으로 전망한다.

(2) 장애에 대한 법적 개념의 포괄성

현행 국내법들은 주로 「장애인복지법」상의 장애인에 대한 개념을 따르고 있으나, 일부 법에서는 법의 목적이나 성격에 따라서 그 대상이 되는 장애인을 별도로 구분하여 정하고 있다. 예를 들면, 「장애인 등에 대한 특수교육법」에서는 교육의 어려움이 있는 대상을 특수교육 대상자로 선별하고 있으며, 이는 「장애인복지법」의 개념과 중복되면서도 상이한 점이 있다. 「장애인 등에 대한 특수교육법」에서는 장애 유형을 시각장애, 청각장애, 정신지체, 지체장애, 정서 · 행동장애, 자폐성장애(이와 관련된 장애를 포함), 의사소통장애, 학습장애, 건강장애, 발달지체 등 10가지로 분류하고 있다. 학습장애, 건강장애, 발달지체의 경우 「장애인복지법」에서는 인정하지 않는 영역이다.

사실 「장애인복지법」에서는 인정되지 않으나, 유사장애의 경험으로 논의되는 집단이 상당하다. 특수교육법에서 인정되는 학습장애, 건강장애, 발달지체뿐만 아니라, 경계선지능인 또는 장애고위험군 영유아, 피부질환자, 알코올중독자 등도 이에 해당한다. 다른 나라에서는 포괄적으로 장애를 개념화하고 있기에, 국내외적으로 현행 「장애인복지법」상의 장애 인정 범주는 지속적으로 그 포괄성 측면에서 도전을 받고 있다.

하지만 복지지원 대상과 차별금지 대상을 구분하여 장애인의 법적 개념화를 달리할 필요가 있다는 주장도 있다. 활동지원제도와 사회복지서비스를 필요로 하는 중증의 장애인들에게는 예산문제를 함께 고려해서 현행 장애 개념과 같은 의료적 기준이 수반된 장애 개념으로 정할 필요가 있다는 논리이다. 한편 포괄적인 장애 개념을 만든다면 이는 차별금지의 대상으로서 법적 권리보장이 논의될 필요가 있을 것이다. 수년간 장애인권리보장법의 마련에 대한 요구가 계속되고 있으며, 향후 사회적 관점이 투영된 장애 개념이 적용될 것으로 전망하는데 현행 「장애인복지법」처럼 일괄 장애등록을 하고 서비스 대상자로 할 것인지, 아니면 복지지원의 대상과 차별금지 대상을 구분할 것인지는 귀추를 주목해볼 필요가 있다.

(3) 등급제 폐지 및 중증장애의 개념적 문제

우리나라는 2019년까지 장애등록 시 장애 종류와 등급으로 평가했었다. 1급에서 6급까지 장애등급을 나누었는데, 1급에 가까울수록 중증도가 높은 것으로 볼 수 있었다. 장애인권운동 영역에서 인간을 등급화하는 것에 대하여 문제제기 하였고 결국 2019년 장애인등급제는 폐지되었다. 그러나 완전한 폐지는 아니었고 1급에서 3급까지의 장애인은 장애의 정도가 심한 장애인(중증)으로, 4급에서 6급까지의 장애인은 장애의 정도가 심하지 않은 장애인(경증)으로 구분하게 되었다. 사실상 장애등급제 폐지가 아닌, 장애등급 이원화라고 볼 수 있다. 이후 장애등록 시에는 장애 종류와 장애 정도(중증, 경증)로 구분하여 장애인등록증을 발급하고 있다. 또한 중앙정부의 등급제 중심으로 서비스 대상을 구분하던 제도들도 중증장애인 또는 경증장애인으로 대상을 이원화하여 명시하게 되었다. 동시에 복지서비스 이용과 관련해서도 등급별 서비스로 제공되는 것이 아니라, 개인별로 종합적 욕구사정을 통해 지원하는 방식으로 전환되었다.

문제는 제도에 따라 중증장애인의 개념적 범주의 차이는 여전히 작동하고 있다는 점이다. 장애인 연금제도의 경우 18세 이상 중증장애인을 대상으로 지급되는데, 중증의 개념 속에 1급, 2급, 3급 중복장애인까지만 인정하고 있어서 단일 3급의 장애에 해당하던 이들은 혼란에 빠질 수밖에 없다. 단일 3급의 장애 정도를 가졌던 사람들은 '장애의 정도가 심한 장애인'으로 장애인복지카드에 기록되어 있음에도 불구하고, 장애등급제도 폐지 이후에도 여전히 장애인연금의 대상이 될 수 없다. 즉, 장애인등급제 폐지 이후 개별 사회복지제도 간의 중증장애에 대한 개념 정리가 통일되지 않으면서, 각 개별 서비스와 제도 운영상의 많은 민원이 발생하고 있으며, 장애인 당사자들도 등급제 폐지 이후 욕구중심의 복지서비스 재편을 기대했으나, 달라지지 않은 실질적 제도에 문제를 제기하고 있다.

CHAPTER 02

장애 유형별 특성의 이해와 실천

학습목표

1. 우리나라 장애인복지법 기준 장애 유형 구분과 각각의 일반적 특성을 이해한다.
2. 각 장애 유형별 특성과 함께 해당 장애인에 대한 실천 에티켓을 이해한다.
3. 장애인복지법상에서 인정되지 않는 유사장애에 대하여 살펴본다.

본 장에서는 장애 유형별 특성과 실천 이해를 위해 우선 「장애인복지법」상 15가지 장애 유형을 살펴보고, 「장애인복지법」과 타법의 장애분류의 차이로 인한 논쟁점을 추가로 살펴보겠다. 「장애인복지법」에서 정하는 15가지 각각의 장애 유형별 특징과 지원 시 고려점을 학습한다면, 향후 사회복지현장에서 장애인을 대할 때 도움이 될 것이며 장애 범주의 변화에 관한 정책적 방향성을 이해하는 데에도 도움이 될 것이다. 그러나 이하에 제시된 장애 유형별 특징은 해당 집단에 속하는 장애인 모두가 동일한 속성을 가지는 것으로 학습되어서는 안 된다. 장애 유형별 특성은 해당 장애에 대한 이해를 위한 참고사항으로서 알아둘 필요가 있으며, 실천현장에서는 장애 유형과 무관하게 장애인이 개별적 존재로서 다양한 사람 중 한 명임을 기억하고 지원하는 것이 중요하다.

1. 외부 신체기능장애

1) 지체장애

지체장애는 질병 및 외상 등으로 신체 부분에 영구적인 기능장애 및 운동장애가 발생하는 것을 의미한다. 여기에 절단, 마비, 관절장애, 지체기능장애, 기형 및 변형 등의 장애가 포함된다. 지체장애의 유형은 크게 6가지로 나뉘는데, 척수손상, 소아마비, 근디스트로피, 관절염, 절단 등이 있다(김성희 외, 2020). 척수손상은 척수가 질병이나 외상으로 손상을 받으면 그 손상부위 주위에 운동마비, 감각마비 등의 형태로 나타난다. 경추손상일 경우 사지마비, 흉추손상일 경우 하반신마비 또는 하지마비를 초래한다. 소아마비는 원인미상일수도 있고, 바이러스균이 음식과 함께 입으로 들어가 척수 전각세포를 파괴시키면서 이완성마비를 일으켜 발생한다. 감염성 질환이기 때문에 감각에는 이상이 없다. 근디스트로피는 대개 유전이거나 원인불명이다. 근육계질환이자 만성질환이며 통증은 없으나 근육의 진행성 위축을 초래하여 힘이 떨어져서 차차 걷지 못하게 된다. 관절염은 신체의 모든 결체조직에 올 수 있는 동통과 운동장애를 동반하는 여러 가지 질병을 총칭하며, 감기나 영양장애, 스트레스, 관절조직의 과다사용, 결핵, 과다한 요산 생산, 과식 및 과음 등이 원인이 된다. 절단은 사지의 일부를 잃어버린 상태이며, 선천적 발육부전이 원인이 되기도 하지만 대부분 후천적 요인에 의해 나타난다. 예전에는 이렇게 외상이 중요 요인이 되었으나 최근에는 외상보다 혈액순환장애, 당뇨병, 관절염 등 만성질환이 지체장애의 주요 원인이 되고 있다. 2021년에 지체장애의 하위범주로 복합부위통증증후군(complex regional pain syndrome: CRPS)이 추가되었는데, 복합부위통증증후군이란 조직손상이나 신경손상, 척수손상, 또는 뇌졸중, 심근경색 등이 있은 후 발생하는 만성적인 통증질환이다(김찬, 2008). 아직까지는 복합부위통증증후군으로 인한 통증 자체가 장애로 인정되지는 않고, 통증증후군으로 인해 근위축 또는 관절구축이 일어나야만 장애로 인정된다(보건복지부, 2021).

〈표 2-1〉 지체장애 개정방안

구분	현행	개정	비고
복합부위통증증후군(CRPS)	장애 미인정	심하지 않은 장애	신설

출처: 보건복지부(2021). 장애인복지법 하위법령 개정안 공포시행안.

지체장애인을 지원할 때 고려할 점

- 휠체어 이용자가 이동에 곤란을 겪고 있다면 무조건 도와주기보다는 도움이 필요한지 물어보고 도움을 주는 것이 좋다.
- 휠체어 이용자가 계단을 오르려고 할 때는 2~3명이 호흡을 맞추어 가능한 평형을 유지한 채로 들어야 한다.
- 휠체어 이용자와 대화할 때는 상대방의 눈높이에 맞추어 대화를 하여야 한다.
- 언어장애를 가진 지체장애인과 대화할 경우에는 말을 경청하고 들은 말은 되풀이해서 이해한 내용을 확인하여야 한다.
- 테이블에서 대화를 할 때, 휠체어 좌석 공간을 마련하여야 한다.

2) 뇌병변장애

뇌병변장애는 중추신경계의 손상으로 인한 복합적인 장애이며, 뇌성마비, 외상성 뇌손상, 뇌졸중 등 기질적 병변으로 일상생활 동작에 제한을 받는 것을 말한다. 대표적으로 뇌졸중과 뇌성마비가 있다(김성희 외, 2020). 뇌졸중은 중추신경계 병변으로 인해 발생한다. 고혈압, 동맥경화, 고지혈증, 당뇨병, 심장질환 등으로 뇌혈관이 막히거나 파열되어 뇌출혈, 뇌혈전이 발생하고, 뇌의 기능이 마비되어 발생하는 것이다. 뇌졸중은 뇌혈관장애로 인해 신체반신이 마비가 일어나는 것으로 중풍으로 많이 알려져 있다. 뇌성마비는 중추신경계 병변으로 발생한다. 뇌가 발육하는 시기에 손상을 입고 뇌기능이 저하되어 여러 장애가 동반되는데, 주 동반장애로는 언어장애가 가장 많았고, 그 다음으로 뇌전증장애, 지적장애 순으로 나타난다(김성희 외, 2020).

뇌병변장애인을 지원할 때 고려할 점

- 뇌병변장애는 언어장애가 동반되는 경우가 있기 때문에, 대화 시 알아듣기 어려운 경우 다시 이야기해 달라고 요청할 수 있다.
- 뇌병변장애인과 함께 걷는 경우 보행 속도를 맞추어 걸어야 하며, 도움이 필요한 상황이 발생하면 먼저 어떤 도움이 필요한지 물어볼 수 있다.

3) 시각장애

시각장애는 중심시력, 시야, 색, 지각 또는 양안기능에 영향을 미치는 시각의 해부학적 · 기능적 이상이 있는 것을 의미한다. 의학적으로 눈앞의 광선을 전혀 못 느끼는 전맹과 사회활동이 불가능할 정도로 감소된 사회맹, 또는 법적맹으로 구분한다(김성희 외, 2020). 2021년 4월 「장애인복지법 시행령」이 개정되어 전맹과 약시로만 구분했던 것에서 1개의 상이 2개로 보이거나 이중으로 겹쳐보이는 복시 또한 시각장애에 포함되었다. 전맹은 교정시력 0.05 이하로 실명된 상태이며, 약시는 교정시력이 0.04 이상~0.3 미만인 상태이다. 그리고 복시는 마비사시 및 제한사시를 충분히 치료했음에도 프리즘 고정 전 사시각이 5프리즘 디옵터 이상인 경우를 말한다. 시각장애는 후천적으로 발생하는 경우가 더 많고, 확실한 원인을 알 수 없는 경우도 있다. 질병이나 안구에 이물질 투입, 화상, 화학물품에 의한 손상 또는 천공 등 안구부 외상에 의하여 발생하는 경우도 많다. 이 밖에도 영양결핍, 약물중독 또는 유전성 질환이나 심리적 원인에 의해 나타날 수도 있다.

〈표 2-2〉 시각장애 개정방안

구분	현행	개정	비고
복시	장애 미인정	심하지 않은 장애	신설

출처: 보건복지부(2021). 장애인복지법 하위법령 개정안 공포시행안.

시각장애인을 지원할 때 고려할 점

- 시각장애인을 만날 때에는 항상 주변에 있는 사람에 대해 알려주어야 한다. 여러 명이 함께 대화할 때에는 그 시각장애인에게 누가 말을 하고 있는지 알게 해 준다.
- 시각장애인에게 주변의 환경을 설명해 준다. 예를 들어, 계단이 있으면 지금 계단을 내려가거나 올라간다든지, 문이 왼쪽 혹은 오른쪽에 있다든지, 어떤 위험이 있을 수 있다든지 하는 것을 설명해 준다.
- 시각장애인을 안내할 때에는 안내하는 사람의 팔꿈치 부분을 잡을 수 있도록 해 주고, 시각장애인의 몸을 잡거나 끌지 않는다.
- 시각장애인이 소리를 완전히 파악할 때까지는 큰 웃음이나 고함 등 큰 소음을 통제해 주는 것이 좋다. 소리를 통제해 주지 못하는 경우에는 소리에 대해 설명해 주면 큰 도움이 된다.
- 영화, TV, 연주, 스포츠를 관람할 때도 요점을 설명해 주면 함께 즐길 수 있다.

- 연주회나 연극 같은 경우 팸플릿의 내용을 먼저 읽어준 후 관람할 수 있도록 한다. 관람할 때는 시작 전 무대의 배경이나 전체적인 행사장에 대한 분위기와 환경들을 설명해준다.
- 시각장애인이 이해할 수 없는 설명을 사용하지 않는다. 예를 들어, "저쪽에"란 표현은 바람직하지 않으며 방향을 나타내는 표현을 사용할 때에는 시각장애인의 위치를 기준으로 구체적으로 말해준다. 또한 도움을 줄 때는 숫자를 사용해서 위치를 정확히 설명하는 것이 좋다.

4) 청각장애

청각장애란 기질적 · 기능적 장애로 인해 청각기능이 일시적이거나 영구적으로 저하되거나 결여된 상태를 말한다. 청각장애인은 어떠한 음자극에도 활용 가능한 청각반응이 거의 남아 있지 않고 70dB 미만의 청력을 가진 농인, 큰소리의 음자극에 반응하는 27dB 이상의 청력을 가진 난청인으로 구분된다(김성희 외, 2020). 청각장애의 원인은 크게 4가지로 나뉘는데, 먼저 외이가 원인인 경우, 귀지나 이물 등이 외이도를 막았을 때 발생하며 비교적 경미한 장애로 나타난다. 선천적 기형에 의해 외이도가 생기지 않은 경우도 있는데, 중이의 기형까지 있어 심한 경우 약 70dB까지 청력손실이 생길 수 있다. 두 번째, 중이가 원인인 경우 중이에 과도한 압력 및 충격, 염증에 의한 고막천공, 중이염, 삼출성 중이염, 이경화증 등이 원인요소로 작용한다. 중이가 손상되면 약 30dB까지 청력손실이 있을 수 있다. 다음으로 내이의 장애는 대개 심한 청력손실을 일으키며, 소리왜곡, 평형문제, 현기증까지 이어질 수 있다. 내이의 문제로 인해 청각장애가 발생하는 경우 50%의 확률로 유전일 가능성이 높으며, 뇌막염, 뇌염, 모자혈액 불일치, 사이토메갈로(거대세포)바이러스, 약물중독 등에 의해서도 손상이 일어난다. 마지막으로 청각중추가 원인이 되기도 하는데, 청각중추는 다른 중추들과 상호작용을 하고 있기 때문에 청각장애와 학습장애, 뇌성마비 등 다른 문제를 수반하는 경우도 있다.

청각장애인을 지원할 때 고려할 점

- 모든 청각장애인이 수어(수화)를 할 줄 알거나 사용하는 것은 아니다. 청각장애인을 만나면 우선 수화, 지화, 필담 중 가장 좋은 의사소통방법을 확인하는 것이 좋다. 수화 또는 구술 통역을 필요로 하는 사람에게는 통역사를 미리 섭외하는 것이 좋다.
- 청각장애인들에게 몸짓 및 얼굴 표정은 매우 중요하기 때문에 색안경, 커다란 챙모자는 전체 얼굴, 특히 눈을 가릴 수 있으므로 의사소통에 오해가 있을 수 있다. 눈을 보며 입 모양과 발음을 정확히 하고 필요하면 반복해서 말해줘야 한다.
- 청각장애인과 대화할 때에는 그 사람의 정면에서 명확하고 천천히 말하여 그 사람이 말하는 사람의 입술 모양을 잘 읽을 수 있도록 한다.
- 적당히 크고 일정한 목소리, 약간 느린 속도, 분명하고 바른 입 모양으로 간략하게 이야기한다. 말끝을 흐리지 않도록 유의한다. 한 문장을 말하고 약간 쉰 후 다음 문장을 말한다. 새로운 주제에 대해 이야기하고자 할 때 얼마간 시간을 두고 이야기한다. 이야기 도중 다른 상황(초인종, 전화벨이 울린 경우 등)에 처한 경우 이를 설명해 준다.
- 청각장애인에게 글을 쓸 때는 필체에 유의한다. 글뿐 아니라 지도, 도표, 그림 등을 제공하는 것도 좋다. 장애인이 내용을 읽고 있는 동안 그의 표정을 관찰하여 그가 내용을 이해하고 있는지 확인한다.

5) 언어장애

언어장애란 음성 또는 언어장애로 의사소통이 어렵거나 이루어지지 않는 경우를 말하며 큰 틀로는 기질적 장애, 기능적 장애, 복합적 장애로 나눌 수 있다(김성희 외, 2020). 우선 기질적 언어장애는 입천장의 이상 및 청각신경계통의 이상으로 말을 제대로 못하거나, 청력이 모자라서 언어수용에 어려움이 생기는 언어장애이다. 기질적 언어장애에는 실어증, 지적장애, 뇌성마비, 자폐증으로 인한 언어장애가 포함된다. 기능적 언어장애는 신체적 또는 신경계통의 잘못이 발견되지 않은 언어장애인 언어발달장애와 언어발달지체를 뜻한다. 그리고 복합적 언어장애는 환경적 요인으로 인해 발생하는 언어장애다. 예를 들어 가족들의 말 속도가 너무 빠르거나 느린 경우, 집안의 분위기가 과도한 정신적 압박을 주는 경우에도 언어장애가 발생할 수 있다.

언어장애를 작은 틀로 구분하면 언어발달지체, 조음장애, 음성장애, 유창성장애로 나눌 수 있다. 언어발달지체는 언어발달과정에서 발달이 제대로 이루어지지 않아 언어이해능력과 표현능력이 저하된 것을 말한다. 조음장애는 호흡기관이나 발성기관, 조음기관의 손상 등으로 말소리 산출이 어렵거나, 뇌손상으로 인하여 말소리 자체를 만들지 못하는 장애이다. 음성장애는 구강, 인두, 성대에서 나오는 발성, 공명, 조음과정에서 나타난 결함으로 음의 높낮이가 일탈되거나, 필요 이상으로 높은 소리가 발성되는 경우이다. 유창성장애는 유창성, 리듬, 속도에 이상반응이 나타난 것을 의미한다.

언어장애인을 지원할 때 고려할 점

- 많은 언어장애인들이 언어장애에도 불구하고 말로써 의사소통을 한다. 언어장애인의 대화 속도는 비장애인만큼 빠르지 않으며 청각장애를 함께 지닌 경우 상대방의 대화를 이해하는 데 더욱 시간이 걸림을 인식하여야 한다.
- 눈을 바라보며 대화에 충분히 주의를 기울여야 하며, 오랫동안 이야기할 때 경청하는 자세(표정, 고개 끄덕이기, 아이콘택트 등)를 보여주는 것이 중요하다. 소음이 있는 곳에서는 가까이 앉는다.
- 말하는 것이 힘들어 보여도 말하고자 하는 것을 끝마칠 때까지 기다려주며, 말을 완전히 이해할 때까지 듣고 함부로 추측해서는 안 된다.

6) 안면장애

안면장애란 안면부위의 변형, 기형으로 인해 사회생활을 하는 데 큰 제약을 받는 상태를 말한다. 면상반흔, 색소침착, 모발결손, 조직의 비후, 함몰, 결손이 포함된다(김성희 외, 2020). 이러한 안면장애가 발생하는 원인 중 선천적 원인은 혈관종, 혈관기형, 신경섬유종증, 거대모반증이 대표적이고, 후천적 원인은 화상이나 사고요인이 크다. 안면장애인은 질환 자체로 겪는 어려움뿐만 아니라 보험혜택을 받을 수 없는 고액의 치료 및 수술로 인한 경제적 부담을 겪게 된다. 또한 사회적 적응 및 경제활동 기회의 제한 또한 큰 어려움으로 존재한다. 2021년 안면장애의 범주에 백반증이 추가되고 안면변형 인정기준이 완화되면서 대상자가 늘어나고 있는 추세이다.

〈표 2-3〉 안면장애 개정방안

구분	현행	개정	비고
백반증	장애 미인정	심하지 않은 장애	신설
노출된 안면부의 변형	45% 이상	30% 이상	경증기준 완화

출처: 보건복지부(2021). 장애인복지법 하위법령 개정안 공포시행안.

안면장애인을 지원할 때 고려할 점

- 자신의 상처를 보고 사람들이 보이는 반응이나 시선을 꺼려하므로 한 여름에는 긴 상의/하의를 입거나 모자 또는 장갑 등으로 상처를 가리고 다니게 되는데, 이들에게 무리하게 상의나 하의를 걷게 하거나 모자나 장갑 등을 벗기는 행위를 해서는 안 된다.
- 화상이나 외상으로 언어기능에 이상이 있는 경우, 충분한 답변시간을 주어야 한다.
- 부상으로 인해 응대가 어려운 경우 대리응답을 허용하며, 응답자가 충분히 내용을 확인할 수 있고 대리응답자가 정확히 표기했음을 본인 확인이 될 수 있도록 해야 한다.

2. 내부기관의 장애

1) 신장장애

신장장애는 만성신부전으로도 칭하며 인체의 불순물을 제거하고 체내의 수준을 균형 있게 유지시키는 신장이 정상적인 기능을 할 수 없는 상태일 때를 의미한다(김성희 외, 2020). 신장장애는 네프론의 계속적인 손실로 사구체 여과율이 감소되어 신장기능이 저하되면서 나타나며, 이때 사구체 여과율이 5% 이하까지 감소하면 말기신부전이라고 부른다. 만성신부전은 3개월 이상의 사구체 여과율의 감소, 3개월 이상의 요독증 증상, 요독증에서 초래되는 골질환인 신성골이영양증, 양측 신장이 모두 작아진 상태이다. 만성신부전의 치료방법은 신장이식이 최선이나, 신장이식에 적합한 조건을 갖추지 못했거나 기다리는 동안에는 혈액투석을 받아야 한다. 중증의 신장장애인은 일주일에 2~4회 투석을 받아야 하기 때문에 사회생활의 어려움과 동시에 큰 경제적 부담을 겪게 된다.

2) 심장장애

심장장애란 심부전증 또는 협심증의 증상 등으로 일상생활에 상당한 제한을 주는 심장기능의 장애가 지속되는 증상이다. 심장기능장애의 장애기준은 부정맥, 허혈성 심질환, 심부전으로 구분된다(김성희 외, 2020). 부정맥은 동결절의 맥박이 불규칙적이거나, 자극전도계가 아닌 부분에서 이상맥박이 발생하는 것이다. 정상적인 맥박이 전달되지 않거나, 심장박동수가 너무 빠르거나 늦어도 정상적인 맥박에 영향을 초래한다. 허혈성 심질환은 협심증, 심근경색, 심근증, 선천성 심질환이 포함된다. 협심증과 심근경색은 관상동맥의 이상에서 발생하며, 심근경색은 협심증의 종말상이라고도 부른다. 심근증은 심근에 변화가 생겨 기능장해를 초래하는 질환이며, 선천성 심질환은 선천적인 심혈관계 구조 및 기능질환이다. 마지막으로 심부전은 심장의 펌프기능장애로 정맥압이 상승하고, 충분한 양의 산소를 말초조직에 공급할 수 없는 상태를 말한다. 심장장애는 호흡곤란, 경정맥부종 등 다양한 증상이 갑작스럽게 발현되는데, 이 때문에 일상생활과 직업생활에 큰 어려움을 겪는다.

심장장애인을 지원할 때 고려할 점

- 인공심장을 가진 경우, 시계 초침 소리가 나도 그 소리에 대해 직접적으로 물어보지 않도록 주의해야 한다.
- 피로를 느끼는 경우에는 충분한 휴식을 취하거나 다음 약속을 잡는 것이 좋다.

3) 간장애

간장애란 간의 만성적인 기능부전과 합병증 등으로 인한 간기능의 장애이다. 간장애에는 간경변증과 간세포종암이 있는데(김성희 외, 2020), 우선 간경변증은 B형 및 C형 간염바이러스의 만성적인 감염과 알코올 과음이 원인이 되며 더 나아가 자가면역성 만성간염, 선천적 대사이상 또한 원인이 될 수 있다. 간의 염증이 오래 지속되면 간의 표면이 우툴두툴해지는데, 염증과 재생이 반복되어 간암이 발생할 가능성이 높아진다. 간세포종암은 대부분 간염바이러스에 의한 감염이다. B형, C형 간염바이러스가 정상 간세포에 작용하여 돌연변이를 일으켜 악화시킬 경우 발생할 수 있다. 전신권태감, 식욕부진, 소변의 농염, 황달 등이 증상으로 나타난다. 2021년에는 간염바이러스에 의한 합병증인 간신증후군과 정맥류 출혈을 심한 간장애로 인정하였다.

〈표 2-4〉 간장애 개정방안

구분	현행	개정	비고
간신증후군 정맥류 출혈	장애 미인정	심한 장애	신설

출처: 보건복지부(2021). 장애인복지법 하위법령 개정안 공포시행안.

4) 호흡기장애

호흡기장애란 폐나 기관지 등 호흡기관의 만성적 기능부전에 의한 장애로 인해 일상생활에 상당한 제한을 받는 것으로, 기관지염이나 만성 폐쇄성 폐질환, 폐기종, 천식 등이 포함된다(김성희 외, 2020). 기관지염은 기관지 점막 부분에 생긴 염증으로, 급성과 만성으로 나뉜다. 만성 폐쇄성 폐질환은 만성 호흡부전을 가진 환자들에게 폐렴 및 기관지염이 동반적으로 나타나는 폐질환이다. 폐기종은 폐를 구성하는 허파꽈리가 파괴되어 폐포가 확장되면서 영구적인 기도폐쇄가 발생하는 것으로 치료 후에도 상당한 기도폐쇄가 남아 있어 완전치유는 어려운 편이다. 천식은 평상시에 증상이 없다가도 갑작스러운 기도의 폐쇄로 호흡곤란이 일어난다. 초기에는 치료 가능성이 높지만, 만성화될 경우 폐기종 및 만성 기관지염과 유사한 소견을 띠게 된다. 돌발성과 지속성을 가진 장애이기 때문에 밖에 나가는 것조차 힘들어질 수 있어 일상생활 및 사회생활에 큰 타격을 입게 된다.

호흡기장애인을 지원할 때 고려할 점

호흡기의 착용, 호흡곤란으로 말하기 곤란한 경우 본인 의사를 미리 확인하여 대리응답 진행이 가능하다. 이 경우, 응답자가 충분히 내용을 확인하고 대리응답자가 정확히 표기했음을 확인할 수 있도록 한다.

5) 장루·요루장애

장루·요루장애는 배변기능 또는 배뇨기능의 장애로 장루·요루를 시술하여 일상생활을 하는 데 상당한 제한을 받는 상태이다. 장루·요루장애는 인간의 기본욕구이자 생존욕구인 배변기능에 장애를 갖게 되는 것으로, 대부분이 후천적 질병이 원인이 되어 발생한다(김성희 외, 2020). 장루는 인공항문, 요루는 인공방광을 뜻한다. 장루는 직장암이나 대장암, 가족성용종증, 궤양성대장염, 쿠론씨병, 장결핵, 거대결장증 등으로 장을 절제하고 항문이나 결장 및 회장을 통해 배변을 배출하는 기관이다. 요루는 상처나 방광암 때문에 방광을 절제하고 아랫배로 소변을 배출하게 하는 기관이다. 장루나 요루를 설치한 당사자는 스스로 배설을 조절할 수 없고 배뇨주머니를 자주 교체해야 하기 때문에 사회생활과 대인관계에 큰 어려움을 경험한다. 또한 배뇨주머니를 교체할 수 있는 편의시설이 부족하여 공동이용시설 사용에 제한이 크다. 2021년에는 배뇨근 수축이 없거나 현저히 감소된 사람을 장루·요루장애인의 범주로 포함하였는데, 지속적으로 간헐적 도뇨를 하는 사람, 인공방광수술을 한 사람, 완전요실금으로 항상 기저귀를 착용하는 사람이 포함된다.

〈표 2-5〉 장루·요루장애 개정방안

구분	현행	개정	비고
배뇨장애로 인하여 간헐적 도뇨를 하는 사람	장애 미인정	심하지 않은 장애	신설
인공방광수술을 한 사람	장애 미인정	심하지 않은 장애	신설
방광손상·절제 등에 의한 완전요실금	장애 미인정	심하지 않은 장애	신설

출처: 보건복지부(2021). 장애인복지법 하위법령 개정안 공포시행안.

장루·요루장애인을 지원할 때 고려할 점

- 괄약근이 없는 관계로 가스가 수시로 본인의 의지와 관계없이 배출되기 때문에 소리 내어 가스가 배출이 되거나 냄새가 날 때 자연스럽게 무시하는 것이 좋다.
- 대화 도중 주머니가 터졌을 때 가까운 화장실로 안내하고 심리적으로 안정을 시킨 후 되도록 따뜻한 물을 마련하여 닦을 수 있도록 도와준다.
- 당황하거나 놀라는 모습, 지나치게 신경을 쓰는 모습을 보이지 않도록 주의한다.

6) 뇌전증장애

뇌전증장애란 뇌세포신경의 장애로, 뇌신경세포가 일시적으로 이상을 일으키면서 과도한 흥분상태에 빠지는 현상을 말한다. 이에 따라 의식소실, 발작 등이 나타나게 되며, 부분발작, 전신발작, 미분류발작으로 나누어진다(김성희 외, 2020). 뇌전증은 특별한 원인을 발견할 수 없는 원인불명장애와 명확한 원인이 발견되는 징후성장애로 구분할 수 있다. 실제로 소아 뇌전증환자 중에서 70%는 원인을 발견할 수 없으며, 원인불명장애 중 특발성 간질은 어떤 방식으로 유전되며 어느 유전자가 관여되는지 명확하게 알려져 있지 않다. 그리고 징후성장애 중 소아징후성간질의 원인으로는 대뇌의 선천성 발달기형, 출생 전후에 발생한 저산소허혈성 뇌증, 뇌염, 두부외상 및 대사성 뇌질환이 있다. 이러한 뇌전증 발작이 뇌질환에 의한 부가적인 증상으로 발현될 수도 있기 때문에 원인 질환이 더 문제가 되는 경우가 많다.

뇌전증장애인을 지원할 때 고려할 점

- 대화 중 이상이 발생하는 경우 장애인을 눕게 하고 머리 아래 푹신한 것을 깔아준다. 또한 안경을 벗기고 넥타이, 단추, 허리벨트를 풀어주고 기도 유지를 해 주어야 한다.
- 주변의 딱딱하고 날카로운 물건을 치우고 경련 도중 어떤 것이라도 입에 넣어서는 안 되며, 경련이 끝났을 때에는 옆으로 뉘어서 숨쉬기를 도와주고 입안의 분비물이 흘러나오게 한다.
- 완전히 깨어날 때까지 음식물이나 물을 주지 않아야 하며, 완전히 깰 때까지 주변에서 지켜보아 주거나 지켜봐 달라고 도움을 청한다. 경련이 끝났는데도 숨을 쉬지 않는 경우 119를 불러야 한다.

3. 정신적 장애

1) 지적장애

지적장애는 현재 지적기능에 실질적인 장애가 동반된 상태를 의미한다. 과거에는 경도, 중등도, 중도, 최중도로 나누었으나, 최근에는 지원 강도에 따라 간헐적 지원, 제한적 지원, 확장적 지원, 전반적 지원으로 구분하고 있다(김성희 외, 2020). 대부분의 지적장애인들은 훈련을 통해 학문과 직업기술을 익힐 수 있는 IQ 50~70의 범위에 속한다. IQ 35~50의 중간범위에 속하는 사람들은 개인위생 처리와 기능적인 학습을 할 수 있고, 부분적 지원을 통해 다소 숙련된 작업이 가능하다. 중증지적장애에 속하는 IQ 35 미만의 사람은 운동발달과 의사소통능력 발달이 저하된 상태이며 복합적인 다른 장애가 있을 수 있다. 일상생활에 지속적이고 강도 높은 지원이 필요하다.

지적장애의 원인은 매우 복잡하고 사람마다 다를 수 있어 특정하기 어렵다. 그럼에도 원인을 크게 나누면 유전적인 요소와 출생 후 환경적 요소로 나눌 수 있는데, 이 두 가지가 복합적으로 섞여 있는 경우도 많다. 유전적인 원인은 경도장애가 많은데, 부모의 유전자가 원인이 될 수 있으나 비교육적인 양육환경, 무관심하고 부적절한 방법으로 아이를 키웠을 가능성이 높기 때문이다. 또한 임신 중에 발생하는 원인은 산모가 감염병에 감염되었거나 아주 심한 영양부족을 경험했을 경우, 모자의 혈액이 불일치할 경우 위험한 상태에 빠지면서 태아의 지능에 영향을 미칠 수 있다.

지적장애인을 지원할 때 고려할 점

- 지적장애인에게 행동할 때 주의할 점은 우선 대화를 나눌 때는 끝까지 주의 깊게 경청하여야 한다.
- 지적장애인이 할 수 있는 일은 스스로 하도록 최대한 기회를 제공해야 한다. 모두 대신해 주는 것은 지적장애인의 독립성을 저해한다.
- 또한 이들이 말하고자 하는 의사를 정확히 파악하도록 노력해야 한다. 의사소통할 때는 쉬운 단어를 선택하여 몸짓과 함께 천천히 반복해야 한다.
- 연령에 맞는 존칭어를 사용한다. 만약 자해행동을 하려고 하면 하지 말라고 하기보다 관심이 있는 이야기로 환기해 주는 것이 효과적이다.
- 지적장애인 지원을 위해 사전에 당사자와 가족 및 주변 사람들에게 장애인의 행동패턴 등을 정확히 물어본다. 욕구조절이 잘 안되거나 특정 음식이나 물건에 집착하는 경우가 있는지 파악해 두어야 그런 상황이 발생했을 때 적절히 대처할 수 있다.

2) 정신장애

정신장애는 생물학적 · 심리적 병변으로 인해 지능, 지각, 사고, 기억, 의식, 정동, 성격 등에서 병리학적 현상이 진행되는 것을 말한다(김성희, 2020). 과거 정신장애는 공식적인 장애가 아니었으나 「장애인복지법」의 개정으로 만성정신분열병과 정동장애가 장애 범주에 포함된 것이다. 정신장애는 정신분열병(조현병), 조현정동장애, 양극성정동장애, 재발성우울장애까지 4가지 영역으로 구성되었으나, 2021년 개정안을 통해 뇌의 신경학적 손상으로 인한 기질성정신장애와 강박장애, 투렛장애, 기면증으로 인한 행동 · 사고기능장애 4가지가 추가되어 총 8가지로 나뉘게 되었다. 먼저, 정신분열병은 조현병이라고도 칭하며, 원인으로 유전적 요인, 가족상호작용, 다양한 외부의 스트레스 등이 원인이 된다. 정신분열증은 정신적 기능들의 분절을 일으켜 사고 · 정서 · 행동을 현실로부터 분리시킨다. 정신분열증 환자는 대개 매우 낮은 자아존중감을 가지고 있어서 다른 사람들과의 관계에서 자기를 방어하는 성향이 높게 나타난다. 때문에 일차적으로 매우 자기중심적이고, 자기통제력을 유지하기 어려워 예측하기 어려운 행동을 보이기도 한다. 조현정동장애는 유전적 · 체질적인 소인 또는 기타 신경생리학적 원인에 의해 발생한다. 정동장애인의 기분은 외부적인 자극이 없어도 급변할 수 있다. 양극성정동장애는 조증과 울증증후들이 번갈아 나타나는 증상을 보인다. 재발성우울장애는 조증증후가 지속적으로 나타나는 조증장애와 울증증후가 재발하여 나타나는 울증장애로 구분된다.

또한 정신장애영역에서는 정신질환뿐만 아니라 강도가 낮은 신경증도 다루고 있는데, 우울장애가 이에 속한다. 우울장애의 원인은 우울증에 잘 걸리는 유전적 · 체질적 요인, 내분비대사나 신경생화학적 물질의 이상, 스트레스, 비관적 · 강박적 성격 및 의존적 성격을 가진 사람에게 흔히 발생할 수 있다. 우울증이 심해질 경우 삶의 의미를 상실하고 자살의욕과 자살기도가 나타날 수 있다.

또한 불면증, 식욕 및 체중의 감소, 근육통, 호흡곤란 등 신체증상이 동반될 수 있다. 우울증증상이 심한데도 환자가 치료를 거부하는 경우 항우울제나 항불안제 등의 약물을 사용할 수 있다.

2021년에 추가된 4가지 정신장애 범주 4가지 중, 기질성정신장애는 뇌의 신경학적인 손상이 원인으로 영상의학검사에서 신경학적인 뇌결손이 확인되는 경우를 말한다. 또한 강박장애는 강박질환으로 인해 사회적 · 직업적 기능에 큰 장애가 있는 경우이며, 본래 신경증에 포함되어 있었지만 최근 분리되었다. 그리고 투렛장애는 강박장애와 관련이 깊다. 투렛증후군은 반복적으로 갑작스럽고 빠르게 나타나는 근육의 움직임, 어떤 형태의 소리를 의미하는 틱(tics)증상이 복합적으로 나타나는 것을 말한다. 단순히 틱증상이 있는 것으로는 투렛장애 진단을 받을 수 없다. 투렛증후군의 진단기준은 YGTSS 척도의 total tic severity score 30점 이상, impariment score 30점 이상이고, 이 진단기준에서 운동틱과 음성틱을 모두 가지고 있어야 하며, 그에 따른 손상 여부가 있어야만 투렛장애로 인정된다(보건복지부, 2021). 마지막으로 기면증으로 인한 행동 · 사고기능장애는 기면증이란 질환에 근거하고 있으며, 기면증이란 일상생활을 하는 도중에 저항할 수 없을 정도로 강한 수면에 빠져드는 현상을 말한다. 급속안구운동이 발생하면서 졸도, 발작, 환각, 수면마비 등의 증상이 따르는데, 현재 장애로 인정되는 경우는 이 기면증 증상과 더불어 정신병적 증상이 동반되는 경우이다.

정신장애는 장애진단 직전 1년 또는 2년 이상 지속적으로 정신건강의학과적인 치료를 받아야만 장애로 등록될 수 있다. 때문에 최근에 정신질환증상이 생긴 사람이나 경제적 어려움으로 인해 지속적인 치료를 받지 못한 사람은 장애등록이 불가능하다. 정신장애인의 특성 및 그들의 삶에 대한 이해 부족과 의료적 기준만을 반영한 정신장애 등록기준으로 인해 많은 정신장애인들이 복지 사각지대에 놓이게 되었다는 비판이 제기되고 있다.

또한 정신장애 영역에서는 정신질환뿐만 아니라 강도가 낮은 신경증도 다루고 있는데, 우울장애가 이에 속한다. 우울장애의 원인은 우울증에 잘 걸리는 유전적 · 체질적 요인, 내분비대사나 신경생화학적 물질의 이상, 스트레스, 비관적 · 강박적 성격 및 의존적 성격을 가진 사람에게 흔히 발생 할 수 있다. 우울증이 심해질 경우 삶의 의미를 상실하고 자살의욕과 자살기도가 나타날 수 있다. 또한 불면증, 식욕 및 체중의 감소, 근육통, 호흡곤란 등 신체증상이 동반될 수 있다. 우울증 증상이 심한데도 환자가 치료를 거부하는 경우 항우울제나 항불안제 등의 약물을 사용할 수 있다.

〈표 2-6〉 정신장애 개정방안

구분	현행	개정	비고
조현병 양극성정동장애 재발성우울장애 조현정동장애	심한 장애	심한 장애+심하지 않은 장애기준	경증 신설
기질성정신장애	장애 미인정	심한 장애 또는 심하지 않은 장애	신설
강박장애	장애 미인정	심하지 않은 장애	신설
투렛장애	장애 미인정	심하지 않은 장애	신설
기면증으로 인한 정신장애	장애 미인정	심하지 않은 장애	신설

출처: 보건복지부(2021). 장애인복지법 하위법령 개정안 공포시행안.

정신장애인을 지원할 때 고려할 점

- 정신장애는 기능수행에 제한을 받을 뿐 지능이 낮다고 추측해서는 안 된다.
- 비장애인과 대화하듯 의사소통하는 것이 좋다.
- 약물이나 치료과정에 따라 인지과정이 느리고 이해가 느릴 수 있기 때문에 천천히 대화하며 경우에 따라서는 쉽게 설명해야 할 필요가 있다.

- 대화 시 인내심을 가지고 천천히 접근하는 것이 좋으며 편안하고 신뢰할 수 있는 분위기를 조성하는 것이 중요하다.
- 망상이 있는 경우, 장애인과 먼저 이야기하는 것이 바람직하며, 보호자와 이야기할 경우 장애인과 함께 있는 상황에서 하는 것이 더 효과적이다. 또한 장애인 스스로 자신의 증상을 다소 이상한, 정상이 아닐지도 모르는 부분이라고 인정을 할 때 지지를 해주는 것이 바람직하다.
- 우울증이 있는 경우, 현재 얼마나 우울한지 등 장애인의 감정상태를 공감해 준다. 모든 것이 잘 될 것이라고 격려하지 말아야 한다. 왜냐하면 자신의 고통에 대해서 이해를 잘 못하고 있다고 여길 수 있기 때문이다. 또한 꼭 나을 수 있을 것이라고 섣불리 약속하는 것도 치료가 잘 되지 않을 때 실망하게 될 수 있기 때문이다.
- 난폭한 경우 안전을 우선적으로 생각해야 하며, 적어도 한 사람 이상의 인원이 함께 있으면 압도할 수 있으므로 도움이 된다. 특히 더 난폭해지면 약물투여에 의해서만 조절되는 경우가 대부분이므로 정신과의사에게 의뢰해야 한다.
- 의존적인 경우 대화 시 한계를 분명히 정할 필요가 있으며, 그 한도 내에서 말을 기꺼이 들어주어야 한다.
- 충동적인 경우란 욕구충족을 지연하는 것이 힘든 것을 말하는데, 이럴 경우 받아들여지는 행동과 받아들여지지 않는 행동의 경계를 명확히 하고 행동에 대해서는 책임을 지게 하되 이들을 존경과 관심을 갖고 대하여야 한다.
- 편집성이 있는(사람들을 잘 믿지 못하는) 경우에는 존중하고 예의를 지키되 형식을 벗어나서는 안 된다(정중해야 한다). 따뜻한 공감과 표현은 오히려 의심을 사게 될 수 있다.

3) 자폐성장애

자폐성장애는 인간발달의 전 영역에서 일어나며, 대인관계 형성의 결여, 언어발달의 지연, 상동증, 과잉운동증, 자해행동 같은 행동장애 등이 동반되는 장애이다(김성희 외, 2020). 자폐성장애는 개인의 신체생리학적 특성, 개인을 둘러싼 사회 및 가정환경, 유전인자, 교육환경 등에 따라 각기 다른 특성을 나타내는데, 이로 인해 자폐스펙트럼장애라고 부르기도 한다. 자폐성장애는 뇌기능의 생물학적 결함을 가지는 뇌기능의 발달장애로 이해할 수 있으며, 자폐성장애로 진단받은 후 최소한 6개월이 경과되어야 판정을 받게 된다. 자폐성장애는 지적장애나 뇌전증을 동반하기도 하고, 감각자극에 대해 매우 예민하거나 특이하게 반응할 수 있다(김성희 외, 2020). 이러한 장애적 특성으로 인해 타인과 관계를 맺거나 사회활동에 어려움을 겪고 고립되기 쉬워 전체 생애주기에 걸쳐 지속적인 지원이 필요하다.

자폐성장애인을 지원할 때 고려할 점

- 자폐성장애인과 의사소통을 적절히 하기 위해서는 먼저 관계를 잘 형성하고 효과적인 의사소통방법을 찾아낸다.
- 특히 의사소통이 어렵다고 답변을 강요하기보다는 잘 지켜보고 특성을 알아낼 필요가 있다. 필요하다면 그림이나 사진 등을 활용한다.
- 장애인의 개별 특성을 빨리 파악해야 소통이 원활해진다. 사전에 당사자와 가족 및 주변사람들에게 장애인의 행동패턴 등을 정확히 물어본다.
- 자폐성장애인과 의사소통을 하게 될 때에는 의사소통의 좋은 모델이 되어 주고, 말이나 몸짓으로 요구를 적절히 표현할 수 있게 하는 것이 바람직하다.

4. 장애인복지법에 불포함된 유사 장애

「장애인복지법」에서는 15가지만을 장애로 인정하고 있으나, 타법에서는 개념적 구분이 상이하다. 복지지원의 경우 「장애인복지법」을 따르고 있어서 본서에서는 「장애인복지법」을 기준으로 15가지를 위주로 앞서 살펴보았다. 그러나 한 개인의 삶은 생애주기의 연속선상에서 이해될 필요가 있으며, 복지지원 또한 마찬가지이다. 문제는 법률에 따른 장애인 개념이 상이해서 학령기 때에는 지원이 되는데, 성인기에는 서비스 단절이 되는 문제가 있다는 점이다.

예를 들어 정서 · 행동장애를 보자. 한국에서 장애인복지법을 기준으로 할 때, 정서 · 행동장애를 가진 자는 장애인등록을 할 수 없다. 앞서 살펴본 15개 유형에 해당하지 않기 때문이다. 그러나 「장애인 등에 대한 특수교육법」에서는 학습과정 중 특수한 교육적 지원이 필요한 자를 장애인으로 규정하고 있기 때문에 「장애인복지법」상 장애 유형 구분이 중첩되는 범주들도 있지만 학습과정에서 독특하게 나타나기에 「장애인복지법」과 차별화된 유형들이 장애로 인정된다. 때문에 정서행동장애를 가진 자는 특수교육 지원을 받을 수 있다. 학령기 때에는 특수교육 대상자로 분류되지만, 성인기에는 「장애인복지법」에서 지원이 되어야 하는데 장애인으로 등록이 안 되기 때문에 장애인복지의 사각지대에 남게 된다.

「장애인 등에 대한 특수교육법」에서는 장애 유형을 시각장애, 청각장애, 정신지체, 지체장애, 정서 · 행동장애, 자폐성장애(이와 관련된 장애를 포함), 의사소통장애, 학습장애, 건강장애, 발달지체 등 10가지로 분류하고 있다. 정서 · 행동장애뿐만 아니라 학습장애, 건강장애 및 폭넓은 자폐스펙트럼 선상에 있는 이들도 특수교육 영역에서는 대상자로 보고 있다. 이렇게 「장애인복지법」에서는 인정되지 않으나, 타법에 의해 일부 서비스 영역에서 장애인으로 인정되는 유사장애를 몇 가지 살펴보고자 한다.

1) 정서행동장애

「장애인 등에 대한 특수교육법」에 따르면 정서장애는 지적 · 신체적 또는 지각적인 면에 이상이 없음에도 학습 성적이 극히 부진하거나 친구나 교사들과의 대인관계에 부정적 문제를 지닌 경우를 말한다. 또한 정상적인 환경에서 부적절한 행동이나 감정을 나타내기도 하며 늘 불안해하고 우울한 기분으로 생활하거나 감각적 자극에 대한 반응, 언어, 인지능력 또는 대인관계에 결함을 나타내는 장애를 말한다. 물론 개인차가 있으며 그 특성이 매우 다양하다. 일반적으로 낮은 학업성적을 나타내는데, 이는 부적절한 행동이 빈약한 학업 성취를 초래하거나 빈약한 학업 성취로 인해서 부적절한 행동이 나타나기 때문인 것으로 이해되고 있다. 정서행동장애 학생들이 보이는 특성 중 보편적으로 가장 자주 언급되는 행동은 과잉행동, 산만함, 충동성 등이 있다.

2) 학습장애

학습장애는 듣기, 말하기, 읽기, 쓰기 추리 혹은 수학계산능력에 심한 곤란을 나타내는 이질적인 장애집단을 칭하는 포괄적인 용어이다. 학습장애의 주요 특성은 평균 이상의 지적기능을 지니고 있으면서도 주의집중이나 지각, 기억력 등의 결함으로 인해서 특정 기술의 학습에 심각한 장애를 가진 것을 의미한다. 학습장애아들은 지속적인 학습적 실패의 경험 속에서 낮은 자존감을 보이거나 낮은 자아 개념을 갖는 어려움이 있다. 또한 주의집중장애와 과다행동성 주의집중장애가 함께 나타나기도 한다. 시청각 자극을 받아들이고 정리하고 해석하는 데 결함을 보이는 지각장애, 기억력과 인지적인 면에서의 문제를 보이기도 한다. 여러 가지 측면에서 발달장애와 유사하나, 지능상의 문제가 아니기에 지적 장애와는 구분된다.

3) 발달지체

발달지체는 장기간에 걸쳐 한 가지 이상의 발달영역에서 발달이 지체되거나 일탈적 특성을 보이는 것을 의미한다. 주로 영유아시기에 진단되는데, 발달지체

영유아는 특정장애나 식별된 문제를 지니기도 하고 지니지 않을 수도 있다. 즉, 영역별 발달의 과정을 면밀하게 지켜볼 필요가 있으며, 영역별 발달의 불균형이 나타날 때 진단한다. 주로 두 가지 이상의 발달영역에서 25%의 지체를 보이는 경우 발달지체라고 진단하고 있다. 많은 이들이 발달지체를 발달장애와 혼동하고 있는데, 이는 매우 다른 개념이다. 발달장애는 발달장애인법에 근거하여 개념화되는데, 지적장애와 자폐성장애를 포괄해서 발달장애라고 한다. 한편 발달지체는 인간의 다양한 발달 영역에서의 불균형이나 지체로 이해할 수 있으며, 발달장애를 진단받기 이전의 시기에 발달지체 또는 발달지연으로 보고 조기개입과 치료가 이루어지기도 한다. 즉, 발달지체는 영유아기에 많이 사용되는 용어로, 어떤 종류의 장애를 가졌다고 규정하기 이전에 발달이 늦어지거나 불균형적이라는 것을 나타내는 개념이다. 일부에서는 이와 유사하게 장애위험 영유아라고 표현하기도 한다.

4) 건강장애

건강장애 또한 「장애인 등에 대한 특수교육법」에서는 인정되나, 「장애인복지법」에서는 인정되지 않는 장애 유형이다. 만성질환 등 건강사유로 장기입원이나 통원치료를 받는 의료적 지원 대상자가 해당한다. 학교생활이나 학업수행에 있어서 건강문제로 제약이 있기에 이들을 위해서는 병원 내에 학교가 있는 '병원학교'가 운영되기도 하며, 치료와 학업을 병행하도록 지원한다. 주로 건강장애의 하위 범주에는 신장장애, 간장애, 심장장애 등의 만성질환이 포함되고 있다.

5) 경계선지능인

경계성 지적장애(Borderline Intellectual Functioning)는 일반적인 지적 능력

보다 경미하게 낮은 수준을 보이는 '낮은 정상(lower normal)'으로도 표현되며, 일반적으로 IQ(지능지수)가 약 70~85 범위에 해당하는 이들을 의미한다. 경계성 지적장애를 가진 개인은 학업, 인지, 사회성, 정서 및 행동 등 삶의 전반에서 어려움을 경험할 가능성이 높은 것으로 알려져 있다. 인지적 측면이나 생활적인 면에서 지적장애인과 유사한 특성이 많다. 그럼에도 불구하고 현행 「장애인복지법」상 정식적인 정신장애로 분류되지 않기 때문에 정책적, 제도적 지원으로부터 배제되어 있다. 또한 경증 지적장애인에 비해 지적능력이 높기 때문에 제도적 지원에 대한 사회적 관심과 합의가 부족한 상황이다.

CHAPTER 03

장애 관련 용어 및 태도

학습목표

1. 장애/장애인에 대한 실천에서 사회문화적 맥락(관련 용어 및 태도)의 중요성을 이해한다.
2. 장애/장애인과 관련한 올바른 용어(명칭 혹은 호칭) 사용은 어떻게 되는가에 대하여 고찰한다.
3. 장애/장애인과 관련한 인식/태도의 이론적 구성과 올바른 인식/태도형성을 위한 전략은 어떠한 것들이 있는가에 대해 이해한다.

장애/장애인에 대한 용어사용과 태도는 사회환경의 문화적 맥락의 중요한 요소 중 하나로서 그 의미가 매우 크다 할 수 있다. 즉 장애/장애인에 대해 어떠한 용어(명칭 혹은 호칭)를 사용하는가에 따라 그리고 장애/장애인에 대해 어떠한 인식과 태도를 견지하는가에 따라 장애 개념에 대한 이해는 물론 장애인에 대한 이미지와 우리 사회에서의 장애인에 대한 사회적 역할기대나 실천방향도 달라질 수 있는 것이다. 이에 본 장에서는 장애/장애인과 관련한 용어 사용의 역사적 맥락과 사용례를 살펴보고, 인식 및 태도와 관련한 이론적 내용을 바탕으로 실천현장에서의 개선노력들의 예시적 사례들을 간략히 살펴봄으로써 장애인과 함께 하는 일상적 사회환경에서의 긍정적 문화 영향을 위한 실천전략에 대해 고민해 보고자 한다.

1. 장애/장애인 관련 용어(명칭/호칭)의 이해

1) 용어(명칭/호칭)의 중요성

장애/장애인 관련 용어는 왜 올바로 사용해야 하는가? 장애/장애인에 대한 용어는 한 사회로 하여금 인지적 측면에서의 고정관념이나 편견, 감정적 측면에서의 호불호나 혐오, 행동적 측면에서의 차별 등에 중요한 요소로 작용하기 때문에 중요한 의미를 갖는다. 즉 언어는 단순히 대상에 대한 명명 이상으로 대상의 의미와 가치 등에 다양한 사유를 촉발시킨다. 그러하기에 언어는 단순히 언어 자체나 어감상의 불쾌감의 문제가 아니라 한 대상의 존재와 가치를 반영하고 권리성을 포함하는 중요한 차원인 것이다. 가령, 시각장애인을 장님이나 봉사, 소경이라고 부르는 것은 어의나 어감상 천대의 느낌 이상으로 이를 동등한 한 사람 혹은 권리주체로서 바라보기보다는 장애라는 부정적인 특성만으로 규정하여 의미를 부여하게 된다. 이러한 의미가 사회적으로 공유되면서 존재의 부정, 또는 무가치한 혹은 부정적 존재로 인식을 확장시킨다.

어떤 사물/사람에 대한 용어(명칭/호칭)는 그 사물/사람에 대한 대외적 이미지 등의 인식형성에 큰 영향을 미치며, 이는 그 사물/사람에 대한 사회적 가치평가의 반영이 되기도 한다. 따라서 용어는 사회적으로 중요한 역할모델을 기대하게 하기도 하고 때로는 잘못된 편견이나 선입견을 불러일으키기도 한다. 즉, 그 사회의 문화나 관습, 태도 등은 언어적 표현에 반영된 하나의 산물인 것이다. 따라서 이러한 용어 사용에 예민한 반응을 보이며, 긍정적 용어 사용에 주의를 기울여야 한다.

모든 명칭이 마찬가지겠지만 특히 장애/장애인을 부르는 용어는 그것이 일반인의 의식을 대변하고, 사회적 가치평가와 태도에 중요한 영향을 미치기 때문에 올바른 용어의 선택과 활용이 매우 중요하다.

우리나라에서는 공식적으로 '장애인'이란 용어를 사용하고 있다. 이 용어 역시 장애인에 대한 긍정적 인식/태도 형성에 100% 만족스러운 용어는 아니지만 보편적 사용에 가장 무난하며 무리가 없어 보인다. 공식용어로서 '장애인'을 사용하기까지 변화과정을 통해 확인할 수 있다.

인간의 역사는 다수의 보편성을 기준으로 한다. 그래서 소수의 특수성을 집단화시키는 경향이 있다. 사람들은 외견상 뚜렷하게 나타나는 기능적 결함을 병신으로 낙인 찍어놓고 차별하기 시작했다. 그러다 불구자라는 용어로 바꾸어 시혜를 베풀어야 하는 대상으로서 무능을 기정사실화했다. 세월이 흘러 1981년 UN에서 '세계 장애인의 해'를 선포하자 일본 자료를 번역하면서 장애자라는 새로운 명칭을 만들었다. 그 당시는 심신장애자라는 용어를 많이 사용했지만 심신이 의미하는 것이 몸과 마음의 장애를 함께 표현하는 인상을 주기 때문에 심신을 빼고 장애자로 표기했다. 장애자라고 부르던 시절은 장애인에 대한 인식이 동정적이었기 때문에 '놈 자(者)' 대신 '사람 인(人)' 자를 붙인 장애인으로 바꾸자는 논의가 있었고 「장애인복지법」이 개정되면서 1989년부터 장애인이란 용어가 공식화되었다. 최근에는 '벗 우(友)'자를 붙여 장애우라는 용어도 자주 사용한다. 이 용어 사용에 있어 현시점에서는 다양한 논쟁과 오해의 소지가 있는 만큼 가급적 법적 용어인 장애인으로 사용하는 것이 보다 적절하다 판단된다.

용어는 문자형태만을 의미하는 것은 아니다. 〈그림 3-1〉과 같은 상징체계도 상징적 상호작용의 중요한 요소이다. 〈그림 3-1〉의 좌 · 우에 있는 두 그림의 느낌이 어떠한가? 왼쪽 상징은 장애인이 부동의, 무기력한, 아파 보이는, 의존적인 느낌이 강하다. 반면, 오른쪽 상징은 활동적인, 진취적인, 생동감 있는, 의지가 있어 보이는 느낌이다. 이러한 느낌은 장애인에 대한 이미지에 영향을 미치고, 사회적 역할규정의 의미 설정에도 영향을 미친다.

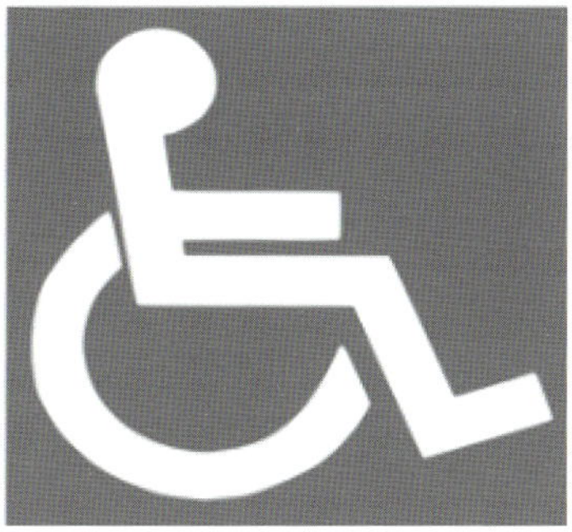 

〈그림 3-1〉 우리나라 장애인 표지(왼쪽)와 미국 뉴욕시의 장애인 표지(오른쪽)

2) 장애/장애인 관련 용어의 종류와 변천과정

(1) 시각장애인

시각에 장애가 있어서 앞을 볼 수 없는 사람을 가리키는 용어는 참으로 다양하다. 그만큼 용어 사용에 어려움이 많다. 다행히 시각장애 관련 용어에 대한 자료가 풍부해 정확한 내용을 알 수 있다.

① 맹인

가장 오랫동안 사용되고 있는 대표적인 용어이다. 맹인이란 용어가 처음으로 역사에 나타나기 시작한 것은 삼국시대이다. 맹인은 직업에 따라 여러 가지로 부르게 되었는데 맹인이 박수무당이면 맹석이라고 했고 승려이면 맹승, 점복을 하면 맹복이라고 했다.

고려시대와 조선시대에는 관직을 갖고 있는 맹인들이 많았는데, 그런 경우는 맹관이라고 했다.

② 소경

소경은 고려시대의 종사품 벼슬이다. 서경 벼슬을 받은 맹인을 소경님이라고 부르다가 나중에 존칭이 빠지고 소경이 시각장애인을 뜻하게 된 것으로 본다.

③ 봉사

봉사는 조선시대 종팔품 관직명이다. 봉사라는 명칭은 조선시대 관상감의 음양과를 담당하는 맹인으로 이러한 맹인들을 봉사님이라고 부르던 것이 맹인의 일반적 명칭으로 변화된 것이다.

봉사가 맹인의 일반적인 호칭이 된 후, 효녀 심청과 심봉사의 이야기를 통하여 봉사란 명칭이 널리 보급되었고 그로 인하여 봉사란 단어가 저속한 명칭으로 바뀌게 되었다.

④ 장님

조선 중기 이후 맹인들은 맹청을 설립하고 단체활동을 했다. 이 맹청에서 맹인들 사이에 여러 가지 명칭이 사용되었다. 그 중 형으로 보기에는 연령이 높고 아저씨로 보기에는 연령이 낮은 손위 맹인을 '긴 장(長)'에 높임말인 '님'을 써서 장님이라고 불렀다고 한다. 그러니까 장님은 맹청 대에서 존칭으로 사용되던 말인데, 무당의 장님타령 등으로 인해 경멸하는 호칭으로 전칭되었다.

장님타령은 무당들이 맹인의 눈을 낫게 한다는 것인데 그 내용이 저속하여 장님을 비하하는 명칭이 되고 말았다.

⑤ 기타 명칭

그 밖에 고자, 판수, 당주라는 명칭도 있다. 고자는 맹인을 가리키는 말로 조선 초기에 나오는 명칭이다. 판수는 맹인 점목자를 일컫는 말로 사용되었고, 당주는 나라의 기도를 맡아보던 맹인으로 벼슬 명칭이다.

시각장애를 가리키는 명칭으로 한쪽 눈이 실명한 애꾸눈, 외눈박이, 오대박이가 있으며, 시력이 약한 사람을 반소경이라고 하기도 하였다.

또한 사시안을 가진 경우 사팔뜨기나 사팔이라고 놀림말로 부른다.

이와 함께 사용되는 동사로는 멀다, 앞 못 보다 등이 있고, 시각장애로 인해 손으로 만져보는 행동을 더듬다, 더듬거리다로 표현한다.

(2) 청각 및 언어장애인

고려시대 폐질이라는 질병 속에 청각장애가 포함되어 있었고, 조선시대 세조 실록에 보면 농아라는 표현이 나온다. 그리고 정조 7년에 불구 폐질자 범주에 벙어리를 규정하고 있는 것이 발견된다.

일제 강점기에 농아자라는 용어를 조선총독부 재생의 규칙에서 찾아볼 수 있고, 해방 이후에도 농아자라는 단어를 사용하다가 1977년 「특수교육법」이 제정되면서 청각장애자라고 불렀다. 다시 1989년 「장애인복지법」이 개정되면서 청각장애인이 되었지만 요즘도 농아인이라고 부르는 사람들이 많다.

이 밖에 소리를 듣지 못하는 사람을 귀머거리라고 하고 구개파열로 인한 언어장애인을 언청이라고 하는데, 언청이를 놀려서 언청샌님 또 언청이를 얕잡아서 재보라고 부르기도 한다.

그리고 동사로 소리를 듣지 못하는 것을 먹다라고 하고, 언어장애로 말을 정확히 하지 못하는 것을 더듬다, 더듬거리다, 더덜거리다 등으로 표현한다.

(3) 지체장애인

삼국시대에는 장애인을 병자와 구분 없이 받아들였고, 고려시대에는 다소 발전하여, 독질 속에 2지 절단자, 폐질 속에 1지를 못 쓰는 사람과 난쟁이가 포함되었다. 조선시대에 들어 세조 3년에 건벽이라는 명칭이 나오는데 해석하면 앉은뱅이이다.

일반적으로 신체의 일부분이 온전하지 못한 것을 불구라고 했으며, 그것을 비하하여 병신이라고 칭했다. 앉은뱅이 또는 반신불수로 부르다가 지체부자유자, 신체장애자, 지체장애인 등으로 발전해 갔다.

신체의 어느 부위가 온전하지 못하느냐에 따라서 여러 가지 용어로 나누어지는데, 등뼈가 튀어나온 척추장애인을 가리키는 용어로 곱사등이, 곱사, 꼽추 등이 있다. 그리고 키가 몹시 작은 왜소증장애인을 난쟁이, 난장이라고 하고, 얕잡아서 땅딸보, 딸보, 땅개, 작다리라고 부르기도 한다.

팔에 장애가 있는 경우 팔이 꼬부라져 붙어서 펴지 못하면 곰배팔이, 곰배팔, 곰배라고 하고, 한쪽 팔이 절단된 장애인은 외팔이, 외팔뚝이라고 하며, 팔이 굽혀지지 않으면 뻗팔이라고 한다. 또한 사용할 수도 없는 작은 손을 조막손이라고 부른다.

그리고 다리에 장애가 있는 경우, 다리를 절면서 걸으면 찐따, 절름발이, 절뚝발이, 절뚝이라고 하고, 다리가 휘어져 있으면 곱장다리, 안짱다리, 다리가 구부러지지 않으면 뻗정다리라고 한다. 또한 다리 한쪽이 없으면 외다리, 외짝다리라고 부른다. 다리를 저는 모습을 잘록거리다, 잘름거리다, 절뚝거리다, 절름거리다, 절쑥거리다 등으로 표현한다.

(4) 지적장애인

고려시대의 폐질 속에 백치가 포함되어 있는 정도 외에 역사적인 근거는 발견되지 않고 있으나 지적장애인을 가리키는 용어는 매우 다양하다. 바보, 등신, 칠뜨기, 팔푼이, 팔삭둥이, 얼간이, 떨떨이 등이다. 저능아를 거쳐 정신박약자로 부르다가 「장애인복지법」 개정으로 지적장애인이 되었다. 그러나 요즘은 지적

장애의 원인에 따라 그 명칭이 세분화되고 있다. 몽고리즘(다운증후군) 정서장애인 등 각기 다른 명칭을 사용한다. 지적장애의 동사로 뒷귀먹다가 있는데 이것은 어리석어서 사물을 잘 이해하지 못하는 것을 의미한다.

(5) 기타 장애

장애 유형에 따라 얼굴 모양이나 신체가 기형적으로 생긴 사람은 기형장애인이라고 한다. 뇌성마비, 척수손상, 척추측만, 절단, 근육병 등으로 장애를 갖게 되면 뇌성마비인, 척수장애인, 척추장애인, 절단장애인, 근육병장애인이라고 부른다. 그리고 키가 몹시 작은 경우를 왜소증장애인이라고 한다.

장애 발생시점에 따라 선천적 장애인, 후천적 장애인(중도장애인)이라고도 하며, 중도에 장애를 갖게 된 원인이 교통사고이면 교통장애인, 산업재해이면 산재장애인이라고 부른다.

장애 정도에 따라 장애가 심하면 중증장애인, 가벼우면 경증장애인이라고 하며(이는 법적으로 구분하는 것이지 장애 정도의 개념은 상황에 따라 달라질 수 있는 상대적인 것임을 간과해서는 안 됨), 법적 장애 정도에 따라 1~6급 장애인이라고도 한다.

3) 올바른 장애/장애인 관련 용어 사용

우선 법적 장애가 있는 사람을 '장애인'으로, 그렇지 않은 경우를 '비장애인'으로 부른다. 비장애인을 정상인이라고 부르는 것은 장애인을 정상적이지 못하다고 구분하는 것으로 오해할 수 있기 때문에 비장애인이라는 용어를 사용하는 것이 적절하다. 일반인이라는 용어도 장애인을 일반적이지 않은 특수한 존재로 취급하는 느낌이 있어 가급적 사용하지 않는 것이 좋으나 부득이하게 문맥상 사용해야 하는 경우 정상인보다는 일반인이 부정적 느낌이 적다.

장애인이라는 용어는 공식적으로 사용 가능하지만, 장애를 가진 사람을 특정 집단으로 일반화시킬 우려가 있다는 측면에서 완전히 만족스럽지는 않다. 이런 이유 때문에 '몸이 불편하신 분'처럼 이 용어를 풀어서 표현하기도 한다. 하지만 그 몸이 일부 신체에 국한되어 제한적이라는 것 때문에 현재는 일부에서만 사용된다. 그래서 장애가 있는 분들이나 장애를 가진 분들이란 표현이 적적할 듯하다. 장애 종류에 따라 시각장애가 있는 분들, 시각장애를 가진 분들이라고 사용하면 된다. 영어표현도 마찬가지이다. the disabled(handicapped) person이라고 하면 사람 전체가 장애상태임을 뜻하지만 the person with disability(handicap)이라고 하면 신체 일부만 장애가 있음을 의미하기 때문에 후자를 선호하고 있다. 혹은 with disability보다는 different ability라고 하여 보다 긍정적인 측면을 강조할 수도 있다.

방송에서 애청자를 지칭할 때는 장애인 여러분들 또는 장애인 가족들이라고 여러분이나 가족을 붙이는 것이 훨씬 인간적이다. 만약 장애인들이 갈 수 있는 곳을 소개해 준다고 한다면 무척 건방진 느낌을 줄 수 있지만, 장애인 여러분들이 갈 수 있는 곳이라고 하면 장애인에 대한 존대감이 든다.

이 밖에도 장애청소년, 장애학생, 장애여성, 장애주부와 같이 장애만 붙이는 것이 편할 때가 있다. 예를 들면, 장애인학생이라고 하면 사람을 뜻하는 명사가 겹치기 때문에 이상하다. 그래서 장애를 형용사로 만들어 붙이는 것인데 경우에 따라 그것이 어색할 때도 있다. 장애부모가 바로 그 경우인데 이런 때는 장애인부모라고 표현한다.

장애 때문에, 장애로 인해, 장애에도 불구하고, 비록 장애는 가졌지만과 같은 표현을 많이 사용한다. 불구하고나 비록이라는 표현도 장애인들이 반기지 않는 서술이다. 이들 단서를 붙이면 장애를 부정적으로 인식하게 되기 때문이다.

장애를 비유해서 사용하는 것은 정말 다양하다. 눈먼 돈, 벙어리 냉가슴, 절름발이 정국, 불구가 된 국회 등 바로 그런 비유이다. 가급적 사용하지 않는 것이 좋다.

〈표 3-1〉 올바른 용어 사용

<table>
<tr><th>구분</th><th>잘못된 호칭</th><th>올바른 호칭</th></tr>
<tr><td rowspan="2">장애/장애인 일반</td><td>병신, 불구자, 장애자</td><td>장애인</td></tr>
<tr><td>정상인</td><td>비장애인</td></tr>
<tr><td rowspan="4">지체장애</td><td>앉은뱅이, 절름발이, 절뚝발이, 찐따</td><td rowspan="4">지체장애인</td></tr>
<tr><td>곱사등, 꼽추, 곱사</td></tr>
<tr><td>외팔이, 외팔뚝이</td></tr>
<tr><td>난쟁이, 땅딸보</td></tr>
<tr><td rowspan="3">시각장애</td><td>장님, 소경, 봉사</td><td rowspan="3">시각장애인
(맹인 혹은 저시력인)</td></tr>
<tr><td>애꾸눈, 외눈박이</td></tr>
<tr><td>사팔눈, 사팔뜨기</td></tr>
<tr><td rowspan="2">청각/언어장애</td><td>귀머거리</td><td>청각장애인
(언어장애 중복일 경우 농아인)</td></tr>
<tr><td>벙어리</td><td>언어장애인
(청각장애 중복일 경우 농아인)</td></tr>
<tr><td rowspan="2">발달장애
(지적 및 자폐성장애)</td><td>도라이, 바보, 얼간이, 등신, 백치</td><td rowspan="2">지적장애인
자폐장애인</td></tr>
<tr><td>정신박약</td></tr>
<tr><td>정신장애</td><td>정신병자, 정신이상자, 미친놈</td><td>정신장애인</td></tr>
<tr><td rowspan="4">기타</td><td>곰보, 곰보딱지, 곰네</td><td rowspan="2">안면장애인</td></tr>
<tr><td>혹부리</td></tr>
<tr><td>배냇병신</td><td>선천성 장애인</td></tr>
<tr><td>애자</td><td>이름</td></tr>
</table>

올바른 용어 사용

장애/장애인 관련 용어 외 평상시 별 문제의식 없이 쓰는 많은 용어의 오용 가능성을 이해하고 가급적 올바른 언어 사용을 하도록 하자.

쓰지 말아야 할 표현(예)	쓰지 말아야 할 이유 및 바른 표현
장애인 인권	
꿀 먹은 벙어리, 벙어리 냉가슴, 눈 뜬 장님, 장님 코끼리 만지는 꼴, 절름발이 영어	장애를 빗대어 부정적인 이미지 담음
'장애를 앓고 있는'	장애를 질병으로 연상시킴
장애에도 불구하고, 성치 않은 몸으로	장애에 대한 동정어린 시각 담음
장님, 귀머거리, 정신지체, 저능아	시각장애인, 청각장애인, 지적장애, 발달장애
정상인(장애인의 반대말)	비장애인
성평등 · 외국인과 이주민 인권	
여류 화가, 여류 작가	전문직 여성을 불필요하게 강조
꿀벅지, 베이글녀, 쭉쭉빵빵	여성의 신체적 특성을 지나치게 강조
김여사	중년 여성을 비하
접견녀(여성 변호사), 된장녀, 내연녀	여성 비하
미망인	가부장적 표현, 유족이나 고인의 아내로 순환
짱깨(장궤), 왕서방, 짱골라, 쪽발이, 왜놈, 똥남아, 똥냥인	외국인 비하
용병	외국인 선수
불법체류자	미등록 외국인
노인 · 어린이 · 청소년 인권, 성적 소수자 인권	
판단이 흐린 노인, 노친네들	노인에 대한 부정적 이미지 담음
동성연애	동성 간의 성적인 부분만 부각시킨 표현, 동성애가 적합
"쟤, 다문화래!"	다문화 아동 비하
꽃제비	탈북 청소년
민주주의와 인권	
공권력 투입	경찰 투입을 정당화함
불법집회	미신고 집회

일제시대	일제 강점기
광주사태	광주민주화운동
한남충(한국남자벌레), 일베충(보수사이트인 일간베스트저장소 이용자), 유족충, 개독교	특정집단에 대한 혐오
멍청도, 견상도, 전라디언, 개쌍도, 홍어(전라도 비하)	지역 비하
부천 계모학대	해당 지역이 아동학대의 온상인 것처럼 비칠 수 있음
빨갱이, 보수꼴통(수골), 종북	정치적·이념적 성향에 대한 집단비하
윤락	'타락한 여성이 몸을 판다'는 가치판단 포함, 성매매가 적합
정신분열증	조현병
편부모	한부모

2. 장애인 관련 인식/태도 이해

1) 장애인에 대한 인식/태도의 이론적 고찰

(1) 중요성

장애인에 대한 인식 및 태도의 중요성은 장애/장애인과 관련된 법적/제도적 규정과 일반인의 인식/태도 간에는 차이가 있을 수 있다.[1] 이러한 차이의 정도

1) 이론적으로 인식은 태도의 인지적 요소로서 한 부분에 지나지 않기에 '태도' 중심적 논의가 보다 적절하다고 판단되나, 실천현장에서 일반적으로 '장애인식개선프로그램' 등과 같이 인식이라는 용어를 보다 광범위하게 사용하고 있기에(실제적 내용은 태도까지 포괄) 본서에서는

와 이유에 대한 설명은 사회문화적 측면에서 중요한 의미를 갖는다. 또한 장애를 사회적 장애(social disability)로 규정할 경우 장애-환경 간 관계개선이 중요한데, 이때 환경에는 물리적 환경, 제도적 환경, 인식 및 태도와 관련된 대인환경이 있을 수 있다. 따라서 정책적으로 장애인의 참여와 복지제공(인권보장)의 사회적 합의 및 정당성 확보와 관련된다. 즉 장애인에 대해 기회(의무고용을 통한 고용기회의 나눔)와 비용(세금을 통한 장애연금 지급)을 실현하는 데 있어 사회적 인식/태도는 제도 운영의 중요한 수용성을 결정하게 된다. 또한 제도적 장애규정 → 사회적 인식 → 제도적 규정 → 사회인식과 같이 순환적 관계를 갖게 되어 제도 발전에도 긍정적인 영향을 미칠 수 있다. 실천적으로는 복지과정의 실천 프로그램과 전략의 변화가 있으며(동반자로서 참여를 강조), 인권운동과정의 비장애인 참여가 중요한 의미를 가진다.

이제는 더 이상 장애인이 소수자가 아닌 상황에서 여전히 장애인에 대한 잘못된 태도를 갖고 있는 것이 우리 사회의 현 모습이다. 이렇게 잘못된 태도를 갖고 있는 것은 무엇 때문인가? 가장 중요한 이유는 장애인을 볼 수 없기 때문이다. 볼 수 없으니 관심도 없고, 관심이 있다 해도 정확하지 않은 정보와 경험에 비추어 잘못된 인식/태도를 갖게 되는 것이다.

장애인복지의 기본 이념이자 궁극적 목표가 사회통합과 정상화이며, 이를 위해서는 개인적 변화(장애인의 변화)와 사회적 변화(장애사회의 변화)가 동시에 수반되어야 한다. 이때 사회적 변화에서 물리적 · 제도적 · 태도적 변화가 중요하다. 즉, 장애인에 대한 사회의 태도는 장애인을 단순히 물리적 · 형식적 · 제도적으로만 통합시키는 것이 아니라 비장애인과 동등하게, 그리고 자연스럽게 함께 살아가기 위해 반드시 비장애인의 수용적 태도가 필수적이다.

인식과 태도를 이론적 구분과는 별개로 실용적 측면에서 혼용하여 사용하고자 함을 사전에 밝힌다.

(2) 태도의 개념

태도는 특정 대상(사람, 사물, 사건 등)에 대한 일종의 반응이며, 지속적 평가를 의미한다. 단, 행동 자체로 직접 나타나는 것이 아닌 것을 말하며(Albarrcin et al., 2005),[2] 항상 그러한 것은 아니지만 이러한 태도가 특정 의사결정이나 행동으로 이어질 가능성은 높다고 이야기하는 것이 보통이다(가령, 장미꽃을 좋아하는 태도를 갖고 있으면, 여러 꽃 중 장미꽃을 사는 행동을 할 가능성이 높음).[3] 그래서 태도는 특정 행동을 빠르고 효율적으로 하게 하는 기능을 하고, 동시에 특정 대상에 접근하거나 회피하는 등의 의사결정에도 중요한 기준이 된다.

태도와 관련한 일반론적 구성요소로는 대상에 대한 맞고 틀림의 판단이나 신념과 관련한 인지적 요소(cognitive component), 좋고 싫음 등 우호성으로서의 반응과 관련한 감정적 요소(affective component), 그리고 표면적 행동을 할 의사나 의도(behavioral intension), 혹은 방식으로서의 행동적 요소(behavioral component) 등으로 이루어진다(Zanna & Rempel, 1988). 따라서 하나의 태도가 형성된다는 것은 일반적으로 인지적 판단과 감정적 선호, 그리고 행동적 의도의 합에 의해 특정 대상을 평가하고 그에 부합되는 지향적 반응을 취한다고 할

2) 태도에 대한 이해를 쉽게 말하면 우리가 일반적으로 쓰는 '좋다/싫다', '선호하다', '중요하다', '존경하다' 등의 표현이 태도의 일환이라고 할 수 있다("나는 내 휴대폰이 너무 좋아" 혹은 "나는 세종대왕을 존경합니다" 등).

3) 태도가 일반적으로 행동으로 이어질 것이기 때문에 행동을 이해하고 예측하는 행동과학에서 태도는 매우 중요한 요소 중 하나로 인정받는다. 그러나 일부 실험연구 등에서 태도가 항상 행동으로 이어지지 않을 가능성도 충분히 있다는 것을 보고하고 있는데, 예컨대 미국 내 호텔 직원의 유색인종 손님에 대한 태도와 행동조사에서 사전조사의 경우 유색인종에 대해 긍정적 태도(선입견이 없음 등)를 견지한 직원이 사후적으로 실제 유색인종 손님을 만났을 때 응답한 태도와는 달리 차별적 행동을 보인 경우를 발견함으로써 태도와 행동의 불일치 가능성을 일부 밝히기도 하였다. 따라서 태도는 행동의 중요한 전제조건으로 충분한 의미를 갖지만 항상 같은 흐름은 아닐 수 있음을 기억하기 바란다.

수 있다. 물론 구성요소 중 하나 혹은 두 요소만으로 태도가 형성되기도 한다. 따라서 동일한 태도라 하더라도 그 이유는 상이할 수 있는데, 이는 태도 형성에 어떤 요소가 보다 중요한 영향을 미쳤는지에 따라 달라질 수 있기 때문이다. 가령, 장미꽃을 똑같이 좋아하는 사람이라 하더라도 그 이유와 관련하여 어떤 사람은 향기가 좋다는 정서적 반응의 일환으로 좋아하는 태도를 취할 수 있고(정서기반 행동), 어떤 사람은 장미꽃이 갖는 상징성의 의미에 대한 인지적 공감(객관적 속성에 대한 우선적 믿음)을 통해 좋아할 수도 있다(인지기반 행동). 또한 행동결정에 충분한 시간이 있고 심사숙고를 할 경우 의도가 가장 중요한 요소로 작용할 수도 있는데(의도기반 행동), 계획된 행동이론(theory of planned behavior)은 이 부분을 이론화한 것이며 〈그림 3-2〉와 같이 나타낼 수 있다.

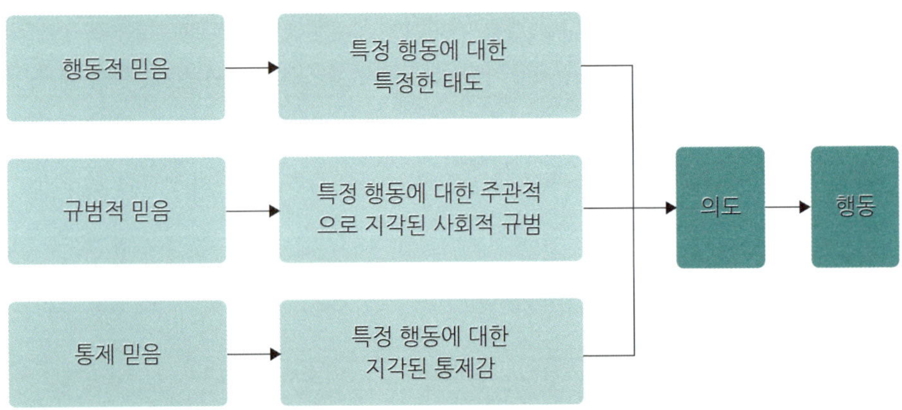

〈그림 3-2〉 계획된 행동이론의 모형

또한 태도는 동일한 유형의 태도라 하더라도 그 강도에서 차이가 있을 수 있는데, 이를 태도강도(attitude strength)라고 한다. 태도강도가 높을수록 해당 태도가 빠르고 쉽게 떠오르게 되고, 이를 빠르게 의사결정에 반영할 가능성이 높으며, 잘 변하지 않는 특성을 갖는다. 태도강도가 높아지는 경우, 대상에 대한 직접적인 경험(Fazio et al., 1983), 대상에 대한 빈번한 생각, 표현, 논의 등이 있다(Tesser et al., 1995).

태도의 이론적 이해와 관련한 개념 중 몇 가지를 소개한다.[4] 우선 한 개인의 내부적 요인과 관련하여 자동적 사고(automatic thinking)와 통제된 사고(controled thinking) 개념이 있다. 자동적 사고는 빠른 생각(fast thinking)이라고도 하는데, 이는 우리가 어떤 대상을 접하고 이에 대한 인식/태도를 취할 때 기존에 갖고 있던 나름의 사고체계(스키마)에 근거하여 인식/태도를 형성한다는 것이다. 가령, 과거에 장애/장애인과 관련하여 제한된 정보나 잘못된 지식으로 일정부분 부정적 사고체계를 형성하고 있었다면, 현시점에 그 대상인 장애/장애인을 만나면 자동적으로 그리고 빠른 속도로 기존 방식대로 인식/태도를 형성하게 된다는 것이다. 이에 비해 통제된 사고는 느린 생각(slow thinking)이라고도 하는데, 이는 기존 사고체계에 현재 시점에서의 새로운 정보와 상황 등을 고려하여 추가적 사고과정을 통해 인식/태도를 형성한다는 것이다. 일반적으로 전면에 부각되는 대상정보에 대해 자동적 사고를 통해 평가하는 경우가 많으나 이는 평가오류의 가능성도 높음을 의미한다. 따라서 정확한 판단을 위해서는 해당 대상의 내재적 요소뿐 아니라 상황적 요소도 충분히 고려하고 이와 관련한 다양한 정보 경로를 소홀히 하지 않으면서 사고과정에 첨가하는 것이 중요하다. 이러한 사고가 통제된 사고이고 이럴 때 비로소 보다 적확한 인식/태도 형성이 가능하다.

다음으로 한 개인의 외부적 요인과 관련된 것으로 동조(confirmative)라는 개념이 있다. 동조는 타인의 행동에 영향을 받아 본인의 인식/태도를 결정하는 것이다. 이와 관련된 대표적 사례로 골드스타인(Golestein et al., 2008)의 호텔 투숙객의 수건 재사용 캠페인과 관련하여 접근전략별 효과성을 비교한 연구가 있

4) 이와 관련한 구체적 내용은 대니얼 카더만(Daniel Kahneman)의 『생각에 관한 생각: 우리의 행동을 지배하는 생각의 반란(Thinking, Fast and Slow)』을 참고하기 바란다.

다. 핵심적 연구결과는 투숙객에 대한 다양한 캠페인 전략으로 환경보호를 강조하는 전략, 도덕적 시민으로서 에너지 절약을 강조하는 전략, 상당수의 투숙객이 수건 재사용을 실행하고 있다는 전략 등이 있었는데, 그 중 세 번째 타인의 행동정보를 제공한 동조전략이 가장 효과가 높은 것으로 확인되었다. 이와 같이 동조는 어떤 상황에서 정보가 충분치 않을 때나 규범적 판단이 모호할 때 등에 타인의 행동을 기준 삼아 인식이나 태도를 결정하는 심리현상 중 하나이다. 따라서 장애/장애인과 관련해서도 상당수의 타인이 상황에 맞는 올곧은 행동을 한다고 정보를 제공할 경우 이에 영향을 받아 올바른 인식이나 태도를 형성할 가능성이 높다. 이러한 동조현상이 집단적으로 확산될 경우 사회적 감염(social contingency)을 통해 긍정적 전파나 확산 가능성도 충분히 있을 수 있다.

(3) 태도개선방법

다음에서는 일반적인 경우의 태도변화방법과 장애인에 대한 비장애인의 태도변화방법을 차례로 소개하겠다. 이 두 가지 방법 등을 충분히 고려하여 태도변화 혹은 인식개선프로그램을 구사하면 보다 효과적인 프로그램 전략에 도움이 될 것이다.

① 예일의 태도변화접근법

예일의 태도변화접근법(Yale attitude change approach)은 태도변화에 의사소통 요소가 영향을 미친다고 생각한다. 즉, 일반적 의사소통의 3대 구성요소인 화자(누가), 청자(누구에게), 메시지(무엇을 말하는가?) 등 각 요소의 성격과 서로간의 관계에 따라 상이한 태도형성 및 변화가 나타날 수 있다고 설명한다.

우선, 화자는 소통의 근원이 된다. 즉, 누가 이야기하는가에 따라 태도변화의 질이 달라진다. 일반적으로 전문적인 화자, 매력적인 화자, 권위가 있는 화자가 소통의 근원이 될 경우 보다 신속하고 긍정적인 변화를 일으킬 수 있다. 다양한 매체 속 광고에 등장하는 인물들을 생각해 보면 쉽게 이해할 수 있을 것이다(가령, 의사가 나오는 유산균 광고, 연예인이 나오는 의류광고 등). 따라서 태도변화를 요하는 의사소통을 준비할 경우 전문적이거나 매력적인 화자를 섭외하는 것도 중요하고, 이들 화자의 전문성과 매력이 충분히 표출될 수 있는 다양한 수단 동원이 필요하다(가령, 강연자의 전문적 활동에 대한 약력소개 등).

둘째, 청자의 경우 소통과 공감의 동기나 능력에 따라 태도변화가 달라진다. 즉, 소통내용(메시지)이 본인의 웰빙 등 이익과 관련될 경우 청자는 이러한 메시지에 소위 중심경로(central path)를 통해 주의집중을 하게 되고, 보다 정교화된 인지과정을 통해 태도변화를 이끌 수 있다는 것이다. 또한 능력은 전문적이고 심사숙고를 요하는 메시지의 수용 정도를 결정하는 만큼 설득적 메시지의 태도변화 영향에 주된 요소로 작동하는 것이다. 따라서 태도변화를 요하는 의사소통을 준비할 경우 청자의 동기부여를 최대화하고, 능력에 맞는 메시지관리를 하는 것이 필요하다.

셋째, 메시지는 의사소통 그 자체를 말하는데, 태도변화를 전제한 설득적 메시지의 경우 거역할 수 없는 논리성이 있을 때 혹은 신중하게 생각하게 할 때 등과 같이 인지기반 메시지가 효과적이기도 하고, 감성반응을 자극할 때(가령, 향수를 일으키는 것 등) 혹은 극단적 감정을 최대화할 때(공포감의 자극 등) 등과 같이 감정기반 메시지가 보다 효과적인 경우도 있다. 따라서 태도변화를 요하는 의사소통을 준비할 경우 청자의 성격과 다루고자 하는 메시지 대상(판매용 제품 혹은 캠페인 등 다양함) 등을 고려하여 집중할 자극요소(인지 혹은 감정)를 정하고 접근해야 한다.

② 도널슨의 태도변화연구

도널슨(Donallson, 1980)은 그간의 태도개선 노력의 여러 사례들을 종합적으로 분석하여 가장 효과적이라고 평가되는 네 가지 요소를 제안하였다. 이는 직접적 혹은 간접적 접촉(direct or indirect contact with disabled person), 정보의 제공(information about disability), 장애체험(disability situation), 집단논의(group discussion) 등이다. 보다 구체적인 내용과 효과적 수행을 위한 핵심적 고려사항은 다음과 같다.

가. 직접적 혹은 간접적 접촉

직접적 경험을 가능케 하는 접촉은 태도를 형성하거나 강화하는 데 중요한 요소로 작동한다(Fazio, 1995). 하지만 장애인과 관련한 태도의 경우 단순한 접촉은 비장애인의 태도에 별다른 영향을 미치지 못하거나 오히려 부정적인 영향을 미칠 가능성이 높은 것으로 알려져 있다.

따라서 접촉에서 중요한 요소는 단순한 비구조적 접촉이 아닌 상호작용을 유도하는 구조적인 접촉이 효과적이다. 이는 우리나라같이 단순한 물리적 통합은 별 효과가 없으며, 가령 축제준비나 학업수행에 동참하여 목표를 갖고 같이 상호작용할 수 있도록 하는 것이 필요하다는 것이다. 접촉 시의 장애인, 비장애인 간의 관계가 동등해야 한다는 것이다. 한 연구에서 통합학급에서 장애인(학생)-비장애인(교사)으로서의 역할보다는 둘이 동등한 지위관계인 장애인(학생)-비장애인(학생)일 때 보다 긍정적인 태도를 갖게 된다는 것이다.

나. 정보제공

화자가 청중에 대하여 장애/장애인 관련 정확한 정보를 제공하는 것이다. 이론적 내용이나 사례 등의 체계적 설명과 전달을 강연 등의 형태로 하는 것을 의미한다. 정보전달이라는 의사소통에서 중요한 것은 화자가 누구인지와 관련한 것, 청자가 누구인지와 관련된 것, 그리고 전달하는 정보(메시지)가 무엇이고 어떠한지와 관련한 것이다. 화자는 일반적으로 전문적이거나 매력적인 사람으로 비춰질 때 보다 태도변화에 유리하고, 청자의 경우 정보를 수용할 수 있는 능력과 동기에 따라 태도변화가 달라질 수 있으며, 메시지의 경우 거역하기 어려운 논리성을 갖춘 설득적 정보의 경우 보다 태도변화에 유리하다고 한다.

한편, 정보전달 전략에서 한 가지 더 주의할 점은 단순한 장애 관련 정보전달은 효과가 없으며, 다른 방법과 병행하여 사용하여야 보다 효과가 높다고 한다.

다. 장애체험

실제 장애 상황을 구성하고 이를 체험해 보는 전략이다. 장애 상황은 가령 휠체어 등을 통해 하지가 불편한 지체장애 상황을 구성하는 것이다. 단순한 관찰보다는 실질적인 경험이 보다 효과적이다. 하지만 우리나라에서 일부 장애체험이라 하여 시행되는 프로그램은 단지 몇 분 동안 휠체어를 타거나 눈을 가린 채 흰지팡이(케인)로 보행을 해보는데, 과연 이러한 것들이 장애체험으로서 효과를 발휘할 수 있을지 의문이다. 왜냐하면 장애인의 삶을 그러한 단순한 물리적 불편함이 전부인 것으로 오해할 소지가 충분하기 때문이다.

라. 집단논의(토론)

정보전달이나 영상시청, 실제 장애체험 후 실질적으로 팀을 이루어 서로의 느낌과 생각을 표현하고 논의하는 것이 중요하다. 이는 특히 태도강화요소 중 하나로도 인정받고 있는 만큼(Tesser et al., 1995) 이러한 요소의 고려가 요구된다. 보다 효과적이기 위해서는 FGI처럼 주도적인 역할을 하면서 긍정적인 측면을 강조하는 구조화된 토의진행이 좋다.

2) 장애인식개선프로그램 사례

장애인식개선프로그램은 다양한 측면에서 접근 가능하며, 실천현장에서도 다양한 목적하에 다양한 방법을 동원하여 실행하고 있다. 여기서는 다양한 장애 인식개선프로그램을 정책, 교육, 미디어 활용, 기타(다양한 활동)로 구분하여 국내외 사례를 간단히 소개하도록 하겠다.

(1) 정책/제도–영국 사례

영국 정부는 'Images of Disability' 캠페인을 실시하여 정부 산하의 모든 기관들이 정부의 정책이나 정보들을 대중에게 알릴 때 사용되는 모든 광고에 장애인 이미지를 삽입하도록 하였다. 특히 이 캠페인에는 영국 정부에서 사용한 장애인 사진 갤러리뿐만 아니라 그것의 사용 계획 및 이유를 밝힌 소책자들을 제작하여 배포하는 것까지 포함하고 있다.

(2) 교육(집합 및 원격교육, 연수 등): 제주 동광초등학교 장애이해교육

제주 동광초등학교는 2014년 3월 제주도교육청 지정 '장애이해교육 시범학교'로 지정되어 2년간 운영하였으며, 2014학년도 장애 인식개선 우수학교로 선정된 사례이다. 동광초등학교에서는 장애이해교육 프로그램 개발 · 운영을 통해 초등학교 창의적 체험활동에서 장애이해교육을 위해 연 30시간을 확보하여 장애 인식, 장애인 존중 및 수용, 실천적 인식 등과 관련된 학년별 프로그램을 적용하였다. 또한 장애이해교육 워크북을 제작하여 장애이해교육활동 기록장으로 활용하고, 장애학생과 비장애학생이 함께하는 통합체육활동–장애 인식개선 독서행사를 학기별로 1회씩 실시하였으며, 제주도장애인종합복지관 '더불어 숲' 장애체험 실시, 학부모와 함께하는 장애인식개선 골든벨 대회 개최 등도 운영하였다.

(3) 미디어 활용(UCC, 캠페인송, 포스터 등): 장애인개발원 공모전

한국장애인개발원에서는 매년 미디어를 활용한 장애인식개선 공모전을 통해 수상작을 홈페이지(www.koddi.or.kr) 및 유튜브 플랫폼(www.youtube.com)을 통해 공개하여 실용화하고 있다.

(4) 기타: 다양한 활동

① 예술활동

호주의 The Victorian Office for Disability에서 주관한 'Picture This: Increasing the Cultural Participation of People with a Disability in Victoria'와 같은 프로젝트의 경우 예술활동에 있어 예술가, 그리고 관객으로서의 장애인 참여를 증가시키는 것만으로도 사람들의 장애인식개선에 효과가 있는 것으로 나타났다.

〈그림 3-5〉 호주 빅토리아 주의 예술활동 모습

② 체육 및 미술활동

시각장애인에게 극히 제한적일 수밖에 없고, 때로는 불가능하다는 선입견에 시도조차 하지 않는 대표적인 영역이 체육과 미술이다. 이러한 선입견을 깨고 비장애인보다 더 창의적인 활동을 통해 인식개선을 실천하는 활동들도 있다. 시각장애인과 함께하는 마라톤 경기나 '우리들의 눈'이라는 단체에서 진행하는 '코끼리 코 만지기 프로젝트' 등이 여기에 해당한다.

〈그림 3-6〉 시각장애인과 함께하는 마라톤

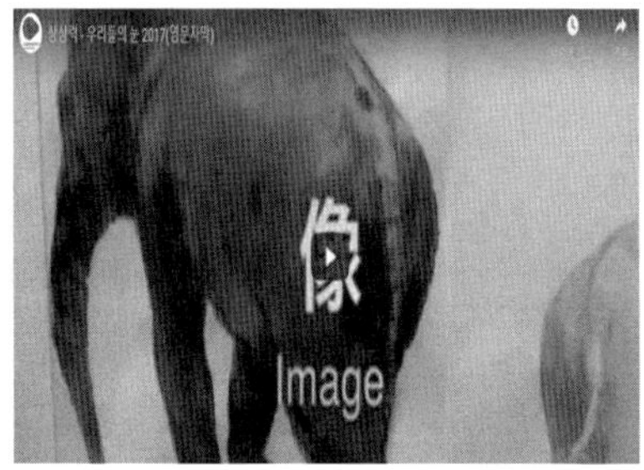

〈그림 3-7〉 코끼리 코 만지기 프로젝트

③ 사회접촉프로그램

사회접촉프로그램(Social Contact Program)은 장애인과 비장애인을 포함하는 가장 직접적이면서 지역사회를 기반으로 하는 정책으로 볼 수 있다. 대표적인 예로 국제장애인올림픽위원회(International Paralympic Committee: IPC)에서 실시하는 Paralympic School Day(PSD)도 사회접촉프로그램 중 하나로 볼 수 있다. PSD의 목표는 이 활동을 통해서 장애를 가진 사람들에 대한 이해와 인식개선이라는 장애인올림픽의 이상과 가치를 통합하는 것이다.

〈그림 3-8〉 국제장애인올림픽위원회의 사회접촉프로그램 활동모습

CHAPTER 04

장애와 차별

학습목표

1. 장애/장애인에 대한 편견과 차별에 대한 정의, 양산배경 및 특징에 대해 이해한다.
2. 우리나라 「장애인차별금지법」에서 규정하고 있는 차별금지의 대상 및 영역에 대해 고찰한다.
3. 우리나라 「장애인차별금지법」을 통해 금지된 차별행위로 피해를 입은 장애인의 권리구제절차를 이해한다.

장애인의 인권 수준을 측정할 수 있는 대표적인 기준이 편견과 차별이며, 장애를 둘러싼 문제 중 해결하기 어려운 문제가 바로 장애인에 대한 편견과 차별이다. 장애를 그 자체로 보지 않고 사회적으로 해석하거나 도덕적으로 해석하는 것이 장애에 대한 대표적인 편견이다. 장애를 치료해야 할 비정상적인 상황으로 바라보는 것도 편견이다. 예를 들어, 정신장애인의 경우 비정상적인 인간관계, 사회적 규범의 무시, 타인에 대한 의존 등으로 인해 사회체제를 위험하게 할 수 있다고 보는 것이 대표적인 편견이다.

장애인이 가지고 있는 신체적 · 정신적 행동의 특성은 낯설음을 가져왔고, 이것은 곧 장애인과 비장애인을 구분 짓는 낙인(stigma)으로 이어졌다. 낙인은 편견과 결합하여 차별을 가져왔고 차별은 장애인을 주류 사회로부터 배제시키며, 장애인의 삶을 억압하는 주요 요인이 되고 있다. 이러한 차별을 해소하기 위해 2007년 4월 「장애인차별금지 및 권리구제 등에 관한 법률」(이하, 장애인차별금지법)이 제정되어, 2008년 4월부터 시행되기 시작하였다. 이 법의 제정은 장애인 당사자가 자신의 처지를 감안하여, 스스로가 권리의 주체로서 존중되어야 할 권리를 분명히 제시했다는 점에서 의미가 있다. 장애인은 장애 때문에 사회적으로 불이익을 당할 수 있는 사람이다. 그렇지만 장애인의 피교육권, 주거권, 이동권, 노동권 등은 사회적으로 적절하게 보장되어 있지 않은 것이 현실이기 때문에 장애인의 권리는 존중되어야 한다. 「장애인차별금지법」은 인간의 존엄에 대한 가치규정과 평등권을 규정하고 있다. 그러므로 「장애인차별금지법」을 토대로 장애인의 편견과 차별을 살펴보고자 한다.

1. 장애인에 대한 편견과 차별에 대한 이해

1) 편견의 정의

편견(prejudice)이란 "이전의 결정과 경험에 근거하여 내려지는 판단"이라는 의미를 가진 라틴어 'praejudiciium'에서 그 어원을 찾을 수 있다. 편견이론은 우리 사회에서의 장애인 문제를 설명함에 있어 가장 근본적인 문제가 된 것이 장애인들의 능력이나 일상생활 전반에 대한 잘못된 인식과 장애의 원칙에 대한 비과학적 · 미신적 선입견 때문이라고 보는 견해이다(이익섭, 1990). 즉, 사회적 노출이나 접촉이 결여된 상태에서 비장애인이 장애인에 대해 갖게 되는 이해는 결국 이야기나 설화 등을 통한 비과학적이고 미신적인 인식형성이 된다는 것이다. 선과 정의는 아름다움으로, 악과 불의는 추악함으로 묘사하는 우리 문화 속에서 육체적 결함은 흔히 악과 불의로 묘사되었으며, 그 결과 장애인에 대한 우리 사회의 이해 부족은 장애인들이 사회참여의 균등한 기회를 가지지 못하게 만들었고, 이러한 불평등이 장애인에 대한 이해의 부족을 낳는 악순환의 현상을 초래한다.

장애인에 대한 편견은 우리 사회가 장애 또는 장애인에 대해 가지고 있는 이미지(image)에 의해 만들어지며, 이러한 이미지의 대부분은 매스미디어를 통해 조장된 것들로서 장애 및 장애인에 대해 과장된 추측이나 상상에 의한 것들이 많다. 우리 사회의 메스미디어는 장애에 대해 불편하고 비극적이며 불행한 것이라는 점을 부각시키며, 이러한 장애를 가진 비참한 존재이거나 비극적인 장애를 극복한 장애인은 특별한 인물로 부각시키고 있다. 주류 사회는 편견을 기반으로 장애인을 주류 사회로부터 배제하고 분리하며, 주류 사회에 참여시키기를 거부한다. 이것이 바로 차별로 나타나게 된다. 다시 말해서 장애인의 신체적 · 정신적 행동의 특성이 낙인을 가져오고, 이것은 다시 편견을 가져오며 이러한 편견이 차별로 나타나는 것이다. 문제는 차별이 다시 편견을 불러일으키고 그 편견이 다시 새로운 사회적 차별을 가져오는 악순환의 계기가 된다는 점이다.

2) 차별의 정의

캠브리지사전의 정의에 따르면, 차별이란 특정집단이나 개인에 대하여, 피부색, 성별, 장애 유무, 종교 등을 이유로 불리한 처우를 하는 것을 말한다. 불리한 처우란 다르게 처우함으로써 결과적으로 해당 대상에게 불이익을 주는 행동(different treatment) 및 기회의 제약(unequal opportunity)을 포함한다. 대개 사회의 주류에 속한 사람이나 집단에 의해 행해지며 편견의 행동적 소산이다(Araujo, 2004).

ILO의 1958년 차별(고용과 직업) 협약(111호)에서는 차별을 "인종, 피부색, 성별, 종교, 정치적 견해, 국적 또는 사회적 혈통에 기초하여 고용과 직업에서 기회와 대우의 평등을 무효화하고 손상시키는 효과를 갖는 모든 구별, 배제 또는 선호"라고 규정한다.

유동철(2003)은 "차별은 특정집단에 속해 있다는 이유만으로 동일한 조건을 갖추고 있음에도 불구하고 다르게 취급하는 것"으로 규정하였다. 「장애인차별금지법」에서는 "장애인 및 장애인 관련자와 장애인이 사용하는 보조견 및 장애인보조기구 등에 대한 부당한 처우"를 장애인 차별로 규정하고 있다.

3) 장애차별과 유사한 용어

장애차별과 유사한 용어로는 고정관념, 장애억압, 장애인에 대한 낙인이 있다(전지혜, 2009).

첫 번째, 고정관념은 균형을 이룬 사회 속에서 사회화의 과정으로 나타나는 것이며, 이것이 잘못된 문화적 합의라면 개인들에 대한 교육, 즉 재사회화 과정을 통해 해결할 수 있다. 대표적으로 "엄지장갑 프로젝트"와 같은 예를 들 수 있다. 청각장애인에게서 태어난 건청인(Child of Deaf Adults: CODA)인 원종호 씨에게 '벙어리장갑'이라는 단어는 장애인을 비하하는 말이 들어 있으니, '엄지장갑'으로 부르자는 프로젝트였다. 이러한 시도들이 재사회화 교육이라고 할 수 있다.

두 번째, '장애억압(oppression)'이란 우월과 열등의 이데올로기 또는 지배와 복종의 이데올로기를 적용한 사회구조를 가리키는 용어이다. 즉, 장애인집단과 비장애인집단 사이에 불평등이 존재하며 권력을 가진 집단인 비장애인에 의해 현 사회가 유지되고 통제되는 가운데 나타나는 것이 장애억압이다. '장애억압'은 오랜 세월 당연하다고 여기다 보니 누가 왜 억압하는지 알 수조차 없어서, '장애억압'이란 개념은 '장애차별'보다 그 골이 깊고 드러나지 않는 문제로 쉽사리 해결되기 어렵다는 제한성을 갖고 있다. '비장애중심주의(ableism)'에 따른 지배적인 삶의 구조는 언제 어디서나 장애인을 배제하고 억압하기 때문에 비장애인들이 누리는 (잘 느끼지 못하는) 이동의 자유는 장애인들을 부자유한 상태에 남겨 놓는 구조적 부정의와 무관하지 않다. 지하철 역사 내 엘리베이터 설치와 저상버스 도입 등은 단지 기술과 예산의 문제일 뿐 아니라 공간의 배치문제이기도 하다. '장애차별'은 관련법의 제정을 통해 상당 부분 극복해 나가고 있지만, '장애억압'은 사회구성원 전체의 관련 의식이 성장해야 차츰 극복할 수 있는 문제이다. 그래서 진행이 더딜 수밖에 없고, 단번에 해결할 수 없다는 특성을 갖는다. '장애차별'은 물론 '장애억압'이 완벽하게 사라져야 장애인에 대한 편견의 진정한 소멸이라고 할 수 있다. 장애인은 그저 불편한 사람이다. 그런데 그 불편은 사회가 다수인 비장애인에 맞춰 설계돼 있기 때문이다. 하지만 소수자라는 이유만으로 차별받고 억압받는다. 이러한 차별과 억압은 성숙한 사회를 만드는 데 절대적 방해요소이다.[1)]

세 번째, 개인 간의 상호작용을 통해 사회적 정체성을 수립하는 가운데 장애인은 가치절하된 정체성을 갖게 된다. 이것이 바로 낙인이다. 낙인에 대한 현대적인 관점을 제공한 고프먼(Goffman, 1963)에 따르면, 낙인 또는 사회적 낙인이란 "어떤 개인을 완전하고(whole) 평범한(usual) 속성을 부정하고, 더럽혀지고(tainted), 가치가 떨어지는(discounted) 사람으로 축소"하는 것이다. 장애인이 타인으로부터 낙인을 느낀다면 이는 지각된 차별로 이해할 수 있다. 낙인은 장애인 개인에 대한 심리치료나 상담, 임파워먼트 프로그램을 통해 사회적 가치가 내재화되는 경로를 차단함으로써 해결할 수 있다.

1) 충청신문 (2021.05.05). [목요세평] 마선옥. '장애억압'이란 말 들어보셨나요?

4) 장애에 대한 차별을 양산하는 사회적 배경

스마트(Smart, 2001)는 차별을 양산하는 사회적 배경을 다음과 같이 정리하고 있다.

첫째, 장애인을 경제적 측면에서 위협적인 존재로 인식하는 것이다. 장애인들 중에는 실업이나 무직으로 인해 면세가 되는 경우가 많은데, 장애인들을 위한 특수교육 · 직업재활 및 사회보장프로그램 등에 대한 정부의 지출이 과도하여 장애인에게 과도한 비용이 소요된다고 인식한다는 것이다.

둘째, 장애인을 안전을 위협하는 존재로 인식하는 것이다. 장애인들의 폭력 · 파괴 · 공격 및 반사회적 행동들로 인해, 그리고 감염이나 오염 등으로 인해 장애인들이 비장애인들의 신체적 안전에 위협이 되고 있다고 인식하는 것이다. 이러한 인식 때문에 시설화를 통해 장애인들을 사회로부터 격리시켜 왔다.

셋째, 장애인에 대해 일반인들이 모호하게 인식하는 것이다. 즉, 의료적 진단에 의한 고정관념, 일반화, 범주화 등으로 장애를 단순하게 인식한다는 것이다. 이러한 지나친 단순화 과정에서 필연적으로 모호성이 제기되고, 이 모호성은 당사자에 대한 부정적인 예상과 추측을 불러온다.

넷째, 장애를 일종의 제약 속성으로만 지각하는 것이다. 인간에게는 무수한 속성이 있음에도 신체적 손상 자체를 본질적인 속성으로 간주하고, 또 그 손상이라는 비장애인과 장애인 간의 차이를 지나치게 강조하고 있다.

다섯째, 장애 결과의 확산과 과잉일반화가 있다. 소위 부정적 후광효과(negative halo effect)를 말한다. 사실 장애란 속성일 따름이지 문제는 아니다. 더욱이 당사자가 가진 특수한 정체성은 한 단면에 불과하다. 그럼에도 일반인들은 장애를 본질적인 속성으로 간주한다.

여섯째, 장애의 원인에 대해 당사자에게 부여하는 도덕적 책임감이 있다. 장애의 원인을 어떻게 이해하느냐에 따라 그 당사자에 대한 이해 정도는 달라진다. 예컨대, 상이군경과 산업전사 등은 숭고한 인물로 이해되는 반면 음주운전 사고자와 조현병(정신분열증) 환자에게는 강력한 낙인이 부여된다.

일곱째, 장애의 관리에 대한 도덕적 책임감이다. 사회 내에는 주류계급이 설정해 온 규칙과 문화가 존재한다. 그런데 장애의 세계에는 주류계급의 그것과는 반드시 일치되지 않는 문화와 경험이 있게 마련이다. 일치되지 않는 규칙을 수행하는 장애인들은 의료적 · 사회적 대가를 치르게 된다.

여덟째, 장애에서 추론된 정서적 결과다. 비장애인들에게 장애란 개인에게 재앙적인 비극을 가져다줄 것이라고 추측한다. 흔히들 장애인은 불행한 존재라고 단정한다. 장애를 관리한다는 것은 쉽지 않은 과제이지만 그렇다고 그 어려움이 자동적으로 비극으로 재생되는 건 아니다. 장애와 관련된 여러 경험들이 지나치게 과장되거나 왜곡되고 있다. 그래서 라이트(Wright)는 "장애란 특정한 개인에게 이미 친숙한 자아 개념이다. 또 그는 장애를 어떻게 다루어야 하는지를 배워 왔으며 또 장애로부터 그 가치를 측정할 수 없을 만큼의 통찰과 성장을 얻기도 한다."라고 주장하고 있다.

아홉째, 아름다움, 건강 및 젊음에 대한 강조다. 매력적이고 독립적이며 건강한 사람들은 전체 사회로부터 다양한 보상을 얻게 되는 반면, 그렇지 못한 사람들은 여러 가지 불이익을 받게 마련이다. 이러한 외모지상주의 그리고 효율의 논리는 장애인들을 이방인으로 간주하게끔 만든다.

끝으로, 장애인이 될지도 모른다는 일반인들의 두려움이다. 장애란 신체를 통제함에 있어서 취약성, 오류, 의존, 실패 등을 상징한다. 이러한 부정적 이미지를 갖는 장애는 임의로우며 의도적이지 않고 또 예기치 않게 발생한다. 어느 누구도 장애의 발생으로부터 자유롭지 않다는 것이다. 특히 현대사회는 안전사고의 가능성이 높은 산업사회의 특성을 띠고 있으며, 또한 의학의 발달로 치명적인 사고에도 생존 가능성이 매우 높아졌다.

5) 장애인 차별의 원인

장애인이 당하는 차별의 원인을 어디에서 찾느냐에 따라 장애인에 대한 관점이 달라진다(김용득, 2016).

장애인이 당하는 차별의 원인을 장애인 개인 또는 내부에서 찾게 될 경우 장애인이 가지고 있는 신체적 · 정신적 장애가 원인이 된다. 따라서 차별의 책임이 장애인에게 있기에 차별의 제거 역시 장애인 개인의 몫이 된다. 장애인은 자신의 장애를 극복하고 이겨내야 하며, 비장애인과 불리한 환경에서 경쟁을 통해 이겨야 한다. 이러한 과정을 통해 주류 사회에서 성공을 하게 되며, 이러한 성공을 통해 주류 사회에 들어갈 수 있게 된다. 사회는 이러한 장애인의 노력을 격려하며, 이러한 성공을 이루지 못한 장애인은 장애를 극복하지 못하거나 노력을 하지 않은 것이므로 자신이 당하는 차별에 대한 책임을 본인이 져야 한다.

반면, 차별의 원인을 사회의 제도와 사회의 인식에서 찾게 될 경우 장애인에게 있어서 장애는 그 자신이 가지고 있는 신체적 · 정신적 손상이 아니라 사회의 차별과 억압 자체가 바로 장애이다. 장애는 더 이상 극복의 대상이 아니며, 장애인도 더 이상 인간 승리를 해야 하는 존재가 아니다. 오히려 장애인을 주류 사회로부터 배제하는 사회의 차별과 억압을 제거하는 것이 사회의 의무와 책임이 된다. 따라서 장애인이 주류 사회에 동등하게 참여하고 비장애인과 동등하게 활동하기 위해서 차별은 철폐되어야 한다. 이것이 바로 장애에 대한 사회적 접근이며, 이러한 사회적 접근에서 차별은 소극적으로 금지되는 것이 아니라 적극적으로 철폐되어야 할 사회적 억압이다.

이처럼 차별의 문제는 단지 장애인의 사회참여 문제가 아니라 장애가 무엇인가에 대한 장애 개념의 문제이며 장애인은 누구인가에 대한 정체성에 관한 문제이고 사회가 장애인을 비롯한 소수자의 인권을 위해 무엇을 할 것인가에 대한 사회적 의무와 책임의 문제이다. 따라서 장애인에 대한 차별을 금지하거나 차별을 철폐하기 위해 그 사회가 무엇을 하는가는 그 사회가 장애를 어떻게 바라보고 장애인을 어떻게 대하며 소수자의 인권을 위해 무엇을 하는가를 보여주는 지표라고 할 수 있다.

6) 장애인에 대한 차별적 인식

(1) 일탈로서 장애인

장애를 차이로 볼 것인가, 아니면 일탈로 볼 것인가? 일반적으로 사람들 사이에 나타나는 차이점은 당연한 또 흔히 있는 현상으로 간주된다. 그래서 이 차이를 근거로 어떠한 위계도 만들지 않는다. 그러나 만약 이러한 차이에 위계적인 요소가 개입될 경우 다른 양상이 나타난다. 먼저 특정한 사람들이 갖고 있는 차이점이 사회에 바람직하고 유익하다고 생각되면 그 차이점을 가진 사람들은 사회로부터 존경받고 권력과 권위를 누리게 된다. 반면 일탈은 차이와 달리 사회적으로 바람직하지 않고 그 사람은 사회에 무익한 일탈자로 인식되기 때문에 자동적으로 사회 내에서 열등한 존재로 간주된다. 그래서 대부분의 일탈자는 사회로부터 회피의 대상이 되고 고립되며 거절되고 분리된다. 일탈자는 자신을 평가절하하거나 문제에 대한 책임이 자신에게 있다고 믿기 때문에 대개 일탈을 부끄럽고 비난받아야 하는 것으로 간주하는 경향이 있다(Smart, 2001).

(2) 사회적 열등집단으로서 장애인

일반적으로 사회에서는 의존보다는 자립을, 분리보다는 통합을, 수동적인 것보다는 능동적인 것을, 자선의 대상이 되기보다는 기여를 하는 것을, 연민보다는 존경을 더 나은 가치로 여긴다(Smart, 2001). 이러한 기준에서 볼 때 장애인은 비장애인보다 열등하다고 생각되기 쉽다. 따라서 사회는 장애인을 보호해야만 하는 대상으로 바라보게 된다. 이러한 사회의 태도는 장애인을 법적 · 제도적인 측면에서 비장애인으로부터 격리시키는 결과를 가져온다.

7) 장애인 차별의 특징

장애인에 대한 차별은 다른 차별과 몇 가지 다른 특징을 가지고 있다(김용득, 2016).

첫째, 장애인에 대한 차별은 전 생애에 걸쳐 나타난다. 연령에 의한 차별은 청소년기나 노년기 등 일정한 연령 기간 동안에만 차별이 발생하지만, 장애인에 대한 차별은 연령에 관계없이 장애아동으로부터 장애노인에 이르기까지 나타나고 있다. 장애인은 태어나면서부터 죽음에 이르는 순간까지 차별을 당한다. 따라서 장애인에 대한 차별의 금지는 모든 연령층의 장애인을 고려하여야 한다.

둘째, 장애인에 대한 차별은 삶의 전 영역에서 일어난다. 장애인에 대한 차별은 가족 내에서도 일어나고, 같은 지역 내에서도 일어난다. 우리 사회 차별의 가장 큰 기준이 되는 지연 · 학연 · 혈연이 장애인에 대한 차별에 있어서는 아무런 의미를 주지 못한다. 인종차별이나 민족차별의 경우 같은 인종과 같은 민족 내에서는 차별이 발생하지 않지만, 장애인 대한 차별은 가족 내에서도 같은 지역 안에서도 일어나고 있다. 뿐만 아니라 장애인에 대한 차별은 교육에서부터 정보통신 이용에 이르기까지 사회활동의 모든 영역에서 발생한다.

셋째, 장애인에 대한 차별은 중복적으로 나타난다. 장애여성의 경우 장애인에 대한 차별과 여성에 대한 차별을 동시에 받는다. 성적 지향이 다른 장애인의 경우 장애인에 대한 차별과 성적 소수자에 대한 차별을 동시에 받는다. 따라서 장애인에 대한 차별은 어떤 경우에는 중복적 차별로 나타나게 된다. 이처럼 장애인에 대한 중복적 차별은 장애인에 대한 차별이 단지 장애인에 대한 차별로 끝나지 않고 우리 사회의 모든 차별과 연계되어 있음을 보여준다.

넷째, 장애인에 대한 차별은 분리와 정당한 편의제공의 거부에 의해 일어난다. 장애인에 대한 차별은 획일적인 통합을 통해서만 해결될 수 없다. 통합과 동시에 장애 유형 및 정도에 따른 적절한 정당한 편의가 제공되어야 한다. 결혼이민자 가정의 자녀교육에서의 차별은 통합교육을 통해 해결할 수 있지만, 장애인의 교육은 통합교육과 함께 필요한 개별화 교육에 의한 특수교육이 이루어져야 차별이 해소될 수 있다. 따라서 장애인과 비장애인을 분리하는 것도 차별이지만, 장애인의 장애 유형 및 장애 정도에 따른 적절한 지원을 하지 않는 것도 차별이다. 보편적인 통합과 개별적인 지원이 동시에 필요한 것이 장애인에 대한 차별 해소이다.

바로 이러한 장애인에 대한 차별의 독특성은 장애인에 대한 차별을 금지 및 철폐하고 침해된 권리를 구제하기 위해 더욱 전문적인 지식과 경험 그리고 제도를 필요로 하게 된다.

2. 「장애인차별금지법」을 통한 차별에 대한 이해

「장애인차별금지법」은 국제장애인권리협약 제정 취지 및 목적과 밀접한 관련성이 있다. 한국의 장애당사자 및 단체들은 「장애인차별금지법」 입법운동 시기에 「국제장애인권리협약」 제정 과정에 적극 참여하였다. 그 결과 「국제장애인권리협약」 기본이념인 당사자주의, 자립생활, 인권보장 등의 이슈가 「장애인차별금지법」 내용과 국내 장애인운동 패러다임 변화에 영향을 끼쳤다. 이러한 맥락에서 장애인인권단체에서는 국내 장애 관련 법체계에서 장애인인권법 내지 기본법 위상을 「장애인차별금지법」에 부여하고 있다고 할 수 있다(김명수, 2019).

1) 「장애인차별금지법」의 법률 구성

현행 「장애인차별금지법」은 총칙(제1장), 차별금지(제2장), 장애여성 및 장애아동 등(제3장), 장애인차별시정기구 및 권리구제 등(제4장), 손해배상, 입증책임 등(제5장), 벌칙(제6장) 등 총 50개 조문으로 구성되어 있다.

2) 장애의 정의

「장애인차별금지법」이 말하는 장애란 "신체적 · 정신적 손상 또는 기능상실이 장기간에 걸쳐 개인의 일상 또는 사회생활에 상당한 제약을 초래하는 상태"(제2조 제1항)이다.

이 정의는 「장애인복지법」상 장애 개념과 거의 동일하고 우리나라 「국가인권위원회법」이나 외국 「장애인차별금지법」의 장애 개념과 비교할 때 매우 협소하다. 예를 들어, 「국가인권위원회법」은 장애를 "신체적 · 정신적 · 사회적 요인에 의하여 장기간에 걸쳐 일상생활 또는 사회생활에 상당한 제약을 받는 상태"(제2조 제7호)로 정의한다. 여기서 '사회적 요인'이 추가된 것은 장애를 정의할 때 의료모형과 사회모형을 모두 고려한다는 의미다.

외국의 예를 보면, 영국의 「장애차별법(DDA)」은 장애를 "실질적, 장기적으로 개인의 일상 활동 수행능력을 방해하는 효과를 초래하는 신체적 혹은 정신적 손상"으로 정의한다. 또 미국의 「장애인법(ADA)」은 장애를 통상적으로는 "신체적 또는 정신적 손상 때문에 주요한 일상생활에 상당한 제약이 있는 상태"로 정의한다. 하지만 이런 경우 외에도 "현재 손상이 없지만 과거에 손상이 있었다"는 이유로 한 차별, "과거나 현재에 손상이 없음에도 손상을 가진 것으로 잘못 인식되어" 받는 차별까지 장애 개념에 포함시킨다. 그리고 호주의 「장애차별법(DDA)」은 장애를 "신체적, 정신적 기능의 전체나 일부의 상실, 신체 한 부분의 전체나 일부 상실, 신체에 손상이나 질병을 일으키는 기관의 존재, 신체에 손상이나 질병을 일으킬 수 있는 기관의 존재, 신체 일부분의 기능상실이나 용모 손상, 학습장애나 그런 결과를 초래하는 기능상실, 사고 과정, 현실인식, 감정 판단에 영향을 주거나 결함이 있는 행동을 야기하는 손상이나 질병"으로 폭넓고 세세하게 규정한다.

3) 차별의 정의

「장애인차별금지법」에서 규정하는 차별 유형의 종류는 '직접차별', '간접차별', '정당한 편의제공 거부', '광고를 통한 차별', '장애인을 돕기 위한 목적에서 보호자 또는 후견인차별', '안내견, 장애인 보조기구의 정당한 사용방해' 등 6가지다.

① 직접차별은 "장애인을 장애를 사유로 정당한 사유 없이 제한 · 배제 · 분리 · 거부 등에 의하여 불리하게 대하는 경우"(제4조 제1항 제1호)이다.

예 장애인이 식당에 갔지만 손님이 많아 자리가 없다며 장애인을 거부하는 경우

② 간접차별은 "장애인에 대하여 형식상으로는 제한 · 배제 · 분리 · 거부 등에 의하여 불리하게 대하지 아니하지만 정당한 사유 없이 장애를 고려하지 아니하는 기준을 적용함으로써 장애인에게 불리한 결과를 초래하는 경우"(제4조 제1항 제2호)이다.

예 체육시험을 볼 때 몸이 불편한 장애인에게 비장애인과 같은 시험을 강요하는 경우

③ 정당한 편의제공 거부는 "정당한 사유 없이 장애인에 대하여 정당한 편의제공을 거부하는 경우"(제4조 제1항 제3호)이다.

예 시각장애인 학생이 점자시험지를 요구했지만 담당교사가 거절하는 경우

④ 광고를 통한 차별은 "장애인에 대한 제한 · 배제 · 분리 · 거부 등 불리한 대우를 표시 · 조장하는 광고를 직접 행하거나 그러한 광고를 허용 · 조장하는 경우"(제4조 제1항 제4호)를 말한다.

예 인터뷰 도중 장애인은 업무 생산성이 떨어진다고 답변해 언론에 보도되는 경우

⑤ 장애인을 돕기 위한 목적에서 보호자 또는 후견인차별, 장애인을 돕기 위한 장애인 관련자에 대하여 직접차별, 간접차별, 정당한 편의제공 거부에 의한 차별, 광고에 의한 차별 등을 해서는 안 된다.

예 사기를 막기 위해 장애인은 보호자를 동행해야 휴대전화를 바꿀 수 있다는 규정을 만든 경우

⑥ 안내견, 장애인 보조기구의 정당한 사용방해, 안내견 또는 장애인 보조기구 등의 정당한 사용을 방해하거나 안내견 및 장애인 보조기구 등에 대해 금지된 행위를 해서는 안 된다.

예 시각장애인이 안내견과 함께 건물에 출입하려고 할 때 건물에 출입하려는 것을 막는 경비원의 경우

다만, 과도한 부담이나 현저히 곤란한 사정이 있는 경우, 특정 직무나 사업 수행의 성질상 불가피한 경우, 적극적 조치의 경우는 차별의 예외로 한다(제4조).

4) 차별금지의 대상

① 장애인: 신체적 · 정신적 손상 또는 기능상실이 장기간에 걸쳐 개인의 일상 또는 사회생활에 상당한 제약을 초래하는 자
② 장애인을 대리 · 동행하는 자: 장애아동의 보호자 또는 후견인, 그 밖의 장애인을 돕기 위한 자
③ 보조견 또는 장애인 보조기구의 정당한 사용: 보조견 또는 장애인 보조기구 등의 정당한 사용을 방해하거나 보조견 및 장애인 보조기구 등을 대상으로 차별하는 행위

5) 차별금지영역

「장애인차별금지법」은 차별의 금지영역을 고용, 교육, 재화와 용역의 제공 및 이용, 사법 · 행정절차 및 서비스와 참정권, 모 · 부성권 등, 가족 · 가정, 복지시설, 건강권 등으로 분류하고 있다.

(1) 고용영역

사용자는 고용의 모든 단계, 즉 "모집 · 채용, 임금 및 복리후생, 교육 · 배치 · 승진 · 전보, 정년 · 퇴직 · 해고에 있어서 장애인을 차별해서는 안 된다(제10조 제1항)." 뿐만 아니라 노동조합은 "장애인 근로자의 조합 가입을 거부하거나 조합원의 권리 및 활동에서 장애인을 차별해서는 아니 된다(제10조 제2항)." 노동조합에 의한 장애인 차별금지 조항은 우리나라 「장애인차별금지법」에만 있는 독특한 조항이다.

사용자가 제공해야 할 정당한 편의의 영역은 ① 시설 · 장비의 설치 또는 개

조 ② 근무시간의 변경 또는 조정 ③ 훈련 제공 또는 훈련에 있어 정당한 편의 제공 ④ 지도 매뉴얼 또는 참고자료의 변경 ⑤ 시험 또는 평가 과정의 개선 ⑥ 화면낭독 · 확대 프로그램, 무지점자단말기, 확대 독서기, 인쇄물 음성변환 출력기 등 보조기구 설치, 그리고 낭독자, 한국 수어통역자 등 보조인 배치 등이다(제11조).

또 사용자는 "채용 이전에 장애인 여부를 조사하기 위한 의학적 검사를 실시하여서는 아니 된다. 다만, 채용 이후에 직무의 본질상 요구되거나 직무배치 등을 위하여 필요한 경우에는 그러하지 아니하다(제12조)."

(2) 교육영역

교육책임자는 장애인의 입학을 거부하거나 전학을 강요 또는 거절할 수 없다(제13조 제1항). 또 특정 수업, 실험과 실습, 현장견학, 수학여행 등 교내외 활동에서 장애학생의 참여를 제한 · 배제 · 거부해서는 안 된다(제13조 제4항). 오늘날 제13조 제1항을 위반하는 교육책임자는 거의 없어졌으나 제2항을 위반하는 경우는 아직도 종종 있다. 일례를 들자면, 2014년 세월호 사건 당시 장애학생들은 한 사람도 다치거나 숨지지 않았다. 수행여행지인 제주도로 가는 교통편이 비장애학생들은 여객선이었고 장애학생들은 비행기였기 때문이다. 결과적으로 장애학생들에게 다행스러운 일이었지만, 이런 방식은 장애학생들을 수학여행에서 '제한'할 수 있다는 점을 간과해서는 안 된다.

교육책임자가 제공해야 할 정당한 편의의 영역은 ① 각종 이동용 보장구의 대여 및 수리 ② 교육 보조인력의 배치 ③ 확대독서기, 보청기기, 높낮이 조절용 책상, 각종 보완 · 대체 의사소통 도구 등의 대여 및 보조견의 배치나 휠체어의 접근을 위한 여유 공간 확보 ④ 한국수어통역, 문자통역(속기), 점자자료, 자막, 큰 문자자료, 화면낭독 · 확대프로그램, 보청기기, 무지점자단말기, 인쇄물 음성변환출력기 등 각종 장애인보조기구 등 의사소통수단 등이다(제14조).

그러므로 교육현장에서는 장애인이 편리하게 교육받을 수 있도록 그에 맞는 편의시설을 제공할 의무가 있으며, 교육책임자는 장애인의 능력과 특성에 맞는 진로교육 및 정보를 제공해야 한다. 또한 학습에 있어서 장애로 인한 어려움이 없도록 보청기, 확대독서기, 점자자료 등을 포함한 장애인 보조기구 등의 의사소통수단을 확보해야 한다.

(3) 재화와 용역의 제공 및 이용에 관한 영역

제3절은 재화와 용역 제공에서의 차별금지(제15조), 토지와 건물의 매매, 임대, 입주, 사용에서의 차별금지(제16조), 금전대출, 신용카드 발급, 보험가입 등 각종 금융상품 및 서비스 제공에서의 차별금지(제17조), 시설물 접근 · 이용에 대한 차별금지(제18조), 이동 및 교통수단의 차별금지(제19조), 전자 및 비전자 정보에 대한 접근에서의 차별금지(제20조), 문화 · 예술활동에서의 차별금지(제24조), 체육활동에서 차별금지(제25조) 등 광범위한 차별영역을 규정한다.

정보통신 · 의사소통 등에서의 정당한 편의의 영역은 ① 공공기관이 주최 또는 주관하는 행사에서 한국수어통역사 · 문자통역사 · 음성통역자 · 보청기기 등 ② 방송사업자가 제공해야 하는 폐쇄자막, 한국수어통역, 화면해설 등 ③ 전화서비스사업자가 제공해야 하는 통신설비를 이용한 중계서비스(영상통화서비스, 문자서비스 등)가 있다. 그리고 ④ 출판물 및 영상물 생산, 제작, 또는 배급업자는 장애인이 동등하게 접근 · 이용할 수 있도록 출판물 또는 영상물을 제공하기 위하여 '노력'하고, 국립중앙도서관은 새로이 생산 · 배포하는 도서자료를 점자, 점자 · 음성변환용 코드가 삽입된 자료, 음성 또는 확대문자 등으로 제공해야 한다(제21조).

(4) 문화 · 예술 · 체육활동

장애인의 문화 · 예술활동 참여 및 향유를 위해서 출입구, 위생시설, 안내시설, 관람석, 열람석, 음료대, 판매대 및 무대단상 등에 접근하기 위한 시설 및 장비를 설치 또는 개조해야 하며, 장애인과 장애인 보조인이 요구하는 경우 문화 · 예술활동 보조인력의 배치 및 장애인의 문화 · 예술활동을 보조하기 위한 휠체어, 점자안내책자, 보청기 등 장비 및 기기를 제공해야 한다. 체육활동 시 국가 · 지방자치단체는 장애 유형 · 성별을 고려한 체육 프로그램 등 정당한 편의제공을 해야 하는데, 정당한 편의의 주요 내용은 장애인의 체육활동에 필요한 시설 설치 및 체육용 기구 배치, 장애인이 참여할 수 있는 체육활동 프로그램 운영, 장애인이나 장애인의 보조인이 요구하는 경우 체육지도자 및 체육활동 보조인력의 배치, 장애인 체육활동의 편의를 위한 장비 등의 사용설명 내용이 포함된 영상물 및 책자의 배치, 장애인을 위한 체육활동 관련 정보제공, 장애인 체육활동을 위한 의료서비스 제공 등이다(제24~25조, 시행령 제15~16조).

(5) 사법 · 행정절차 및 서비스와 참정권에 관한 영역

공공기관 및 그 소속원은 직무 수행 또는 권한 행사를 할 때 ① 허가, 신고, 인가 등에서 장애인을 제한 · 배제 · 분리 · 거부하거나 ② 공공사업 수혜자의 선정기준을 정할 때 장애인을 제한 · 배제 · 분리 · 거부하거나 장애를 고려하지 않은 기준을 적용하여 장애인에게 불리한 결과를 초래해서는 안 된다(제26조 제3항).

또 사법기관은 "사건관계인에 대하여 의사소통이나 의사표현에 어려움을 겪는 장애가 있는지 여부를 확인하고, 그 장애인에게 형사사법절차에서 조력을 받을 수 있음과 그 구체적인 조력의 내용을 알려주어야 한다(제26조 제6항)."

또 “장애인이 인신구금 · 구속상태에 있어서 장애인 아닌 사람과 실질적으로 동등한 수준의 생활을 영위할 수 있도록 정당한 편의 및 적극적인 조치를 제공하여야 한다(제26조 제7항).”

여기서 “형사사법절차에서 조력을 받을 수 있음과 그 구체적인 조력의 내용을 알려주어야 한다”와 관련하여 「형사소송법」 제244조의 5(장애인 등 특별히 보호를 요하는 자에 대한 특칙)는 다음과 같이 규정한다.

검사 또는 사법경찰관은 피의자를 신문하는 경우 다음 각호의 어느 하나에 해당하는 때에는 직권 또는 피의자 · 법정대리인의 신청에 따라 피의자와 신뢰관계에 있는 자를 동석하게 할 수 있다.

1. 피의자가 신체적 또는 정신적 장애로 사물을 변별하거나 의사를 결정·전달할 능력이 미약한 경우
2. 피의자의 연령·성별·국적 등의 사정을 고려하여 그 심리적 안정의 도모와 원활한 의사소통을 위하여 필요한 경우

참정권과 관련하여, 「장애인차별금지법」은 “국가 및 지방자치단체는 장애인의 참정권을 보장하기 위하여 필요한 시설 및 설비, 참정권 행사에 관한 홍보 및 정보 전달, 장애의 유형 및 정도에 적합한 기표방법 등 선거용 보조기구의 개발 및 보급, 보조원의 배치 등 정당한 편의를 제공하여야 한다”(제27조 제1항)고 규정한다.

(6) 모 · 부성권, 성 등에 관한 영역

「장애인차별금지법」은 임신, 출산, 양육 등 모 · 부성권 차별금지, 장애인이라는 이유로 입양 자격 제한의 금지, 임신 · 출산 · 양육 등에서 실질적인 평등 보

장을 위한 지원책 마련을 규정한다(제28조). 또 성적 자기결정권, 가정이나 시설에 의한 성생활 향유 기회 제한이나 박탈의 금지를 규정한다(제29조).

이처럼 개인의 내밀한 사생활영역까지 세세하게 다루는 것이 한국 「장애인차별금지법」의 또 다른 특성이라고 볼 수 있다.

(7) 가족 · 가정, 복지시설, 건강권 등에 관한 영역

가족 · 가정 및 복지시설 등의 구성원은 장애인에게 과중한 역할을 강요하거나 의사결정 과정에서 배제하거나 장애인의 의사에 반하여 외모나 신체를 공개해서는 안 된다. 또 자녀양육권과 친권의 지정 및 면접교섭권에 있어 장애인에게 불리한 합의를 강요하거나 그 권리를 제한 · 박탈하면 안 된다. 특히, 복지시설의 장은 시설 입소를 조건으로 친권포기각서를 요구하거나 시설 생활인의 면접권과 외부소통권을 제한하면 안 된다(제30조).

아울러 의료기관 및 의료인 등은 "장애인의 의료행위와 의학연구 등에 있어 장애인의 성별, 장애의 유형 및 정도, 특성 등을 적극적으로 고려하여야 하며, 의료행위에 있어서는 장애인의 성별 등에 적합한 의료정보 등의 필요한 사항을 장애인 등에게 제공하여야 한다(제31조 제2항)."

특히 「장애인차별금지법」 제32조는 '괴롭힘', '집단따돌림', '모욕적 언어' 따위를 차별의 한 유형으로 보고 이를 금지한다. 가령, "누구든지 장애를 이유로 학교, 시설, 직장, 지역사회 등에서 장애인 또는 장애인 관련자에게 집단따돌림을 가하거나 모욕감을 주거나 비하를 유발하는 언어적 표현이나 행동을 하여서는 아니 된다(3항)", "누구든지 장애인의 성적 자기결정권을 침해하거나 수치심을 자극하는 언어표현, 희롱, 장애 상태를 이용한 추행 및 강간 등을 행하여서는 아니 된다(5항)."

'괴롭힘'과 '집단따돌림' 등을 차별의 범주에 포함시킨 것 역시 우리나라 「장애인차별금지법」의 주요 특성이라고 할 수 있다.

(8) 장애여성 · 장애아동 · 정신장애

장애여성에 대한 차별(제33조)과 장애아동에 대한 차별(제35조)을 별도로 규정하고, 장애인 중 특별한 대책이 필요한 정신장애인에 대한 차별금지(제37조)를 다룬다. 원래 「장애인차별금지법」의 원칙은 성별, 연령별, 장애 유형별로 분리하지 않고 모든 장애인의 포괄적 차별을 금지하는 것이다. 하지만 한국의 「장애인차별금지법」의 경우 제정 과정에서 장애여성들이 '이중차별' 논리를 강하게 주장한 결과 이 같은 조항이 포함되었다. 이 역시 한국 「장애인차별금지법」의 특징 중 하나다.

6) 정당한 편의

국가 및 지방자치단체 등의 시혜적인 배려나 조치에 의해서가 아니라 헌법 및 관계 법령에 의해 해당 장애인이 정당한 편의를 제공받을 권리가 있음에도 그러한 정당한 편의제공을 거부하는 것은 차별이다.

정당한 편의는 장애인과 비장애인이 동일한 출발선상에서 경쟁할 수 없는 현실에 기초하여 장애인과 비장애인이 동일한 출발선에 설 수 있도록 장애인에 대한 차별을 실질적으로 해소하기 위해 도입된 개념이다.

장애인에게 정당한 편의제공을 하기 위해 고려해야 할 기본 원칙은 다음과 같다(국가인권위원회, 2009).

- 정당한 편의는 장애인의 인간으로서의 존엄과 가치를 존중하고 보호하는 방법으로 제공되어야 한다.

- 정당한 편의는 장애인이 원하는 방법과 수단 그리고 시기를 고려하여 제공되어야 한다.
- 정당한 편의는 장애인의 유형 · 정도 · 성별 · 특성이 고려되어야 한다,
- 정당한 편의는 필요한 경우 장애인 및 장애인 관련자에게 함께 제공되어야 한다.
- 정당한 편의는 불가피한 경우를 제외하고는 장애인과 비장애인을 분리하지 않는 방식으로 제공되어야 한다.
- 정당한 편의는 안전하고 편리한 방법으로 제공되어야 한다.
- 정당한 편의는 장애인이 다른 사람의 도움 없이도 이용할 수 있는 방법과 수단이 우선 고려되어야 하며, 가능하면 다른 사람의 도움을 최소화할 수 있는 방법과 수단이어야 한다.
- 정당한 편의는 목적달성을 위하여 효과적이고 적절한 수단이어야 한다.

그러나 다음과 같은 상황에서는 정당한 편의제공의 예외가 인정될 수 있다.

첫째, 장애인의 장애 유형 및 정도 · 성별 · 특성에 맞지 않거나 불필요한 경우는 예외가 인정될 수 있다. 즉, 지체장애인에게 시각장애인을 위한 편의를 제공할 의무는 없으며, 시각장애인에게 청각장애인에게 필요한 편의를 제공할 의무는 없다.

둘째, 편의제공으로 인해 과도한 경제적 부담에 처하게 되는 경우도 예외가 인정될 수 있다. 과도한 경제적 부담에 처하게 되는 경우란 사용자 등 편의제공자가 해당 편의를 제공함으로써 경제적으로 심각한 타격을 입는 경우를 의미하며, 단순히 편의의 제공으로 인한 비용의 부담은 이에 해당되지 아니한다. 이러한 과도한 부담 여부는 장애인에게 발생하는 기본권의 침해와 비교하여 결정된다.

셋째, 대상시설 등의 구조 변경 또는 시설의 설치가 불가능한 경우도 예외가

인정될 수 있다. 예를 들어, 대상 시설이 노후하여 엘리베이터 설치가 구조적으로 불가능하거나 공간이 부족하여 설치가 불가능한 경우 혹은 기존의 대상시설을 부수고 새로 신축을 하기 전에는 구조변경이 불가능한 경우에는 정당한 사유로 본다.

넷째, 사용주와 시설주가 다를 경우 시설주가 동의하지 않아 사용주가 정당한 편의를 제공하지 못하는 경우도 예외가 인정될 수 있다. 사용주가 시설을 임차하여 사용하는 경우 시설주의 동의가 없어 정당한 편의를 제공하지 못할 수 있다. 이 경우 가능하면 시설주는 정당한 편의제공에 동의하여야 한다.

다섯째, 정당한 편의를 제공함으로써 본래의 목적을 훼손하거나 상실한 경우도 예외가 인정될 수 있다. 역사적으로 보존가치가 있는 시설이나 건물의 경우, 여기에 편의를 위한 시설물 등을 설치 또는 제공하여 본래의 목적을 훼손하거나 상실할 경우에는 정당한 사유가 있는 것으로 본다. 다만, 이는 엄격하게 제한되어야 할 것이다.

여섯째, 직무수행상 요구되는 자격 및 능력이 없는 경우도 예외가 인정될 수 있다. 해당 편의가 제공되더라도 직무수행상 요구되는 자격 및 능력이 확보되지 못하는 경우, 그러한 편의제공을 거부하는 것은 정당한 사유가 있으므로 차별로 보지 아니한다.

7) 적극적 조치

국가 및 지방자치단체는 장애인 차별을 실질적으로 해소하기 위한 적극적인 조치를 취하고 정당한 편의제공을 위한 기술적 · 행정적 · 재정적 지원을 할 의무가 있다(제8조). 여기서 '적극적 조치(affirmative action)'란 소수인종, 여성, 장애인 등 사회적 소수자의 불평등을 해소하기 위해 국가가 시행하는 여러 가지 행정적 우대조치를 말한다. 이 용어는 1964년 미국 시민권법에서 처음 공식적으로 사용되었다. '적극적 조치'는 단순히 소수자에게 특정한 우대조치나 혜택을 주어 이들의 삶을 개선하겠다는 의미가 아니라 다수자에 의한 소수자 억압에 대한 '역사적 보상'의 의미가 포함되어 있다.

3. 「장애인차별금지법」을 통한 권리구제

1) 국가인권위원회를 통한 권리구제

「장애인차별금지법」 규정의 차별금지행위(직접차별, 간접차별, 정당한 편의제공 거부로 인한 고용차별)로 인하여 피해를 받은 자는 그 내용을 국가인권위원회에 진정서를 제출할 수 있다. 이때 진정인은 해당 피해자(당사자)뿐 아니라 그 사실을 인지하고 있는 자 또는 단체도 가능하다(제38조). 진정이 없는 경우라도 피진정인의 차별행위나 인권침해가 있다고 신뢰할 만한 상당한 근거가 있고 장애를 이유로 장애인을 정당한 사유 없이 해고한 경우(고용차별)와 같이 내용이 위중하다고 인정될 때에는 국가인권위원회가 직권으로 조사할 수 있다(제29조). 동법에서 금지하는 차별행위는 '장애인차별시정소위원회(제40조)'에서 조사와 권리구제업무를 전담하게 된다.

금지된 차별행위로 피해를 입은 장애인은 다음과 같이 국가인권위원회를 통해 권리를 구제받을 수 있다(동법 제38조, 제39조, 제42조, 제43조 제1항 · 제2항 및 「국가인권위원회법」 제44조 제1항).

단계	내용
차별행위로 인한 피해 발생	• 금지된 차별행위의 예시 – 채용 등의 차별, 직무배체, 의학적 검사, 장애여성 차별, 정당한 편의 미제공 등
▼ 진정 또는 직권조사	• 진정: 차별행위로 인한 피해를 입은 장애인, 그 사실을 알게 된 사람 및 단체가 국가인권위원회에 그 내용을 진정함 • 직권조사: 차별행위가 있다고 믿을 만한 상당한 근거가 있고, 그 내용이 중대하다고 인정할 경우 국가인권위원회가 직권으로 조사함
▼ 권고 (국가인권위원회)	차별행위가 있다고 판단할 경우 피진정인, 그 소속기관·단체 또는 감독기관의 장에게 권고함 • 권고사항 – 조사대상 인권침해나 차별행위의 중지 – 원상회복, 손해배상, 그밖에 필요한 구제조치 – 동일하거나 유사한 인권침해 또는 차별행위의 재발을 방지하기 위해 필요한 조치 – 법령·제도·정책·관행의 시정 또는 개선
▼ 시정명령 (법무부장관)	국가인권위원회는 권고를 받은 자가 권고를 이행하지 않은 경우 그 내용을 법무부장관에게 통보해야 하며, 법무부장관은 권고를 받은 자가 정당한 사유 없이 권고를 이행하지 않고 다음의 어느 하나에 해당하는 경우 피해자의 신청 또는 직권으로 시정명령을 할 수 있음 – 피해자가 다수인인 차별행위에 대한 권고 불이행 – 반복적 차별행위에 대한 권고 불이행 – 피해자에게 불이익을 주기 위한 고의적 불이행 – 그밖에 시정명령이 필요한 경우

〈그림 4-1〉 국가인권위원회 권리구제

2) 법원에 의한 사법적 권리구제

국가인권위원회는 차별 권고를 한 경우 그 내용을 법무부장관에게 통보해야 한다(제42조). 법무부장관은 권고를 받은 자가 정당한 이유 없이 이를 이행하지 아니하고 ① 피해자가 다수거나 ② 반복적이거나 ③ 피해자에게 불이익을 주기 위한 고의적 불이행 등의 경우, 피해자의 신청에 의하여 또는 직권으로 시정명령을 할 수 있다(제43조). 한편, 시정명령이 확정된 때 이를 이행하지 않으면 3천만원 이하의 과태료를 처분할 수 있고(제50조), 금지한 차별행위를 행하고 그 행위가 악의적인 것으로 판단되는 경우 법원은 피진정인 등 차별을 한 자에 대하여 3년 이하의 징역 또는 3천만원 이하의 벌금(형벌)에 처함으로써 「장애인차별금지법」 권리구제의 실효성을 한층 강화하고 있다(제49조, 제50조).

법원에 의한 사법적 권리구제는 국가국가인권위원회에 의한 권리구제에 비하여 시간(비용)면에서 경제적이지 못하다는 단점은 있으나, 법원의 적극적인 구제조치(권리의무관계)를 사법적으로 결정지을 수 있다는 점에서 확고하고 종국적인 권리구제수단이라는 장점이 있다.

3) 법원을 통한 구제조치 및 손해배상책임

「장애인차별금지법」은 사법적 구제에 대하여 적극적 조치규정을 두고 있다. 동법을 위반하여 장애인에게 손해를 입힌 자는 피해자에게 손해배상책임을 진다고 규정한다(제46조 제1항). 다만, 고의 또는 과실이 없음을 차별행위를 한 자가 증명한 경우, 즉 정당하고 합법적인 차별행위(위법성 조각)의 입증책임의 전환(제47조 제2항) 규정을 두고 있다. 한편, 동법의 차별행위에 관하여 소송제기 전 또는 소송진행 중 피해자는 임시조치를 신청할 수 있는데, 법원은 피해자에 대한 차별행위가 증명되는 경우 본안 판결 전까지 법원의 임시조치를 명할 수 있다. 법원은 권리구제피해자의 청구에 따라 차별행위의 중지, 차별시정, 근로조건의 개선을 위한 적극적 조치가 필요하다고 판단되는 경우 이행기간을 밝히고 이행하지 않은 경우 늦어진 기간에 대해 일정한 배상을 하도록 명하는 등 판결을 할 수 있다(제48조 제2항과 제3항).

(1) 구제조치

첫째, 법원은 금지된 차별행위에 관한 소송제기 전 또는 소송제기 중에 피해자의 신청으로 피해자에 대한 차별이 소명되는 경우 본안 판결 전까지 차별행위의 중지 등 그 밖의 적절한 임시조치를 명할 수 있다(제48조 제1항).

둘째, 법원은 피해자의 청구에 따라 차별적 행위의 중지, 임금 등 근로조건의 개선, 그 시정을 위한 적극적 조치 등의 판결을 할 수 있다(제48조 제2항).

셋째, 법원은 차별행위의 중지 및 차별시정을 위한 적극적 조치가 필요하다고 판단하는 경우에 그 이행기간을 밝히고, 이를 이행하지 않는 때에는 늦어진 기간에 따라 일정한 배상을 하도록 명할 수 있다(제48조 제3항).

(2) 손해배상책임

첫째, 차별행위를 한 사업주가 고의 또는 과실이 없음을 증명하지 못한 경우 피해를 입은 장애인에 대하여 손해배상책임을 진다(제46조 제1항).

둘째, 차별행위로 인해 손해가 발생한 것은 인정되나 차별행위의 피해자가 재산상 손해를 입증할 수 없을 경우 차별행위를 한 자가 그로 인해 얻은 재산상 이익을 피해자가 입은 재산상 손해로 추정한다(제46조 제2항).

4. 장애인차별금지 정책의 개선과제

『장애학의 도전』에서 저자는 "장애인이기 때문에 차별받는 것이 아니라, 차별받기 때문에 장애인이 된다"[2]고 주장한다.

인간 존엄성의 근거를 인간의 본질에서 찾고자 한다면, 적어도 인간의 본질은 '사회적 관계들의 앙상블'임을, 즉 "인간 존엄성의 기반은 개별 인간 내부에 존재하지 않으며, 개체[개인]들을 가로지르고 초과하는 사회적 관계 안에 존재" 함을 잊지 말아야 한다는 것이다.

'인간은 왜 존엄한가?'라는 우리의 질문이 아니라 '어떤 사회적 관계와 조건 속에서 인간은 존엄해질 수 있는가?'를 물을 때 장애문제는 모두의 문제가 될 수 있으며, 장애문제는 장애인의 문제가 아니라 장애인과 비장애인의 관계에서 비롯되는 것이기 때문이다.

이러한 점에서 현행 장애인차별금지 정책의 개신 과제(김진우, 2019)를 몇 가지 살펴보고자 한다.

1) 입증책임 배분구조의 전환

장애인이 「장애인차별금지법」에 의거하여 자신이 차별로 인해 피해를 받았다고 주장하는 자 또는 그 사실을 알고 있는 사람이나 단체는 국가인권위원회에 그 내용을 진정할 수 있다. 문제는 차별행위가 있었다는 사실을 누가 입증해야 하는가이다. 즉, 입증책임에 대해 통상 소송의 원고가 지는 것이 일반적이나

2) 차별금지 및 권리 구제(https://easylaw.go.kr/CSP/CnpClsMain.laf?popMenu=ov&csmSeq=1001&ccfNo=2&cciNo=3&cnpClsNo=1)

소수자로서 사회적 억압 피해자인 장애인이 상대적으로 열악한 경제력과 정보력을 가지고 차별행위가 있었다는 사실을 입증하기가 쉽지 않다는데 그 문제가 있다. 「장애인차별금지법」과 관련된 분쟁해결에서 차별행위가 있었다는 사실은 차별행위를 당하였다고 주장하는 자가 입증해야 하므로 장애인에게 입증책임이 있다. 아울러 그 상대방에게도 입증책임을 부과하고 있는데, 제47조 제2항에서는 차별행위가 장애를 이유로 한 차별이 아니라거나 정당한 사유가 있었다는 점을 차별행위를 당하였다고 주장하는 자의 상대방이 입증해야 한다고 규정하고 있어, 종국적으로는 입증책임을 장애인과 그 상대방에게 배분해 놓은 셈이다. 이러한 상황에서, 발달장애인 등을 비롯하여 의사소통에 제한이 따르는 장애인 당사자는 차별행위가 있었음을 스스로 주장해야 하는데 현실적으로 매우 어려울 수밖에 없다. 그러므로 차별이 있음을 입증할 때 그 책임을 장애인 당사자에게 부과하기보다는 차별이 없음을 피진정인이 입증하도록 하는 책임전환 구조가 필요하다고 본다.

2) 차별시정명령제도의 내실화

장애인의 진정내용에 대하여 내린 국가인권위원회의 권고내용에 대해 피진정인이 정당한 사유 없이 권고를 이행하지 않을 경우 해당 사건은 법무부 산하 장애인차별 시정명령위원회에 이송되게 된다. 동 위원회에서는 이송사건에 대하여 권고의 내용과 권고를 불이행한 피진정인의 진술내용을 토대로 시정명령을 내릴 것인지를 결정하게 된다. 이러한 시정명령제도는 국가인권위원회의 권고가 사법적 강제력이 없어 이를 보완하기 위해 도입된 제도인데 법무부가 시정명령을 내린 것은 두 차례에 지나지 않아 시정명령을 내리는 요건을 지나치게 엄격하게 해석해 본래의 취지를 살리지 못하고 있다고 볼 수 있다.

이러한 점에서 시정명령제도가 제대로 작동하기 위해서는 법무부와 국가인권위원회의 협력이 필수적인데, 현행법에서는 법무부가 국가인권위원회에 자료를 요청할 권한이 명시되어 있지 않고, 법무부도 시정명령 시 국가위원회에 이를 통보할 의무가 없어 협업에 어려움을 겪고 있는 실정이다. 그러므로 앞으로는 법 개정을 통해 법무부가 국가인권위원회에 자료제공을 요청할 근거를 마련하고 시정명령을 내릴 경우 국가인권위원회에 통보하는 규정을 추가해 상호간 유기적인 업무협조와 모니터링이 강화되도록 해야 할 것이다.

CHAPTER 05

장애인복지의 역사

학습목표

1. 장애인복지의 발달과정에 영향을 미치는 주요 요인에 대해 이해한다.
2. 서구 장애인복지의 역사적 흐름을 역사적 배경과 함께 주요 사건 및 해당 내용들을 중심으로 이해한다.
3. 우리나라 장애인복지의 발달과정을 주요 관련 제도의 시행변화에 초점을 맞춰 살펴보고, 이후의 발전 방향에 대해 고찰해 본다.

장애인복지의 역사적 흐름을 살펴보면 변화하는 사회 속에서 각기 다른 장애 혹은 장애인에 대한 패러다임이 형성 · 발전하면서 그 필요성이 대두되고 논의되었음을 알 수 있다. 또한 각 국가나 해당 국가의 시대에 따른 사회적 · 문화적 · 경제적 · 정치적 배경 등에 따라 장애인복지 발전의 방향이나 수준에도 차이가 있음을 볼 수 있다.

본 장에서는 우선 전반적 발달과정의 동인이 될 수 있는 배타적 요인들에 대해 간략히 살펴보고, 서구의 발달과정과 우리나라의 발달과정을 시대적 흐름에 초점을 맞춰 구분한 후 주요 경과를 중심으로 살펴보고자 한다.

1. 장애인복지의 발달요인

장애인복지가 발달하게 된 역사적인 과정은 장애인복지가 개별적으로 성립된 것이 아니라 시대변화에 따른 사회적 · 문화적 · 역사적 배경과 무관하지 않음을 보여준다. 특히 현대사회에 들어와서 급격하게 변화된 사회구조적인 현상으로 인해 장애인복지와 복리증진에 대한 논란이 현재까지도 계속되고 있다. 이에 큰 영향을 미친 사회경제적 · 사회문화적 요인은 다음과 같다.

(1) 산업화와 도시화

산업사회의 변화와 발전 속에서 근대 산업사회에 접어들어 '노동'이 중요한 생산요소로 자리잡게 되면서 자본논리(이윤, 효율 등)에 비추어 일할 수 있는 사람(abled body)과 그렇지 않은 사람(disabled body)을 구분하게 되었는데, 이것이 사회적으로 명명하여 만들어진 장애인 규정(노동사회에서 일할 수 없는 사람, 노동불능자)의 출발이고, 이들은 사회에서 보호의 대상 혹은 소외의 대상으로 자연스럽게 인식하게 되었다.

또한 급속한 경제성장은 대도시의 인구집중화 현상을 불러왔고, 도시가 발전되고 복잡해짐에 따라 산업사회에 적합하지 않은 사회부적응자는 도시 외곽으로 내몰리는 현상이 나타났다. 당시에 소위 장애인을 위한 보호시설도 사람들과의 교류가 적고 소외된 고립지역에 설립되면서 현대사회에서의 장애인 소외문제가 장애인복지의 과제가 되었다.

(2) 가족구조와 기능의 변화

전통적인 확대가족제도는 장애인에게는 강력한 경제적 기반이 될 뿐만 아니라 정신적 지지이기도 하다. 즉 가족 내 다양한 지지체계를 통한 가족구성원으로서의 기능수행이 가능했던 것이다. 그러나 산업화와 도시화의 결과로 가족구조 및 기능에 변화가 나타나 핵가족화되면서 가족 내의 장애인은 부담스러운 보호의 대상이 되어 사회적 지원체계 수립이 필요하게 되었다.

(3) 사회문화적 인식

경제적 성장과 정치적 발전에 더불어 사회문화적 인식의 성숙이 영향을 미쳤다. 이는 그간에 부재하거나 소홀히 다루어졌던 분배와 통합, 공동체와 시민권 등의 담론이 확산하고 인식이 보편화되면서 스스로의 권리의식 향상은 물론 사회적 취약계층에 대한 국가사회의 책임과 지원에 대한 공감대 형성에도 긍정적 고려를 하게 되었다.

(4) 국제사회의 논의

한 국가의 복지패러다임이나 수준 등은 국제사회의 논의 흐름이나 규준에 자유로울 수 없다. 가령, 국제연합(UN)이나 세계보건기구(WHO), 국제노동기구(ILO) 등의 국제기구에서 장애/장애인에 대한 논의와 합의된 선언(declaration) 혹은 협약(convention) 등은 해당 국가의 전반적 복지제도와 인권정책 수립과 적용에 큰 영향을 미치게 됨은 물론, 장애 관련 정책(장애 개념 및 범주 설정, 장애정책 예산 및 사업수립 등)에도 중요한 영향을 미치게 된다.

(5) 장애인구의 증가

의학의 발달 등으로 선천적 장애의 요소가 감소한 반면, 교통사고, 산업재해, 환경오염 또는 스포츠활동 등을 통한 후천적 요인으로 중도장애인의 비율이 꾸준하게 증가하고 있다. 뿐만 아니라 고령사회 도래에 따른 노인의 인구수가 증가하면서 유병장수노인의 증가(노인의 기대수명 증가와 함께 유병률과 유병기간도 증가함)도 예상해 볼 수 있기 때문에 장애인복지에 대한 관심은 점점 더 높아지게 되었다.

(6) 과학기술의 발전

로봇과 AI 등을 필두로 하는 과학적 공학기술의 발전은 장애인에게 재활공학 혹은 보조공학으로서 장애인의 신체적 · 정신적 한계를 일정부분 보완해 주는 체계에 발전을 촉진할 뿐 아니라 비장애인의 일상적 삶에도 편의성을 높임으로써 특정인의 특수성에 기반한 비용발생적 접근보다는 모든 이를 위한 보편성에 기반한 편익중심적 접근이 복지패러다임 전반에 영향을 미칠 것이다.

2. 서구 장애인복지의 발달과정

1) 근대 이전

장애인을 바라보는 시각은 고대에서 중세에 이르기까지 부정적인 사고가 지배적이었고, 그에 따른 편견과 차별의식으로 인간으로서의 대우를 제대로 받지 못하였다. 중세 이전에는 신체적 · 정신적 결함이 있는 사람의 경우 그에 대한 원인을 찾아 이해하고자 하는 노력보다 각종 미신과 비과학적인 사고에 의해 조롱거리나 학대의 대상으로 취급하였다.

장애인에 대한 편견적 태도와 사고는 기독교사상이 전파된 이후 '이웃사랑'이라는 기본 이념에 따라 장애인도 사랑을 기초로 한 자선사업의 대상으로 삼으면서 변화되기 시작하였다. 중세에는 수도원이 중심이 되어 장애인을 보호하기 위한 시설을 설립하기 시작하였고, 공동체 내에서의 보호를 강조하기도 하였다. 그러나 이는 단순히 종교적 이념에 의한 구제보호사업으로 그쳤을 뿐 국가기관에 의한 사회보장제도로까지 확대 · 발전되지는 못하였다.

그러나 종교개혁을 경험하고 인간과 자연에 대한 문제를 고민하던 르네상스 이후 의학이 발달하면서 장애의 원인이 과학적으로 분석되기 시작하였다. 당시까지는 악령이 씌었다거나 하는 등의 비과학적인 이유를 들어 부모의 죄의식 속에서 장애인은 사회의 무용한 존재로 인식되었다. 그러나 종교개혁과 인본주의 사상의 대두로 과학적인 기초를 통해 장애인에 대한 인식이 재조명되었다. 이로써 장애인에 대한 부정적인 편견과 미신은 서서히 타파되었고 장애인을 인간으로서 이해하려고 하는 새로운 장애인관을 확립하기에 이르렀다.

그에 따라 장애의 원인을 발견하고 장애의 원인이 되는 질병을 예방하거나 치료하고자 하는 노력이 서서히 이루어졌다. 동시에 보호를 필요로 하는 장애인을 대상으로 시설이 설립되었고, 치료를 통한 재활의 노력을 하게 되었다.

이처럼 중세 이전 장애인에 대한 부정적이고 비인도주의적인 관점과는 다르게 중세 이후에는 보호받아야 할 대상으로 장애인을 바라본 것은 대단한 사고의 전환이라고 할 수 있다. 그러나 당시에는 장애인을 보호 · 수용해야 할 대상으로만 여겨 수용 · 보호 위주의 복지서비스를 제공하는 데 그쳤다.

2) 근대 이후

장애인복지에 대한 관심은 제1차 세계대전을 계기로 급속하게 확대되었다. 제1차 세계대전에 참전한 군인들이 신체적 손상을 입게 되자 그에 대한 각종 치료 및 보호대책을 요구하기 시작한 것이다. 그에 따라 국가는 신체적 손상을 입은 참전군인을 대상으로 장애에 대한 보상 및 해결책을 강구하면서 그들의 복리증진을 위한 제도적 장치를 마련하지 않으면 안 되었다. 이로 인해 1919년 영국에서는 퇴역상이군인을 일정 비율 이상 고용하도록 하는 임의고용제도가 생겨났고, 이탈리아에서는 1921년 신체장애인의 고용의무를 정한 법률이 제정되는 등 제도적 · 입법적 발달이 이루어졌다.

이를 계기로 하여 제2차 세계대전 이후에는 장애를 입은 참전군인뿐만 아니라 일반 국민들에게까지 장애에 대한 보호제도가 확대되었고, 장애인복지는 점차 그 뿌리를 내리게 되었다고 볼 수 있다. 즉 장애인의 범주 및 보호정책의 적용대상을 전상자에게 국한하지 않고 모든 장애인에게 확대하였으며, 장애인의 생존권, 발달권, 교육권, 시민권, 사회보장수급권 등을 보장하게 되었다. 다만 1960년대까지는 여전히 시설중심의 복지이념이 주를 이룬 상태로 대규모의 격리된 시설에서 수용 · 보호형태의 서비스만 제공되었을 뿐 지역사회의 통합을 위한 형태의 서비스는 매우 미흡하였다.

3) 현대

인간의 존엄과 가치를 중시하면서 장애인의 인권을 중심으로 장애인복지가 논의되기 시작한 것은 1960년대 이후라고 볼 수 있다. 1960년대에 들어 대규모 시설에서 생활하는 장애인들에 대한 비인간적인 대우가 사회에 알려지게 되었다. 장애인의 문제는 사회적인 문제로 대두되었고 거의 같은 시기에 스칸디나비아의 장애인에 대한 정상화이론이 사회에 알려졌다. 북유럽의 정상화이론은 장애인에 대한 편견을 없애 '완전한 참여와 평등의 이념'을 실현해야 한다는 이론이다. 이 이론은 장애인복지에 변화를 모색하는 계기가 되었으며 장애인에 대한 복지수준과 관련하여 국제사회에 큰 영향을 미치게 되었다.

그에 따라 UN은 정상화이론을 기초로 하여 1970년에 '장애인재활 10년 선언'을 채택하고, 1971년에는 '지적장애인 권리선언'을, 1975년에는 '신체장애인 권리선언'을 발표하면서 장애인은 비장애인과 동등한 기본적 권리를 가진다는 것을 천명하였다. 그리고 이듬해인 1976년에는 1981년을 '세계장애인의 해'로 선포하고 장애인의 완전한 사회참여와 평등을 강조하기에 이르렀다.

이상과 같은 UN의 국제선언의 내용은 크게 세 가지로 구분할 수 있다.

첫째, 장애인의 인간적 존엄성을 존중해야 한다는 것을 강조하고 있다. 이는 장애인을 대상으로 한 사회의 불평등과 차별을 제거하고, 개인의 권리가 무시되지 않아야 하며, 사회구성원으로서의 사회적 기능을 수행할 수 있도록 해야 한다는 내용을 포함하고 있다.

둘째, 생명존중사상을 바탕으로, 장애가 있다는 이유로 생명이 경시되는 것을 막아야 한다는 것이다.

셋째, 생존권 존중사상을 바탕으로, 장애인이 비장애인과 더불어 살 수 있는 사회를 만들어야 한다는 내용이다. 장애인의 사회접근권 보장과 기회균등권 보장이 포함되어 있다.

이는 일차적으로 어느 사회에서든지 장애인을 장애인으로 취급하는 것이 아니라 한 사람의 인간으로서 일반적인 생활을 유지할 수 있어야 함을 의미한다. 그리고 장애인이 자신이 가진 능력을 최대한 개발하여 모든 사회영역에서 자신의 능력을 발휘할 수 있도록 지원하는 것을 의미한다.

즉, 1960년대에 등장한 정상화이론의 결과로 국제사회의 장애인에 대한 복지이념은 장애인의 권리보장과 사회통합에 그 가치를 두는 것으로 발전하게 되었다. 현재 우리나라의 「장애인복지법」 제4조에도 장애인의 권리에 관하여 "장애인은 인간으로서 존엄과 가치를 존중받으며, 이에 걸맞은 대우를 받는다."라고 규정하고 있다. 이는 곧 장애인이 인간으로 존중받아야 한다는 의미로 「장애인복지법」 제3조는 장애인복지의 기본 이념을 '장애인의 완전한 사회참여와 평등을 통한 사회통합'을 이루는 데 두고 있다.

이처럼 장애인의 사회참여란 지역사회생활에 중점을 두는 서비스를 통해 장애인의 삶의 질을 향상시키는 데 초점을 두는 것으로, 장애인복지의 정책과 제도는 물론 장애인의 사회적 역할까지 강조하는 것이다. 이에 따라 1960년대 이후에는 장애인의 권익 향상을 위한 탈시설화(또는 탈수용화) 정책이 전개되기 시작하였고, 장애인의 사회통합에 관심을 가지게 되었다. 이는 단순히 시설수용에서 지역사회보호로의 전환뿐만 아니라 장애인의 생활권 확보에도 영향을 미치게 되었으며, 장애인의 교육, 직업 및 고용에 이르기까지 많은 변화가 일어났다.

3. 우리나라 장애인복지의 역사

1) 근대 이전

(1) 삼국시대

삼국시대의 구제 대상인 사궁(四窮)에 해당하는 사람들과 함께 장애인을 구제했다는 기록이 전해지고 있다. 이는 당시 일반 백성들의 구제에 장애인복지를 포함하여 실시한 것으로 평가될 수 있다. 당시 장애인은 독립된 명칭 없이 병자와 동일하게 처우하였고 이들에 대한 구휼제도는 임시적, 사후대책적인 것이 전부였다.

(2) 고려시대

불교의 영향으로 구제사업이 과거 시대에 비해 더욱 제도화되는 경향이 있었다. 삼국시대와 달리 맹인들을 위한 직업대책이 있었는데, 고려 초부터 국가에서 복업을 과거제도에 포함시켜 복인을 선발하였는데 그 중 매복맹인(賣卜盲人)에 관한 기록이 있다.

(3) 조선시대

유교사상의 영향으로 장애인에 대한 지원이 구휼사업의 일환으로 제도적 차원에서 이루어졌다. 장애인에 대한 대책으로 복업이 명과학(命課學)으로 개칭되어 잡학교육을 받은 것, 관현맹인(管絃盲人)이 음악관련 직업을 가진 것, 정조 7년 불구 · 폐질자를 맹인, 절름발이, 문둥이, 간질, 벙어리, 꼽추, 고자 등으로 규정하고, 이 중 벙어리와 고자는 자력으로 해결하도록 하고 맹인은 복술(卜術)을, 절름발이는 그물 짜는 일 등을 통해 자립하도록 한 것 등을 예로 들 수 있다.

2) 근대 이후

(1) 조선 후기

우리나라 최초의 장애인에 대한 보호와 교육이 이루어졌는데, 고종 31년(1894) 미국인 선교사인 홀(Hall) 여사가 평양에서 맹인 학생을 집에서 보호하고 교육한 것과 같은 해 남자 맹인 학생을 위한 교육시설을 장로교 선교사 모훼(Moffer)가 평양에 설립한 것이 대표적 사례이다.

(2) 일제 강점기

일제시대에는 1905년에 세워진 경성 고아원을 1911년 조선총독부가 접수하고 제생원(濟生院)이라 칭하며 운영하였는데, 이대 '조선총독부제생원규칙'이 제정되면서 제생원에 맹아부를 설치, 일부 맹아들을 수용, 보호하면서 초등교육과 직업교육을 실시하였다.

이후 1944년 '조선구호령'을 제정하여 65세 이상의 노쇠자, 13세 이하의 유아, 임산부와 함께 불구, 폐질, 상이, 기타 정신 또는 신체의 장애로 노동을 못하는 자를 생활부조대상자로 규정하고 지원하기도 하였다. 그러나 이러한 제생원과 조선구호령은 본질적 의미에서 복지차원의 접근이라기보다는 식민지 통합을 정당화하기 위한 수단으로 도입된 제도라는 한계가 있다.

3) 현대

현대시기는 정부수립 이후 태동기에서부터 시작하여 최초의 장애 관련 법률로서의 「심신장애자복지법」이 제정된 도입기, 고용보장 및 편의보장의 중추적 법률의 제정이 이루어진 발전기와 다양한 사회서비스법의 증대를 맞이한 도약기, 그리고 국제장애인권리협약 비준과 「장애인차별금지법」 제정에 따라 인권기반 실천이 강조되고 지역사회중심 실천이 강화되는 질적 변화를 맞이한 전환기까지 등 5단계로 구분하여 설명하였다.

(1) 태동기(정부 수립~1979년)

태동기의 주요 흐름으로, 전쟁 이후 상이군경에 대한 보훈사업의 시작, 「특수교육진흥법」의 제정, 심신장애자종합대책의 시행 등이 있을 수 있다.

우선, 우리나라 장애인복지 및 사회복지에서 가장 빠르게 발전해 온 분야 중 하나로, 한국전쟁을 전후로 상이군인, 상이경찰관에 대한 처우로 시작된 사업이다. 1950년 '군사원호법', 1951년 '경찰원호법'을 시작으로 원호대상자나 국가유공자를 위한 직업훈련과 다양한 사업을 전개하였다.

1977년에는 장애인만의 특별한 교육체계 마련을 위해 「특수교육진흥법」을 제정하였다. 이 법을 통해 특수교육 지원 대상자를 시각장애, 청각장애, 정신장애, 지체부자유자, 정서장애, 기타 심신장애자 등으로 규정하였고, 국가 및 지방자치단체에게 특수교육진흥을 위한 시책을 강구하도록 하였으며, 특히 각급 학교장에게 특수교육대상자가 불이익을 당하지 않도록 규정한 내용도 포함하여 교육지원을 하였다.

한편, 1978년 6월 17일에는 '심신장애자종합대책'을 발표하였는데, 주요 내용은 직업훈련 실시(49개 보호시설에 거주 중인 장애아동에게 장애 정도와 적성에 따라 직업훈련을 실시), 다양한 서비스 시설 설치(49개 보호소에 1981년까지 물리치료실, 작업치료실, 언어치료실, 직업훈련시설을 설치하도록 함), 장애아동의 영양을 위한 조치(급식을 위한 지급물자 개선, 목발과 보청기 등의 보장구 지급), 장애인 실태조사(1979년 도입 시행), 보건사회부 안에 장애자보호제도 수립을 위한 전담기구 설치, 국립각심원에 연구 및 훈련기관 설치 등이 포함되었다.

(2) 도입기(198~1987)

1981년 우리나라 최초의 장애인복지에 관한 법률인 「심신장애자복지법」을 제정 · 공포함으로써 1980년대는 우리나라 장애인복지의 새로운 시작을 가져온 시기라 할 수 있다. 본 법률은 현재 「장애인복지법」으로 법명이 변경되긴 하였으나, 장애인복지와 관련한 기본법으로서 장애인 관련 주요 용어의 정의, 국가 및 지자체의 책임, 장애인복지서비스의 유형과 내용, 주요 기관에 대한 기준 등에 대해 포괄적이고 종합적인 사항을 규정함으로써 장애인복지의 기틀을 마련한 전환적 계기로 평가될 수 있다.

(3) 발전기(1988~1997)

1980년대 경제발전과 함께 국제행사로서 서울올림픽대회(장애인올림픽 포함)의 개최를 계기로 장애인복지에 대한 국제적 기준의 적용과 확대에 대한 요구가 높아졌다. 이에 부응하여 국제기준에 부합되는 장애인복지 종합대책을 마련하여 장애인복지의 기본적 제도체계를 재정비하고 재가장애인에 대한 본격적인 서비스를 도모하기도 한 시기라 할 수 있다. 구체적으로, 서울올림픽 이후 장애인복지체육회와 장애인복지대책위원회가 구성되고, 「심신장애자복지법」을 대체할 「장애인복지법」을 제정하며, 「장애인특수교육진흥법」의 개정과 「장애인 고용촉진 등에 관한 법률」 및 「장애인 등에 관한 편의증진법」 등을 제정하였다.

1988년 서울올림픽과 함께 장애인올림픽이 개최되었다. 이를 계기로 재단법인 한국장애인복지체육회가 설립되고, 체육회 기금으로 장애인체육선수들에 대한 연금지급제도 등 다양한 지원책이 마련되었다. 또한 1988년 대통령령으로 '장애인복지대책위원회'를 규정, 위원회 구성, 위원회는 1989년 11개 부문에 걸친 장애인복지대책안을 제출하고, 「심신장애자복지법」과 장애인 취업을 위한 의무고용제 결의, 장애인 취업을 위한 법령 정비, 장애수당제도, 각종 세금 및 요금 이용료 감면제도 건의 등을 마련하였다.

1989년에는 「심신장애자복지법」 전면 개정으로 「장애인복지법」이 제정되었다. 주요 장애 관련 용어의 개정(지체부자유자 → 지체장애인, 정신박약 → 정신지체 등), 장애인복지에 대한 국가와 공공의 책임을 명시하였다.

1990년에는 「장애인고용촉진 등에 관한 법률」(이하, 장애인고용촉진법)이 제정되었다. 본 법의 제정목적은 장애인들의 직업안정과 사회적 참여의 신장으로, 의무고용 규정 및 이를 추진할 장애인고용촉진공단 설립, 공공기업체와 300인 이상의 민간기업체의 경우 고용인의 2%를 장애인으로 고용할 것을 의무화하고, 위반 시 고용부담금을 내도록 규정한 것을 주요 내용으로 하였다. 즉, 국가 및 지방단체는 소속 공무원 정원의 2/100 이상의 장애인을 고용할 수 있도록 노력할 것을 규정하고, 일정규모 이상의 사업체는 장애인을 위한 직업생활상담원을 두어야 함을 규정하고 있다.

1994년에는 「특수교육진흥법」의 개정이 있었는데, 주요 내용은 의무교육과정을 초등학교와 중학교과정으로 규정하고, 조기특수교육시책 강구 및 보호자 교육 등을 규정하고 있으며, 통합교육이라는 용어를 처음으로 직접 명시하기도 하였다. 또한 1994년 국립특수교육원을 설립하여 교육부장관 직할기관으로서 특수교육에 관한 연구, 학습자료의 개발 보급 및 특수교육 담당교원 등의 연수에 관한 사무관장을 담당하였다.

1997년에는 장애인의 기본권 중에 하나인 접근권 및 이동권 보장을 위해 「장애인 등의 편의증진 보장에 관한 법률」(이하, 장애인편의증진법)을 제정하였다. 본 법은 1995년 제정 · 시행한 법률로 장애인편의시설의 설치 등에 관한 기준을 구체적으로 포함하고 있다.

이로써 장애인복지 4대 법이라 불리는 「장애인복지법」, 「특수교육진흥법」, 「장애인고용촉진법」, 「장애인편의증진법」이 그 체계를 갖추게 된 것이다.

(4) 도약기(1998년~2006년)

1990년대 후반 우리나라 장애인복지의 도약을 이끈 핵심 사안은 장애인발전 5개년 계획이 수립과 장애인복지법 개정을 통한 장애 범주의 확대(15개 범주로의 확대)라 할 수 있다.

1998년 제1차 장애인복지발전 5개년 계획(1998~2002년)이 수립되었다. 이는 기존의 장애인복지 시책을 기본으로 복지, 고용, 교육 부문 등을 유기적으로 연결, OECD 회원국에 걸맞는 장애인복지수준 달성을 위해 종합적이고 체계적인 중 · 장기 계획을 수립함으로써 장애인복지의 실행성과를 한 단계 향상시켰다는 평가를 받고 있다. 해당 계획에는 장애인복지 확대를 위해 장애인의 생활안정지원 강화, 사회참여 확대 및 편의시설 확충 등의 기초복지사항뿐 아니라 장애아동의 교육기회 확대, 특수교육 내실화 등 특수교육 지원체계 강화와 장애인고용촉진 및 확대를 위해 장애인 직업능력개발 증진, 중증장애인고용환경 개선 등에 이르는 종합적 사안을 포괄하는 내용을 담고 있다.

1999년에는 기본법으로서의 「장애인복지법」을 개정하여 장애 범주 확대, 장애인복지위원회 설치, 정보접근권 명시, 장애인 우선 주택분양 및 비용지원, 장애인 보조견 명시, 장애인 수당제 실시 등의 내용이 신설되었다. 특히 이때의 개정을 통해 장애 범주 확대가 이루어져 2001년 1단계 조치로 장애인정 범위를 신장, 심장, 정신질환, 발달장애 등의 내부장애 및 정신적 장애로까지 확대하여 총 10가지 유형의 장애로 확대하였고, 2003년에는 2차로 호흡기장애, 간장애, 안면변형장애, 장루장애, 간질장애로 확대되어 장애 범주가 15유형으로 확대되어 지금까지 유지되고 있다.

또한 1999년에는 「특수교육진흥법」의 개정을 통해, 2000년에는 「장애인고용촉진법」의 개정을 통해 제도 내실화를 다졌다. 「특수교육진흥법」의 경우 의무교육조항에서 무상교육에 대한 내용이 포함되었는데, 일반유치원이나 고등학교에 재학하는 장애학생들도 무상교육을 실시하도록 하였다. 또한 장애를 이유로 입학을 거부하는 경우 벌금과 징역형에 처하게 하고, 순회교육, 통합교육, 개별화교육, 치료교육, 직업 · 진로교육 등 다양한 교육방법들을 규정하여 교육지원의 효과성을 높이고자 하였다. 「장애인고용촉진법」의 경우 그동안 고용촉진정책에서 경증장애인에 비해 상대적으로 소외된 중증장애인의 고용촉진과 직업재활을 강조하여 중증장애인 고용유인을 위해 고용장려금 지원단가를 경증장애인의 2배로 책정하고, 장애인 직업재활을 위한 구체적인 조치와 방안이 제시될 수 있는 법적 토대를 마련하여 지원고용에 대한 법적 근거를 명시하였다.

2005년에는 편의시설 중심의 규정에 한정된 「장애인편의증진법」을 보완할 수 있는 이동권 보장 중심의 「교통약자의 이동편의증진법」을 제정하였다. 본법은 장애인을 포함한 교통약자가 안전하고 편안하게 교통수단 등을 자유롭게 이용하여 이동함으로써 사회참여를 촉진하고자 만들어진 법이다.

(5) 전환기(2007~현재)

2007년 이후 장애인복지발전의 주요 흐름은 다음의 3가지 측면에서 기존과 다소 차별화되는 전환기를 맞이한다. 이는 (a) 인권기반 실천의 강조, (b) 지역사회 중심의 실천 강화, (c) 취약계층에 대한 보장 강화 등이 그것이다. 즉 기존에 욕구충족의 서비스 중심적 확대에서 권리보장중심의 실천이 강화되었다(차별금지 및 권리주체 체계 마련, 성년후견제도 도입 등). 또한 탈시설화 이슈와 함께 거주시설 내 재활중심 접근에서 지역사회 중심의 자립생활 실천(장애인활동지원서비스 등 도입시행 등)이 강화되었다. 그동안 다중차별의 위험에도 불구하고 추가적 정책지원에 사각지대에 놓여 있던 장애아동과 발달장애인 등에 대한 법제화를 통해 생애주기접근의 보다 촘촘한 지원체계를 구축하였다.

주요 사항으로, 2007년 「장애인차별금지 및 권리구제 등에 관한 법률」(이하, 장애인차별금지법)이 제정되고, 2008년 유엔의 국제장애인권리협약(CRPD)의 국내비준을 통해 국내법과 동일한 효력을 갖게 됨으로써 장애인복지에서 인권 이슈가 중심이 되는 계기가 마련되었다. 이후 민법 개정을 통한 성년후견제도의 시행(2011년 개정 및 2013년 시행), 장애인연금법(2010년), 장애인활동지원에 관한 법률(2011년), 장애인 · 고령자 등 주거약자 지원에 관한 법률(2015년), 장애인 건강권 및 의료접근성 보장에 관한 법률(2015년) 등의 제정을 통해 지역사회 기반 자립지원을 촉진하였고, 장애아동 복지지원법(2012년) 및 발달장애인 권리보장 및 지원에 관한 법률(2015년)의 제정을 통해 장애인 내 다중차별 위험성이 높은 취약계층에 대한 추가 지원을 강화하고 생애주기 실천의 기틀을 마련하였다.

CHAPTER 06

장애에 대한 이론적 접근

학습목표

1. 장애모델과 장애이론을 이해한다.
2. 개인적 모델과 사회적 모델의 특성을 설명할 수 있다.
3. 장애를 바라보는 다양한 관점을 이해한다.

장애인은 오랜 역사를 통해 분리 · 배제 · 차별받아왔다. 이 장에서는 왜 그랬을까에 대한 이론적 설명을 담고 있다. 장애를 바라보는 다양한 시각들이 역사적으로 변화해 왔고, 그 시각들을 담론으로 묶어 이론화하기도 했다. 장애를 개인 문제로 보는 시각에서부터 사회문제로 또는 노동과 생산성의 문제로 보기도 하며, 우리 문화와 사회 속의 관념론과 실제론의 시각차이로 설명하기도 한다. 장애억압적인 시대에서는 우생학 또는 사회진화론적 관점에서 장애를 매우 열등한 것으로 없애야 할 대상으로 보기도 했다. 이론적 접근이지만 인간사회와 역사를 알 수 있는 장이기도 하며, 사회복지인으로서 향후 우리는 어떤 시각과 태도 그리고 이론적 입장 속에서 장애인을 만날 것인지 고민해 보는 계기가 될 수 있을 것이다.

1. 장애를 바라보는 관점, 장애모델

장애를 바라보는 관점은 크게 두 가지로 나누어진다. 첫째, 장애를 개인의 기능적 · 의학적인 문제로 보는 관점, 둘째, 장애를 육체적 · 정신적 손상이 있는 자에게 가해지는 사회적인 불이익 및 제한으로 보는 관점이 있다. 즉, 장애를 개인의 문제로 보느냐, 사회 전체의 문제로 보느냐로 구분되는 것이다. 장애를 개인의 문제로 바라보는 관점을 장애의 '개인적 모델' 또는 '의료적 모델'이라고 한다. 재활 및 의료적인 개입을 중요시하기에 의료적 모델로 불리는 것인데, 치료적 개입을 통해 장애를 가진 개인이 비장애인 주류사회에 통합되는 것을 목표로 한다. 한편, 장애 당사자들은 개인적 모델에 반박하며 장애가 사회적 불리로 이어지지 않도록 환경을 변화시켜야 한다고 주장했다. 이것을 '사회적 모델'이라 할 수 있는데, 사회적 모델로의 전환은 1976년 영국의 '분리를 반대하는 신체장애인연합(Union of the Physically Impaired Against Segregation: UPIAS)'이 장애 개념을 새로 설정하며 초석을 제공하였다. 그리고 영국의 학자이자 장애 당사자인 마이크 올리버(Oliver, 1990)가 구체적인 사회적 모델을 구축했다. 이렇듯 장애의 관점이 개인적 모델에서 사회적 모델로 전환되면서, 장애인이 속한 환경을 변화시키려는 정책과 실천이 보다 강조되고 있다.

1) 개인적 모델/의료적 모델

개인적 모델(individual model)은 장애는 지극히 개인적인 문제라고 주장하는 관점이다. 장애를 손상의 개념으로만 두고 설명하며, 장애를 치료해야만 하는 문제로 바라본다. 따라서 장애의 책임은 오롯이 개인에게 있다고 본다. 이는 장애가 불운한 개인에게 우연적으로 일어나는 무서운 사건이라는 개인적 비극론에 기반하여 도출된 주장이다(Oliver, 1996). 때문에 개인적 모델에서의 장애인은 '일상생활을 수행할 수 없는 신체적 · 정신적 손상을 가진 사람'으로 정의된다. 개인적 모델에서는 장애의 개념에 신체적 및 정신적 이상 · 손상 · 상실 등을 다루는 의학적 개념을 중시한다. 의학적 개념을 중시하다 보니, 장애인은 치료나 보호조치가 필요한 대상이 되며, 장애에 대한 치료 및 통제의 과정에서 장애인 당사자의 주체성을 인정하지 않는다. 이러한 점은 의료적 모델(medical model)과도 일맥상통한다.

개인적 모델의 관점에서는 장애를 가진 개인에게 보호 및 치료를 제공하여 개인 그 자체를 변화시키는 데 초점을 둔다. 그렇기에 장애인의 재활을 위해 기능적 제약을 분석하고, 제약에 개입하는 방법을 연구한다. 기능적 제약이 일상생활에 미치는 영향을 찾아내고, 제약이 발생하지 않도록 예방하는 법과 치료법 및 보호법을 찾아내는 것이다. 의학적 연구 및 방법에 근거하는 개인적 모델은 장애를 신체의 비정상으로 바라볼 수밖에 없다.

이러한 개인적 모델은 장애인을 보호의 대상으로 보고, 전문가의 의료적 개입에 따라 장애인이 개별적으로 사회에 적응할 것을 강조한다. 장애의 개인적 모델이 우세한 사회는 물리적 · 사회적 구조를 변화시키는 것보다 장애 당사자가 기존 구조에 적응할 수 있는 방법에 집중한다. 복지실천방법 또한 장애인 스스로 주체가 되어 필요한 서비스를 고르는 형태가 아닌, '장애'라는 문제점을 해결하기 위해 전문가 판단에 따라 결정하는 방식이 선택된다.

2) 사회적 모델/강점모델

1970년대 영국에서는 장애의 개인적 모델이 사회의 지배적인 장애 패러다임으로 자리잡고 있었다. 그러나 영국 장애계에서는 당대의 장애 패러다임이 장애인으로서의 경험을 고려하지 않고 장애 자체를 문제로 보는 시각에서 비롯된 개인적 모델이나 낙인문제에 대해 비판하기 시작했다. 그리고 장애를 개인의 문제, 비극, 치료대상으로 보는 사회의 시각을 거부하고 장애인이, 장애인을 위한, 장애인의 경험을 담은 새로운 장애 관점을 정의하였다. 이러한 전환은 영국 신체장애인연합(UPIAS)을 중심으로 이루어졌으며, 그들이 주장한 내용은 아래와 같다.

"우리의 육체적 손상이 있는 사람들을 장애로 만드는 것은 사회라고 생각한다. 장애는 우리의 손상과 더불어 우리를 완전한 사회참여로부터 불필요하게 소외시키고 제외시키는 방식으로 우리에게 부과된 것이다. 따라서 장애인은 사회에서 억압받는 집단이다." (UPIAS, 1976: 14).

이후 장애운동가이자 학자인 마이크 올리버(Mike Oliver)는 UPIAS의 입장문의 내용을 발전시켜 장애인복지 실천현장에 적용하기 위한 새로운 장애 접근모델을 개발하고 장애의 개인적 모델과 사회적 모델이라는 이름을 붙여 발표했다(Oliver, 1983). 그는 육체적 손상이 있는 사람에 대한 고려가 거의 없어서 발생하는 배제 그 자체가 장애라고 보는 새로운 관점을 설정했다(Oliver & Barnes, 1998). 사회적 모델은 사회적 차별과 관리주의에 도전하고 있으며, 시민권과 정치적 활동까지 연결시키고 있다(Owen, 2015). 사회적 모델에서는 장애의 원인을 사회에 두고 있기 때문에 장애는 개인이 극복해야 하는 과업이 아니며, 장벽을 만드는 사회적 환경으로 인해 발생한다고 보았다. 즉, 거시적인 사회가 장애당사자의 욕구를 사회조직 내에서 실현시키는 것에 실패했기 때문에 장애가 발생한다고 보는 것이다. 그렇지만 손상이 신체와 밀접한 관련이 있다는 것을 부정하는 것은 아니다. 사회적 모델에서 장애는 개인의 손상이 문제가 아닌, 장애인에게 제한을 가하는 외부의 것이라고 주장한다. 이에 사회적 모델은 장애인을 주체적 존재로 격상시키고, 동시에 낙인에서 해방하려는 운동적 개념으로 이해할 수 있다(이선우 · 이수경. 2020).

개인적 모델과 구별되는 사회적 모델의 특징은 첫째, 개인이 가진 손상(impairment)과 장애(disability)를 구분한다는 것이다. 인간의 신체적 · 정신적 손상은 장애로 이어지지 않을 가능성이 있으며, 장애는 시대상황이나 사회문화적 관점에 따라 변화할 수 있는 개념으로 설명하고 있다. 이는 장애 개념은 상황적 · 환경적 요인을 포괄하고 있으며, 손상의 발생이 무조건적으로 장애와 사회적 불이익으로 고착화된다는 기존의 인식에서 벗어나기 위한 노력의 일환으로 볼 수 있다. 둘째, 사회적 모델은 개인적 모델과 달리 장애를 사회적 창조물로 바라보고 있다. 장애인을 주류 사회에 적응해야만 하는 객체적 존재로 보지 않고, 그 자체로 사회의 일원이며 새로운 사회를 만들어 낼 수 있는 주체적 존재로 바라보기 때문이다. 주체적이고 능력이 있는 인간인 장애 당사자가 사회 구성원으로서 자신의 능력을 충분히 발휘하지 못하도록 제한하는 사회적 장애에 더욱 주목한다. 이렇게 장애인의 활동과 능력을 중요시하는 의미에서 강점 모델(strengths model)로 불리기도 한다(이경준 · 최윤영, 2020). 셋째, 장애인은 비장애인과 구분되고, 장애인이 주류집단인 사회조직으로부터 억압을 받는 집단으로 설정하고 있다. 장애인은 시혜적으로 보호해야 할 약자가 아닌 정당한 시민임에도 억압을 받는 존재라는 것이다. 때문에 장애인복지는 자선사업보다는 장애인의 권리 확대에 집중해야 한다고 본다(Shakespeare, 2010).

이렇듯 사회적 모델은 장애관점에 있어 새로운 개념을 제시한 점에서 큰 의의가 있다. 그렇지만 아직 보완해야 할 점도 많다. 사회적 억압에 대한 구체적인 조건이 제시되지 않았기 때문이다. 향후 국가와 지역사회 내에서 발생하는 모든 억압들을 검토 및 연구해야 할 필요가 있다(Barnes et al., 1999). 또한 사회적 모델은 사회가 만들어낸 장애를 해결하면 모든 장애인의 장애문제가 사라질 것이라 가정한 면도 있는데, 실제로 그렇지는 않다. 일부 장애는 사회적 조건이 아무리 배리어프리(Barrier-free) 상태로 전환된다 하더라도 사회생활에 어려움이 남아 있을 수 있기 때문이다. 실제로 개인적 모델을 실현하는 의료사회학 연구자들은 사회적 모델이 장애인 개개인이 장애로 인해 겪는 경험 및 증상을 무시한 채, 그저 집단적으로만 바라보고 있다고 주장한다(석말숙 외, 2020). 즉, 사회적 모델도 한계와 비판점이 존재한다.

일부 사회적 모델을 추구하는 연구자들도 이러한 문제에 동의한다. 그들 또한 장애인이 가진 손상은 사회적 모델의 원칙을 적용시켜도 해결할 수 없는 한계점이 있다고 주장한다. 특히 발달장애, 정신장애 등 정신적 장애에 사회적 모델을 적용시킬 때 그 한계가 더욱 두드러진다. 사회적 모델에 따르면 특수학교나 특수학급은 장애인을 비장애인들로부터 분리시켜 놓는 차별이며, 통합교육만이 장애인과 비장애인이 함께 살아갈 수 있는 교육기반이다. 그러나 실제로 중증 지적장애 및 자폐성장애아동에게는 전문인력의 개별적인 맞춤교육이 필요하다. 통합교육을 추진하게 되면, 모든 일반교사가 중증장애아동을 위한 전문교육을 제공하기 어렵기 때문에 중증장애아동의 교육권을 충분히 충족시키기 어려울 수 있다. 이는 사회적 모델이 초기에 영국 신체장애인을 대상으로 설계되었기 때문인 것으로 해석된다. 신체장애인은 대부분 사회적 제약을 철폐하면서 사회 전 영역에서 통합 또는 참여할 수 있기 때문이다.

하지만 정신적 장애인은 신체장애인과는 다른 특수적인 욕구 및 접근법을 수반하고 있기 때문에 현재의 사회적 모델을 기반해서는 충분한 사회참여가 어려울 수 있다. 아직 보완되어야 할 점이 많다는 것은 개인적 모델과 사회적 모델의 공통점이기도 하다.

〈표 6-1〉 개인적 모델과 사회적 모델의 비교

구분	개인적 모델, 의료적 모델	사회적 모델, 강점모델
이론적 배경	개인적 비극이론	사회억압이론
장애관점	개인적 문제	사회적 문제
정체성	개별적 정체성	집합적 정체성
사회적 장애	편견, 태도	차별, 행동
장애인 대상	보호, 통제	권리, 선택
실천방식	개별적 치료, 의료적 처치	사회행동, 자조
전문가 개입	직업적 권위, 전문성	개별적 및 집단적 책임, 경험중시
장애관리	적응(adjustment)	주장(affirmation)
개입방식	정책(policy)	정치(politics)
목표	개별적 적응	사회변화

출처: Oliver, M. (1996). p. 34.

3) 프리스틀리의 장애접근법

개인적 모델에 이어 사회적 모델이 주창되었음에도 장애를 어떤 사회현상으로 바라볼 것인지에 대한 다양한 논의가 진행되었다. 그 중에는 장애를 물질적 · 구조적 조건들에 의해 발생되는 객관적인 사회현상으로 보는 유물론적 설명(materialist explanation)과 장애를 장애인식 및 가치관, 문화 등과 같은 주관적인 사회현상으로 보는 관념론적 설명(idealist explanation)이 있다.

프리스틀리(Priestley, 1998)는 개인적 모델과 사회적 모델에 유물론과 관념론이라는 새로운 차원을 도입하여 장애를 설명하고자 하였다. 프리스틀리는 기존의 개인적 모델에 대한 논점은 신체적 차원과 심리적 차원으로 나눌 수 있으며, 사회적 모델에 대한 논점은 유물론적 차원과 관념주의적 차원으로 나눌 수 있다고 보았다. 즉, 프리스틀리는 개인적 모델과 사회적 모델을 유물론과 관념론에 따라 두 파트로 나누어 총 네 가지의 차원으로 보았다(석말숙 외, 2020).

〈표 6-2〉 장애학의 다중패러다임

구분		유물론	관념론
개별적 모델	명칭	개별적 유물론 모델	개별적 관념론 모델
	사회현상 정의	사회현상은 물질적 개인을 넘어서 실재하지 않는다.	사회현상은 의지적 개인의 경험을 넘어서 실재하지 않으며, 태도와 신념에 의하여 형성될 수 있다.
	관련 장애이론	의료적 모델, 재활모델, 생물학적 결정론	사회적 결핍모델, 복지모델, 심리·환경적 접근모델, 상징적 상호작용론, 현상학, 해석학
	장애 개념	신체적 손상으로 신체의 정상성이 결핍된 상태	장애는 정체성의 창출과 역할의 협상에 따른 의지적 개인의 산물
	장애 범주	신체적 기능에 영향을 주는 모든 손상 및 장애	손상으로 정체성이 훼손된 상태 일상생활 영위에 필요한 상호관계에 문제가 있는 상태
	관련 제도·정책	신체기능 회복을 위한 재활, 낙태, 불임시술, 수용시설 보호 등	장애인의 정체성을 정상성에 가깝도록 지원, 잔여적 복지제도 발전
	관련 운동	장애 예방 및 모금 등	장애인의 사회적 역할에 대한 재해석, 국가 및 사회의 적극적 지원요구, 비장애인의 태도변화 등
	분석단위	손상된 신체	신념과 정체성
사회적 모델	명칭	사회적 유물론(생성주의) 모델	사회적 관념론(구성주의) 모델
	사회현상 정의	물질적 사회가 개인을 넘어서 존재하며, 사회현상은 정치경제, 구조적 가부장제 등에 의해 형성된다.	관념론적 사회가 개인을 넘어서 존재하며, 사회현상은 사회적 가치, 문화 등에 의해 형성된다.
	관련 장애이론	올리버의 사회적 모델, 역사적 유물론, 구조적 페미니즘, 마르크스주의적 분석	울펜스버거의 정상화이론·사회적 역할 강화, 문화상대주의, 사회적 구성주의, 실증주의 사회학
	장애 개념	장애는 역사적 맥락 안에서 발생하는 사회·경제적 물질적 산물	장애는 특정 문화적 맥락 안에서 사회발달에 따른 관념론적 산물
	장애 범주	사회의 억압과 차별	사회의 문화적 맥락에 의해 해당 사회에서 받아들일 수 없는 존재로 인식되어 발생하는 모든 문제
	관련 제도·정책	물리적 장벽 제거(이동권, 접근권 확보 등), 제도적 차별 금지 등	인권교육, 인식개선, 언론 등과 관련된 제도

	관련운동	장벽제거운동, 시민권 확보운동, 차별금지운동, 자본주의 극복을 위한 사회운동과의 연대 등	문화개선, 인권교육, 인식개선 등을 위한 운동 등
	분석단위	장애를 초래하는 장벽과 권력관계	문화적 가치나 표상

출처: Priestley (1998). pp. 75-94.

네 가지 차원의 첫 번째는 '개인적-유물론 모델'이다. 개인적 모델에 유물론을 도입한 이론이며, 구조적 · 물질적 측면을 강조하는 유물론의 영향을 받았다. 따라서 본 모델에서의 장애는 신체구조상의 문제이며, 생물학적인 산물이다. 온전한 구조인 완전한 신체를 이상적으로 바라보고 손상이 있는 신체를 분석한다. 정상화에 기반하고 있기 때문에 장애의 원인 및 책임을 개인에게 두고 있으며, 장애인은 치료 및 재활의 대상이므로 재활전문가의 개입이 필수적이라고 생각한다. 장애인의 손상 정도는 사회적 능력평가의 기준이 되고, 손상 정도가 클수록 타인의 도움의 필요성이 높아진다고 보기 때문에 객체적인 장애인식을 가지고 있다. 따라서 장애정책 또한 장애인의 손상을 최소화하고 예방하는 방면으로 발전시켜야 한다고 본다. 특히 비장애인만큼 사회적 기능을 수행할 수 있도록 장애인의 재활정책에 초점을 맞추고 있다(김용득 외, 2012). 또한 손상에 대한 생물학적 치료를 강조한다.

두 번째 차원은 '개인적-관념론 모델'인데, 말 그대로 개인적 모델에 심리적 · 문화적 상황을 중요시하는 관념론을 도입한 이론이다. 장애를 정의할 때 신체의 생물학적인 손상에 초점을 맞추는 개인적-유물론 모델과 달리 개인적-관념론은 장애는 인식 및 감정의 경험에 따라 달라진다고 본다. 개인적 모델에 입각하여 사회현상은 실재하지 않다고 가정한 채 개인의 장애에만 집중하고, 관념론에 입각하여 장애는 개인이 현재 처한 심리적 상태나 타인과의 교류에서 정상적이지 못할 때 발생한다고 보는 것이다. 이러한 장애관으로 인해 장애인이 자신의 장애에 대한 태도나 어떤 정체성을 가지고 있는지를 분석한다. 또한 본 모델의 장애관은 사회적 결핍모델(Social deficit model)과 연관이 된다(석말숙 외, 2020). 사회적 결핍모델은 장애인이 사회적으로 결핍되어 있으므로 이를 해결하기 위한 복지가 필요하다고 보는 관점이다. 결과적으로 사회적 결핍모델과 개인적-관념론 모두 장애인은 스스로 자신의 문제를 해결할 수 없으니 이러한 결핍을 타인이나 국가가 개입하여 도와주어야 한다고 주장한다. 따라서 장애정체성과 관련된 상담이나 장애인 개인의 심리적 대응력을 강화하는 복지서비스가 필요하다고 본다(김용득 외, 2012).

세 번째 차원은 '사회적-유물론 모델'이다. 다른 말로 사회적 생성주의 모델로도 불린다. 장애를 정치 · 경제발달에 따른 권력관계에 영향을 받는 개념으로 바라보며, 사회적 요건이 장애 개념의 생성 및 변화를 일으킨다고 보기 때문에 사회적 생성주의 모델로 불린다(이선우 · 이수경, 2020). 대표적인 역사적 사건으로는 산업혁명이 있다. 산업화시대에 도입하면서 노동력의 상품화가 이루어지고, 상품성에 따라 활용 가능한 집단과 활용 불가능한 집단이 나누어졌다. 이때 상품성이 낮은 활용 불가능한 집단에 장애인이 포함되면서 일상생활 전반에서 억압과 차별을 받게 되었다고 주장한다. 이러한 장애억압적 사회문제를 해결하기 위해서는 사회구조를 변화시켜야 하며, 때문에 구조적 · 물리적 · 제도적으로 장애를 만드는 장애물을 제거해야 한다고 본다. 이처럼 사회적-유물론 모델은 특정한 사회역사적 맥락에서 정치 · 경제 등과 같은 물질적 권력 관계로 인해 장애가 생성된다고 보기 때문에 장애인권운동이나 차별금지운동, 자본주의의 한계점을 극복하기 위한 사회연대운동 등이 필수적이라고 주장한다. 사회적-유물론에서는 정치권력의 변화가 중요하다고 보며, 장애인의 시민권 확보 및 차별금지를 위한 물리적 장벽의 제거와 제도적 · 환경적 변화를 요구한다.

마지막으로 네 번째 차원인 사회적-관념론 모델은 사회적 구성주의 모델로 불리기도 한다(이선우 · 이수경, 2020). 본 모델은 장애가 문화에 따라 달라진다고 보기 때문에 장애가 가진 문화적 맥락을 중요하게 여긴다. 사회적-관념론 모델은 장애를 개인의 기능 및 억압적인 사회구조에 의해 만들어지는 개념으로 바라보는 사회적-유물론 모델과 다르게 사회적 구성, 즉 사회적 가치에 따른 산물이라고 본다. 때문에 장애문제를 해결하기 위해서는 장애인에 대한 사회적 인식변화가 가장 중요하다. 문화, 종교, 언어, 또는 사회적 생성물과 콘텐츠, 언론 등에서 장애인에 대한 새로운 관념론을 구성하는 것이 본 관점에서 가장 강조하는 점이다. 울펜스버거(Wolfensberger)는 장애인들이 사회적으로 가치 있는 역할을 수행하는 것이 인식개선의 방법이라고 주장하였는데, 이는 사회적 관념론과 맥락이 통한다. 장애인들이 사회적으로 가치 있는 역할을 수행할 수 있게 지원해야 한다고 본다. 때문에 장애인식을 향상시킬 수 있는 인권교육 및 활동 등이 더 폭넓게 이루어져야 한다고 주장한다.

4) 정상화

정상화(normalization)는 장애인복지 이념 가운데에서 특히 강조되는 개념이며, 오늘날까지 북유럽 사회복지의 전반에 기반하고 있는 장애인복지 이념이다. 정상화는 1960년대 스칸디나비아 국가에서 지적장애인에 대한 서비스를 문제 삼으면서 사회복지 이념으로 발돋움하게 되었다. 지적장애인부모회는 지적장애인의 대형시설보호와 개인의 특성을 따지지 않은 대형시설의 일률적인 재활서비스 제공에 대해 크게 반대했다. 특히 미켈센(Mikkelsen)과 니르제(Nirje)가 주창한 모토, '가능한 한 일상적인 보통의 삶(so normales Leben wie moeglich)'을 토대로 만들어졌다(이경준 · 최윤영, 2020).

> 정상화 개념은 '모든 지적장애인이 일반적인 환경, 일반적인 삶의 방식에 가능한 한 가깝도록 하는 것'으로 매일의 삶의 조건과 삶의 방식에 접근할 수 있도록 하는 것을 의미한다. (Nirje, 1980)

니르제는 장애인의 일상생활방식에 심리적인 측면으로 접근하였으며, 미켈센은 교육, 직업 주거, 여가 등 삶의 질을 측정하는 객관적인 사회지표를 통해 장애인의 생활에 접근하였다. 자세하게 살펴보면 니르제는 장애인의 일상생활조건 및 삶이 그들이 속한 공동체와 문화 속 환경과 비슷하거나, 생애주기에서 정상적인 리듬과 패턴을 경험하는 것이 정상화라고 주장했다. 정상적인 리듬 및 패턴이란 비장애인과 같이 아침에 일어나 보통의 아침식사를 하고, 한낮에는 졸음을 이기기 위한 차 한 잔과 일상적인 생활이나 취미를 즐기다가, 저녁이 되어서 편안한 잠자리에 드는 그런 지극히 평범하고 통상적인 행위를 말한다. 니르제는 이 정상적인 리듬 위에서 장애인들은 개인의 고유한 가치와 자기결정을 인정받는 경험을 통해 심리적 만족을 얻을 수 있다고 설명한다. 이와 달리 미켈센이 설명하는 정상화란 장애인도 비장애인과 같이 사회적 권리와 의무를 갖는 것이다. 능력을 개발할 수 있는 권리, 교육을 받을 수 있는 권리 등 모든 시민들에게 당연하게 주어지는 권리를 영위하여 장애인의 삶의 질을 개선시켜야 한다고 보았다. 미켈센은 니르제와는 다르게 정상화 원리를 장애인의 인권적인 측면으로 접근하는 것을 알 수 있다. 미켈센과 니르제의 주장의 공통점은 지적장애인에게 교육, 직업, 주거, 여가 등에 있어 비장애인과 가능한 한 동등한 여건을 만들어 주어야 한다는 점이다. 인위적으로 여건을 생성해 주지 않으면 장애인은 비장애인과 동등한 일생생활 루틴을 가지기 어렵기 때문이다. 장애인이 사회에서 통용되는 지극히 평범한 행위를 할 수 있는 것, '가능한 한 비장애인과 비슷한 생활'을 영위할 수 있게 하는 것, 이것이 정상화의 기본 개념이다(이

경준 · 최윤영, 2020).

정상화 개념은 캐나다 및 미국으로 전파되어 미국의 장애 정책에 큰 영향을 준 장애학자 울펜스버거(Wolfensberger)에 의해 더욱 확장되었다. 울펜스버거는 일반적인 사회구성원의 생활양식과 주류문화에 대해서 설명하면서, 비장애인 중심의 지역사회에서 장애인이 생활할 수 있는 방법을 설명하며 정상화 개념을 주창했다(Wolfensberger, 1985). 또한 니르제의 정상화에 사회적 역할(social role)과 사회적 역할 강화(social role valorization)의 개념을 더해 재정립하였다.

정상화란 가능한 한 모든 사람이 가치 있는 사회적 역할을 습득하고, 그 역할을 유지하기 위해 문화적으로 가치 있는 수단을 이용할 수 있는 상태(Social Role Valorization: SRV)이다. (Wolfensberger, 1985).

여기서 울펜스버거는 장애인이 가치 있는 사회적 역할을 습득할 수 있는 수단을 갖게 하기 위해 사회적 편견과 차별적인 환경을 개선하는 것이 우선되어야 하며, 동시에 당사자의 능력을 고취시킬 수 있는 방안이 필요하다고 주장하였다. 때문에 장애인에 대한 사회적 편견이나 낙인화 요소를 제거하여 주류사회에 통합시키고, 그들의 특성에 맞는 기술훈련과 교육기회를 제공하여 궁극적으로 그들의 권리를 회복시키는 것이 장애인의 정상화를 실현시킬 수 있는 방안이라고 보았다.

〈표 6-3〉 정상화의 목표

구분	내용
물리적 통합	지역사회 내 주택가의 공동생활가정에서의 생활
기능적 통합	식당, 수영장, 교통수단 등 일반 시민과 같이 이용하는 것
사회적 통합	지역사회에의 이웃, 학교, 직장 등 상호적인 사회관계의 형성 및 유지
개인적 통합	생활상의 다양한 욕구가 다른 사람과의 상호작용 중에서 발전하고 변화할 수 있는 정도
사회체계적 통합	시민으로서의 법적 권리, 성장과 성숙에의 기회, 자기결정을 통한 자아실현
조직적 통합	행정기구나 정책과정, 서비스에의 참여

출처: Wolfensberger (1985).

5) 분리이론과 사회통합이론

분리이론은 말 그대로 장애인과 비장애인을 분리하여 생활하고 교육시키는 것이 효과적이라고 보는 이론이다(배화옥 · 임채영, 2020). 비장애인이 주류인 사회에서 장애인은 많은 사회적 편견과 낙인에 노출되어 그들의 자존감이나 일상생활능력에 치명적인 영향을 받을 수 있기 때문에, 이들을 보호하기 위해서는 분리시키는 것이 낫다고 보는 관점이다. 따라서 분리이론의 관점에서는 장애인거주시설 및 특수학교의 설치가 당연한 사회정책이다. 한편, 분리이론과 반대되는 사회통합이론이 있다. 사회통합이론은 다양한 사회구성원들이 접촉하여 조화로운 관계를 만들어나가는 사회통합을 중시하는 이론이다(Barker, 1995). 사회통합이란 개인의 존엄성을 보호하고 사회공동체의 정신적 · 물질적인 풍요를 달성할 수 있게끔 모든 사회구성원이 다함께 잘 사는 사회의 실현이다. 이러한 정의에 따라 장애인도 사회구성원으로서 함께 통합되어야 한다고 본다. 장애인의 사회통합은 '제한이 없는(Barrier-free) 환경'으로 정의된다. 제한이 없는 환경을 만들기 위한 몇 가지 원칙이 있는데, 첫째, 장애인은 지역사회 내에 거주하며 이웃과 함께 환경에 통합되어야 한다. 둘째, 장애인은 비장애인과 마찬가지로 가정과 지역사회 내에 거주해야 한다. 셋째, 지역사회 내의 생활은 가족 규모의 형태여야 한다. 넷째, 장애인의 생활기술 및 능력을 발전시키고 서비스를 계획하거나 실시할 때 장애 당사자의 참여가 필요하다. 즉, 모든 사회에서 보편적인 형태로 장애인의 참여가 보장되어야만 장애인의 사회참여가 가능할 수 있다는 것이다. 이처럼 사회통합이란 장애인이 평등한 기준 위에서 사회의 일부분이 되어 사회문화적 활동에 참여하는 것이다. 비장애인이 영위하는 사회적 수준과 동등하게 장애인이 지역사회에서 존립할 수 있고, 참여할 수 있는 것을 사회통합이라고 보는 것이다(이경준 · 최윤영, 2020). 즉, 장애인도 비장애인처럼 차별 없이 본인이 속한 지역사회에서 사회적 역할(social role)을 수행하고, 이 역할을 강화시켜 사회구성원으로서 인정받고 살아가는 과정이다. 이러한 개념에서 사회통합이 정상화(normalization)이론이나 사회적 역할 강화(social roles valorization)이론과 맞닿아 있는 것을 알 수 있다. 이러한 관점은 탈시설화 운동과도 연결된다. 탈시설화란 정신장애인에게 지역사회에서의 케어와 훈련을 제공하여 시설에 입소하는 것을 막고, 시설에 거주하고 있는 정신장애인의 지역사회 복귀를 추진시키는 활동적 개념을 말한다. 현재 국내외에서 다양한 탈시설정책이 추진되고 있다.

장애인의 사회통합은 어렸을 때부터 이루어져야 한다. 서로에 대한 경험이 없다면 오해는 편견으로 이어지고 편견은 차별이 되기에 장애아동과 비장애아동이 접촉할 수 있는 환경을 제공하는 것은 차별의 고착화를 중화시킬 수 있는 중요한 열쇠이다. 비장애인과 같은 공간에서 대면하고 생활하는 경험은 향후 장애아동이 성인이 되어서도 일반 사회에 원활하게 참여할 수 있는 자양분이 된다.

6) 재활모델과 자립생활모델

재활모델과 자립생활모델은 장애를 바라보는 관점을 넘어 그 관점에 따라 장애인복지를 실현할 방법까지 포함한 실천모델이다. 전통적으로 장애인복지서비스를 제공했던 모델은 재활모델(rehabilitation model)이다. 재활모델은 개인의 손상이나 부적응에 초점을 둔 개인적 모델과 비슷하게 장애문제를 정의하였다. 따라서 장애인을 개인이 가진 손상 및 장애로 인해 일상생활을 적절히 수행하는데 문제를 가진 사람들로 정의하고 있다. 이러한 병리적 관점에 따라 장애인을 요보호자나 환자 등으로 바라보고 전문가가 이들을 관리하는 통솔권자의 역할을 맡게 된다(석말숙 외, 2020). 이처럼 재활모델에서 장애인은 의료전문가의 도움이 필요한 존재로 장애인의 주체성은 고려되지 않는다. 때문에 재활모델에서 장애인은 객체적 존재로서 소비자의 역할만 수행한다. 또한 재활의 성공은 장애인이 의료전문가가 제시한 치료체계에 얼마나 잘 적응하는가에 달려 있다. 그러나 중증장애인들이 재활만으로 기능을 온전히 회복하는 것은 어려운 일이며, 이러한 실패는 중증장애인에게 실패자라는 낙인을 찍는다.

재활모델의 한계점과 낙인화 문제를 들고 1969년 미국에서 자립생활운동(Independent Living Movement)이 시작되었다. 자립생활운동이란 미국의 장애대학생들이 장애 당사자가 전문가의 도움 없이 자조조직활동을 통해 지역사회 내에서 생활할 수 있는 방법을 고안하고 전수하는 데에서 시작된 운동이다. 이와 맥을 같이하는 자립생활모델(independent living model)은 재활모델에의 도전이며, 장애 당사자가 주도하는 자립의 필요성을 강조하였다(이경준 · 최윤영, 2020). 때문에 재활모델에서는 고려하지 않았던 권익옹호나 동료상담, 자조활동, 사회적 장애 제거 등을 강조한다. 자립생활모델에서 장애문제는 전문가가 아닌 당사자 본인이 가장 잘 알고 절실하게 느끼기 때문에, 전문가가 아닌 장애당사자에게 주체성과 자기결정권을 부여해야 한다고 주장한다. 장애당사자에게 주체성을 부여함으로써 능동적인 장애문제해결이 가능하고, 이는 재활모델의 목표인 '일상생활수행능력 습득'을 가능하게 만들 수 있다. 더 나아가 장애 당사자의 사회적 자기관리와 권리옹호, 사회적 역할의 부여 등을 추구하고 있다.

그러나 자립생활모델로의 변화과정에도 사각지대는 존재했다. 바로 발달장애와 정신장애 영역이다(이경준 · 최윤영, 2020). 상호적인 자조관계만으로도 충분히 사회복귀가 가능한 신체장애인은 자립생활모델의 특혜를 받았다고 평가된다. 하지만 발달장애인이나 정신장애인은 정신적 차원의 한계로 이성적인 판단이나 자기옹호를 하지 못할 것이라는 편견이 팽배했다. 이러한 주류사회의 선입견으로 정신적 장애를 가진 사람들은 자립생활운동 안에서도 도태될 수밖에 없었다. 즉, 재활모델은 모든 중증장애인을, 자립생활모델은 정신적 장애를 가진 모든 사람들을 낙인화시킨 것이다. 최근에 들어서야 자립생활모델 안에서 정신적 장애를 가진 사람들에게도 초점이 맞춰지기 시작했다. 정신적 장애인에게도 기회균등적이고 정상적 생활환경이 필요하다는 것이 강조되면서 그들의 삶의 질에 대한 관심과 연구가 진행되고 있다. 결과적으로 정신적 장애인 또한 사회적인 지원을 통해 자립생활이 가능하다는 연구결과와 인식이 서서히 생겨나고 있다. 이러한 인식의 변화로 장애인이 스스로 필요하다고 느끼는 지원을 요청하여 일상생활을 수행하는 것 또한 자립생활의 한 범주로 인정받게 되었다. 자립생활운동을 가장 먼저 시작한 인물은 에드 로버츠(Ed Roberts)인데, 그는 자립생활을 '독립적으로 의존하는 것'이라고 설명하였다. 이는 자립생활이란 장애인 당사자가 자기결정권에 근거하여 필요한 복지자원을 이용하는 것을 의미한다.

〈표 6-4〉 재활모델 대 자립생활모델

구분	재활모델	자립생활모델
문제의 정의	물리적 손상, 취업능력의 부족, 심리적 부적응, 동기 및 협력의 부족	전문가, 친척, 타인 등에 대한 의존성, 불충분한 지원 서비스, 건축 구조물상의 장벽, 경제적 장벽
문제의 소재	개인에 내재됨	환경 및 재활과정에 있음
사회적 역할	환자-클라이언트	소비자
문제의 해법	의사, 물리치료사, 작업치료사, 직업상담사 등에 의한 전문적인 개입	동료상담, 권익옹호, 자조, 소비자주도, 물리적 장벽 및 경제적 역인센티브 제거
주체	전문가	소비자
바라는 성과	ADL(일상생활수행능력) 극대화, 유급고용, 심리적 적응, 동기유발, 완전한 치료	자기관리(self-direction), 환경개선, 사회·경제적 생산성

출처: Dejong (1987). 석말숙 외(2020). p. 129 재인용

2. 장애인은 왜 차별받는가, 장애이론

앞서 장애를 어떻게 바라보는가와 관련한 다양한 관점들을 살펴보았다. 어떠한 관점을 선택하느냐에 따라 손상을 치료하고 없애려는 시도를 하게 되기도 하고, 혹은 장애인이 접하는 환경을 변화시키려는 정책과 실천이 확대되기도 한다. 이렇듯 장애를 바라보는 관점은 매우 중요하다. 그럼에도 불구하고 여전히 우리 사회는 장애를 개인의 비극으로 바라보는 관점들이 많고, 이로 인해 장애인은 차별과 억압을 받기도 한다. 환경을 변화시키자는 관점들이 대두되고 있음에도 불구하고 장애인은 왜 여전히 차별을 받을까? 이를 설명하는 것이 장애이론 또는 장애차별이론이다. 이 이론에 내제된 장애에 대한 관점이 어떠한

지를 살펴보면 장애인이 왜 차별을 경험하는지, 또 어떤 양상으로 차별이 발생하게 되는지 이해하는 데 도움을 줄 수 있을 것이다. 장애이론 중에는 시대적 맥락이 변화하고 현대사회에 적용하기 어려워져 사장된 이론도 있고, 시대 흐름에 따라 점차 변화한 이론도 있으며, 과거부터 현재까지 계속 지지를 받는 이론도 있다. 장애인 차별에 대한 구체적인 이론의 내용은 다음과 같다.

1) 낙인이론

낙인(stigma)이라는 용어의 어원은 가축이나 노예에 대한 소유권을 나타내기 위해 문양이 새겨진 인두나 침 등을 사용하여 몸에 표식을 찍는 것에서부터 시작되었다. 이후 낙인은 사람을 사회적으로 추방하기 위해 사용되었고 낙인이 찍힌 당사자에게 사회의 수치와 모욕이 가해졌다(Goffman, 1998). 때문에 낙인은 추방, 수치, 모욕의 대명사이며, 낙인의 대상자를 사회적으로 무가치하거나 사회악적인 존재로 규정하는 사회적 인식론에 기반하고 있다. 낙인이론에서는 이러한 사회적 낙인이 낙인의 대상자를 더욱 부정적인 방향(범죄 참여 등)으로 이끌거나 자기 자신을 무가치하게 생각하게 만든다고 설명한다. 낙인과 유사한 개념으로 명명(labelling)이 있다. 명명이란 정신박약, 학습불능 같은 단어처럼 단어 자체에 장애에 대한 부정적인 의미를 포함시키는 것을 말한다(이경준 · 최윤영, 2020).

고프만(Goffman)은 장애인 차별에 대한 원인을 낙인(stigma)과 연관시켜 개념화하였고, 낙인을 개인적 낙인, 사회적 낙인 유형으로 구분했다. 먼저 개인적 낙인의 유형에는 신체적 장애에 대한 낙인과 인격적인 결함에 대한 낙인이 있다. 고프만은 신체적 장애의 낙인에 대해 개인이 가진 신체의 기형이 사회적으로 혐오로 규정되기 때문에 발생한다고 보았다. 개인의 인격적인 결함에 대한 낙인은 알코올중독, 정신질환, 동성애, 범죄 등의 경력을 가진 개인이 사회적으로 부정적이고 혐오스럽게 비추어진다는 것이다. 이는 정신적 장애에 대한 차별과 관련이 있다.

사회적 낙인은 사회시스템이나 환경이 주류집단인 비장애인만을 고려해 조성되었기 때문에 소수집단인 장애인에게 불완전한 환경조건이 그들에게 사회적 낙인을 심어준다는 것이다. 와서먼(Wasserman)은 이 사회적 낙인을 또 다시 네 가지 유형으로 나누었다. 첫 번째, 집단 속 개인을 고려하지 않은 상황에서 발생하는 낙인이다. 즉, 집단 안의 손상을 가진 개인 또는 장애인을 고려하지 않기 때문에 그들에게 낙인을 심어 배제한다는 것이다. 둘째, 개인의 장점을 제대로 파악하지 못하는 상황에서 발생하는 낙인으로 사회가 장애인을 그저 무능력자, 이상자로 규정하여 장애를 그저 단점으로 취급하는 것이다. 셋째, 개인이 소속된 집단에 미리 불이익을 부여하는 상황에서 발생하는 낙인이다. 장애인집단이라는 인식이 부정적으로 형성되어 있기 때문에 그 장애인집단에 속한 개인들을 모두 부정적으로 바라보는 것이다. 이는 편견이론과 비슷한 내용이다. 넷째, 개인이 소속된 집단에 근거하여 도덕적으로 열등하다고 간주하는 상황에서 발생하는 낙인이다. 특히 당대 상황에서는 정신적 장애를 도덕적 결함으로 치부했기 때문에 이는 정신적 장애에 대한 낙인과 연관이 있다. "정신적으로 장애를 가진 무리들은 도덕적으로 결함이 있는 집단이다."라는 인식이 정신장애인 개개인에게도 부여되는 것이다(Wasserman, 1998).

이처럼 낙인이론은 장애인을 불완전하고 결함된 존재로 바라보았던 산업화 시대 상황을 반영한 이론이다. 그들은 본인의 결함 때문에 사회적으로 적응을 하지 못하고, 사회발전에 기여하지 못한다는 산업사회의 편견이 녹아들어 있다. 그러나 최근에 들어서는 장애인은 '장애를 가진 사람(people with disability)'이며, 국제사회에서도 장애에 대한 용어를 좀 더 중립적이고 긍정적으로 사용하려고 노력 중이다. 이러한 변화는 낙인을 발생시켰던 당대 사회에 대한 뉘우침의 산물이다. 이처럼 낙인이론은 현재에도 영향을 미치기는 하나 장애와 사회적 환경의 연관성을 더욱 고려해야 하는 이론임은 틀림없다.

2) 편견이론

편견이론(prejudice theory)은 비과학적인 소문이나 미신으로 발생하는 장애인 차별을 설명하며 사회적 인식에 따라 차별이 고착화된다는 사회적 낙인론에 기반한다. 장애인 개인이 가진 개별적 특성 및 장점을 바라보지 않고, 전체 집단에 대한 부정적인 시선으로 장애인을 평가한다는 점이 낙인이론과 같다. 편견은 일반적으로 사회구성원에 대한 부정적인 태도 및 인식으로 나타난다. 신체적 편견은 개인이 가진 능력을 근거로 판단하기보다 신체의 '완벽한 외모'를 너무 숭상한 나머지 표출되는 믿음이다. 정신적 편견은 낙인이론에서도 설명했듯이 정신장애를 도덕적 결함 및 손상으로 여겨 발생하는 오류이다. 애초에 잘못된 명제에서 잘못된 인식이 생겨나게 된 것이다. 그러나 편견과 달리 다름(difference)을 기반으로 한 판단은 장애를 개인의 독특한 개성으로 바라볼 수 있게 한다(Hahn, 1987). 즉, 장애인의 다름을 개인의 개성(individuality)으로 정의한다면 사회 속에서 장애인에 대한 낙인과 편견이 고착화될 가능성이 낮아질 수 있다.

이처럼 낙인이론과 편견이론은 맥락을 같이 한다. 또한 낙인에서 편견으로, 편견에서 낙인으로 이어지기도 한다(석말숙 외, 2020). 예를 들어, 장애인이 무능하고 불완전한 존재로 낙인된 사회에서 성장하는 아이들은 장애인에 대한 차별과 편견을 학습하게 되고 장애인에 대한 반감을 갖게 될 것이다. 반감은 아이들이 장애인을 회피할 수 있는 근거가 되며, 회피는 다시금 차별과 편견을 낳고 심하게는 학대와 학살로도 이어진다. 또한 장애에 대한 사회적 낙인은 장애당사자에게도 전이되어 스스로 무능하다고 여기게 만들며, 자기 파괴적인 정체성을 갖게 한다. 이와 같은 편견의 전파는 낙인을 더욱 강화시키며, 장애인을 사회적으로 완벽하게 격리시킬 수 있다. 편견이론은 사회에 만연한 편견이 차별에 행동력을 부여한다고 본다.

3) 사회진화론

사회진화론(Darwin's theory of social evolution)은 영국의 사회학자 허버트 스펜서(Herbert Spencer)가 찰스 다윈(Charles Robert Darwin)의 생물진화론을 사회에 접목시킨 이론이다. 사회진화론은 우수한 유전인자를 가진 인간만이 생존하여 사회에 적응할 수 있으며, 우수한 유전자를 가진 인간이 만든 사회만이 발전한다고 설명한다. 우수한 인류의 적자생존을 통해 사회적 진보가 이루어진다는 것이다. 사회진화론의 논리는 우월주의 이데올로기를 정당화시켰다. 실제로 스펜서는 영국의 빈민법 제정을 반대하였다. 빈민들은 사라져야 마땅한 열성인자들이기 때문에 그들을 구제하고 그들의 생명을 유지시키는 것은 영국 사회의 발전을 저해시킨다고 주장했다. 또한 우월주의 이데올로기는 제국주의와 인종차별주의를 정당화했다. 서양의 우월한 강대국이 열등한 아시아 및 아프리카 대륙을 정복하는 것이 마땅하다고 여겼다. 미국에서 흑인과 아시아인을 이등시민으로 분류하는 짐크로우법이 제정되었고, 미국으로 이민을 오려는 흑인과 아시아인의 수를 통제하는 이민쿼터제까지 당당히 법전의 페이지를 장식했다(김용득 외, 2012).

이와 같은 논리라면 장애인은 우수하고 완벽한 신체를 가지지 않았기 때문에 열성인자로 분류되어 제거의 대상이 된다. 이러한 인식은 사회진화론이 유행한 19세기부터 20세기 초까지 이어져 장애인 학살 및 장애여성 대상 강제 불임시술을 진행시키는 단종법까지 정당화하였다. 이 거대한 차별의 물결은 시간이 흘러 국제적 비판을 받게 되었으며 장애인권 향상에 대한 각성을 불러일으켰다.

4) 우생학이론

우생학이론(Mendel's eugenic principle)은 영국의 인류학자 프랜시스 골턴(Francis Galton)이 멘델(Gregor mendel)의 유전법을 토대로 만든 이론이다. 식물의 성장이 유전에 따라 결정되는 것처럼, 인간의 특성을 결정짓는 것은 환경이 아닌 유전임을 주창했다. 골턴은 전 인류가 발전하려면 부적격자가 어떤 조건으로, 얼마의 확률로 태어나는지 찾아내야 한다고 말했다(Galton, 1869). 이 이론을 근거로 신체적 · 정신적 손상 및 결함을 가진 인간이 왜 발생하는지 알아보기 위해 신체조건과 유전인자를 연구하기 시작했다. 우등한 유전인자에 대한 집착은 사회진화론과 같은 양상을 보이며 열등한 유전인자를 가진 장애인에 대한 차별로 이어졌다. 우생학을 신봉하던 히틀러는 우월한 아리아인의 핏줄인 독일인이 우월한 핏줄이 아닌 유대인을 말살시키는 것이 옳다고 여겼다. 또한 열등한 장애인은 독일인임에도 우월한 아리아인의 핏줄을 이었다고 보기 어렵기 때문에 학살해야만 한다고 주장했다. 때문에 나치정권하에 장애인 대상 생체실험이 가행되었으며, 장애아가 태어나는 경우 바로 처형하였다. 이외에도 지적장애인을 대상으로 불임시술을 시행했고 산모에게 산전검사를 하여 장애아로 판정될 경우에는 강제로 낙태시켰다.

5) 노동시장이론

노동시장이론(market theory)은 노동시장에서의 장애인 차별의 원인을 설명하는 경제학 이론이다. 노동시장에서 노동력은 물품과 재화를 창출해낼 수 있는 생산성의 결정적 요인이다. 이 생산성이 높을수록 더 나은 급여를 받고 좋은 환경에서 일할 수 있게 되므로 생산성은 곧 경쟁력이 된다. 노동시장이론에 의하면 개개인이 어떤 조건에 놓여 있든 높은 생산성에 도달해야 경쟁력이 있다고 판명되기에, 비장애인에 비해 장애인의 경쟁력은 낮아지게 된다. 당연한 수순으로 노동시장에서 장애인은 낙오될 수밖에 없으며, 노동시장으로 인해 결정된 낙오는 장애인에게 낙인감과 경제적 · 사회적으로 낮은 지위를 부여하게 된다. 심하게는 장애인은 사회에 적응할 수 없는 집단으로 전락시켜 버리기도 한다. 이러한 노동시장이론은 장애인 차별의 기준을 어디에 두고 있는지에 따라 네 가지 이론으로 나누어진다(배화옥 · 임채영, 2020).

(1) 이중노동시장이론

노동시장이론의 첫 번째 이론인 이중노동시장이론(dual labor market theory)은 장애인이 노동시장에 투입되어 왜 낮은 임금을 받게 되는지 설명하는 경제학 이론이다. 본 이론은 이름처럼 노동시장을 1차 노동시장과 2차 노동시장으로 나누었다. 1차 노동시장은 안정되고 좋은 근로조건을 가진 집단이며, 그에 따라 높은 임금과 안정적인 승진기회가 보장된 시장이다. 질 좋은 근로조건이 제공되는 대신 시장에 진입하려는 개인에게 그만큼 높은 생산성과 전문성을 요구하며, 높은 학력을 가지거나 전문기술이 있는 개인을 우선적으로 선별한다. 반면 2차 노동시장은 1차 노동시장에 비해 불안정하고 열악한 근로조건을 가진 곳이다. 낮은 임금수준과 승진기회가 보장되지 않기 때문에 2차 노동시장에 진입하려는 개인에게 비교적 전문적인 기술이나 특수한 교육과정 등을 요구하지 않는다.

결과적으로 비장애인에 비해 생산성과 경쟁력이 떨어지는 장애인과 같은 소수집단은 2차 노동시장으로 많이 유입된다. 비장애인에 비해 장애인이 1차 노동시장에서 요구하는 높은 수준의 학력과 전문기술을 취득하는 데 어려움이 있기 때문이다. 물론 1차 노동시장의 요구조건을 취득하는 장애인도 있겠으나 아주 소수의 경우라는 것은 부정할 수 없다. 결과적으로 대부분의 장애인들은 열악한 근로환경에 놓이게 되며 높은 실업위험과 낮은 임금수준을 감수하고 노동력을 제공하게 된다. 이러한 매커니즘으로 인해 장애인 전체 집단의 사회적 지위가 낮아지게 되며, 이는 곧이어 장애인집단에 대한 차별로 이어지게 된다.

(2) 인적자본이론

노동시장이론의 두 번째 이론은 인적자본이론(Human capital theory)이다. 자본이란 재화를 생산하는데 필요한 조건 및 자산이다. 자본은 물적자본과 인적자본이 있는데, 이때 인적자본은 개인의 축적된 지식, 태도, 숙련도를 말한다. 즉, 인적자본이론은 노동시장이론의 중요 키워드인 '생산성'에 초점을 맞춘 이론이다. 생산성에 초점을 맞추다 보니 장애인은 충분한 노동력과 경쟁력을 갖추지 못한 비양질의 인적자본이다. 장애인은 일할 의사가 있음에도 낮은 교육수준과 부족한 기술 및 능력으로 인해 구직시장에서 선택받지 못하고, 취업경험을 쌓기 어렵기 때문에 좋은 자본으로서 평가받지 못한다. 장애인은 노동시장이 요구하는 인적자본이 아니기 때문에 취업이 어렵고, 결국 장애인은 저소득층에 머무르게 만든다.

인적자본이론은 인간이 태어날 때 무(無)의 상태로 존재한다고 본다. 즉, 시장에서 요구하는 양질의 인적자본은 개인이 성장하면서 겪는 교육을 통하여 형성된다는 것이다. 교육은 사람이 인적자본을 가질 수 있도록 돕고, 개인의 향상을 위한 투자이기도 하다. 이는 곧 장애인 또한 그들의 특성에 맞는 적절한 교육을 통해 충분한 인적자본으로 성장할 수 있다는 의미이기도 하다. 따라서 차별의 고리를 끊기 위해서는 장애인 당사자의 개별적 특성에 맞는 교육의 개발과 지원이 필요하다는 걸 알 수 있다.

(3) 직무경쟁이론

노동시장이론의 세 번째 이론은 직무경쟁이론(Job competition theory)이다. 본 이론은 사람을 연령, 성별, 학력, 건강, 기술력 등을 기준으로 한 직무능력에 따라 평가하고 있다. 이러한 직무능력의 우수성이 노동시장 내에서의 필요성과 직결된다고 보고 있다. 직무능력의 우수성, 즉 직무경쟁력을 통해 인재를 선별적으로 골라낸다는 것이다. 인적자본이론은 보다 절대적인 기준을 통해 우수한 개인을 고르는 반면, 직무경쟁이론은 상대적인 기준으로 인재를 선별한다(배화옥 · 임채영, 2020).

이러한 상대적인 선별에 장애인은 더욱이 취약해질 수밖에 없다. 신체적 제약 및 기능장애가 있는 장애인이 비장애인과 동일한 기준으로 경쟁해서 이기기 어렵다. 고학력보다 더 고학력, 최신기술보다 더 뛰어난 미래기술을 추구하는 노동시장에서 생산성이 낮은 장애인에 대한 평가는 부정적일 수밖에 없다. 이러한 부정적인 시각은 차별로 이어지며 결국 그들이 경쟁하고 실패하더라도 재기할 수 없는 사회까지 도달하게 되는 것이다.

(4) 통계적 차별론

노동시장이론의 네 번째 이론은 통계적 차별론(statistical discrimination)이다. 해당 이론은 객관적이라고 믿어지는 통계자료가 오히려 사회적 편견을 만들어 낼 수 있다고 설명한다. 앞의 이론에서도 계속 이야기한 것처럼, 노동시장에서는 연령, 성별, 학력, 경력, 건강 등을 기준으로 개인의 생산성을 측정하는데, 통계적 차별론에서는 이러한 생산성 지표가 일반화될 때 차별이 발생한다고 말한다(배화옥 · 임채영, 2020). 노동시장은 개인이 속한 집단 전체를 바라보고 평균적인 생산성을 고려한다. 개인의 생산성에 대한 정확한 정보를 미리 알 수 없기 때문이다. 때문에 아무리 경쟁력 있는 장애인이라 하더라도 그 사회에서 장애인집단의 평균적인 생산성이 낮을 경우, 능력을 가진 장애 당사자는 취업시장에서 평가절하된다. 특히 평균적인 생산성에 대한 판단은 사람이 내리는 것이기 때문에, 과학적인 분석에 근거하기보다 사회적 편견에 따라 형성되기 쉽다. 따라서 장애인에 대한 편견 및 차별이 심할수록 노동시장에서의 장애인 고용기회도 적어지게 되며, 고용이 되더라도 임금이 낮거나 승진 기회에서 차별을 당할 수 있다.

Social Welfare for People with Disabilities

PART 02

장애와 사회보장

CHAPTER 07

장애인복지 법률체계

학습목표

1. 장애인복지 관련법의 체계를 학습한다.
2. 우리나라 장애인복지 관련 주요 법률을 개관한다.
3. 우리나라 장애인복지 관련 법률의 목적, 의의, 한계를 학습한다.

장애인복지 관련 법률은 장애인의 복지와 권리를 보장하기 위한 정부의 책임과 역할의 근거가 된다. 이 장에서는 장애인복지 관련법의 체계를 알아보고, 우리나라 장애인복지 관련 주요 법률의 목적, 의의, 한계에 관해 학습한다.

1. 장애인복지 법률체계

법치국가에서는 법령을 통해 국민의 기본적인 권리와 의무를 정하고 국가의 기관 및 조직을 구성하는 근거를 마련한다. 장애인복지에 관한 법률 또한 장애인의 복지와 권리를 규정함과 동시에 국가의 책무를 명시하는 역할을 하고 있다. 우리나라의 장애인복지와 관련된 주요한 법률로는 「장애인복지법」, 「장애인차별금지 및 권리구제 등에 관한 법률」, 「장애인 건강권 및 의료접근성 보장에 관한 법률」, 「장애인 등에 대한 특수교육법」, 「장애인고용촉진 및 직업재활법」, 「장애인 · 고령자 등 주거약자 지원에 관한 법률」, 「장애인 · 노인 등을 위한 보조기기 지원 및 활용촉진에 관한 법률」, 「교통약자의 이동편의 증진법」, 「장애아동 복지지원법」, 「발달장애인 권리보장 및 지원에 관한 법률」, 「한국수화언어법」 등이 있다.

이 중 「장애인복지법」은 장애인의 인간다운 삶과 권리의 보장을 목적으로 하여 장애인복지에 필요한 기본적인 사항을 규정하는 일반법이다. 이후 제정된 「장애인차별금지 및 권리구제 등에 관한 법률」 또한 장애인의 인권과 차별금지를 목적으로 하여 헌법에서 보장하고 있는 인간의 존엄성, 행복추구권, 평등권, 자유권을 규정하고 있는 일반법이다. 두 법 중 「장애인차별금지 및 권리구제 등에 관한 법률」이 장애인의 인권을 보장하는 기본법으로서의 성격이 강하다면, 「장애인복지법」은 우리나라 장애인복지 제반에 관한 기본법으로서의 성격이 강하다고 할 수 있다.

일반법은 그 효력이 미치는 범위가 집단, 지역, 기간 등에 제한이 없는 반면, 특수법은 집단, 지역, 기간 등에 제한을 정해 법적 효력이 미치는 범위를 정하는 법률을 말한다. 위에 제시한 장애인복지 관련 주요 법률 중 「장애인 건강권 및 의료접근성 보장에 관한 법률」, 「장애인 등에 대한 특수교육법」, 「장애인고용촉진 및 직업재활법」, 「장애인 · 고령자 등 주거약자 지원에 관한 법률」, 「장애인 · 노인 등을 위한 보조기기 지원 및 활용촉진에 관한 법률」, 「교통약자의 이동편의 증진법」은 장애인의 특수한 상황, 즉 장애인의 소득, 의료, 고용, 교육, 일상생활, 주거, 이동 등의 분야별 권리를 보장하기 위해 제정한 특별법이다. 그리고 「장애아동 복지지원법」, 「발달장애인 권리보장 및 지원에 관한 법률」, 「한국수화언어법」은 장애인의 특정 집단 즉 장애아동, 발달장애인, 청각장애인을 위해 제정한 특별법이다. 우리나라의 장애인복지 관련 주요 법률을 일반법과 특별법으로 구분하여 개관하면 다음의 〈표 7-1〉과 같다.

〈표 7-1〉 장애인복지 관련 주요 법률 체계

일 반 법
• 장애인복지법 • 장애인 차별금지 및 권리구제에 관한 법률

특별법(분야별)		
소득보장	의료보장	교육보장
• 장애인연금법	• 장애인 건강권 보장 및 의료 접근성 보장에 관한 법률	• 장애인 등에 대한 특수교육법
고용보장 및 직업재활	주거보장	일상생활지원
• 장애인고용촉진 및 직업재활법	• 장애인·고령자 등 주거약자 지원에 관한 법률	• 장애인활동지원에 관한 법률
보조기기보장	이동보장	대중교통보장
• 장애인·노인 등을 위한 보조기기 지원 및 활용촉진에 관한 법률	• 장애인·노인·임산부 등의 편의 증진 보장에 관한 법률	• 교통약자 이동편의 증진법

특별법(대상별)		
장애아동	발달장애인	청각장애인
• 장애아동 복지지원법	• 발달장애인 권리보장 및 지원에 관한 법률	• 한국수화언어법

출력: 국가법령정보센터(2024.6).

2. 주요 법률에 대한 고찰

1) 장애인복지법

장애인을 위한 공공부문의 개입이 본격적으로 시작된 것은 UN이 정한 '세계 장애인의 해'인 1981년 「심신장애자복지법」이 제정되면서부터이다. 이전까지 장애인복지는 민간중심의 단순 구호와 시설보호가 주였다. 「심신장애자복지법」은 우리나라 최초의 장애인복지에 관한 법이다. 지금의 「장애인복지법」은 「심신장애자복지법」을 1989년에 개정한 것이다.

「장애인복지법」의 제1조(목적)에서는 그 목적을 "장애인의 인간다운 삶과 권리보장을 위한 국가와 지방자치단체 등의 책임을 명백하게 하고, 장애 발생 예방과 장애인의 의료 · 교육 · 직업재활 · 생활환경개선 등에 관한 사업을 정하여 장애인복지대책을 종합적으로 추진하며, 장애인의 자립생활 · 보호 및 수당지급 등에 관하여 필요한 사항을 정하여 장애인의 생활 안정에 기여하는 등 장애인의 복지와 사회활동 참여 증진을 통하여 사회통합에 이바지하는 것"으로 명시하고 있다.

이를 실현하기 위해 동법 제2장(제17조부터 제30조)에서는 국가가 장애인을 위한 정부의 기본 정책으로 장애발생 예방(제17조), 의료와 재활치료(제18조), 사회적응 훈련(제19조), 교육(제20조), 직업(제21조), 정보에의 접근(제22조), 편의시설(제23조), 안전대책 강구(제23조), 사회적 인식개선(제24조), 주택 보급(제27조), 문화환경 정비 등(제28조), 경제적 부담의 경감(제30조), 장애인가족 지원(제30조의 2)의 시책을 강구하도록 하고 있다. 또한 제10조의 제2항(장애인정책종합계획)에서는 보건복지부장관이 장애인의 권익과 복지증진을 위해 관계 중앙행정기관의 장과 협의하여 5년마다 장애인정책종합계획(이하, 종합계획)을 수립 및 시행하도록 하고 있다. 이 종합계획의 내용으로는 장애인복지 전반, 교육문화, 경제활동, 사회참여, 안전관리, 그밖에 장애인의 권익과 복지증진을 위해 필요한 사항을 포괄하도록 하고 있다.

「장애인복지법」은 우리나라 장애인복지의 근간이 되는 법으로서 장애인의 인간다운 삶과 권리보장을 목적으로 하고 있지만, 그 내용이 보건복지부의 복지정책으로만 한정되어 있다는 지적이 있다(유동철, 2017).

2) 장애인 건강권 및 의료접근성 보장에 관한 법률

장애인의 건강권을 보장하고 의료접근성을 보장하기 위한 「장애인 건강권 및 의료접근성 보장에 관한 법률」(이하, 장애인건강권법)이 2015년 12월 제정되어 2017년 12월부터 시행되었다. 「장애인건강권법」의 제1조(목적)에서는 그 목적을 “장애인의 건강권 보장을 위한 지원, 장애인 보건관리 체계 확립 및 의료접근성 보장에 관한 사항을 규정하여 장애인의 건강증진에 이바지하는 것”으로 명시하고 있다. 그리고 동법 제4조(국가와 지방자치단체의 책무)에서는 국가 및 지방자치단체 장애인의 건강권을 존중하고 보호하며 실현할 의무를 규정하고 있다.

이 법에서 제시하고 있는 주요한 건강관리사업으로는 장애인의 건강검진(제7조), 재활운동 및 체육(제15조), 장애인 건강 주치의(제16조)와 건강보건연구(제10조), 건강보건통계사업(제11조), 정보사업(제12조), 건강권 관련 교육(제13조) 등이 있다. 이 중 최근 주목받고 있는 장애인 건강검진(제7조), 재활운동 및 체육(제15조), 장애인 건강 주치의(제16조)의 내용을 살펴보면 다음과 같다.

첫째, 동법 제7조에서는 국가와 지방자치단체가 장애인 건강검진사업을 시행할 수 있다고 규정하고 있다. 2019년 기준 보건복지부는 16개소의 병원을 장애친화 건강검진기관으로 지정하고 장애인 검진서비스를 제공하도록 하고 있다.

장애인 검진서비스가 제대로 실현되기 위해서는 장애인 맞춤 의료장비, 수어통역사 등의 확충이 병행되어야 한다. 둘째, 동법 제15조에 의해 국가와 지방자치단체는 장애인을 위한 재활운동 및 체육사업을 시행할 수 있다. 이 사업은 손상이나 질병 발생 후 완전한 회복이 어려워 일정기간 내에 장애인이 될 것으로 예상되는 자에게 의사의 처방에 따라 재활운동 프로그램을 지원한다. 현재 재활운동 및 체육서비스의 개념 및 정의, 그리고 의사처방과 서비스 제공 주체 등에 관한 혼란이 있어 사업이 진행되지 못하고 있다. 셋째, 동법 제16조에서는 국가와 지방차지단체가 장애인 건강 주치의 사업을 중증장애인을 대상으로 시행할 수 있다고 규정하고 있다. 이 사업은 중증장애인이 거주지역에서 장애인 건강 주치의로 등록한 의사를 선택하여 건강상태를 지속적으로 관리받는 보건의료서비스이다. 이 사업은 중증장애인의 의료접근성을 높일 수 있는 실질적인 방안이지만 주치의 의료수가, 장애인 본인부담금 등의 문제가 아직 논의 중으로 확대되지 못하고 있다.

3) 장애인 등에 대한 특수교육법

1975년 UN의 장애인의 권리 선언과 이듬해 세계 장애인의 해 선포 등을 배경으로 하여 한국특수교육협회를 중심으로 1977년 12월 「특수교육진흥법」이 제정되었다. 이 법을 통해 우리나라 장애인 교육에 대한 국가의 책임이 확립되고 전국 시 · 도에 공립 특수학교 및 특수학급이 설치되었다. 이후 이 법은 9차례 개정되었으나 장애인이 갖는 교육에 관한 욕구를 제대로 반영하기 역부족이라는 지적으로 2007년 4월 「장애인 등에 대한 특수교육법」으로 새롭게 제정되었다.

「장애인 등에 대한 특수교육법」의 제1조(목적)에서는 그 목적을 "「교육기본법」 제18조에 따라 국가 및 지방자치단체가 장애인 및 특별한 교육적 요구가 있는 사람에게 통합된 교육환경을 제공하고 생애주기에 따라 장애 유형 · 장애 정도의 특성을 고려한 교육을 실시하여 이들이 자아실현과 사회통합을 하는데 기여함"이라고 규정하고 있다.

이 법의 「특수교육진흥법」과의 핵심적인 차별점은, 첫째, 이전의 「특수교육진흥법」이 초 · 중 · 고등학교 교육을 중심으로 하고 있어 장애영유아나 성인장애인 교육 지원에 미흡했던 점을 보완한다는 것이다. 또한 이전의 초 · 중 · 고등학교 교육의 국가 의무성도 강화하였다. 「장애인 등에 대한 특수교육법」의 제3조에서는 유치원, 초등학교, 중학교, 고등학교 과정을 의무교육으로 명시하였다. 비장애인의 경우 현재 초등학교와 중학교가 의무교육이다. 그리고 고등학교 이후의 전공과[1] 과정과 만 3세 미만의 장애영아교육도 무상으로 규정하였다. 의무교육의 비용은 동법 제3조 제3항에서 대통령령으로 정하는 바에 따라 국가 또는 지방자치단체가 부담하도록 하였다.

둘째, 「장애인 등에 대한 특수교육법」은 「특수교육진흥법」에서 구체적인 역할 제시가 부족했던 국가와 지방자치단체의 책무를 명시하였다. 「장애인 등에 대한 특수교육법」의 제5조에서는 국가와 지방자치단체가 장애인에 대한 특수교육종합계획의 수립, 특수교육대상자의 조기 발견, 특수교육대상자의 취학지도, 특수교육의 내용, 방법 및 지원체제의 연구 · 개선, 특수교육 교원의 양성 및 연수, 특수교육기관 배치계획의 수립, 특수교육기관의 설치 · 운영 및 시설 · 설비의 확충 · 정비, 특수교육에 필요한 교재 · 교구의 연구 · 개발 및 보급, 특수교육대상자에 대한 진로 및 직업교육 방안의 강구, 장애인에 대한 고등교육 방안의 강구, 특수교육대상자에 대한 특수교육 관련 서비스 지원방안의 강구, 그 밖에 특수교육 발전을 위하여 필요하다고 인정하는 사항 등을 강구하도록 하고 있다.

---

1) 제24조(전공과의 설치 및 운영)에서는 특수교육기관에는 고등학교 과정을 졸업한 특수교육대상자에게 진로 및 직업교육을 제공하기 위하여 수업연한 1년 이상의 전공과를 설치 및 운영할 수 있도록 하고 있다.

4) 장애인고용촉진 및 직업재활법

정부는 장애인 고용정책을 본격화하기 위해 1990년 1월 「장애인고용촉진 등에 관한 법률」을 제정하였다. 이 법을 통해 우리나라에도 장애인고용의무제도가 도입되었다. 이후 이 법이 갖는 한계를 극복하기 위해, 즉 경증장애인 위주의 시책을 극복하고 의무고용 이외에 직업재활 등 장애인 고용을 위한 다양한 접근을 도입하기 위해 네 차례의 개정이 이루어졌다. 그리고 2000년 1월 현재의 「장애인고용촉진 및 직업재활법」으로 개정되었다.

「장애인고용촉진 및 직업재활법」의 제1조(목적)에 의하면 '이 법은 장애인이 그 능력에 맞는 직업생활을 통하여 인간다운 생활을 할 수 있도록 장애인의 고용촉진 및 직업재활을 꾀하는 것을 목적'으로 한다. 동법 제2조에서는 중증장애인, 장애인을 대상으로 하는 직업재활, 직업능력개발훈련, 직업능력개발훈련시설, 장애인표준사업장의 개념을 정의하고 있다. 그리고 이를 근거로 하여 경증장애인뿐만 아니라 중증장애인을 지원하는 직업재활 등의 법적 · 제도적 장치를 명시하고 있다. 이어서 동법 제3조(국가와 지방자치단체의 책임)에서는 국가와 지방자치단체의 장애인의 고용촉진 및 직업재활에 관한 의무를 명시하고 있으며 특히 중증장애인과 여성장애인에 대한 책임을 명시하고 있다. 이 법은 중증장애인과 여성장애인의 고용에 대한 국가의 개입을 규정하고 일반노동시장으로의 의무고용 이외에 직업재활 등 다양한 장애인 고용사업의 법적 · 제도적 기반을 마련하였다는 점에서 의의가 있다.

이 법은 체계적인 장애인 고용정책의 추진을 위해 제7조(장애인고용촉진 및 직업재활 기본계획 등)에 고용노동부장관이 중앙행정기관의 장과 협의하여 장애인의 고용촉진 및 직업재활을 위한 기본계획을 5년마다 수립하도록 하고 있다. 그리고 장애인의 고용촉진 및 직업재활을 위한 기본계획은 직전 기본계획에 대한 평가, 장애인의 고용촉진 및 직업재활에 관한 사항, 장애인고용촉진 및 직업재활 기금에 관한 사항, 장애인을 위한 시설의 설치 · 운영 및 지원에 관한 사항, 그 밖에 장애인의 고용촉진 및 직업재활을 위하여 고용노동부장관이 필요하다고 인정하는 사항 등을 내용으로 하도록 규정하고 있다.

또한 교육부장관이 특수교육대상자의 취업을 촉진하기 위해 필요한 직업교육 내용 등에 대하여 고용노동부장관과 협의할 수 있도록 동법 제8조(교육부 및 보건복지부와의 연계)에 규정하고 있다. 이 조항은 보건복지부장관 또한 직업재활 사업 등이 효율적으로 추진될 수 있도록 고용노동부장관과 협조할 수 있다고 하여 고용노동부, 보건복지부, 교육부가 협력 가능하도록 하고 있다. 현재 고용노동부는 한국장애인고용공단을 통해 각종 사업을 운영하고 있으며, 보건복지부는 근로작업장과 보호작업장 등 직업재활시설과 장애인일자리사업을 운영하고 있다. 교육부 또한 특수학교와 특수교육지원센터 등을 중심으로 특수교육 대상자를 위한 직업지도, 전공과 운영 등을 실시하고 있다. 부처 간 칸막이가 존재하여 유사한 고용서비스 간의 협력이 부족하다는 지적이 있는 만큼 서로 긴밀히 협력하여 장애인의 고용을 효과적으로 지원해야 할 것이다.

5) 장애인 · 노인 · 임산부 등의 편의증진 보장에 관한 법률

「장애인 · 노인 · 임산부 등의 편의증진 보장에 관한 법률」은 1997년 4월 제정되어 이듬해인 1998년 4월부터 시행되었다. 이 법의 제1조(목적)에서는 그 목적이 장애인, 노인, 임산부 등이 일상생활을 하면서 다른 사람의 도움 없이 안전하고 편리하게 시설 및 설비를 이용하고 또한 정보에 접근하도록 보장하는 것임을 명시하고 있다. 이러한 목적은 국가가 장애인에게 일방적인 도움을 주는 것을 넘어 스스로 사회에 참여하여 복지를 증진할 기회를 확대한다는 의미가 있다.

동법 제4조(접근권)에서는 장애인, 노인, 임산부 등이 인간으로서의 존엄과 가치 및 행복을 추구할 권리를 보장받기 위하여 시설과 설비를 동등하게 이용하고, 정보에 자유롭게 접근할 수 있는 권리를 가진다고 선언하면서 이를 가능하게 하는 시설과 설비 등을 장애인, 노인, 임산부 등의 편의증진을 위한 편의시설로 정의하고 있다. 이어서 동법 제7조(대상시설)에서는 편의시설을 설치하여야 하는 시설을 대상시설로 정의하고, 이를 공원, 공공건물 및 공중이용시설, 공동주택, 통신시설, 그 밖에 장애인, 노인, 임산부 등의 편의를 위하여 편의시설을 설치할 필요가 있는 건물 · 시설 및 그 부대시설로 규정하였다. 즉 대상시설은 건물의 외부와 내부 모든 공간에 편의시설을 설치하여 장애인, 노인, 임산부 등이 다른 사람의 도움 없이 이용하는 데 어려움이 없도록 하여야 함을 규정하고 있다.

그리고 동법 제6조(국가와 지방자치단체의 의무)에서는 정부가 대상시설에 편의시설의 설치를 지원하기 위한 각종 시책을 마련하도록 하고 있다. 구체적으로 동법 제2조 제4항에서는 편의시설의 설치와 운영에 관하여 지도하고 감독하는 시설주관기관을 중앙행정기관의 장과 특별시장 · 광역시장 · 특별자치시장 · 도지사 · 특별자치도지사, 시장 · 군수 · 구청장(자치구의 구청장)으로 정하고 있다. 시설주관기관은 편의시설설치기준의 적합성 확인(제9조의2), 편의시설에 관한 지도 감독(제10조), 실태조사(제11조), 편의시설의 설치계획 수립, 시행 및 보고(제12조)의 업무를 수행해야 한다. 그리고 동법 제24조(이행강제금)에서는 시설주관기관의 시행명령을 받은 건물주가 이를 이행하지 않은 경우 3천만 원 이하의 이행강제금을 부과할 수 있도록 하고 있다.

한편 이 법은 대상시설의 편의시설 확충에 주로 집중하고 있어 동법 제4조에서 언급하고 있는 미디어, 통신 등의 정보권 보장에는 소극적이라는 지적을 받고 있다.

6) 장애인차별금지 및 권리구제 등에 관한 법률

「장애인차별금지 및 권리구제 등에 관한 법률」(이하, 장애인차별금지법)은 장애를 이유로 하는 모든 차별을 금지하고 장애인들의 권리를 구제하기 위해 2007년 4월 제정되어 이듬해 2008년 4월부터 시행되었다. 이 법의 제1조(목적)에서는 그 목적을 모든 생활영역에서 장애를 이유로 한 차별을 금지하고 장애를 이유로 차별받은 사람의 권익을 효과적으로 구제함으로써 장애인의 완전한 사회참여와 평등권 실현을 통하여 인간으로서의 존엄과 가치를 구현함으로 명시하고 있다.

「장애인차별금지법」에서 차별금지의 대상은 첫째, 신체적 · 정신적 손상 또는 기능상실이 장기간에 걸쳐 개인의 일상 또는 사회생활에 상당한 제약을 초래하는 장애를 가진 자(제2조), 둘째, 장애인을 돕기 위한 목적에서 장애인을 대리 · 동행하는 자(장애아동의 보호자 또는 후견인 그밖에 장애인을 돕기 위한 자임이 통상적으로 인정되는 자, 즉 장애인 관련자(제4조 제2항 5호), 셋째, 보조견 또는 장애인보조기구 등(제4조 제2항 5호)이다. 또한 이 법의 제4조(차별행위)에서는 차별금지 대상에 대한 차별의 개념을 규정하고 있는데, 직접차별(제4조 제1항 1호), 간접차별(제4조 제1항 2호), 정당한 편의제공 거부에 의한 차별(제4조 제1항 3호), 광고에 의한 차별(제4조 제1항 4호)이 그것이다. 첫째, 직접차별은 장애인을 장애를 사유로 정당한 사유 없이 제한 · 배제 · 분리 · 거부 등에 의하여 불리하게 대하는 경우를 의미한다. 둘째, 간접차별은 장애인을 형식상으로는 제한 · 배제 · 분리 · 거부 등에 의하여 불리하게 대하지 아니하지만 정당한 사유 없이 장애를 고려하지 아니하는 기준을 적용함으로써 장애인에게 불리한 결과를 초래하는 경우를 의미한다. 셋째, 정당한 편의 제공 거부에 의한 차별은 장애인이 장애가 없는 사람과 동등하게 같은 활동에 참여할 수 있도록 장애인의 성별, 장애의 유형 및 정도, 특성 등을 고려한 편의시설 · 설비 · 도구 · 서비스 등 인적 · 물적 제반 수단과 조치를 거부하는 것을 의미한다. 넷째, 광고에 의한 차별은 광고의 내용이 장애인에 대한 제한 · 배제 · 분리 · 거부 등 불리한 대우를 표시 · 조장하는 것을 의미한다.

이 법은 이러한 차별의 금지영역 및 내용을 제2장 차별금지의 6개 영역, 고용(제1절), 교육(제2절), 재화와 용역의 제공 및 이용(제3절), 사법, 행정절차 및 서비스와 참정권(제4절), 모 · 부성권 성 등(제5절), 가족, 가정, 복지시설, 건강권 등(제6절)으로 구체화하여 규정하고 있다. 그 주요 내용은 〈표 7-2〉와 같이 개관할 수 있다.

〈표 7-2〉 「장애인차별금지법」의 차별금지 영역과 주요 내용

차별금지 영역	주요 내용
고용	모집·채용·임금·승진·인사·정년·퇴직 등 인사상 차별금지 및 직무수행에 필요한 정당한 편의제공 등
교육	입학 거부 및 전학 강요 금지, 수업·실험·수학여행 등 활동 지원, 교육보조 인력 배치, 교통편의, 이동용 보장구, 학습시설, 화장실 등 정당한 편의제공 등
재화와 용역의 제공 및 이용	비장애인과 동등한 재화와 용역의 이용 및 시설물, 교통수단, 정보통신, 의사소통, 문화, 체육 등에서 차별금지 및 정당한 편의제공 등
사법, 행정절차 및 서비스와 참정권	사법·행정서비스 이용 및 참정권 행사에 따른 정당한 편의제공 등
모, 부성권 성 등	임신·출산·양육 등 모·부성권에 있어 차별금지 및 성에 대한 자기결정권 보장 등
가족, 가정, 복지시설, 건강권 등	장애인의 의사결정권 보장, 유기·학대·폭력·괴롭힘 등 금지 및 장애여성 및 장애아동에 대한 권리보호 강조

이 법이 갖는 중요한 의의 중 하나는 장애인 차별에 대한 권리의 구제 기구와 방법을 명시하였다는 점이다. 차별행위로 피해를 입은 자는 동법 제38조에 의해 국가인권위원회에 그 내용을 진정할 수 있다. 이후 국민인권위원회는 동

법 제39조에 의해 직권조사를 수행하고 「국가인권위원회법」 제44조에 의한 권고를 시행한 경우 그 내용을 법무부장관에게 통보하여야 한다. 그리고 권고를 이행하지 않은 경우 법무부장관은 시정명령, 과태료 및 징역을 부과하고, 법원 민사상 손해에 대한 손해배상 청구를 할 수 있다. 또한 이 과정에서 「장애인차별금지법」 제47조(입증책임의 배분)에 따라 장애인이 차별받은 내용을 장애인이 일정한 근거를 들어 입증하면 장애인에게 차별을 가한 상대방이 차별하지 않았다거나 차별의 합리적인 이유가 있다는 것을 입증하도록 하고 있다. 입증책임은 소송 승패의 중요한 요인이 되는데, 이러한 규정은 통상 피해자가 가해자의 과실이나 위법성을 증명해야 하는 것과 상이하다. 이는 장애인이 스스로 차별받았다는 것을 증명하기 위해 구체적인 정보를 얻기 어려운 처지와 상황일 수 있다는 점을 고려하여 가해자가 직접 차별하지 않았다는 점을 증명하도록 하고 있는 것이다. 이 법은 장애인 차별에 대한 권리의 구제를 선언만 하는 것이 아니라 실질화하고자 하였다는 점에서 의미가 있다.

7) 장애인·고령자 등 주거약자 지원에 관한 법률

「장애인 · 고령자 등 주거약자 지원에 관한 법률」(이하, 주거약자지원법)은 2011년 12월 제정되어 이듬해인 2012년 8월부터 시행되었다. 이 법은 2008년 국회에서 논의되었던 노령자 주거안정법안과 2009년 장애인 주거지원법안 등을 통합 및 조정한 결과로 제정되었다.

「주거약자지원법」의 제1조(목적)에는 장애인 · 고령자 등 주거약자의 안전하고 편리한 주거생활을 지원하기 위하여 필요한 사항을 정함으로써 주거약자의 주거안정과 주거수준 향상에 이바지한다는 목적이 명시되어 있다. 동법 제2조(정의)에서는 주거약자를 65세 이상인 사람, 「장애인복지법」의 제2조 제2항에 해당하는 장애인, 그밖에 대통령령으로 정하는 사람으로 정하고 있다. 그리고 동법 제3조(국가 등의 의무)에서는 국가 및 지방자치단체의 책무로, 첫째, 주거약자의 주거안정과 주거수준 향상을 위하여 주거약자의 주거생활이 쾌적하고 안전하게 이루어지도록 함, 둘째, 주거약자용 주택이 원활하게 공급되고 효율적으로 관리될 수 있도록 함, 셋째, 주거생활에 필요한 정보가 원활하게 제공되고 편의시설이 주거약자용 주택에 적정하게 설치되어야 함을 규정하고 있다. 이어서 동법 제5조(주거지원계획의 수립)에서는 주거약자를 위한 지원계획을 중앙정부 차원에서 국토해양부장관이 수립하도록 하고 있으며, 제6조(시 · 도 주거지원계획의 수립)에서는 지방자치단체가 중앙차원의 주거지원계획에 따라 주거약자에 대한 시 · 도 차원의 주거지원계획을 수립하도록 하고 있다.

그밖에 이 법에서는 주거실태조사(제7조), 주거약자용 주택에 대한 최저기준의 설정(제8조), 안전기준 및 편의시설 설치기준의 설정(제9조), 주거약자용 주택의 의무건설(제10조)과 건설기준(제11조), 주거약자용 주택 임대사업자 지원(제12조) 및 임대조건(제13조) 등을 규정하고 있다. 「주거약자지원법」은 주거약자에 대한 개념을 법적으로 명시하고 국가가 주거약자의 최소한의 주거권을 보장하도록 하였다는 점에서 의의가 있다.

8) 장애인·노인 등을 위한 보조기기 지원 및 활용촉진에 관한 법률

「장애인 · 노인 등을 위한 보조기기 지원 및 활용촉진에 관한 법률」(이하, 보조기기법)은 2015년 12월 제정되어 이듬해인 2016년 12월부터 시행되었다. 「보조기기법」의 제1조(목적)에는 그 목적이 장애인 · 노인 등을 위한 보조기기의 지원과 활용촉진에 관한 사항을 규정함으로써 보조기기 서비스를 효율적으로 제공하여 장애인 · 노인 등의 활동의 제약을 최소화하고, 삶의 질 향상에 이바지하는 것으로 명시하고 있다. 동법 제3조(정의)에서는 법의 적용대상을 장애인으로 국한하지 않고 장애인, 노인, 국가유공자 등으로 확장하고 있으며, 보조기기의 개념 또한 장애인 등의 신체적 · 정신적 기능을 향상 · 보완하고 일상활동의 편의를 돕기 위하여 사용하는 각종 기계 · 기구 · 장비로서 보건복지부령으로 정하는 것으로 포괄적으로 정의하고 있다.

이 법은 보조기기 서비스를 장애인 등이 보조기기를 확보하고 효율적으로 활용할 수 있도록 제공되는 일련의 지원으로 단순한 기기의 지원뿐만 아니라 보조공학 서비스 제공의 법적 근거 또한 마련하고 있다. 동법 제4조(국가와 지방자치단체의 책무)에서는 국가와 지방자치단체가 장애인 등이 보조기기를 활용하는 데 어려움이 없도록 활용촉진, 서비스 제공 및 효율적 관리를 위한 노력 그리고 보조기기 지원과 활용촉진을 위하여 필요한 재원 조달 등의 조치를 강구하도록 하고 있다. 또한 보조기기 서비스를 제공하는 데 필요한 전문인력의 양성을 위하여 노력하도록 하고 있다. 동법 제5조에서는 보건복지부장관이 관계중앙행정기관의 장과 협의하여 5년마다 보조기기 지원과 활용촉진을 위한 기본계획을 수립해야 하는 의무 또한 규정하고 있다.

9) 장애아동 복지지원법

「장애아동 복지지원법」은 2011년 8월 제정되어 이듬해인 2012년 8월부터 시행되고 있다. 이 법은 비장애아동 중심의 「아동복지법」과 성인 장애인 중심의 「장애인복지법」에서 소외될 수 있는 장애아동과 그 가족의 복지 욕구를 지원한다는 의의가 있다. 이 법은 2008년 도입한 장애아동재활치료사업(현재 발달재활서비스)을 배경으로 제정되었다. 장애아동재활치료사업은 2008년 개정된 「장애인복지법」의 제18조(의료와 재활치료)와 제35조(장애 유형, 장애 정도별 재활 및 자립 지원 서비스 등)에 근거하여 도입되었는데, 이를 통해 장애아동의 중증화 예방을 위한 재활치료서비스가 의료서비스가 아닌 장애인복지서비스로 인정되었다. 즉 이 법은 장애아동의 재활치료사업을 보편적 서비스로 확대하고 인력기준 등의 제반사항을 체계화하기 위해 제정되었다.

「장애아동 복지지원법」의 제1조(목적)에서는 그 목적을 장애아동이 안정된 가정생활 속에서 건강하게 성장하고 사회에 활발하게 참여할 수 있도록 하고 장애아동 가족의 부담을 줄이는 데 있음을 명시하고 있다. 그리고 이를 위해 국가와 지방자치단체가 장애아동의 복지지원을 담당하는 중앙차원의 중앙장애아동지원센터(제8조)와 지자체의 지역장애아동지원센터(제9조)를 설치하도록 하고 있다. 현재는 2015년 11월부터 시행된 「발달장애인 권리보장 및 지원에 관한 법률」의 제33조에서 발달장애인지원센터를 장애아동지원센터와 기능을 함께 할 수 있도록 하여 중앙장애아동지원센터는 중앙장애아동 · 발달장애인지원센터로 운영 중이다. 그렇다 보니 지역사회에 장애아동지원센터는 구축되지 못하고 있다.

이와 관련하여 장애아동의 부모는 장애아동과 보호자를 위한 가족지원서비스의 확대에 대한 요구가 지속되었고 2017년 「장애인복지법」이 개정되면서 제30조 제2항에 장애가족 지원에 대한 근거가 신설되었다. 그리고 현재 「장애인복지법」의 이 조항을 근거로 하여 전국에 약 60여개의 장애인가족지원센터가 장애아동의 가족에게 상담, 정보제공, 양육훈련, 가족캠프 등의 서비스를 제공하고 있다. 「장애인복지지원법」은 장애아동복지지원의 법률적 토대를 만들었다는 점에서는 의의가 있을 것이다.

한편 발달장애아동 이외 장애아동의 개별지원계획을 수립하고 적절한 서비스를 받을 수 있도록 앞으로 인력과 조직에 대한 구체적인 기준이 마련될 필요가 있다.

10) 한국수화언어법

「한국수화언어법」은 2015년 12월 제정되어 이듬해인 2016년 8월부터 시행되고 있다. 이 법이 시행되기 전 우리 사회에 수화언어를 사용할 수 있는 공식적인 시스템이 거의 없었다. 이 법의 제1조(목적)에서는 한국수화언어가 국어와 동등한 자격을 가진 농인의 고유한 언어임을 밝히고 있다. 즉 이 법을 통해서 한국수화언어는 농인 등이 사용하는 대한민국 공용어임이 명시되었다. 그리고 동법 제2조를 통해 농인 등은 한국수어를 교육받을 권리를 보장받고 수어를 모든 생활 영역에서 활용하면서 필요한 정보를 얻을 수 있게 법적으로 보장받았다.

더 나아가 동법 제4조(국가와 지방자치단체의 책무)에서는 국가가 한국수어를 교육 · 보급하고 홍보하는 등 농인 등의 한국수어 사용 환경을 개선하기 위한 정책을 수립하고 시행해야 한다고 규정하고 있다. 이어서 동법 제6조(기본계획의 수립)에서는 국가가 5년마다 이를 위한 기본계획을 수립하도록 하였다. 이 법의 제정 후 정부는 한국수어 사용 환경에 관한 실태조사를 실시하였고(제9조), 한국수어의 날을 2월 3일로 지정했으며(제10조), 수어교육원과 수어교원 양성과정도 마련하였다.

한편 이 법은 한국수화언어를 대한민국 공용어가 아닌 농인 등만의 언어로 규정했다는 점, 그리고 동법 제10조에 한국수어 연구에 관한 조항이 있음에도 불구하고 한국수화언어, 농문화 등을 연구할 수 있는 구체적인 조직에 관한 규정을 마련하지 못했다는 점 등의 한계가 지적되고 있다.

CHAPTER 08

장애인복지 전달체계

학습목표

1. 전달체계의 개념과 원칙에 관해 학습한다.
2. 장애인복지의 공공 및 민간전달체계를 개관한다.
3. 장애인복지 전달체계의 문제점과 개선방향에 관해 논의한다.

장애인복지 제공에 관여하는 조직들이 체계적으로 연결되었을 때 효과적, 효율적인 복지를 실현할 수 있다. 이 장에서는 장애인복지 전달체계의 기본 원칙과 관련 조직의 역할에 관해 학습한다. 그리고 현재 장애인복지 전달체계의 문제점과 이를 극복하기 위한 정부의 지역사회 통합돌봄 추진에 대해 알아본다.

1. 전달체계의 개념과 원칙

1) 전달체계의 개념

전달체계란 사회복지급여를 대상자에게 제공할 수 있도록 지원하는 조직들의 연결망을 의미한다. 이러한 전달체계의 정의에는 조직 간의 역할분담과 협력관계에 대한 합의도 포함될 것이다. 장애인복지 전달체계란 장애인복지급여를 대상자에게 전달하는 조직 간의 연결망 그리고 이와 관련한 조직들의 역할분담과 협력관계이다. 정부는 사회복지 전달체계를 장애인의 복지 욕구에 부응하도록 효율적 · 효과적으로 구축하기 위해 공공(중앙, 지방정부)과 민간(비영리, 영리)조직 모두를 활용하고 있다.

장애인복지급여로서 현금(장애연금, 장애인연금, 장애수당 등)의 전달체계는 보통 공공조직이 급여대상자와 급여수준을 법률에 근거하여 정하고 이를 장애인에게 직접 전달하는 2자 구도로 형성된다. 지방자치단체가 지역사회조직에 장애인복지사업을 위탁하는 경우 또한 2자 구도, 즉 정부가 서비스공급자인 기관에 정부지원금을 전달하는 방식으로 형성된다. 한편 장애인복지급여 중 전자바우처 지원(활동지원서비스, 발달재활서비스 등)의 전달체계는 공공조직이 급여대상자에게 전자바우처 카드를 지급하고 장애인이 서비스기관을 직접 선택하도록 하는 3자 구도, 즉 이용자 지원방식으로 형성된다.

장애인복지 전달체계에서 급여의 공급(provision)이란 급여의 대상, 수준, 기간 등을 결정하는 활동을 의미한다. 공급자로서의 역할은 주로 공공조직이 담당한다. 그리고 장애인복지급여의 생산(production)이란 급여 중 특히 서비스의 내용을 구체화하여 장애인에게 전달하는 활동을 의미한다. 생산자의 역할은 서비스를 장애인에게 직접 전달하는 공공 혹은 민간기관이 담당한다.

장애인복지 전달체계에는 급여를 공급, 생산하는 조직 이외에 급여의 제공과정을 감독하는 조직이 존재한다. 이러한 감독 시스템은 서비스기관 관리체계, 서비스품질 관리체계, 모니터링 및 평가체계로 구분해 살펴볼 수 있다. 기관 관리체계에 속하는 조직은 서비스공급자, 즉 정부가 기관이 장애인에게 서비스를 제공할 수 있는 시설, 기관 등의 조건을 갖추고 있는지 검토하여 인증, 위탁하는 등의 활동을 한다. 서비스품질 관리체계에 속하는 조직은 서비스기관에서 제공하는 서비스의 질적인 내용, 즉 전문성, 안전성 등을 관리하는 활동을 한다. 마지막으로 모니터링 및 평가체계는 주로 공공조직이 담당하는데, 서비스기관과 이용자에 관한 제반사항이나 현재 진행 중인 사업의 점검 그리고 사업 종료 후 효과성 및 효율성에 대한 정보를 수집하는 활동을 한다.

2) 전달체계의 구성요소 및 원칙

사회복지 전달체계의 주요한 구성요소로 통합성, 포괄성, 지속성, 접근성, 전문성, 책임성이 중요하다(최성재 · 남기민, 2016). 장애인복지 전달체계에서는 장애인복지의 특수성 또한 중요한 구성요소로 다뤄진다. 김용환, 김태경 등(2020)은 장애인복지 전달체계의 주요 원칙으로 전문성, 접근의 용이성, 통합성, 지역참여, 공공성, 책임성을 제시한다. 고명석, 김선이, 박경미(2020)는 전문성, 통합성, 접근성, 지역사회 참여를 주요 원칙으로 한다. 다음에서는 장애인복지 전달체계의 핵심적인 원칙으로 전문성, 통합성, 접근성, 참여성, 책임성을 살펴보고자 한다.

(1) 전문성

사회복지영역 중에서도 특히 장애인을 대상으로 하는 사업에는 장애의 예방 및 조기발견, 재활의학, 특수교육, 직업재활, 작업치료 등 전문성을 요구하는 서비스가 많다. 전문가는 해당 분야에 관한 체계적인 지식, 가치, 규범을 학습하고 이를 상당 기간 훈련한 자로, 장애인의 욕구와 문제를 지식과 이론에 근거하여 체계적으로 진단 및 사정하고 적절한 서비스를 지원할 수 있는 자이다. 정규교육을 수료한 후 자격을 인정받은 사회복지사, 재활의사/간호사, 물리치료사, 작업치료사, 언어치료사 등은 장애인복지 현장에서 일정 수준 이상의 서비스

품질을 보장할 수 있다. 서비스 제공인력뿐만 아니라 장애인복지를 공급하는 조직, 즉 장애인복지급여의 대상, 수준, 기간 등을 결정하는 정부의 인력 또한 장애에 대한 전문성을 갖고 사업을 설계할 필요가 있다.

(2) 통합성

장애 유형, 장애 정도, 생애주기에 따라 장애인의 욕구와 문제는 복잡한 양상을 갖는다. 장애인복지 전달체계는 이를 고려하여 개인의 심리적, 사회적, 경제적 욕구에 적절히 대응할 필요가 있다. 즉, 장애인의 욕구와 문제를 해결하기 위해 지역사회 자원을 통합적으로 고려해 동원할 필요가 있다.

전달체계의 통합성이란 장애인복지와 관련한 조직들이 협력하여 장애인 개인을 중심으로 자원을 연계 및 조정하는 것을 의미한다. 이를 위해 장애인복지 전달 조직은 서로 협력하고 유기적으로 활동하는 네트워크를 형성해야 한다. 또한 이용자 차원에서 지역사회 조직을 통합하는 창구의 설치가 필요하다. 장애인복지 전달체계가 복잡해지면서 장애인 스스로 필요한 기관을 찾기 점점 어려워지고 있다. 장애인이 필요한 기관을 쉽게 찾을 수 있도록 정보를 통합해 제공하는 진입 창구, 즉 접수처를 운영할 필요가 있다.

(3) 접근성

장애인복지 전달 조직에 장애인이 쉽게 접근할 수 있어야 한다. 전달체계의 접근성을 보장하기 위한 전제조건으로 장애인이 이용할 수 있는 장애인복지기관이 지역사회에 충분히 존재해야 할 것이다. 그리고 양적으로 충분한 복지 인프라가 구축되었다면 장애인이 서비스기관에 물리적으로 접근할 수 있도록 이동수단, 특히 장애인이 이용할 수 있는 대중교통이 구축되어야 할 것이다. 또한 장애인복지기관 내·외부에 편의시설이 적절하게 갖춰져 있어야 할 것이다. 이와 관련하여 정부는 지역사회에 장애가 되는 물리적인 환경을 없애고 '장애물 없는 생활환경(Barrier-Free: BF)'을 조성하기 위해 다양한 사업을 추진하고 있다.

장애인의 접근성을 높이기 위해서는 장애인의 의사소통을 지원하는 미디어, 통신, 수어통역, 자막, 점자 등도 활성화될 필요가 있다. 정보접근성을 높이기 위해 장애인을 위한 정보통신기술 또한 확대할 필요가 있다.

(4) 참여성

장애인 당사자와 그 가족의 삶의 질을 높이기 위해 이들이 장애인복지 전달체계에 참여할 기회를 확대해야 한다. 장애인의 참여는 장애인복지 전달체계 내 조직에서 다양하게 실현될 수 있다. 장애인은 서비스기관의 의사결정에 이사회 등의 구성원으로 참여하거나 혹은 서비스기관을 감독하는 모니터링 및 평가에 참여할 수 있다. 또한 서비스 이용자로서 서비스 제공과정에 참여할 수 있는데 이를 위해 장애인이 서비스 이용 중 수시로 불편사항을 접수할 수 있는 공식적인 불만 접수창구가 운영되고 있다.

아울러 장애인은 당사자 조직에 참여해 장애인 권리의 증진을 위한 활동에 참여할 수 있다. 장애인복지의 공급자인 국가의 정책 수립과정에도 장애인이 참여할 수 있도록 공식적인 통로를 확대해야 할 것이다.

(5) 책임성

국가와 지방자치단체는 장애인에 관한 법률에 근거하여 장애인복지의 책임을 갖고 재정을 활용할 수 있는 권한을 부여받고 있다. 장애인의 복지증진이 개인 차원의 문제가 아니라 사회적 차원의 문제임을 법적으로 명시한 것이다. 정부는 장애인의 소득, 교육, 고용 등을 보장하기 위해 전달체계를 구축함과 동시에 관련된 종합계획을 정기적으로 수립해야 한다. 또한 정부로부터 장애인의 욕구를 진단 및 사정하고 적절한 서비스를 전달하도록 위임된 기관은 이를 성실히 수행할 책임이 있다. 정부는 장애인복지 전반을 관리하기 위해 전달체계 내 공공 · 민간조직을 정기적으로 모니터링 및 평가할 책임을 갖는다.

2. 공공, 민간전달체계

1) 공공전달체계

다음에서는 국가 및 지방자치단체의 장애인복지 전달체계, 즉 공공전달체계에 관해 알아보고자 한다. 중앙정부의 장애인복지 전달체계로는 장애인정책조정위원회와 보건복지부의 장애인정책국이 주요한 역할을 하고 있다. 장애인의 교육보장과 관련하여 교육부, 고용보장과 관련하여 고용노동부가 또한 중요한 업무를 수행한다. 지방자치단체는 중앙정부의 장애인복지사업을 예산 배정받아 집행하는 역할을 함과 동시에 자체 예산을 투입하여 지방이양사업, 지역사회보장계획 등의 사업을 추진하고 있다.

(1) 장애인정책조정위원회

장애인정책조정위원회는 중앙의 전 부처를 총괄하여 장애인정책을 수립하고 관계부처 간의 의견을 조정하며 수립한 장애인 종합정책의 이행을 감독 · 평가하는 중앙조직이다. 장애인복지사업이 보건복지부에 국한되지 않고 장애인의 전 생애에 걸쳐 다양한 부처와 연관되어 있다는 점을 고려할 때 그 필요성과 역할이 인정되는 조직이다.

장애인정책조정위원회는 국무총리 산하의 조직으로 위원장은 국무총리가 되고 부위원장은 보건복지부장관이 되며 위원은 당연직위원과 위촉위원 30명 이내로 구성하도록 하고 있다. 당연직 위원으로는 기획재정부장관, 교육부장관, 행정안전부장관, 국가보훈부장관, 문화체육관광부장관, 고용노동부장관, 여성가족부장관, 국토교통부장관, 국무조정실장, 법제처장 및 위원회의 심의사항과 관련되어 위원장이 지정하는 중앙행정기관의 장이 된다. 위촉위원은 장애인 관련 단체의 장이나 장애인 문제에 관한 학식과 경험이 풍부한 자 중에서 위원장이 위촉하되, 위촉위원 중 2분의 1 이상은 장애인 당사자로 구성하도록 하고 있다.

「장애인복지법」 제11조 제2항에 따라 장애인정책조정위원회는 다음의 사항을 심의, 조정한다.

① 장애인복지정책의 기본방향에 관한 사항
② 장애인복지증진을 위한 제도 개선과 예산지원에 관한 사항
③ 중요한 특수교육정책의 조정에 관한 사항
④ 중요한 장애인고용촉진정책의 조정에 관한 사항
⑤ 장애인 이동보장 정책조정에 관한 사항
⑥ 장애인정책 추진과 관련한 재원조달에 관한 사항
⑦ 장애인복지에 관한 관련 부처의 협조에 관한 사항
⑧ 그밖에 장애인복지와 관련하여 대통령령으로 정하는 사항

(2) 보건복지부

보건복지부는 보건복지부장관의 제1차관 소속 조직으로 장애인정책국을 두고 있다. 장애인을 전담하는 장애인정책국은 장애인복지 관련 계획 전반을 총괄 및 조정하는 업무를 담당한다. 장애인정책국은 장애인정책과, 장애인권익지원과, 장애인자립기반과, 장애인서비스과, 장애인건강과로 구성되어 있다.

① 장애인정책과

장애인복지 관련 정책의 수립 및 평가, 장애인복지 관련 법령에 관한 사항, 장애인등록 및 판정에 관한 사항, 장애인 복지업무 평가에 관한 사항, 장애인단체에 관한 사항, 한국장애인개발원 운영 지원, 장애예방과 발생에 관한 사항 총괄 및 조정, 외국인 장애인복지서비스에 관한 사항, 장애인차량 LPG지원 사업, 장애인복지 전문인력의 양성 및 지원, 그밖에 국내 다른 과의 주관에 속하지 아니하는 사항을 담당한다.

② 장애인권익지원과

장애인거주시설의 지원 및 육성, 장애인 자립생활센터 및 관련 서비스의 지원 및 육성, 장애인차별 관련 관리 · 운영 및 종합대책 수립, 장애인차별금지 관련 법령 및 제도개선에 관한 사항, 장애인의 권익증진 및 사회적 인식개선에 관한 사항, 「장애인의 권리에 관한 협약」 등 국제협력에 관한 사항, 장애인의 사회참여 평가에 관한 사항, 장애인 편의증진에 관한 계획의 수립 및 평가, 장애인 편의증진 관련 법령에 관한 사항, 장애인의 이동편의 지원에 관한 사항을 담당한다.

③ 장애인자립기반과

장애인의 직업재활 및 소득보장에 관한 계획의 수립 및 조정, 장애인 소득보장 관련 법령에 관한 사항, 장애인의 일자리 창출 관련 사항, 장애인 직업재활시설의 지원 및 육성, 장애인 직업재활 프로그램의 실시 및 평가, 장애인 생산품의 판매촉진 및 우선구매제도에 관한 사항, 장애인의 창업 지원 및 자립자금의 대여사업 등 생활안정 지원에 관한 사항, 장애인 직업재활 전문인력제도의 운영 및 지원, 장애인보조기기의 개발 · 보급 관련 서비스전달체계의 지원 · 육성, 장애인보조기기의 표준화, 품질관리 및 산업화 지원, 장애인연금 관련 법령 및 제도에 관한 사항, 장애인연금운영에 관한 사항, 장애인연금 국비 · 지방비 부담 기준 관리 등 재정운영에 관한 사항, 장애인연금 수급자의 선정 및 적정관리에 관한 사항, 장애수당 및 장애아동수당 운영에 관한 사항, 장애아동 특별보호연금에 관한 사항, 장애인 자산 형성 및 경제적 지원 대책에 관한 사항을 담당한다.

④ 장애인서비스과

발달장애인 지원 기본계획의 수립 및 평가에 관한 사항, 여성장애인 관련 정책의 개발 및 지원에 관한 사항, 장애아동 및 장애인가족 지원에 관한 사항, 장애인 후견제도 지원에 관한 사항, 장애인복지관 등 지역사회재활시설의 지원 및 육성, 장애인 의료재활에 관한 사항, 장애 유형별 재활프로그램의 개발 및 지원, 장애아동 돌봄 및 발달재활서비스에 관한 사항, 장애인활동지원 관련 법령 및 제도에 관한 사항, 장애인활동지원 수급자의 관리 및 지원정책 수립 · 조정에 관한 사항, 장애인활동지원급여의 기준 및 급여비용의 산정에 관한 사항, 장애인활동지원 관련 이용지원에 관한 사항, 장애인활동지원기관의 운영 및 활동보조인 양성에 관한 사항, 장애인활동지원기관의 현지조사 및 관리 · 평가 등에 관한 사항, 장애인활동지원급여의 사후관리에 관한 사항, 장애인활동지원사업 관리기관의 관리 · 감독에 관한 사항, 장애인활동지원사업 국비 · 지방비 부담 기준 관리 등 재정운영에 관한 사항, 장애인활동지원사업에 관한 조사 · 연구 · 홍보 및 통계관리에 관한 사항을 담당한다.

⑤ **장애인건강과**

장애인 건강권 및 의료접근성 보장에 관한 법령에 관한 사항, 장애인 건강보건관리 전달체계의 구축 및 지원에 관한 사항, 장애인 건강보건관리사업에 관한 사항, 장애인 의료재활에 관한 사항, 국립재활원의 운영 및 지원에 관한 사항, 여성장애인 건강 관련 정책에 관한 사항, 장애아동 발달재활서비스에 관한 사항, 장애인 보조기기에 관한 사항, 장애인 의료비 지원에 관한 사항, 발달장애인 거점병원 및 행동발달증진센터에 관한 사항을 담당한다.

(3) 교육부

교육부는 부처 내 교육복지늘봄지원국 소속으로 특수교육정책과를 두고 장애인의 교육보장을 담당하고 있다. 특수교육정책과의 주요한 업무는 장애인평생교육, 장애대학생 교육활동지원, 장애학생 행동중재, 장애학생 인권보호보장, 중도 중복 장애학생 지원, 통합교육 지원, 장애학생 진로 · 직업교육, 특수교육 통계 등으로 개관할 수 있다. 특수교육정책과는 장애인 등의 특수교육진흥에 관한 기본적인 정책을 수립하고, 이에 따라 특수학교 및 특수학급의 운영, 특수교육기관 지원, 특수학교의 직업교육 및 치료 교육사항 등을 추진한다.

교육부 산하기관인 국립특수교육원은 장애인 특수교육 연구, 관련 정책 개발, 교육과정 및 교과서 개발, 교원연수 특수교육 정보화사업 등을 수행하고 있다. 그리고 교육부 소속 시 · 도 교육청과 시 · 군 · 구 교육지원청에 특수교육지원센터를 설치하고 특수교육 대상자의 조기발견, 진단 및 평가, 교수 및 학습활동 지원 등의 업무를 수행하고 있다.

(4) 고용노동부

장애인의 고용보장을 주관하는 중앙부처는 고용노동부 내 통합고용정책국 소속 장애인고용과이다. 장애인고용과는 「장애인고용촉진 및 직업재활법」에 의한 고용서비스를 총괄한다. 장애인고용과의 주요 업무는 장애인고용 5개년 계획 수립, 장애인고용촉진 및 직업재활기금 관리, 장애인고용공단 지도 및 감독, 장애인 의무고용제도 추진, 장애인 표준사업장, 장애인 직업훈련, 직장 내 장애인 인식개선 교육 등으로 개관할 수 있다.

한국장애인고용공단은 「장애인고용촉진 및 직업재활법」에 의해 고용노동부가 지도 및 감독하는 산하기관으로 장애인이 직업생활을 통해 자립할 수 있도록 지원하고 사업주의 장애인 고용을 전문적으로 지원하는 것을 목적으로 한다. 한국장애인고용공단은 공단 및 18개 지방사무소를 통해 장애인을 대상으로 직업훈련, 직업적응훈련, 취업알선, 취업상담, 취업 후 적응지도 등의 업무를 수행하고 있다.

(5) 지방자치단체

지방자치단체는 「장애인복지법」 제13조에 근거하여 지방의 장애인복지위원회를 설치하고 장애인복지 관련 사업의 기획, 조사, 실시 등에 필요한 사항을 심의한다. 지방자치단체는 광역시 · 도, 시 · 군 · 구, 읍 · 면 · 동의 행정조직을 활용하여 장애인복지사업을 수행하고 있다.

2) 민간전달체계

다음에서는 장애인복지를 전달하는 민간조직으로 장애인복지시설, 장애인운동단체, 민간활동단체에 관해 알아보고자 한다.

(1) 장애인복지시설

장애인복지 전달체계에서 장애인복지시설은 주로 장애인에게 서비스를 직접 전달하는 역할을 한다. 우리나라의 장애인복지시설은 국가 및 지방자치단체 혹은 그 이외의 경우 해당 시설 소재지 관할 시장 · 군수 · 구청장에게 신고하여 설치 가능하다. 「장애인복지법」 제58조에 따라 장애인복지시설은 장애인거주시설, 장애인 지역재활시설, 장애인 직업재활시설, 장애인 의료재활시설로 구분된다.

① 장애인거주시설: 거주공간을 활용하여 일반가정에서 생활하기 어려운 장애인에게 일정 기간 동안 거주 · 요양 · 지원 등의 서비스를 제공하는 동시에 지역사회생활을 지원하는 시설이다. 정원이 30명을 초과할 수 없다.

② 장애인 지역사회재활시설: 장애인을 전문적으로 상담 · 치료 · 훈련하거나 지역사회에서 장애인의 일상생활, 여가활동 및 사회참여활동 등을 지원하는 시설이다.

③ 장애인 직업재활시설: 일반 작업환경에서는 일하기 어려운 장애인이 특별히 준비된 작업환경에서 직업훈련을 받거나 직업생활을 할 수 있도록 하는 시설이다. 직업훈련 및 직업생활을 위하여 필요한 제조 · 가공시설, 공장 및 영업장 등 부속용도의 시설로서 보건복지부령으로 정하는 시설을 포함한다.

④ 장애인 의료재활시설: 장애인을 입원 또는 통원하게 하여 상담, 진단 · 판정, 치료 등 의료재활서비스를 제공하는 시설이다. 의료재활시설의 설치는 「의료법」에 따른다.

(2) 장애인운동단체

장애인운동단체는 장애인이 겪고 있는 차별적인 현실에 민감히 대응하고 그 개선을 사회적으로 촉구하는 활동을 한다. 장애인운동단체는 이러한 활동을 통해 장애인복지 전달체계 내 정부 조직과 장애인복지시설을 모니터링하고 그 발전에 이바지할 수 있다. 장애인운동단체의 활동은 비단 장애인복지 전달체계에 국한되는 것이 아니라 장애인 차별이 있을 수 있는 생활환경, 교육환경, 직업생활, 의료시설 이용, 문화 · 체육생활 등 우리 사회의 모든 영역에서 이뤄질 수 있다. 우리 사회에서 장애인운동단체는 「장애인차별금지법」 제정, 장애인 이동권, 독립생활(IL), 공익소송 등에 대한 인식을 개선하고 제도화하는 활동을 주도해 왔다. 현재 대표적인 장애인운동단체로 전국장애인차별철폐연대, 한국장애인단체총연합회, 한국장애인부모회, 한국장애인단체총연맹, 한국여성장애인연합 등이 있다. 또한 국제적인 장애인운동단체로는 국제재활협회(RI), 국제장애인연맹(DPI) 등이 있다.

(3) 민간활동단체

장애인의 복지를 증진하고 지역사회 자립을 돕기 위해 국가 및 지방자치단체는 장애인복지와 관련된 민간활동단체를 육성 및 지원하고 있다. 장애인복지와 관련된 민간활동단체는 복지서비스를 전달할 뿐만 아니라 지역사회 활동을 촉진하여 장애인의 삶의 질을 높이고자 노력한다. 정부는 「장애인복지법」의 제64조에 근거하여 장애인복지 관련 민간활동단체의 사업, 활동 또는 운영이나 그 시설에 필요한 경비를 보조할 수 있다. 현재 우리나라의 대표적인 민간활동단체로는 한국지체장애인협회, 한국시각장애인연합회, 한국청각장애인협회, 한국농아인협회, 한국지적발달장애인복지협회, 한국장애인부모회 등이 있다.

3. 장애인복지 전달체계의 현황

1) 장애등록체계

장애인복지의 주요 대상은 「장애인복지법」의 제32조에 의한 등록장애인이다. 즉, 장애가 있는 자는 장애인복지급여를 받기 위해 정부의 등록 및 심사절차를 거쳐야 한다. 2011년 강화된 장애등록 및 심사절차에 따라 장애등록을 신규로 신청하는 자, 장애 정도의 조정을 원하는 자, 재판정대상자 모두 장애 정도를 심사받아야 한다. 이를 위해 우선 장애인은 의료기관에서 진단을 받은 후 장애 진단서와 장애 유형별 필수구비서류를 갖추어 주소지 관할 시 · 군 · 구(읍 · 면 · 동)에 장애인등록을 신청해야 한다. 이후 시 · 군 · 구(읍 · 면 · 동)는 이 서류를 장애심사전문기관인 국민연금공단에 의뢰하고, 공단은 2인 이상의 전문의사가 참여하는 의학 자문회의를 개최하여 장애 정도를 심사한다. 이 과정에서 정밀한 심사를 위하여 추가로 검사결과 등의 자료가 필요할 경우 공단은 신청자에게 자료의 보완을 요구할 수 있으며, 공단이 지정한 장애진단기관 및 전문의에게서 직접 진단을 받도록 할 수 있다. 이러한 절차는 허위로 장애인등록을 하거나 장애등급을 높여 중증장애인으로 판정받는 부적절한 사례를 미연에 방지하기 위한 것이다. 공단측의 장애등록 및 정도에 대한 심사의 결과는 시 · 군 · 구(읍 · 면 · 동) 담당자를 통해 신청자에게 전달된다. 이를 개관하면 〈그림 8-1〉와 같다.

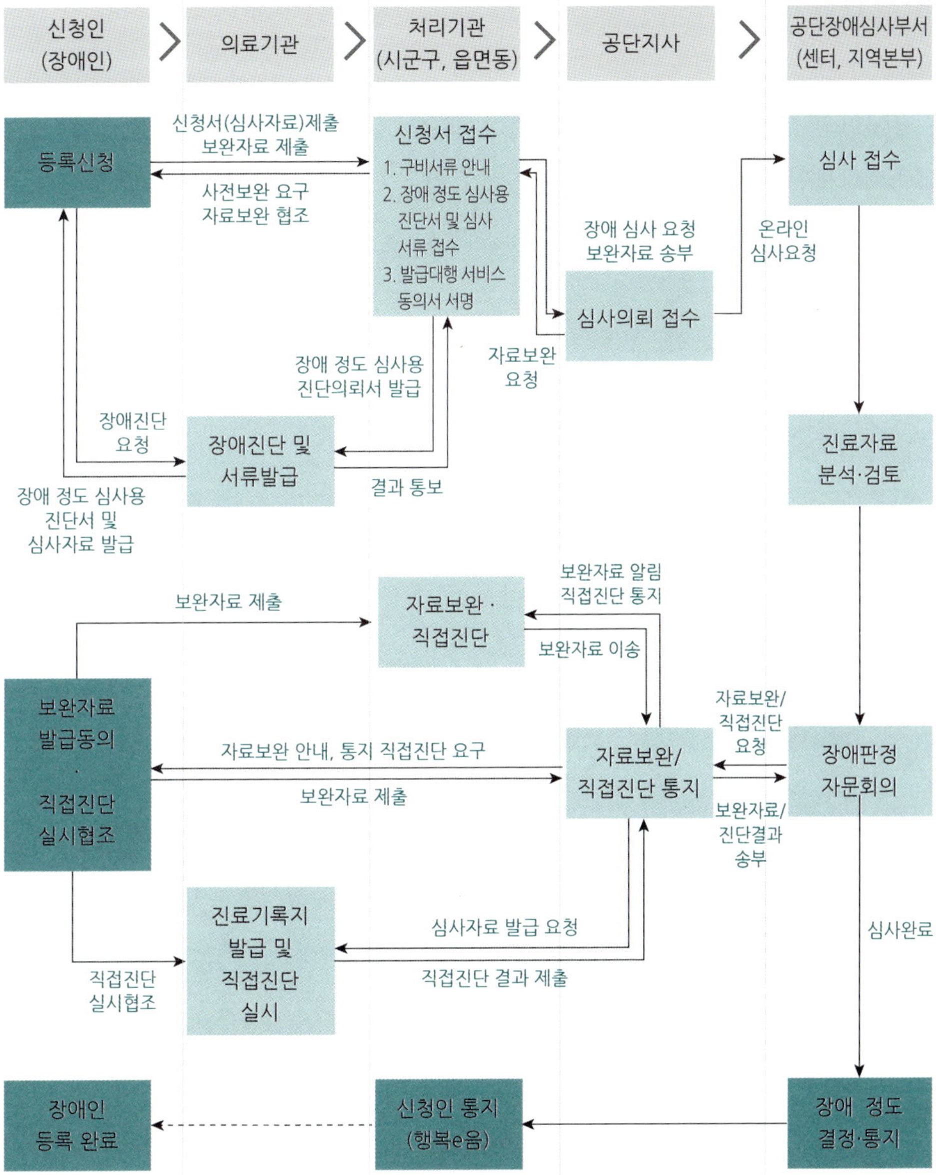

〈그림 8-1〉 장애 정도 심사 업무 흐름도

출처: 보건복지부 홈페이지(2024). https://www.mohw.go.kr/menu.es?mid=a10710010900

2) 소득보장체계

장애인의 소득을 보장하는 사회보험 급여로는 국민연금의 장애연금과 산업재해보상보험의 재해보상연금이 있다. 그리고 조세를 기반으로 장애의 정도에 따라 지원하는 사회수당 형식의 장애인연금, 장애수당, 장애아동수당, 추가비용 지원 등의 급여가 있다. 위의 장애인 현금급여를 모두 합산하여도 국가가 정하는 생계비 기준 이하의 소득수준일 경우 사회부조인 국민기초생활보장제도의 생계급여를 지원받는다. 장애인 소득보장 중 장애연금과 재해보상연금은 각각 보건복지부의 국민연금공단과 고용노동부의 근로복지공단에 의해서 전달되며, 사회수당 및 부조 등의 급여는 지방자치단체에 의해 전달된다. 이를 개관하면 〈그림 8-2〉와 같다.

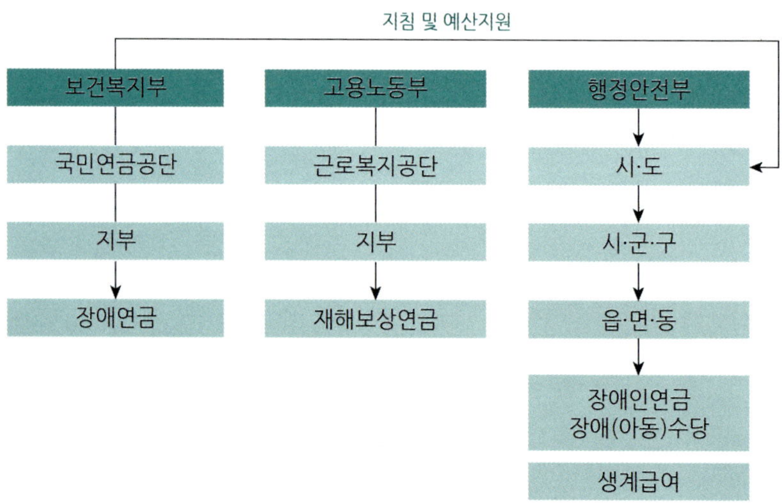

〈그림 8-2〉 장애인 소득보장 전달체계

3) 서비스 전달체계

장애인복지급여 중 서비스의 전달체계는 다수의 부처를 중심으로 중앙정부 및 지방자치단체가 관여하고 있어 개관하기가 쉽지 않다. 장애인복지서비스 중 주요한 영역으로 특수교육서비스, 고용 및 직업재활서비스, 기타 장애인서비스의 전달체계를 개관하면 다음과 같다.

우선, 장애인의 유치원, 초등, 중, 고등교육은 전 과정이 의무교육이다. 의무교육과정에 속하는 특수교육서비스는 전국 시 · 도의 공립 특수학교와 일반학교 및 보육시설의 특수학급을 통해 제공된다. 그리고 지역별 특수교육지원센터는 지역 내 특수교육서비스 제공과정 전반을 지원하고 장애학생을 위한 순회교육을 담당한다. 특수교육지원센터와 특수교육기관은 모두 교육부 산하기관에 속한다. 즉 지방자치단체인 시 · 도의 교육청 및 시 · 군 · 구 교육지원청에 속한 공공기관의 지위를 갖는다.

둘째, 장애인을 위한 고용 및 직업재활서비스는 크게 보건복지부 산하 장애인복지시설과 고용노동부 산하기관인 장애인고용공단의 서비스로 이분되어 있다. 보건복지부는 시 · 군 · 구가 인정한 직업재활시설을 통해 주로 중증장애인 대상의 직업재활서비스를 제공하고 있으며, 고용노동부는 장애인고용공단을 통해 장애인의 취업을 지원하는 직업상담, 직업훈련, 의무고용사업 등의 운영을 담당하고 있다.

셋째, 기타 장애인서비스는 「장애인복지법」 제58조에 의한 거주시설, 지역사회재활시설, 의료재활시설, 장애인복지단체, 즉 보건복지부 위탁에 의해 운영되는 장애인복지시설을 통해 전달한다. 그밖에 보건복지부 산하기관인 장애인개발원의 중앙아동발달장애인지원센터, 위탁운영기관인 발달장애인지원센터가 있다. 지역사회 차원에서 장애인서비스는 주로 보건복지부 산하기관과 위탁기관을 통해 제공된다고 할 수 있다. 정부의 주요 장애인서비스 전달체계를 개관하면 〈그림 8-3〉과 같다.

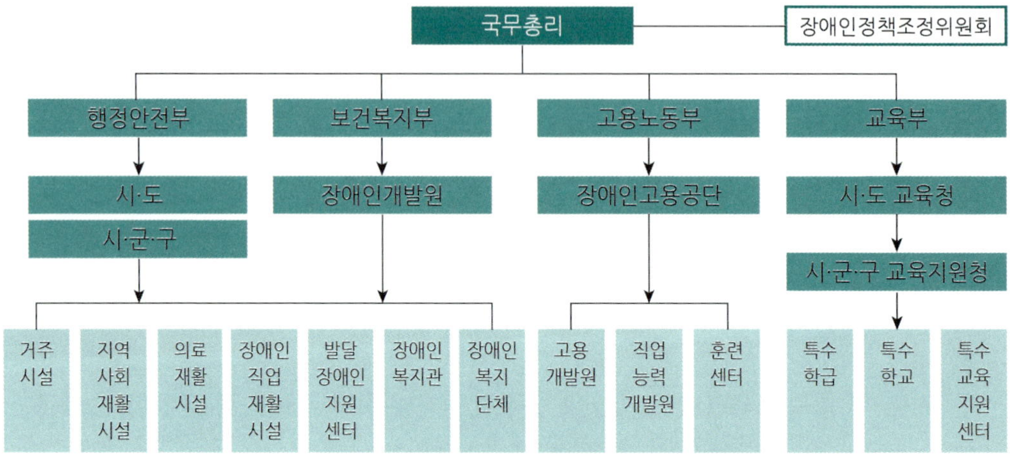

〈그림 8-3〉 공공부문의 주요 장애인서비스 전달체계

그리고 중앙부처인 보건복지부에 의해 전자바우처사업으로 운영되고 있는 장애인서비스가 있다. 보건복지부 산하기관인 사회보장정보원은 보건복지정보시스템인 행복e음을 통해 금융기관 및 이동통신사와 협력하여 전자바우처 인프라를 구축하고 장애인에게 전자바우처 카드를 발급하고 있다. 전자바우처 카드를 수령한 장애인은 해당 서비스 제공기관을 스스로 선택하여 이용할 수 있다. 이러한 전자바우처서비스는 정부 산하기관과 위탁기관뿐만 아니라 민간 영리, 개인사업자에 의해서도 제공된다. 장애인을 대상으로 하는 전자바우처서비스로는 장애인활동지원, 장애아동가족지원, 발달장애인지원이 있다. 전자바우처사업의 전달체계를 개관하면 〈그림 8-4〉와 같다.

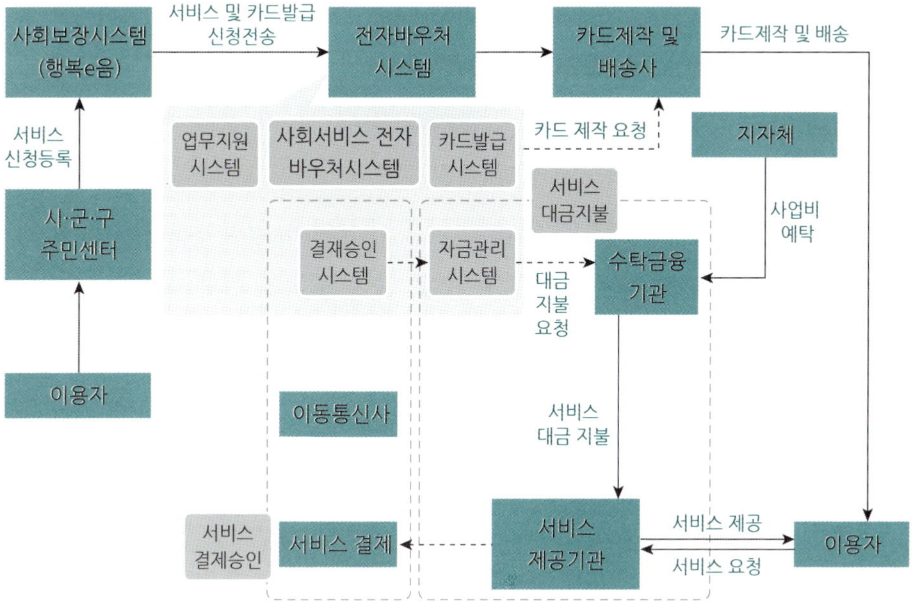

〈그림 8-4〉 전자바우처사업의 전달체계

출처: 강원도지역사회투자서비스사업 온라인 포털. http://gwssf.or.kr/document/info02

4. 장애인 전달체계의 개편 방향: 지역사회 통합돌봄

1) 장애인복지 전달체계의 문제점

(1) 전달체계의 분절성

장애인복지 전달체계에서 정부는 장애인복지 관련법에 근거하여 정기적으로 사업계획을 수립하고 서비스 전달체계를 구축할 책임을 갖고 있다. 장애인복지의 대상은 전 연령에 걸쳐 다양한 집단을 포괄하고 있어 다부처 협력이 필수적이다. 그러나 정부의 부처 간 칸막이에 따라 장애인복지 전달체계가 구축되어, 장애인복지 전달의 복잡성과 분절성이 문제가 되고 있다. 예를 들어 장애인을 위한 고용 및 직업재활서비스의 경우 서비스 대상이 동일함에도 불구하고 보건복지부와 고용노동부로 이분되어 각자 서로 다른 조직을 통해 서비스가 전달되고 있다. 장애인은 어느 곳을 찾아가 서비스를 받아야 하는지 스스로 파악하는데 어려움이 있을 수 있다. 또한 유사한 고용 및 재활서비스를 제공하는 기관들이 부처 간 칸막이로 인해 지역사회 내 서로의 역할과 기능을 조정하지 못해 사각지대와 서비스 중복을 일으킬 수 있다는 문제가 있다.

(2) 서비스기관의 부족

정부가 장애인복지사업을 촘촘히 설계하더라도 전달체계 내 서비스기관이 부족하다면 사각지대는 발생할 수밖에 없다. 장애인복지 현장에서 서비스기관의 부족은 늘 지적되고 있는 문제이다. 장애인은 생애주기, 장애 유형, 장애 정도에 따라 필요로 하는 서비스가 다양해 자신에게 맞는 서비스기관을 거주지 내에서 찾는 일이 쉽지 않을 수 있다. 장애인 재활 및 의료서비스, 특히 장애아동 대상의 재활서비스를 받기 위해 부모가 몇 달 동안 대기하거나 타 도시로 원정을 가는 사례가 종종 기사화된다. 정부는 장애인의 생애주기, 장애 정도, 장애 유형에 따른 서비스 인프라를 구축하기 위해 지금보다 적극적으로 개입할 필요가 있다.

(3) 통합 사례관리의 부족

장애인 개인은 아동부터 노년기까지의 생애주기에 따라 다양한 서비스 욕구를 갖게 된다. 이러한 욕구를 통합적으로 파악하고 개인에게 맞는 서비스를 지속적으로 연계하는 맞춤형 사례관리가 필요하다. 그러나 서비스기관은 보통 자체적으로 사례관리를 하고 타 기관과 그 내용을 공유하지 않는다. 즉 지역사회에 존재하는 다양한 인적 · 물적자원을 파악하고 이를 종합하여 지속적으로 연계하는 개인 맞춤형 사례관리가 필요하다. 특히 장애인 전달체계에 진입하는 초기 장애인이 갖고 있는 복합적인 욕구를 파악하고 서비스기관을 개인을 중심으로 연계 및 지속하는 통합 사례관리가 필요하다. 통합 사례관리는 주거, 보건의료, 요양, 돌봄, 일자리, 문화생활 등 장애인의 생애주기에서 필요로 하는 모든 서비스를 포괄하여 거주지를 중심으로 연계한다.

2) 장애인 지역사회 통합돌봄

(1) 기본방향

장애인 지역사회 통합돌봄은 돌봄이 필요한 장애인이 자신이 사는 거주지에서 필요한 서비스를 이용하면서 지역주민과 어울려 살아갈 수 있도록 주거, 보건의료, 요양, 돌봄, 일상생활서비스를 지원하는 지역주도형 사업이다. 보건복지부는 2018년 11월 지역사회 통합돌봄(커뮤니티케어) 기본계획을 발표하고 이듬해인 2019년 4월 전국 16개 지방자치단체를 선정하여 2년간의 선도사업을 노인, 장애인 등 대상별로 추진하였다.

정부의 통합돌봄 추진은 위에서 지적한 기존 장애인복지 전달체계 내 부처간 칸막이, 기관 중심의 분절성, 통합 사례관리의 부족 등의 문제를 배경으로 하고 있다. 정부는 지역사회 통합돌봄을 추진하여 기존의 지역사회 내 복지 전달체계를 파악하여 장애인 개인을 중심으로 사업과 기관을 연계하고자 한다. 또한 필요할 경우 이를 지원하는 새로운 사업과 조직을 도입하고자 한다. 이를 위해 보건복지부는 지자체마다 통합돌봄창구를 구축하고 총괄추진단과 민관협의체를 설치하도록 하였다. 그리고 지역케어회의를 정기적으로 개최하여 지역사회 내 다양한 직종의 전문가들이 통합돌봄 대상자 개인을 중심으로 문제해결을 위해 협력하도록 하였다. 여기서 지방자치단체는 지역의 특성에 따라 통합돌봄창구의 인력배치, 업무추진 등을 정하고 민관협의체 구성과 지역케어회의의 운영구조를 결정해야 한다. 정부가 제시하는 지역사회 통합돌봄의 기본모형은 〈그림 8-5〉와 같다.

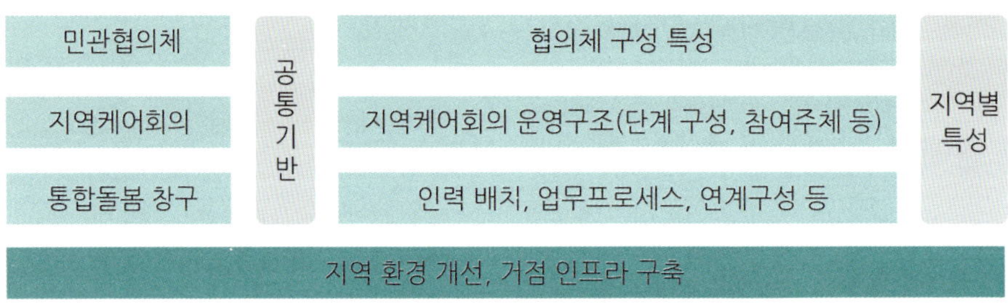

〈그림 8-5〉 지역사회 통합돌봄의 공통 제공기반

출처: 보건복지부(2020). 지역통합돌봄 추진 가이드북.

(2) 지역사회 통합돌봄 지원체계

① 보건복지부

보건복지부의 역할은 첫째, 지역사회 통합돌봄의 추진 및 지역 확산을 지원하고, 둘째, 보건의료와 복지, 주거 등 다양한 분야 간 연계를 추진하기 위한 기반을 마련하는 것이다. 이를 위해 보건복지부는 통합돌봄사업의 가이드를 마련하고 지역의 통합돌봄 모델의 추진을 컨설팅, 교육, 평가 및 포상하는 역할을 수행하고 있다. 또한 보건과 복지의 연계를 목적으로 병의원과 지자체 간 정보 시스템의 연계를 위한 관련 제도의 개선을 추진하고, LH의 각종 주거사업을 연계하여 다양한 형태의 자립지원주택 및 케어안심주택 사례를 지역에서 실현할 수 있도록 지원하고 있다.

② 지방자치단체

광역자치단체는 시 · 도의 정책 방향을 수립하고 중장기계획을 마련하며 지방비를 확보하고 시 · 군 · 구에 예산을 배정하는 역할을 한다. 그리고 보건의료, 주거 등 시 · 도 인프라 구축을 위해 사회서비스원 설립과 종합재가센터 등의 운영, 자립지원주택 및 케어안심주택 확보를 위한 시 · 도 주택공사 연계를 추진한다.

기초자치단체는 대상자의 다양한 욕구에 대응 가능한 조직체계를 구축하고 담당 인력을 배치하여 자체 통합돌봄 모형을 구축하고 이를 자체 모니터링 및 평가하는 역할을 담당한다. 이 과정에서 지역의 특성을 고려한 정책 방향과 계획을 수립하고 예산의 확보를 담당한다. 또한 지역 내 민관협력조직을 설치하고 다양한 직종의 참여를 촉진하는 역할을 한다.

③ 국민건강보험공단

통합돌봄과 의료, 요양 업무의 연계를 강화하는 역할을 담당한다. 이를 위해 빅데이터 기반, 통합돌봄 필요 대상자를 조기 발굴하고 지자체와 연계하는 시스템을 구축할 필요가 있다. 또한 병원을 퇴원한 자와 지자체 통합돌봄사업을 연계하고 보건의료단체와의 협업을 지원한다.

④ 한국보건복지인력개발원

지역사회 통합돌봄 담당자를 위한 표준교재를 개발하고 교육과정을 운영하는 역할을 담당한다. 이를 위해 지역사회 통합돌봄과 관련 있는 직종의 전문가 간의 학문적 교류를 증진하고 사업 자문을 운영할 필요가 있다.

⑤ 사회보장정보원

지역사회 통합돌봄 대상자를 관리하기 위한 정보시스템을 개선하고 통합돌봄창구의 운영 및 협업에 필요한 전산 연계를 고도화하는 역할을 담당한다. 사회복지시설정보시스템과 지자체 통합돌봄 대상자의 연계, 그리고 건강보험공단의 정보를 활용한 지자체 통합돌봄 대상자의 발굴 및 연계를 실현하기 위해 노력한다.

⑥ 건강보험심사평가원

통합돌봄 대상자에게 필요한 보건의료서비스, 예를 들어 방문의료, 방문간호와 관련하여 건강보험수가 시범사업, 재가의료급여 시범사업을 추진한다. 그리고 보건의료기관의 통합돌봄에 대한 홍보를 진행하고 재택의료 활성화 방안을 모색해야 한다.

(3) 지역사회 장애인 통합돌봄 모형

장애인 지역사회 통합돌봄 모형은 재가 장애인의 지원뿐만 아니라 병 · 의원, 생활시설 등에서 나와 지역사회 거주를 원하는 장애인의 탈시설 지원도 포함한다. 이를 실현하기 위해 정부는 지역사회 통합돌봄을 통해 기존 서비스 전달체계 내에 주거, 보건의료, 돌봄 등의 서비스를 연계함과 동시에 필요할 경우 새로운 서비스를 확충하도록 하고 있다. 보건복지부는 지역사회 통합돌봄에 필요한 서비스로 주거 영역의 케어안심주택, 자립체험주택, 주택개조, 거주시설 전환 등의 서비스, 보건의료 영역의 장애인건강주치의, 방문건강관리, 만성질환관리 등의 서비스, 돌봄 영역의 활동지원, 주간활동지원, 재가돌봄 등의 서비스, 그리고 사물인터넷(IoT)과 인공지능(AI) 등을 활용한 스마트홈 서비스를 연계하고자 한다.

그리고 장애인의 탈시설을 지원하기 위해 개인별 통합돌봄계획을 수립하고 이에 근거한 개별화된 자립생활지원을 추진하고 있다. 이 과정에서 장애인거주시설의 소규모화와 시설기능전환, 그리고 시설 종사자의 지위전환 또한 주요한 사업 영역으로 다루고 있다. 보건복지부에서 제시하고 있는 장애인 통합돌봄의 기본모형은 〈그림 8-6〉과 같다.

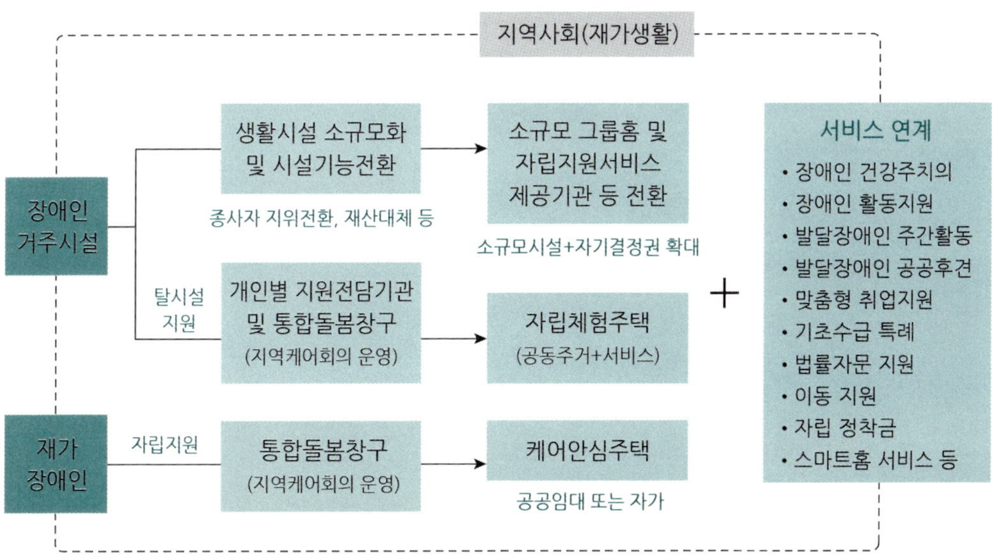

〈그림 8-6〉 장애인 지역사회 통합돌봄 모형

출처: 보건복지부(2020). 지역통합돌봄 추진 가이드북.

(4) 지역사회 통합돌봄의 추진단계

개인별 지역사회 통합돌봄은 장애인이 행정기관(읍 · 면 · 동 통합돌봄창구)에 서비스를 신청하면서 시작된다. 이는 여타의 사회복지서비스사업을 신청하는 것과 법률적 지위가 동일하다. 다만 본인과 가족뿐만 아니라 통장, 지역사회보장협의체 등 지역주민 모두가 서비스 신청이 가능하다. 병 · 의원을 퇴원한 환자의 의뢰, 장애인복지관의 사례 의회를 통한 의뢰, LH 주거복지사 등의 의뢰로도 서비스 신청이 가능하다.

서비스 신청 이후에는 초기상담, 통합돌봄 대상자 접수 및 욕구조사, 지역케어회의 운영을 통한 대상자 확정, 통합돌봄서비스 제공계획 수립, 통합돌봄서비스 제공 및 점검, 서비스 종결 및 사후관리의 단계로 통합돌봄서비스가 진행된다. 이 과정을 개관하면 〈그림 8-7〉과 같다.

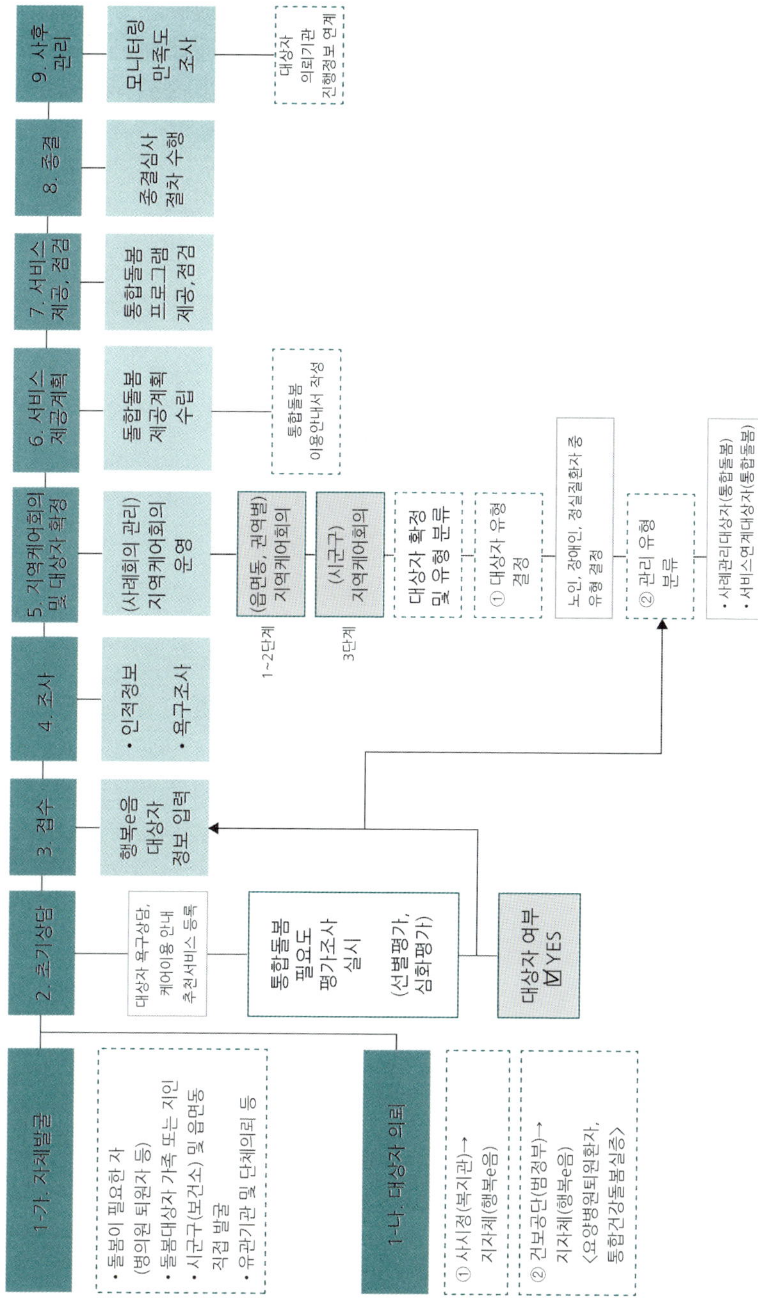

〈그림 8-7〉 지역사회 통합돌봄 제공 절차도

CHAPTER 09

장애와 소득

학습목표

1. 장애인생존권 보장차원에서 이루어지는 장애인 소득보장의 의미와 중요성에 대해 이해한다.
2. 우리나라 장애인 소득보장의 체계를 일반적 사회보장체계 구성에 적용하여 그 내용을 살펴본다.
3. 우리나라 장애인 소득보장의 현황과 문제점, 향후 발전방안에 대해 고찰한다.

1. 장애인 소득보장의 의미와 중요성

일반적으로 장애인은 신체적 · 정신적 손상과 사회적 차별로 인해 개인적 · 사회적 차원에서 불리한 여건에 놓일 가능성이 높다. 즉, 개인적 차원에서는 소득능력 감소로 인한 소득상실과 장애로 인한 추가비용의 발생을 경험하게 된다.[1)] 사회적 차원에서는 신체적 차이에 대한 다양한 보상(의료서비스 등의 사회복지서비스)과 차별에 대한 보장(고용차별 등의 차별금지정책)에 국가가 적

1) 장애인 추가비용은 장애 때문에 특별히 발생하는 비용(disability-created cost)과 추가적으로 발생하는 비용(disability-enhanced cost)의 합이다. 장애 때문에 특별히 발생하는 비용은 비장애인에게는 발생하지 않는 비용으로, 가령 재활보조기구 구입비용 등과 같은 항목을 말하고, 추가로 발생하는 비용은 비장애인에게도 발생하지만 장애인에게는 보다 높은 비용이 발생하는 것으로 의료비, 교육비 등의 항목이 있다.

절히 대응하지 못해서 야기되는 영향들이다. 이러한 부정적 영향은 장애인들에게 경제적 결핍상태에서 오는 빈곤뿐 아니라 다양한 사회적 배제를 야기시킴으로써 심각한 생존권 위협상태에 놓이게 만든다.

이에 우리나라를 포함한 대부분의 선진국에서는 이러한 문제해결을 위해 다양한 정책적 노력을 강구하고 있다. 그 중 하나가 바로 직접적인 경제적 문제(빈곤 및 소득불평등)에 대응하는 소득보장정책이다. 즉, 장애인 공적소득보장정책은 일반적인 장애인정책으로서의 보상정책과 통합정책 중 경제적 문제에 초점을 맞춰 대응하는 보상정책의 일환이다.[2] 동시에 노령, 질병 등 일반적인 사회적 위험에 대한 소득보전의 기능을 담당하는 보편적 소득보장정책의 한 부분으로 두 정책의 특수한 형태로서 정책적 위치를 갖고 있다. 아울러 장애인 보상정책의 적용은 사회적 자원할당의 보상원칙에 적용할 경우 사회보험에서의 기여에 대한 급여보상뿐 아니라 사회적 불리함을 겪는 집단(여성, 장애인 등)에 대한 국가차원의 보상도 포함하는 것이다(Gilbert et al., 2004). 일반적 소득보장 프로그램에서 장애인에 대한 별도의 혹은 추가의 혜택을 통해 생존권을 보장하고자 하는 맥락에서 그 의미를 찾을 수 있다.

2) 공적소득보장 프로그램은 일차적으로 경제적 문제에 초점을 맞춰 대응하지만 장애인과 관련해서는 이 이상의 의미를 갖는다. Kavka(1992)는 장애인에 대한 소득보장의 진정한 권리보장은 단순히 기본소득을 이전해 주는 것뿐 아니라 이러한 수준(혹은 그 이상)의 소득을 획득할 수 있도록 보장하는 것(not only to receive a basic income, but to earn income at maintenance level)이라고 밝히고 있어 공적소득보장의 확대된 역할에 의미를 부여하고 있다. 따라서 공적소득보장의 효과분석도 일차적으로 경제적 문제해결(빈곤감소)에 얼마나 기여하는지 살펴보는 것 못지않게 노동공급을 얼마나 저해하는지(혹은 촉진하는지) 살피는 과정이 중요하며, 정책과정에서도 이러한 이슈들을 함께 고려하는 것(공적소득보장의 역할이 빈곤을 최소화하고, 노동공급을 촉진하는 기반으로 작용하도록)이 필요하다.

2. 우리나라 장애인 소득보장 체계

이러한 장애인 소득보장정책은 적용대상이나 재정운영방식에 따라 다양한 접근 유형이 있는데, 크게 사회보험방식, 사회부조방식, 사회수당방식 등이 있으며, 특정방식이 유일하거나 독립적으로 채택되어 운영되기보다는 상호보완적이거나 혼합된 형태로 운영되고 있는 경우가 대부분이다. 즉 각 제도 유형은 장애로 인해 발생하는 문제인 경제적 측면의 소득손실 혹은 비용발생 중 어느 부분에 초점을 맞춰 보상원리를 적용하는지에 따라(소득보장기능과 추가비용보전기능), 장애로 인한 경제적 결핍문제의 발생 가능성에 대한 정책적 개입의 시점(사전 · 사후)과 역할(사전예방 · 사후보충)에 따라(1차 안전망 기능 · 2차 안전망 기능), 그리고 타 정책과의 연계수준과 연계의 성격에 따라(통합기능 · 보상기능) 각각 상이한 기능을 수행하게 된다.

우리나라의 장애인 공적소득보장체계는 사회보험방식의 공적연금(국민연금, 특수직역연금)의 장애급여와 산재보험 장해급여,[3] 공공부조제도인 국민기초생활보장제도(이하, 기초법), 사회부조적 성격의 사회수당제도인 장애인연금 및 장애수당, 장애아동수당, 그리고 간접적인 지원책인 경제적 부담경감조치로서의 각종 세금감면 및 이용료 할인혜택 등이 있다.[4]

---

3) 산재보험에서는 '장애(障礙)'를 '장해(障害)'로 사용하고 있어 본서에서도 해당 법률의 법률용어에 따라 장해로 표기하였음을 밝힌다.

4) 본서에서는 직접적 소득보장정책인 사회보험, 공공부조, 사회수당을 중심으로 살펴본다. 직접적 소득보장에서의 제도 유형 구분은 기여와 자산조사 두 기준을 적용하여 기여 · 비자산조사로서의 사회보험, 비기여 · 자산조사로서의 공공부조, 비기여 · 비자산조사로서의 사회수당을 각각 제시한 것이다.

〈표 9-1〉 공적소득보장 프로그램의 제도 유형별 급여의 구분

구분			장애 관련 급여	비장애급여
사회보험	공적연금	국민연금	장애급여	노령연금, 유족연금
		특수직역연금	장해급여	퇴직급여, 유족급여
	산재보험		장해급여	휴업급여, 상병보상급여, 유족급여
	고용보험		없음	실업급여(구직급여, 취업촉진수당)
공공부조 (기초법)			없음	생계, 교육, 주거, 해산, 장재, 의료, 자활급여
사회수당 (범주적 사회수당)			장애인연금 및 장애수당, 장애아동수당	노령연금, 영유아보육료(차등보육료, 무상보육료), 모부자가정수당

3. 우리나라 장애인 소득보장 현황

1) 국민연금의 장애급여

국민연금 장애급여는 가입자가 질병 또는 부상으로 장애를 입어 노동능력의 상실 또는 감소가 발생할 경우 생계안정을 위한 소득보장으로서 지급되는 급여이다.

장애급여의 수급조건은 사회보험방식의 기본요건을 충족해야 하는데, 가입 및 기여조건과 장애조건이 그것이다. 우선 가입 및 기여조건은 첫째, 최소가입기간은 없고, 둘째, 장애발생 시점(혹은 장애인정 시점)까지 가입기간 중 2/3

이상 보험료를 납부해야 하며(단, 납부예외기간은 가입기간 산정에 포함되지 않음), 셋째, 가입 후 6개월 이전에 발생한 장애에 대해서는 한 번만 보험료를 납부하여도 가입 및 기여조건이 충족되어 급여수급이 가능하다. 다음으로 장애 관련 조건은 첫째, 장애발생 시점이 가입 중 발생한 장애이거나 가입 전 장애 원인 발생 후 가입 중 장애진단을 받는 경우이어야 하며, 둘째, 장애 정도가 「국민연금법」상 장애등급(1~4급)에 해당되는 장애이어야 하고,[5] 셋째, 장애판정 시점은 질병 또는 부상이 완치된 후 장애가 남아 장애등급을 인정받는 경우에는 그 시점을, 장애상태가 진행 중인 경우에는 초진일로부터 1년 6개월이 경과하여 장애등급이 인정되는 경우에는 1년 6개월이 경과된 시점을 기준으로 하고, 장애등급이 인정되지 않은 경우에는 그 후 장애가 악화되어 등급에 해당하게 되어 60세 이전 급여청구를 하면 그 청구일을 기준으로 각각 장애판정을 실시한다.

급여 유형은 장애등급에 따라 연금(1~3급) 혹은 일시금(4급)으로 구분되며, 급여수준은 '(기본연금액×장애등급별 적용률)+가급연금액'으로 계산되는데, 따라서 기본연금액 산정요소인 가입기간과 평균소득, 그리고 장애 정도(장애등급), 부양가족 상황에 따라 급여수준에 차이가 발생한다.

---

5) 국민연금에서의 장애 개념은 부상 또는 질병이 완치되었으나, 신체에 남아 있는 정신적 또는 육체적 손상상태로 인하여 노동력의 손실 또는 감소를 의미한다. 이와 같은 개념은 장애상태가 곧 근로능력의 상실이라고 보고는 있으나 의학적인 차원을 중심으로 4급체제로 분류함으로써, 근로능력에 대한 고려가 미흡한 실정이다. 대부분의 나라에서 장애연금 지급결정 및 지급정지, 지급수준을 정하는 데 노동가능 여부를 가장 중요한 준거기준으로 삼는 것과는 차이가 있다(변용찬 외, 2004).

2) 특수직역연금(공무원연금)의 장해급여

특수직역연금의 장애 관련 급여를 공무원연금을 중심으로 살펴보면 다음과 같다.[6] 공무원연금법은 건강보험을 제외하고는 일반근로자와 별도의 체제로, 공적연금의 기능뿐 아니라 근로보상 성격의 퇴직수당, 재해 관련 보상과 부조에 이르기까지 공무원이라는 특수계층에 대해 종합적인 사회보장기능을 수행하고 있다. 공무원연금의 급여는 현재 단기급여 4종, 장기급여 13종 등 총 17종의 급여가 실시되고 있는데,[7] 이중 장해급여는 공무수행 중 질병 또는 부상으로 폐질상태로 되어 퇴직한 때 또는 퇴직 후 3년 이내에 그 질병 또는 부상으로 인해 폐질상태로 된 때에 그 폐질 정도에 따라 급여를 지급하게 된다. 주요 수급조건 및 수급액은 〈표 9-2〉와 같다.

〈표 9-2〉 공무원연금 장해급여

종 류	지급요건	지급액
장해연금	• 공무상 질병 부상으로 인해 폐질상태로 되어 퇴직한 때 또는 퇴직 후 3년 이내에 그 질병 또는 부상으로 폐질상태로 된 때	폐질의 정도(1~14급)에 따라 보수연액의 80~15%
장해보상금	• 장해연금에 갈음하여 일시금으로 지급받고자 할 때	장해연금액의 5배(5년분)

6) 특수직역연금 중 군인연금과 사학연금은 공무원연금의 장해급여와 그 종류 및 수준에서 큰 차이가 없기 때문에 본서에서는 「공무원연금법」을 중심으로 살펴보고자 한다. 군인연금에서는 상이연금과 장애보상금, 사학연금에서는 공무원연금과 같이 장해연금과 장해보상금이 장애 관련 급여로서 제공되고 있다.

7) 여기서, 단기급여란 공무원의 공무로 인한 질병 · 부상과 재해에 대해 지급되는 부조성격의 급여를 의미하고, 공무상요양비, 공무상요양일시금, 재해부조금, 사망조위금 등이 포함된다. 장기급여는 공무원의 퇴직 · 폐질 및 사망에 대해 지급되는 소득보장성격의 급여를 말하는데, 퇴직급여(퇴직연금, 퇴직연금일시금, 퇴직연금공제일시금, 퇴직일시금), 유족급여(유족연금, 유족연금부가금, 유족연금특별부가금, 유족연금일시금, 유족보상금, 유족일시금), 장해급여(장해연금, 장해보상금, 유족연금(장해연금 수급자 사망 시), 퇴직수당 등이 포함된다.

3) 산재보험의 장해급여

산재보험은 산재근로자와 그 가족의 생활안정을 보장하기 위해 국가가 책임을 지는 의무보험으로서 원래 사용자의 「근로기준법」상 재해보상책임을 보장하기 위하여 국가가 사업주로부터 소정의 보험료를 징수하고, 그 재원으로 산재근로자에게 보상을 해주는 제도이다.

보험급여의 수급권자는 산업재해보상보험 적용대상이 되는 사업장에 종사하는 근로자로서 업무상 사유에 의한 장해가 남은 피재근로자이며, 당해 사업장이 산재보험에 가입하였는지의 여부에 관계없이 보험급여를 청구할 수 있다. 장해급여의 수급조건은 첫째, 산재보험 적용대상 사업장에 종사하는 근로자, 둘째, 업무상 재해로 인한 장해(업무상 재해의 치유 후 당해 재해와 인과관계가 있는 장해가 남게 되는 경우), 셋째, 장해 정도가 「산재보험법」상 장해등급에 해당되어야 한다. 급여 유형은 장해등급에 따라 1~4급은 연금을, 5~7급은 연금 또는 일시금을, 8~14급은 일시금을 받게 되며, 등급별 소득대체율은 연금의 경우 약 38~90%(평균임금일의 138~329일분)에 이른다.

4) 사회수당(장애인연금, 장애수당, 장애아동수당)

우리나라의 법적 장애 관련 수당은 모든 장애인에게 보편적으로 제공되는 데모그란트(demogrant)가 아닌 일정한 소득수준 이하의 장애인에게만 한정적으로 제공되는 범주적 수당 성격(공공부조의 부가급여적 성격)을 갖고 있다. 급여 종류에는 장애인연금, 장애수당, 장애아동수당 등이 있고, 구체적인 대상 및 급여 내용은 〈표 9-3〉과 같다.

〈표 9-3〉 장애 관련 수당(2024년 기준)

종류	급여 대상	급여수준
장애인연금	• 만 18세 이상 등록한 중증장애인[1-3급 및 중복장애(주장애가 3급이며 장애를 추가로 하나 이상 가진 자)] • 본인과 배우자의 소득인정액이 선정기준액 이하인 자(소득인정액=월소득평가액+재산의 소득환산액)	• 급여 30,000-424,810원 ※개인의 상황에 따라 연금액은 차이가 있을 수 있음
장애수당	• 국민기초생활보장법상의 생계 또는 의료급여수급자 및 주거 또는 교육급여 및 차상위계층의 18세 이상 등록장애인 중 경증장애인	• 기초 및 차상위: 1인당 월 6만원 • 보장시설수급자: 1인당 월 3만원
장애아동수당	• 국민기초생활보장법상의 생계 또는 의료급여수급자 및 주거 또는 교육급여 및 차상위계층의 18세 미만 장애아동 • 중증장애인: 장애등급이 1,2급인 자(주장애가 3급이고 부장애가 중복된 3급 장애인 포함)	• 생계 또는 의료급여수급자이고 중증장애인: 1인당 월 22만원 • 주거 또는 교육급여수급자이고 중증장애인: 1인당 월 17만원 • 생계 또는 의료급여수급자이고 경증장애인, 주거 또는 교육급여수급자이고 경증장애인: 1인당 월 11만원 • 보장시설수급자이고 중증장애인: 1인당 월 9만원 • 보장시설수급자이고 경증장애인: 1인당 월 3만원

5) 기타(간접지원제도)

이상의 직접적 소득보장정책 외에도 장애인의 생활에서 경제적으로 부담을 줄여 주기 위하여 할인, 세제감면, 공제 등의 간접적 소득지원시책을 시행하고 있다. 지원 대상과 지원 내용은 매년 장애인복지시책에 따라 달라진다. 상속세, 소득세, 자동차세 등의 세금감면은 물론 국 · 공립공원 및 박물관, 미술관 요금할인, 공영주차장 주차요금 감면, 철도 · 항공 · 연안여객 요금 감면, 고속도로 통행요금 할인, 전기료 감면, 유선 및 이동통신 요금 감면, 시 · 청각장애인 TV

수신료 면제 등 각종 요금할인혜택을 제공하고 있다. 구체적인 내용은 〈표 9-4〉와 같다.

〈표 9-4〉 간접적 소득보장(각종 세제혜택 및 요임할인)

주요 사업명	지 원 대 상	지 원 내 용	비 고
승용자동차에 대한 개별소비세 면제	• 중증장애인 본인 명의 또는 장애인과 주민등록표상 생계를 같이 하는 배우자 · 직계존속 · 직계비속 · 직계비속의 배우자 · 형제 · 자매 중 1인과 공동명의로 등록한 승용자동차 1대 ※ 5년 이내 양도할 경우 잔존년도분 부과	• 500만원 한도로 면제 (교육세는 개별소비세의 30% 한도) ※ 장애인을 위한 특수장비 설치비용은 과세표준에서 제외	• 자동차판매인에게 상담 • 국세청 소관 관할 세무서
장애인용 차량에 대한 지방세 감면	• 차량 명의를 중증장애인(시각 4급은 자치 단체 감면조례에 의함)의 장애인 본인이나 그 배우자 또는 주민등록 표상 장애인과 함께 거주하는 직계 존 · 비속(재혼 포함), 직계 비속의 배우자(외국인 포함), 형제, 자매 중 1인과 공동명의 – 배기량 2,000cc 이하 승용차 – 승차정원 7인승 이상 10인승 이하인 승용자동차, 승차정원 15인승 이하 승합차, 적재정량 1톤 이하인 화물차, 이륜자동차 중 1대	• 취득세(종전 등록세 포함) · 자동차세 면세	시 · 군 · 구청 세무과에 신청 (행정자치부 지방세 특례제도과)
차량 구입시 지역개발 공채 구입 면제	• 지방자치단체별 조례에서 규정하는 장애인용 차량 ※ 도지역에 해당	• 지방자치단체별 조례에 의거 장애인 차량에 대한 지역개발공채 구입의무 면제	시 · 군 · 구청 차량 등록기관에 신청 (자동차판매사 영업사원에 문의)

소득세 공제	• 등록장애인	• 부양가족(직계존·비속, 형제·자매 등) 공제 시 장애인인 경우 연령제한 미적용(소득세법 제50조) • 소득금액에서 장애인 1인당 연 200만원 추가 공제(소득세법 제51조)	연말정산 또는 종합소득신고 시 공제신청(국세청 전화세무상담 126)
장애인 의료비 공제	• 등록장애인	• 당해년도 의료비 – 의료비 지출액 전액의 15% 공제	근로소득자의 연말정산 또는 종합소득신고 시 공제신청(국세청 전화세무상담 126)
장애인 특수 교육비 소득공제	• 등록장애인	• 사회복지시설이나 보건복지부장관으로부터 장애인재활교육시설로 인정받은 비영리법인에 지급하는 특수교육비 전액의 15% 공제	
장애인 보험료 공제	• 등록장애인	• 장애인전용보장성보험의 보험료 공제 – 연 100만원 한도, 15% 공제율 적용	
상속세 상속 공제	• 등록장애인 – 국가유공 상이자 및 이와 유사한 사람으로서 근로능력이 없는 사람, 항시 치료를 요하는 중증환자 포함	• 상속인 및 동거가족인 등록장애인에게 상속 공제 • '상속세 과세가액'에서 1천만원에 상속개시일 현재 「통계법」 제18조에 따라 통계청장이 승인하여 고시하는 통계표에 따른 성별·연령별 기대여명의 연수(소수점 이하는 버림)를 곱한 금액을 공제 ※ 상속세과세가액 = 당초의 상속세과세가액 – (1천만원×기대여명의 연수)	관할 세무서에 신청
증여세 과세가액 불산입	• 등록장애인 – 소득세법 시행령 제107조 [장애인의 범위]에 해당하는 자	• 장애인이 생존기간 동안 증여받은 재산가액의 합계액에 대하여 최고 5억원까지 증여세과세가액에 불산입 ※ 증여세 부과사유가 발생하면 즉시 부과 – 신탁을 해지하거나, 연장하지 아니한 경우 – 수익자를 변경하거나 증여재산가액이 감소한 경우 – 신탁의 이익 전부 또는 일부가 그 장애인이 아닌 자에게 귀속되는 것으로 확인되는 경우	관할 세무서에 신청
장애인 보장구 부가 가치세	• 등록장애인	• 부가가치세 감면 – 의수족, 휠체어, 보청기, 점자판과 점	별도신청 없음 ※ 텔레비전 자막 수

영세율 적용		필, 시각장애인용 점자정보단말기, 시각장애인용 점자프린터, 청각장애인용 골도전화기, 시각장애인용 특수제작된 화면낭독 소프트웨어, 지체장애인용으로 특수제작된 키보드 및 마우스, 보조기(팔·다리·척추 및 골반 보조기에 한함), 지체장애인용 지팡이, 시각장애인용 흰지팡이, 청각장애인용 인공달팽이관 시스템, 목발, 성인용 보행기, 욕창예방 물품(매트리스·쿠션 및 침대에 한함), 인공후두, 장애인용 기저귀, 텔레비전 자막수신기(국가·지방자치단체 또는 「전파법」 제66조에 따라 설립된 한국 방송통신 전파진흥원이 청각장애인에게 무료로 공급하기 위하여 구매하는 것에 한함), 청각장애인용 음향표시장치, 시각장애인용 인쇄물 음성변환출력기, 시각장애인용 전자독서확대기, 시각장애인전용 음성독서기, 화면해설 방송수신기(국가·지방자치단체 또는 「민법」 제32조에 따라 설립된 사단법인 한국시각장애인 연합회가 시각장애인에게 무료로 공급하기 위하여 구매하는 것에 한함)	신기 (국가·지방자치단체·한국농아인협회 구매 시)
장애인용 수입물품 관세 감면	• 등록장애인	• 장애인용 물품으로 「관세법」 시행규칙 별표2에서 정한 101종의 수입물품에 대하여 관세면제 • 재활병원 등에서 사용하는 지체·시각 등 장애인 진료용구에 대하여 관세면제	통관지 세관에서 수입신고 시에 관세면제 신청
특허 출원료 또는 기술 평가 청구료 등의 감면	• 등록장애인	• 특허출원 시 출원료, 심사청구료, 1~3년차 등록료, 기술평가 청구료 면제 • 특허·실용신안원 또는 의장권에 대한 적극적인 권리범위 확인심판 시 그 심판 청구료의 70% 할인	출원, 심사청구, 기술평가청구, 심판청구시 또는 등록 시 특허청에 감면 신청
차량 구입시 도시	• 장애인 명의 또는 장애인과 주민등록상 같이 거주하는	• 도시철도채권 구입의무 면제(지하철 공사가 진행되고 있는 특별시와 광역시에	시·군·구청 차량 등록기관에 신청(자

철도채권 구입 면제	보호자 1인과 공동명의로 등록한 보철용의 아래 차량 중 1대 – 비사업용 승용자동차 – 15인승 이하 승합차 – 소형화물차(2.5톤 미만)	해당)	동차 판매사 영업사원에게 문의)
고궁, 능원, 국·공립 박물관 및 미술관, 국·공립 공원, 국·공립 공연장 공공체육 시설 요금 감면	• 등록장애인 및 중증장애인과 동행하는 보호자 1인 – 국·공립 공연장 중 대관공연은 할인에서 제외	• 입장요금 무료 ※ 실비 차원의 시설이용료 등은 자체규정에 따라 감면 가능 ※ 국·공립 공연장(대관공연 제외) 및 공공 체육시설 요금은 50% 할인 ※ 공공체육시설: 생활체육관, 수영장, 테니스장, 스키장 등	장애인등록증(복지카드) 제시
공영주차장 주차요금 감면	• 등록장애인 – 장애인 자가운전 차량 – 장애인이 승차한 차량	• 지방자치단체의 조례에 의거 할인혜택 부여 ※ 대부분 50% 할인혜택이 부여되나 각 자치단체별로 상이	장애인등록증(복지카드) 제시
철도·도시철도 요금 감면	• 등록장애인	• 등록장애인 중 중증장애인 및 중증장애인과 동행하는 보호자 1인 KTX, 새마을호, 무궁화, 통근열차: 50% 할인 • 경증장애인 – KTX, 새마을호 : 30% 할인(토·일, 공휴일을 제외한 주중에 한하여) – 무궁화, 통근열차 : 50% 할인 • 도시철도(지하철, 전철) : 100%	장애인등록증(복지카드) 제시
유선통신 요금 감면	• 등록장애인 • 장애인 복지시설, 장애인 복지단체, 특수학교, 아동 복지시설	• 시내전화: 월 통화료 50% 감면 • 시외전화: 월 통화료 50% 감면 (월 3만원 한도) • 인터넷전화: 월 통화료 50% 감면 * 이동전화에 거는 요금: 월 1만원 사용 한도 이내에서 30% 감면 • 114 안내요금 면제(자동연결은 요금부과) • 초고속인터넷 월 이용료 30% 감면	해당 통신회사 또는 읍·면·동 주민센터 신청

		* 단체의 경우 2회선 감면(청각장애인 단체 등은 FAX용 1회선 추가 제공), 시내전화, 인터넷전화 중복 감면 없음	
이동통신 요금 감면	• 등록장애인 • 장애인 복지시설, 장애인 복지단체, 특수학교, 아동 복지시설	• 가입비 면제 • 기본료 및 통화료(음성 및 데이터 한함) 35% 할인 * 차상위계층은 가구당 4인 한도 감면 가능, 월 최대감면액은 10,500원 * 단, 이동전화재판매사업자(MVNO, 알뜰폰) 사업자는 감면 미실시	해당 통신회사 또는 읍·면·동 주민센터 신청
시·청각 장애인 TV 수신료 면제	• 시각·청각 장애인이 있는 가정 • 사회복지시설에 입소한 장애인을 위하여 설치한 텔레비전 수상기	• TV수신료 전액 면제 ※ 시·청각장애인 가정의 수신료 면제는 주거전용의 주택 안에 설치된 수상기에 한함	주소지 관할 한전지사, KBS수신료콜센터(1588-1801), 인터넷(www.oklife.go.kr) 또는 읍·면·동 주민센터에 신청
시·청각 장애인용 TV(방송수신기) 보급	• 「장애인복지법」에 따른 시각·청각 장애인 및 국가보훈처 등록(국가유공자, 보훈대상자) 눈·귀 상이등급자 – 소득, 장애 정도, 연령 등을 반영하여 우선순위에 따라 보급	• 시·청각장애인용 TV	시청자미디어재단 (02-6900-8322)

출처: 보건복지부(2020). 장애인복지사업안내.

4. 장애인 소득보장의 문제점 및 개선방안

1) 국민연금 장애급여

우선 각 제도의 문제점에 대해 살펴보고 이의 개선방안을 서술하면 다음과 같다.

국민연금 장애급여와 관련한 주요 문제점은 다음과 같다. 첫째, 장애판정에 적용되는 장애 개념이 소득활동능력의 상실 정도(work test)를 충분히 반영하고 있지 못하고, 그 기준이 의학적 기능상실 정도(medical test)에 치우쳐 있다. 둘째, 국민연금에서는 연금지급대상을 가입 중 장애 혹은 가입 전 장애원인에 대한 가입 중 장애판정(초진기준)으로 한정하고 있다. 따라서 경제활동 이전에 발생한 장애는 어떠한 급여혜택도 받을 수 없으며, 심지어 경제활동을 하다가 장애가 악화되어 국민연금 장애급여 장애등급조건에 충족된다 하더라도 가입기간에 발생한 장애가 아니기 때문에 장애연금을 받을 수 없다. 셋째, 비고정상태인 장애의 경우 장애판정기간이 1년 6개월 이후에 가능한데, 이 대기기간이 지나치게 길다는 문제가 있다. 이는 미국 5개월, 영국은 13개월(단기급여는 2주)에 비해서도 긴 것이며, 「장애인복지법」상 6개월과 비교해도 상대적으로 길다. 따라서 장애판정 시점을 1년 이하로 단축하여 적용하되, 이후 장애의 호전이나 악화에 대해서는 재심사를 통해 급여지급을 재조정해야 할 것이다. 넷째, 기여조건의 비례적 산정은 비합리적인 측면이 있다. 즉, 장애연금 수급을 위해서는 가입기간 중 2/3에 대한 보험료 납부가 있어야 하고, 납부예외기간은 가입기간에 포함되지 않으며, 6개월 내 장애발생의 경우 1회만 보험료를 납부하면 된다. 이는 성실가입자의 경우 가입기간에 따라 기여조건이 비례적으로 증가되어 요건충족이 어려운 반면, 장기납부예외자나 단기가입자는 오히려 급여수급이 수월해지는 문제가 발생한다. 다섯째, 장애연금 수준이 낮다. 이는 국제기준에도 부족한 수준이며, 국민연금 내 다른 급여 유형(노령연금), 그리고 산재보험의 장해연금과 비교해도 상대적으로 낮은 수준이다.

〈표 9-5〉 국민연금 장애급여와 산재보험 장해급여 간 소득대체율 비교

산재보험 장해등급	국민연금		산재보험[1]
	40년	20년	
1등급	60%	30%	90.1%
2등급	60%	30%	79.7%
3등급	48%	24%	70.4%
4등급	48%	24%	61.4%
5등급	36%	18%	52.9%
6등급	36%	18%	44.9%
7등급	기본연금액의 2.25배 일시금		37.8%
8등급	기본연금액의 2.25배 일시금		장해보상일시금

주: 1) 연간임금지급일수를 기준으로 산정.
출처: 김성숙(2002)을 참고하여 재구성.

2) 특수직역연금(공무원연금)

공무원연금 장해급여의 문제점은 다음과 같다. 첫째, 급여수급이 '공무상 재해'에 한정되어 있는데, 공무상 재해 인정요건이 매우 까다롭다. 둘째, 급여수급을 위해서는 근로활동을 중단하고 퇴직을 해야만 한다. 이는 소득능력감소(소득능력상실에 한정) 혹은 추가비용발생에 대한 소득보장기능을 회피하고 있는 것이고, 근로유인을 방해하는 요소이다. 셋째, 현금급여 외에 재취업을 위한 다양한 지원서비스로서의 간병급여나 재활급여가 마련되어 있지 않아 재취업 가

능성을 떨어뜨린다.

산재보험 장해급여의 문제점은 첫째, 장애등급판정이 국민연금 장애급여와 마찬가지로 노동능력을 충분히 반영하고 있지 않다는 점이다. 즉, 현재 산재보험에서는 신체 각 부위의 훼손 정도에 따라 장애 정도를 유형화하고 있는데, 이는 평균인의 일상생활상의 손실을 의미할 뿐 개별 노동자의 노동능력상실 정도를 반영하지는 않는다. 둘째, 현금급여수준은 상당히 높은 편이나 재활급여는 체계적으로 이루어지지 않아 재취업 유인 및 지원이 부족하다. 이에 산재장애인의 원직복귀율은 약 30% 안팎으로 매우 낮은 실정이다. 셋째, 7~14급까지는 장해보상일시금을 지급하고 있는데, 이는 실질적인 소득보장의 의미와 역할을 하지 못하므로 연금화 전환이 요구된다. 넷째, 산재보험 장해급여와 국민연금 장애연금 간의 소득대체율 조정과 함께 병급에 대한 부분의 개선이 필요하다. 즉, 일반재해는 낮은 급여수준의 국민연금만을 받게 되는 반면 업무상 재해의 경우 높은 소득대체율의 산재보험 장해급여 100%와 국민연금 장애급여 50%를 동시에 받음으로써 형평성에 문제가 발생할 수 있다. 따라서 산재장애의 병급 조정 시 이전소득(최종소득 혹은 이전 3년 간 소득 등)의 80%(혹은 70%)를 상회할 수 없는 상한선을 설정하고, 일반장애의 경우 국민연금 장애급여 수준을 높일 필요가 있다.

기초법의 주요 문제점은 첫째, 최저생계비에 장애인가구의 특성이 반영되지 않으므로 장애로 인한 추가비용 등을 고려할 경우 실질적으로는 빈곤층에 속하지만 기초보장수급자에서 탈락하는 사각지대가 존재하게 된다는 것이다. 둘째, 기초보장수급 장애인가구의 근로유인을 촉진할 수 있는 지원책이 부족하다. 이는 조건부 수급판정의 장애등급 일괄적용, 장애인가구에 적합한 자활프로그램의 부재, 그리고 소득공제율의 미흡이 실질적인 장애인가구의 근로를 통한 빈곤탈출에 장애요소로서 작용하고 있는 것이다.

장애 관련 수당의 주요 문제점은 다음과 같다. 첫째, 2007년부터 장애 관련

수당의 적용 대상을 차상위계층까지 확대한 것은 적절한 조치로 평가되나 여전히 대상포괄성 측면에서 제한적이다. 둘째, 급여수준의 경우 2017년 인상조정에도 불구하고 절대액수로는 여전히 장애인가구의 추가비용이나 소득손실을 보전하기에 부족한 측면이 있어 상향조정이 요구된다. 셋째, 사회수당 종류의 다양화가 필요하다. 외국의 경우 장애인의 다양한 장애 특성 및 사회경제적 특성을 반영하여 이를 지원하기 위해 다양한 수당을 시행하고 있다. 하지만 우리나라의 경우 교통수당, 개호수당 등의 수당이 없어 장애로 인해 특별히 발생하는 비용보전에 적합성이 떨어지는 한계가 있다.

장애인 소득보장의 발전방안은 개별적 제도에 대한 개별적 개선과 전체 소득보장체계의 전면적 변화를 통한 개선이 있을 수 있다. 우선 개별적 개선으로 공적연금 중 국민연금 장애급여와 관련해서는 가입 중 장애 개념의 확대적용과 판정상의 합리성 확보(노동능력의 반영과 장애판정 시점의 단축 등)를 통한 수급조건의 개선이 우선 요구된다. 아울러 급여수준의 적정성을 위해(특히 국민연금 제도개선 논의에서 노령연금과 비교되는 상대적 하향화의 문제) 절대액수의 상향조정이 제도운영상 난해한 점이 있다면 최저연금제도(minimum pension system)와 크레딧제도(credit system)의 도입을 통한 저급여문제의 해결(추가적 급여혜택을 보전하는 방안)을 고려해 볼 필요가 있다. 또한 특수직역연금과 산재보험 장해급여의 경우 근로유인을 저해하는 수급조건을 개선하고, 특히 무엇보다도 충분한 재활급여의 체계적 도입(체계적 재활시스템의 구축)을 통해 단순소득이전 이상의 통합적 사회참여가 가능하도록 지원하는 정책적 방향 설정이 요구된다.

둘째, 공공부조를 포함한 빈곤정책과 관련, 기존의 일반가구 중심의 빈곤정책에서 장애인가구의 가구특성을 적극 반영한 빈곤정책이 요구된다. 이는 장애인가구의 일반적 특성을 감안한 대상선정으로서의 의미뿐 아니라 이들에 대한 필요 급여수준과 종류 등을 결정하는 데 여러 특성이 고려되어야 함을 의미한다.

현재 우리나라의 기초법에서는 생계보장과 자활정책 모두에서 이러한 정책적 고려가 거의 이루어지지 않는 실정이다. 이에 장애인가구에 대한 별도의 선정 기준적용 및 수준의 고려, 자활정책과의 연계 등에서 기존의 문제를 해결하는 데 좋은 대안이 될 것이다. 아울러 소득보장정책에서 장애아동 가구의 고려를 위해 CSA(Children's Saving Account)의 정책내용을 응용하여 장애아동의 미래 교육비나 사회보험료(지역가입자로서의 보험료 국가 대납효과가 기대됨) 등의 지원에 활용하는 것도 한 대안이 될 수 있다.

셋째, 장애 관련 수당의 경우 현 제도가 공공부조의 보조적 성격으로 태생적 한계를 벗어나지 못하기 때문에 개별적 · 부분적 개선보다는 보편적 사회수당 성격의 장애연금 도입에 대한 세심한 고려로 논의가 요구된다. 장애연금은 일차적으로 장애인가구의 가구총소득을 증가시켜 장애로 인한 소득손실과 추가 비용을 보전해줄 수 있고, 사회보험 가입률이 낮은 장애인의 사회안전망 역할을 부분적으로 수행할 수 있으며, 유료 활동보조서비스 등의 필요서비스를 이용하여 장애가구원의 외부활동에 상당한 자율성을 확보함으로써 장애인 본인뿐 아니라 비장애인가구원의 취업기회를 확대하는 등 다양한 측면에서 장애인가구의 빈곤 특성을 개선시킬 수 있는 편익을 갖고 있다. 단, 장애라는 사회적 위험에 대한 국가차원의 보편적 권리로서 보호 · 보장하는 측면에서 당위성을 갖는 것은 부정할 수 없으나, 정책 운영상 소득수준에 따른 공평성 혹은 과도한 국가예산, 사회적 합의문제 등의 조정과 관련해서는 제도도입 자체의 제약조건으로 판단하기보다는 연금에 대한 조세정책의 적용과 같은 다양한 수단을 통해 조정해 나가는 것이 바람직하다.

마지막으로, 장애인 소득보장의 전체적 체계 변화를 통한 발전방안의 일환으로 최근 다양한 분야에서 논의 중인 기본소득제도(basic income)에 대한 고려가 요구된다. 기본소득은 국가 등 정치공동체가 모든 구성원(국민) 개인에게 조건 없이 정기적으로 현금급여를 지급하는 제도로, 보편성(universality), 무조건성

(unconditionality), 개별성(individuality), 정기성(regularity), 현금성(cash based)의 주요 원칙을 갖는 제도이다. 기본소득이 갖는 많은 우려도 있지만, 기존 소득보장체계의 한계를 극복하고 4차 산업혁명시대의 노동문제(일자리 감소, 저임금노동, 플랫폼 노동 등)와 연계하여 장애인 생존권 보장의 새로운 패러다임으로서 충분한 논의 가치가 있다.

CHAPTER 10

장애와 고용

학습목표

1. 장애인의 고용보장을 위한 접근방식을 설명할 수 있다.
2. 장애인의 고용을 지원하는 제도의 필요성과 내용을 이해한다.

경제활동은 단순히 소득을 창출하는 것이 아니라 사회통합과 자립을 이루기 위한 수단이다. 장애인에게 경제활동은 인간의 존엄뿐만 아니라 장애인의 경제적 자립과 가족의 생활능력을 향상시키는 중요한 요소이다. 경제활동이 지닌 의미가 대단히 크기 때문에 한국의 장애인복지정책은 직업재활과 고용지원에 많은 비중을 두어 장애인의 사회통합과 자립을 지원하고 있다. 이와 같이 장애인에게 고용이 갖는 의미가 굉장히 큼에도 불구하고 장애인은 경제활동 참여에 많은 제한과 장벽을 경험하고 있다. 이에 본 장에서는 국내의 장애인 고용을 지원하는 다양한 제도에 대해서 살펴보고자 한다.

1. 장애인의 고용보장제도

장애인의 고용은 장애인의 사회생활 영위와 사회통합을 위해 필수적으로 보장해야 하는 국가적 책임이다. 이에 대해 정부는 장애인 고용보장을 위한 제도들을 마련하고 지속적으로 발전시켜왔다. 최초의 장애인 고용보장제도로 「직업안정법」(1982), 「심신장애인고용촉진법」(1988)이 제정되었다. 이후 1980년 후기에 폐지되고 「장애인고용촉진 등에 관한 법률」이 1990년에 새롭게 제정되었다. 2000년 장애인의 계속고용을 보장하기 위하여 「장애인고용촉진 및 직업재활법」이 전면개정되어 현재까지 장애인의 안정적 생활과 일자리를 지원하여 비장애인과 동등한 사회활동 참여를 유도하고 있다.

그러나 최근 종사자로서의 낮은 위치의 문제, 최저임금 미보장 등 장애인의 고용보장문제에 대한 비판이 확대되고 있어 향후 제도개선 및 확대가 필요하다. 특히 장애 정도가 심한 장애인일수록 노동권을 보장받기 어렵기에, 국가는 장애 정도가 심한 사람들을 위하여 직업훈련이나 사후지원을 통해 경제활동의 참여기회를 보장하기 위한 노력을 확장하고 있다. 장애인 고용보장제도는 장애인과 비장애인이 동등한 경제활동을 영위할 수 있도록 하며, 동시에 보호된 노동시장을 형성하여 장애인의 고용을 확대하려는 전략이다.

현재 국가에서 시행 중인 장애인 고용보장제도는 경쟁노동시장 전략과 보호노동시장 전략으로 구분된다.

1) 경쟁노동시장 전략

경쟁노동시장 전략은 장애인과 비장애인을 같은 상황에서 고용할 수 있도록 지원하는 방안이다. 경증장애인이 주 대상이 된다. 경쟁노동시장 전략에는 고용할당, 장애인차별금지, 고용평등 등 세 가지로 구분된다. 고용할당은 유럽의 국가들이 주로 적용하는 제도이며, 장애인차별금지는 영미권 국가에서 주로 채택하고 있다. 고용평등은 유럽연합을 중심으로 확대되는 추세이다.

(1) 고용할당(의무고용제도)

고용할당은 장애인의 고용 확대를 위하여 사업주에게 의무적으로 장애인을 일정 비율 이상 고용하도록 법적 의무를 부과하는 제도이다. 장애인 고용비율을 준수하지 않을 경우 미고용인원에 대하여 장애인고용부담금이 부과된다. 우리나라는 장애인고용 의무제도를 시행하고 있어, 사업주(국가, 지방자치단체, 상시근로자 50명 이상의 공공기관 및 민간기업 등)의 사회연대책임 이념을 강조하고 있다. 의무고용률은 매년 소폭 상승하고 있으며, 국가 및 지자체와 공공기관의 의무고용률은 2024년 기준 3.8%, 민간기업의 의무고용률은 3.1%이다. 법적 의무를 부과하고 있으나 할당고용 달성도는 50~70% 정도로 비교적 낮은 편이다.

〈표 10-1〉 장애인 의무고용률

구분		2018	2019	2020	2021	2022	2023	2024
국가 및 자치단체	공무원	3.2	3.4	3.4	3.4	3.6	3.6	3.8
	근로자	2.9	3.4	3.4	3.4	3.6	3.6	3.8
공공기관*		3.2	3.4	3.4	3.4	3.6	3.6	3.8
민간기관		2.9	3.1	3.1	3.1	3.1	3.1	3.1

주: 「공공기관의 운영에 관한 법률」에 따른 공공기관, 「지방공기업법」에 따른 지방공사 · 지방공단과 「지방자치단체 출자 · 출연 기관의 운영에 관한 법률」에 따른 출자기관 · 출연기관

출처: 한국장애인고용공단(www.kead.or.kr)

의무고용률에 못 미치는 사업주는 고용부담금이라는 과태료를 부담해야 한다. 고용부담금은 융자지원, 장려금 지급 등 장애인의 고용을 촉진하기 위한 다양한 사업에 사용되고 있다. 고용부담금은 장애인 고용에 필요한 시설이나 장비의 설치 및 수리비용, 장애인 고용에 발생하는 기타 비용의 평균액을 산정하여 고용정책심의회의 심의를 거쳐 매년 적용되며, 고용의무 이행 정도에 따라 미달인원을 기준으로 부담기초액을 일괄 적용하여 부과된다.

장애인 고용부담금의 산출방식은 "[부담기초액] × [미달인원] × 12개월"로, 상시근로자수 450명이며 경증장애인을 1명 고용한 민간사업장을 예로 들고자 한다. 장애인 고용의무인원은 13명(450명[상시근로자수]×3.1%[민간기관의 장애인 의무고용률]), 고용의무인원 13명 중 1명만 고용하였으므로 의무고용인원의 1/4에 미달하는 경우이므로 부담기초액은 1,731,800원에 해당한다. 최종적인 부담금 납부액은 249,379,200원이다(1,731,800원[부담기초액]×12명[의무고용인원 13명－장애인 근로자 수 1명]×12개월).

〈표 10-2〉 고용부담금(2024년 기준)

고용의무 이행 수준	부담기초액 (2024년 적용, 2025년 신고)	가산율
의무고용인원의 3/4 이상 고용한 경우	1,237,000원	－
의무고용인원의 1/2~3/4에 미달하는 경우	1,311,220원	6% 가산
의무고용인원의 1/4~1/2에 미달하는 경우	1,484,400원	20% 가산
의무고용인원의 1/4에 미달하는 경우	1,731,800원	40% 가산
장애인을 한 명도 고용하지 않는 경우	2,060,740원	해당 연도 최저임금

출처: 한국장애인고용공단(www.kead.or.kr)

고용할당제도의 장점은 크게 세 가지이다. 첫째, 장애인 고용에 대한 사회연대책임을 부과할 수 있다는 것이다. 고용에서 차별과 불이익을 받고 있는 장애인들을 의무적으로 고용해야 한다는 의식을 확산시킴으로써 사회 전체가 장애인의 고용을 함께 촉진하는 연대책임의 원리를 강하게 주장할 수 있다. 둘째, 사회연대책임의 노력을 구체적으로 파악할 수 있다는 것이다. 고용할당제도로 인해 각 기업별로 장애인의 고용률을 확인할 수 있기 때문에 기업들의 사회연대책임의 노력 여부를 가시적으로 확인할 수 있다. 셋째, 장애인고용부담금을 활용하여 장애인고용촉진사업을 시행할 수 있다. 장애인 의무고용률을 지키지 않은 기업들에 한하여, 과태료형식의 고용부담금을 부과하도록 한다. 이를 활용하여 장애인고용촉진 및 직업재활기금의 예산을 확장할 수 있다.

하지만 이러한 장점에도 불구하고 장애인고용의무제도에는 여러 단점이 있다. 첫째, 고용부담금을 단순한 세금으로서 인식할 수 있다. 장애인 고용의 사회연대책임을 부과하기 위해 만들어진 고용부담금이 사업주의 입장에서는 여러 종류의 세금 중 하나로 인식될 수 있다. 실제로, 대기업일수록 장애인고용률은 낮고 부담금 납부율은 높게 나타나고 있다. 장애인 고용으로 인한 생산성 저하, 장애인 편의시설 설치 등을 부담하기보다는 고용부담금 납부가 유리하다고 판단하여 장애인 고용을 기피할 수도 있다. 둘째, 사업주가 의무고용률을 지키고 나면 추가적으로 장애인 고용을 하지 않아도 된다는 인식이 강화될 수 있다. 최소한의 의무고용률만 지키고 장애인 고용을 더 이상 확대하지 않는 것이다. 의무고용률 이상의 장애인을 고용하면 고용장려금을 지급하지만 그 금액은 1인당 최소 30만원에서 최대 90만원으로 고용부담금에 비해 액수가 상대적으로 적다.

(2) 장애인차별금지

할당고용이 사회연대책임을 강조한 철학적 원칙에서 발현된 제도라면 장애인차별금지는 장애인의 노동권 보장이라는 개별적 접근 원칙에서 만들어진 제도이다. 이러한 제도의 특징에 따라 미국, 영국, 필리핀, 호주, 홍콩 등 자유주의 성격이 강한 나라들에서 장애인차별금지제도를 주로 채택하고 있다. 장애인차별금지의 원칙은 장애인차별금지법이라는 독립적인 법이나 통합된 인권법에서 규정한다. 법으로 장애인에 대한 차별을 금지하고, 차별행위가 발생했을 경우에는 조정 · 권고 등의 조치를 정하고 있다. 일부 국가는 장애인차별행위에 대하여 형벌이나 손해배상의 법적 의무를 부과하기도 한다.

장애인 고용은 장애인차별금지제도의 핵심적 내용 중 하나이다. 장애인 차별은 거부나 배제와 같은 직접적 차별 외에도 장애인이 일할 수 있는 권리를 보장하지 않는 것도 포함한다. 예를 들어, 장애인에게 근로지원인 장애인 화장실 등 편의를 지원하지 않아 장애인들이 일을 하지 못하는 것도 차별에 해당할 수 있다.

장애인의 생활 전반, 고용에서의 차별을 금지하는 제도에는 여러 장단점들이 있다. 장점으로는 첫 번째, 장애인의 차별 상황을 직접 구제할 수 있다. 「장애인차별금지법」을 통해 고용, 직장생활 등 다양한 영역에서 발생하는 장애인 차별을 시정할 수 있다. 둘째, 정당한 편의제공 요구를 가능하게 한다. 장애인의 경우, 장애 특성에 맞는 별도의 편의시설이나 지원이 필요할 수 있다. 이를 보장하기 위하여 「장애인차별금지법」은 장애인의 편의시설 지원 요구를 할 수 있음을 명시하였다. 적절한 지원을 통해 장애인의 노동권을 실현할 수 있다.

이러한 장점에도 불구하고 장애인차별금지는 다양한 한계점들이 있다. 첫째, 장애인차별금지제도는 장애인의 고용을 확장하는 데 큰 영향을 미치지 못했다. 「장애인차별금지법」 제정 이후, 장애인 고용률에서 큰 변화가 발생하지 않았다. 현실적으로 장애인 고용에서 차별 발생을 입증할 만한 증거를 제시하기가 어렵기 때문이다. 둘째, 장애인차별금지제도는 장애인정을 받은 사람만을 대상으로 보장하기 때문에 사각지대가 발생할 수 있다. 장애등록을 하지 않은 사람, 장애인정이 되지 않는 희귀난치병을 가진 사람은 장애인으로 인정받지 못하기 때문에 이들이 고용에서의 차별을 받더라도 보호받지 못한다. 셋째, 장애인 고용의 효과를 확인하기 어렵다. 장애인차별금지제도상에서는 장애인 고용에 대한 보고의무가 없기 때문에 구체적인 장애인 고용 상황을 파악하기 어렵다.

(3) 고용평등

고용평등의 전략은 장애인 고용 차별문제의 원인이 장애인 개인에게 있는 것이 아니라 고용조직에 있다고 가정한다. 고용평등은 고용주 및 사업주에 대한 포괄적 접근에 해당하므로, 「장애인차별금지법」과 같은 개별적 접근방식의 한계를 보완하는 효과가 있다. 즉, 장애인 고용영역에서 가장 근본적인 접근에 해당한다고 할 수 있다. 고용평등전략은 공공기관이나 기업이 정부와 장애인 고용의 평등실현을 위하여 협력하도록 한다. 공공기관이나 기업이 장애인 고용과 관련하여 '장애인의 고용현황 분석 및 고용평등 계획 수립', '고용평등계획 이행', '고용평등 이행실적'을 정부에게 제출을 한다. 그 이후 정부는 기업이 제출한 자료를 바탕으로 고용평등계획 및 이행실적의 적정성을 평가하고 행정적 · 재정적 인센티브를 지원하여 활발한 장애인 고용을 유도한다.

고용평등은 영국, 캐나다, 프랑스 등의 국가에서 시행하고 있다. 영국의 경우, 공공기관이 장애평등계획을 발표하고 매년 실제 계획의 수행 정도를 보고한다. 캐나다의 고용평등제도는 대규모 고용주나 정부 입찰에 참여하는 사업장에 한하여 적용된다. 장애인 고용문제를 해결하기 위하여 각 기관들은 고용, 훈련, 승진, 고용 유지 및 직무조정 계획 등을 수립하여 평가받아야 한다. 프랑스는 고용평등과 장애인 고용할당제를 결합하여 시행하고 있는데, 민간과 공공기관의 고용주는 장애인 고용보장을 위하여 1년 이상의 협정 프로그램을 실시해야 한다. 정부는 이들의 협정을 평가하고 고용주의 고용부담금 납부의무를 면제해 준다.

이러한 고용평등제도는 사업주 및 고용주의 자발적 계획과 평가에 의해 진행되기 때문에 유연하게 활용할 수 있다. 그러나 장애인 고용평등을 강제하기 어렵기 때문에 독자적 시행에는 한계가 있다. 따라서 고용평등제도는 독자적 시행보다는 타 제도를 보완하는 방향으로 활용할 필요가 있다.

2) 보호노동시장 전략

위와 같이 경쟁노동시장 영역에서 장애인 고용을 위한 제도들을 살펴보았다. 이러한 제도가 있음에도 불구하고 장애인 고용보장에는 많은 어려움이 있다. 근로능력을 가지고 있으나 취업의 어려움을 겪는 장애인을 위하여 「장애인고용촉진 및 직업재활법」은 유보고용, 보호고용, 지원고용에 대한 조항을 명시하고 있다.

(1) 유보고용

유보고용은 일정 직종에 한하여 특정 장애 유형의 장애인을 우선적으로 고용하는 제도를 의미한다. 최초의 유보고용은 1944년 영국에서 장애인고용법을 통해 실시되었다. 영국의 경우 승강기 안내원, 주차장 안내원 두 가지 직종에 한하여 등록장애인만을 고용할 것을 규정하였고, 그 이후 전화교환원을 추가함으로써 장애인의 유보고용 직종을 확대해 나갔다. 일본은 특정 직종에 한하여 70% 이상 장애인을 고용하도록 의무화하였으며, 중국은 안마사 자격증을 교부할 때 시각장애인에게 30%를 할당하고 있다. 스웨덴과 스페인의 경우 장애인 종사 직종으로 전화교환원과 복권판매업을 선정하여 장애인의 고용을 활성화하였다. 특히 스페인은 취업한 시각장애인의 대부분이 복권판매업에 종사하고 있어 장애인의 실업률이 전체 국민의 실업률보다 더 낮은 것으로 나타났다.

우리나라의 경우 「장애인고용촉진 및 직업재활법」에서 장애인의 능력과 부합하다고 인정하는 특정 직종에 한하여 고용비율을 정하고 있다. 동법 시행령 26조에 의하면, 현재 우리나라는 시각장애인의 안마사 자격에만 그 범위와 기준을 정하고 있다. 「장애인복지법」에 명시된 장애인 기준에 해당하는 자이면서 동시에 안마사 자격을 가지고 있는 시각장애인을 100분의 70 이상 고용해야 한다. 또한, 장애인 기준에 해당하지 않는 시각장애인은 100분의 30 이하로 고용하도록 규정하고 있다. 장애인 유보고용은 장애인에게 경제활동 참여의 기회를 확장하는 의의를 가지고 있으나, 특정 장애 유형과 특정 직종에만 한정되어 있다는 한계가 있다. 향후 해당 장애 범위와 직종의 범위를 확장할 필요가 있다.

(2) 보호고용

보호고용이란 '통상적인 고용이 될 수 없는 장애인을 위하여 보호적 조건에서 지원되는 훈련 및 고용'으로 정의된다. 일반 경쟁노동시장에서 취업이 어려운 장애인을 위하여 특정 환경이나 지원을 통해 고용을 유도하는 것을 의미한다. 보호고용의 주요 대상은 어느 정도 노동능력을 가진 취학연령 이상의 장애인이다. 보호고용의 일차적 목적은 장애인에게 일자리를 지원하는 것이며, 더 나아가 장애인의 생계 향상과 유지를 지원하는 것이다. 우리나라의 「장애인복지법」과 「장애인고용촉진 및 직업재활법」에 의하면, 보호고용은 '장애인 보호작업장', '장애인 근로사업장', '장애인 직업적응훈련시설'로 구분된다. 최근에는 이들 외에 가정이나 사업체, 혹은 지역사회 작업현장에서의 고용형태 등 다양해지고 있다.

① 장애인 보호작업장

보호작업장은 작업능력이 낮은 장애인에게 직업적응능력 및 직무기능향상훈련 등 직업재활훈련 프로그램을 지원함으로써 근로의 기회를 제공하는 곳이다.

보호가 가능한 조건하에서 근로를 하며 노동의 대가로 임금을 받을 수 있다. 보호작업장을 통해 경쟁적인 고용시장으로 옮길 수 있도록 지원하기도 한다(예: 장애인 직업재활시설 보호작업장 등).

② 장애인 근로사업장

근로사업장은 작업능력은 있으나 사회적 제약 등의 이유로 취업이 어려운 장애인에게 근로의 기회를 제공하는 곳이다. 최저임금 이상의 임금을 받을 수 있으며, 경쟁적인 고용시장으로 옮길 수 있도록 지원하는 시설이다(예: 장애인근로센터 등).

③ 장애인 직업적응훈련시설

직업적응훈련시설은 작업능력이 낮은 장애인에게 일상생활훈련, 작업활동 등을 제공하여 기초작업능력을 습득시키고 작업평가 및 사회적응훈련 등을 실시하여 장애인 보호작업장, 장애인 근로사업장 혹은 경쟁적인 고용시장으로 옮길 수 있도록 지원하는 시설이다.

미국, 영국, 스웨덴 등 해외의 경우 소규모 보호작업장을 운영하기보다는 장애인 다수고용기업을 만들어 보호고용을 지원하고 있다. 각 사업장은 국가의 재정지원을 받아 의복, 사무기구, 가구 등 다양한 생활상품들을 대량으로 생산하여 전국에 판매하고 있다. 이러한 방식을 적용하여 장애인의 경제활동을 지원하고 경제를 살림으로써 정부의 지원효과를 확대할 수 있다. 소규모 보호작업장보다 장애인 다수고용기업을 만듦으로써 장애인의 사회통합을 유도할 수 있다.

(3) 지원고용

앞서 언급한 보호고용은 장애인을 주류사회로부터 분리, 배제하고 장애인의 사회통합을 저해한다는 한계가 있다. 이에, 장애인이 비장애인과 함께 사회구성원으로서 역할을 다할 수 있도록 지원고용제도가 등장하게 되었다. 지원고용이란 장애인이 일반적인 사업장에서 비장애인과 함께 일할 수 있도록 지원하는 것을 의미한다. 장애인에게 지속적인 직업서비스를 제공하여 시설이 아닌 지역사회 중심의 경제활동을 할 수 있도록 지원하는 것이다. 지원고용은 통합된 사업장, 지속적인 직업서비스, 일반적인 유급노동이 핵심요소로 반드시 뒷받침되어야 한다(이성아 · 박승희, 2020).

우리나라의 경우 지원고용제도가 1986년 이후 도입되어 직무수행이 어려운 중증장애인이 일반사업장에서 직무를 수행할 수 있도록 필요한 지원을 하고 있다. 직업훈련프로그램과 부업작업장, 기존 직업훈련원의 활용, 취업장애인의 취업 유지 및 정보교환 등 다양한 형태의 취업프로그램을 개발하여 시도하였다. 그 이후 한국장애인고용공단에서 장애인의 고용안정을 지원하는 형태로 비장애인과 통합된 작업장에서 일할 수 있도록 지원한다. 현재는 훈련수당, 사업주보조금, 직무지도원에 대한 직무수당을 지원하고 있다.

장애인 지원고용은 여러 과정을 거쳐 시행된다. 첫째, 지원고용 대상자의 정보를 파악하여 지원에 있어 필수 정보를 취합하고 직업진로계획을 수립한다. 둘째, 수집된 대상자의 정보와 노동시장조사를 통해 지원 대상자에게 적합한 직종을 개발한다. 적합 직종의 개발 이후, 사업체를 찾고 사업장 내 직무를 분석하여 고용주와의 합의를 통해 고용이 가능하도록 한다. 셋째, 지원고용대상자의 특성과 사업체 직무 간 적합성 여부를 고려한 후, 직무에 대한 사전교육을 진행하고 배치한다. 넷째, 고용된 장애인과 꾸준한 연락을 통해 직무난이도나 직장 적응에 어려움이 있는지 확인하고 이에 대한 결과를 평가한다. 그 이후 필요에 따라 직무를 변경할 수 있도록 한다. 마지막으로, 고용주와의 지속적 연락을 통해 장애인의 고용상태를 유지할 수 있도록 지원한다. 더 나아가 장애인의 적응을 위하여 지속적인 상담을 진행한다.

장애인의 지원고용 수행과정에서 중요한 점은 장애인이 취업할 수 있는 사업체 발굴, 장애인의 욕구와 특성을 반영한 직무 개발, 지속적인 사후관리가 동시에 진행되어야 한다. 또한 이 과정에서 장애인에게 직무지도원을 배치하여 교통시설 및 사업체 편의시설 이용, 식사 및 상담 등의 서비스를 제공해야 한다. 이를 통해 장애인이 보호작업장과 같은 보호고용체계에서 벗어나 지역사회 기반 경쟁고용의 영역에 통합될 수 있다.

3) 장애인 고용환경 개선 사업

장애인 고용 확대를 위하여 사업주 및 장애인 근로자를 지원함으로써 고용환경을 개선하고 있다. 이는 「장애인고용촉진 및 직업재활법」에 의거한 내용으로, 사업주 지원은 시설융자 및 무상지원, 고용장려금, 고용관리비용 지원 등으로 구성된다. 장애인근로자 지원은 근로지원인 지원사업, 자영업 창업자금융자 등으로 구성된다.

(1) 사업주 지원제도

사업주 지원제도는 할당고용제를 시행하고 있는 나라에서 대부분 실시하고 있다. 우리나라의 경우 「장애인고용촉진 등에 관한 법률」이 1991년에 시행되면서 고용장려금 및 지원금, 융자지원제도가 실시되었다. 장애인 고용 시 발생할 수 있는 관련 편의시설 및 부대시설 설치, 관리비용 등을 지원함으로써 장애인 고용으로 인한 추가비용 부담을 경감시키기 위함이다.

① 고용장려금

고용장려금은 장애인근로자의 지속적인 직업생활을 도모하고 민간기업의 고용촉진을 유도하고자 장애인 의무고용률(민간 3.1%, 공공 3.8%, 2024년 기준)을 초과달성한 사업주에게 일정의 지원금을 지급하는 제도이다. 고용장려금은 최저임금 이상자 혹은 최저임금 적용 제외 인가를 받은 사업장에 고용된 장애인에 한해 지원하고 있으며, 「고용보험법」에 따른 고용보험 가입대상으로 고용보험에 가입하지 않은 장애인근로자는 고용장려금 지급기준에서 제외된다. 고용장려금은 최저임금 범위 내에서 장애 정도 및 성별에 따라 차등지급된다. 지원금액은 지급단가와 월 임금액의 60%를 비교하여 낮은 단가를 적용하여 지급한다. 「고용보험법」, 「산업재해보상보험법」, 「사회적기업 육성법」 등의 규정에 의한 지원금 및 장려금을 받는 장애인에 대해서는 그 지급기간 동안 고용장려금이 지급되지 않는다. 현재 고용장려금제도는 한국장애인고용공단에서 수행하고 있다. 다음과 같이 고용장려금은 장애 정도와 성별에 따라 차등지급된다. 성별에 따라 급여액이 다른 이유는 현실 사회에서 여성장애인 고용률이 낮기 때문에(남성장애인 고용률 45.4%, 여성장애인 고용률 23.5%) 여성장애인고용촉진을 유도하기 위한 정책적 목표가 반영된 것으로 이해할 수 있다.

〈표 10-3〉 고용장려금 지원(2024년 기준)

구분	경증장애인		중증장애인		비고
	여성	남성	여성	남성	
2020년~ 2022년 발생분	45만원	30만원	80만원	60만원	지급단가와 월임금액의 60%를 비교하여 낮은 단가 적용
2023년 발생분부터	50만원	35만원	90만원	70만원	

출처: 한국장애인고용공단(www.kead.or.kr)

② 장애인고용시설자금 융자

장애인고용시설자금 융자제도는 장애인 고용에 따라 발생하는 사업체의 부대시설(기숙사, 식당, 휴게실, 의무실, 물리치료실 등) 및 장비 구입, 수리, 개조비용, 장애인고용시설을 운영하거나 장애인고용관리에 필요한 운영자금을 융자하는 제도이다. 융자 사업의 대상은 장애인을 고용하고 있거나 장애인을 고용할 예정인 모든 사업주이다. 구체적인 내용은 〈표 10-4〉와 같다.

〈표 10-4〉 장애인고용시설자금 융자 제도의 지원 내용과 범위(2024년 기준)

지원 내용	지원 범위	지원한도	융자기간 · 대출금리
작업시설 작업장, 작업설비, 작업장비 편의시설 장애인 · 노인 · 임산부 등 편의증진보장에 관한 법률 시행령 제4조에 의한 시설 부대시설 – 기숙사, 식당, 휴게실, 의무실 또는 물리치료실 등	시설 투자비 전액	사업주당 15억원 이내 – 장애인 1인당 1억 – 고용의무인원의 25% 중증고용조건	융자기간 – 2년 거치 3년 균등 분할상환 대출금리 – 사업주 대출금리에서 이자차액보전금리(5%)를 제한 금리

출처: 한국장애인고용공단(www.kead.or.kr)

③ 시설장비무상지원

시설장비무상지원은 장애인을 고용한 사업체를 대상으로 장애인용 작업대나 보조기구 설치 및 구입, 승합통근차량, 편의시설 설치 등의 비용을 지원하는 제도이다. 무상지원을 통해 장애인의 근로능력 보완과 사업장 접근성 향상을 위한 환경 개선이 주요 목적이라 할 수 있다. 지원조건은 〈표 10-5〉와 같다

〈표 10-5〉 시설장비무상지원의 범위 및 지원조건(2024년 기준)

지원범위	지원조건
사업주의 통근용 승합자동차 구입비용 (이 경우 사업주는 통근용 승합차를 지원받고자 하는 사업장에 최소 10인 이상의 장애인근로자를 고용하고 있어야 함)	장애인근로자수가 10명 이상 20명 미만인 사업주인 경우 1회당 2천만원 한도 (20명 이상인 경우 1회당 4천만원 한도) * 5년간 기존대로 사용
장애인·노인·임산부 등의 편의증진에 관한 법률 시행령 제4조에서 정한 편의시설의 설치·구입·수리비용	소요비용이 1천만원 이하 시: 전액지원 소요비용이 1천만원 초과 시: 1천만원 + 1천만원 초과금액의 2/3(만원 이하 절사) 지원
재택근무에 필요한 작업장비의 설치·구입·수리비용 – 작업장비: 정보통신기기, 사무용가구 – 수리비: 지원품목의 A/S 기간 종료시점부터 사후관리기간 내, 연 1회에 한하여 사업주 당 50만원 이내 – 공단 보조공학부에서 무상임대 및 지원하는 장비는 지원불가	사업주당 3천만원 한도 [장애인근로자 1명당 3백만원 한도, 신규고용조건(채용 후 3개월이 경과하지 아니한 자)]

출처: 한국장애인고용공단(www.kead.or.kr)

④ 고용관리비용지원

고용관리비용지원은 장애인근로자의 고용을 유지하는 데 필요한 작업지도원을 사업장에 위촉 · 배치 · 선임하는 데 필요한 비용을 지원하는 제도이다. 한국장애인고용공단의 평가결과에 따라 최대 3년간 지원한다. 고용관리비용은 사업주가 중증장애인 근로자를 사업장당 상시 1명 이상 5명까지 수급자격 인정신청일 이전 90일 이내 새로 고용하고 당해 사업장에 배치된 작업지도원으로 하여금 장애인근로자 1명당 월 12시간 이상 작업지도를 실시한 경우에 해당 사업주에게 지급하도록 되어 있다. 작업지도원 1명당 관리대상 장애인은 5명을 초과할 수 없으며, 장애인 1인당 월 14만원(최저임금 미만은 1/2)을 지원한다. 고용관리비용지원은 국가 또는 지방자치단체가 설치한 장애인 관련 시설이나 사회복지법인, 기타 비영리법인이 설치한 장애인복지시설(법인 포함)은 지원 대상에서 제외된다.

작업지도원은 장애인의 직업생활을 지원하기 위하여 일정한 자격을 갖춘 자로, 사업체에 배치되어 장애인근로자의 작업지도를 실시한다. 작업지도원의 자격기준은 ①「장애인고용촉진 및 직업재활법」 제75조의 규정에 따른 장애인직업생활상담원 등 전문요원 양성과정을 이수한 자 및 「사회복지사업법」 제11조에 따른 사회복지사 자격증 소지자, ② 재활, 교육, 심리, 의료, 기술, 사회사업 분야 및 중증장애인근로자의 작업과 관련된 분야의 전문학사 학위 이상 소지자, ③ 고등학교 졸업 이상의 학력이 있는 자로서 「장애인복지법」에 의한 장애인복지시설 기타 장애인과 관련된 기관 · 단체에서 장애인 관련 업무에 2년 이상 종사한 자, ④ 작업지도 대상 장애인근로자가 수행할 업무에 1년 이상 종사한 자여야 한다.

⑤ 장애인취업알선지원금제도

장애인취업알선지원금제도는 무료직업소개사업을 행하는 기관이 장애인을 사업장에 취업알선하여 일정기간 이상 상시근로하게 한 경우 비용을 지원하는 제도이다. 「직업안정법」 제18조에 의한 무료직업소개사업 신고를 한 기관을 대상으로 한다. 장애인취업알선지원금을 지급받은 자가 1년 이내에 동일 장애인을 재차 취업알선한 후 장애인취업알선지원금을 지급신청하는 경우나 지원고용 및 현장평가 등 기금지원사업을 통해 취업된 경우(중복지원)는 제한된다.

〈표 10-6〉 장애인취업알선지원금제도 지급기준(2024년 기준)

구분	지급요건	지급액
중증장애인	취업알선한 장애인이 고용된 사업장에서 1월 이상 상시근로하고 최저임금(단, 최저임금적용제외인가를 받은 경우를 포함. 이하 "최저임금"이라 한다) 이상을 지급받은 경우	10만원
	제1호에 해당하는 장애인이 고용된 사업장에서 3월 이상 상시근로하고 최저임금 이상을 지급받은 경우	20만원 (추가지원)
중증장애인 외의 장애인	취업알선한 장애인이 고용된 사업장에서 1월 이상 상시근로하고 최저임금 이상을 지급받은 경우	10만원
	제1호에 해당하는 장애인이 고용된 사업장에서 3월 이상 상시근로하고 최저임금 이상을 지급받은 경우	10만원 (추가지원)

출처: 한국장애인고용공단(www.kead.or.kr)

⑥ 장애인표준사업장설립지원제도

장애인표준사업장은 경쟁노동시장에서 직업생활을 영위하기 어려운 중증장애인의 안정된 일자리 창출과 사회통합 기반을 조성하고 장애인 중심의 작업환경기준을 제시하여 중증장애인 친화적 환경(물리적, 정서적)을 조성하기 위한 제도이다. 표준사업장은 「장애인고용촉진 및 직업재활법」 시행규칙 제3조에 따라 장애인 10명 이상, 상시근로자 중 장애인을 30% 이상(상시근로자 수에 따라 중증장애인 고용의무 차등 적용)을 고용한 사업장으로 정하고 있다. 또한 장애인표준사업장은 「장애인 등 편의증진보장에 관한 법률」에 따른 편의시설을 갖추고 장애인근로자에게 「최저임금법」 제5조에 따른 최저임금액 이상을 임금으로 지급하여야 한다.

장애인표준사업장설립지원제도의 신청자격은 표준사업장을 설립 및 운영하거나 설립하려는 사업주로, 「장애인복지법」 제58조에 따라 장애인직업재활시설을 설립 및 운영하고 있는 사업주, 장애인표준사업장 융자금 또는 무상지원금이 취소된 날로부터 3년이 경과하지 않은 사업주는 신청할 수 없다. 지원금은 임차보증금 및 토지구입비를 제외한 작업시설, 부대시설, 편의시설의 설치 · 구입 · 수리 · 개선, 장애인 출퇴근 편의를 위한 승합자동차 구입에 소용되는 비용만 활용할 수 있다. 지원금은 지원금 용도에 해당하는 실제 투자금액과 한국장애인고용공단이 산정한 금액 중 적은 금액의 4분의 3에 해당하는 금액을 지원한다. 신규 장애인고용인원에 따라 최고 10억원까지 지원한다.

(2) 장애인근로자 지원제도

① 근로지원인 지원사업

근로지원인 지원사업은 장애인이 직장생활에서 핵심업무를 제외한 부수적인 업무를 근로지원인의 도움을 받을 수 있도록 지원하는 제도이다. 근로지원인 지원사업의 주요 대상은 업무수행능력을 가지고 있으나 장애로 인해 부수적인 업무수행에 어려움을 겪는 중증장애인이다. 그 중에서도 최저임금 이상을 지급받는 장애인, 여성 중증장애인 근로자, 중소기업에 고용된 중증장애인 근로자가 우대사항에 속한다. 그러나 월 근로시간이 60시간 미만이거나 최저임금 적용제외 인가를 받지 않은 장애인 근로자, 고용관리비용 지원을 받고 있는 장애인 근로자는 제외대상에 해당한다. 지원시간은 주 40시간, 1일 최대 8시간 이내이며 소요 비용은 한국장애인고용공단에서 대부분 지원하고 있다. 다만, 본인부담금이 시간당 300원 발생한다.

② 장애인 창업지원사업

장애인 창업지원사업은 장애인기업종합지원센터에서 지원하는 내용으로, 장애인 창업 점포지원과 창업사업화 지원사업으로 구분된다. 장애인 창업 점포지원은 창업의지가 있는 장애인 예비창업자 혹은 업종 전환 창업자에게 창업 공간을 지원하여 경제적 자립 기틀을 마련하는 사업이다. 창업아이템에 따라 사업화에 적절한 사업장을 장애인기업종합지원센터명으로 임차하여 최대 5년간

(기본 3년, 2년 연장 가능) 공간을 사용할 수 있다. 최종 선정 전까지 사업자 등록을 하지 않은 자, 기존 사업을 폐업하거나 양도하고 새로운 업종으로 전환하여 창업한 자에 한하여 지원한다. 다만, 창고, 단순 사무공간 및 제조공장 등의 창업을 하려는 자는 지원 대상에서 제외한다.

장애인 창업사업화 지원사업은 장애인 창업자의 창업환경 조성을 위하여 창업자금을 지원하는 사업이다. 지원 내용은 매장 모델링, 집기류, 시제품 제작, 브랜드 개발, 홈페이지 제작비 등으로 구성되며 개인별 최대 2천만원 한도 내에서 지원된다(자부담 20%).

③ 장애인 보조공학기기 지원사업

장애인 보조공학기기 지원사업은 장애인의 고용촉진과 직업생활 안정을 도모하기 위해 직업생활에 필요한 보조공학기기를 지원하는 사업이다. 이때 사업주는 장애인을 고용하는 데 유지조건을 충족해야 무상으로 지원받을 수 있다. 지원 대상은 장애인을 고용한 사업주나 고용하려는 사업주, 국가 및 지방자치단체의 장(공무원이 아닌 장애인근로자 대상)에 해당하며, 지원 신청 당시 근로자를 고용하고 있지 않거나 4명 이하의 근로자를 고용하고 있는 장애인 사업주도 해당된다(장애인 근로자를 고용하고 있거나 3개월 이내 고용하려는 사업주에 한함). 구체적인 지원 내용은 〈표 10-7〉과 같다.

〈표 10-7〉 보조공학기기 지원 내용(2024년 기준)

<table>
<tr><th colspan="2">구분</th><th>지원한도</th></tr>
<tr><td rowspan="2">보조공학기기 제품 구입 및 대여가격 (맞춤형 기기 포함)</td><td>130만원 이하</td><td>장애인 1인당 1,500만원(중증 2,000만원) 한도 지원</td></tr>
<tr><td>130만원 초과</td><td>130만원의 90%+[(보조공학기기가격-130만원)×95%]</td></tr>
<tr><td colspan="2">국민기초생활수급자 또는 차상위계층</td><td>보조공학기기 가격의 100%</td></tr>
</table>

④ 중증장애인 지원고용(훈련수당)

중증장애인 지원고용은 채용 예정인 사업체에 중증장애인을 배치하여 예비 담당 업무의 훈련을 지원하는 서비스이다. 훈련기간은 사전훈련인 경우 6일 이내, 현장훈련의 경우 3~7주(필요시 최대 6개월)이다. 지원 대상은 중증장애인이나 고용지원 필요도 판정을 통해 지원고용이 필요하다고 판단되는 장애인 근로자로, 사업체는 훈련을 실시할 수 있는 여건과 환경이 마련되어 있어야 한다. 또한 4대보험(국민건강보험, 국민연금, 고용보험, 산재보험)에 가입된 사업체여야 한다. 그러나 정부 지원에 의한 일자리사업에 참여하고 있거나 「장애인복지법」 제58조 제1항 제3호에 따른 장애인 직업재활시설에서 훈련을 받고 있는 장애인은 제외 대상이다.

지원내용은 장애인근로자와 사업체 간 조금씩 상이한데, 장애인근로자(훈련생)에게는 훈련준비금 4만원, 훈련비는 하루 1만 8천원이다. 사업체에게는 훈련보조금 1만 9,340원(1인 1일 기준)을 지급하고 직무지도원을 배치한다. 중증장애인 지원고용을 신청하기 위해서는 한국장애인고용공단에 방문하거나 우편을 통해 신청할 수 있다.

⑤ 온라인 구인구직

'Work Together'는 장애인 고용포털로 장애인, 사업주, 공단 직원, 장애인 가족, 비장애인 등 장애인 고용과 관련된 사람들의 요구를 하나의 사이트를 통해 확인할 수 있는 장애인 고용 서비스이다. 구직을 희망하는 장애인은 워크 투게더를 통해 취업정보를 확인할 수 있고 온라인입사지원을 활용하여 구직활동을 할 수 있다. 입사지원 이전에 한국장애인고용공단이나 지원기관에 상담을 신청하여 취업지원서비스(직업평가, 취업알선, 지원고용, 적응훈련 등)를 받을 수 있다.

[그림 10-1] 장애인 온라인 구인구직

출처: 워크투게더 홈페이지(https://www.worktogether.or.kr/main.do)

CHAPTER 11

장애와 사회서비스

학습목표

1. 사회서비스의 개념과 발전과정에 관해 학습한다.
2. 우리나라의 사회서비스 전자바우처제도에 관해 학습한다.
3. 장애인 대상 주요 사회서비스 제도의 내용을 개관한다.

장애인의 삶의 질을 높이기 위한 복지급여로 현금뿐만 아니라 욕구에 기반한 서비스 제공이 필수적이다. 이 장에서는 사회서비스의 발전과정과 특성을 학습하고, 현재 정부가 장애인에게 제공하는 주요한 전자바우처서비스에 대해 알아본다.

1. 장애인서비스

1) 정부의 장애인서비스

(1) 사회서비스의 개념

장애인이 인간다운 삶을 영위하기 위해서는 다양한 욕구가 충족되어야 한다. 현대사회에서 이러한 욕구가 충분히 충족되지 못할 때 사회복지제도는 이를 집합적으로 보장한다. 사회복지제도는 크게 현금을 지원하는 소득보장제도와 개인의 일상생활을 지원하는 서비스제도의 두 영역으로 발전하였다. 장애인복지 또한 장애로 인한 소득손실과 추가적인 비용을 보장하는 현금지원과 일상생활을 지원하는 서비스의 두 영역으로 발전하였다. 정부가 지원하는 사회서비스는 가족구성원의 돌봄, 심리 · 정서적 지원 등에 대한 사회적 책임을 강화하여 사회구성원의 삶의 질을 높이는 것을 목적으로 한다.

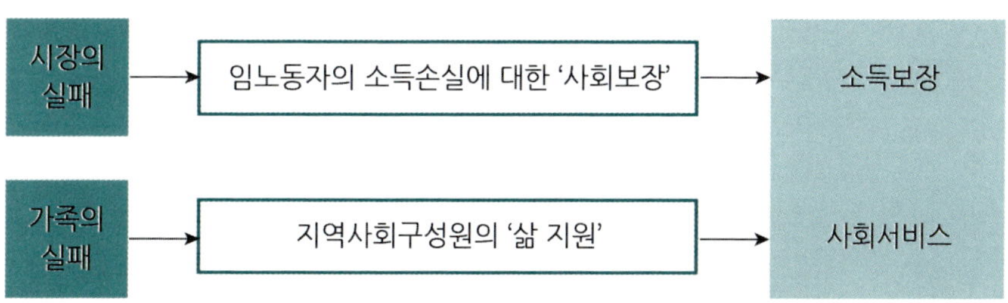

〈그림 11-1〉 사회서비스와 소득보장의 발전 원리

출처: 박수지(2009).

발레(Bahle, 2007)는 정부가 제공하는 사회서비스(social service)가 다음의 세 가지 특성을 갖는다고 보았다. 첫째, 서비스 제공자와 이용자가 시간과 공간을 공유하며 상호작용한다. 둘째, 제공자와 이용자 이외의 제3자, 즉 정부가 서비스 제공과정에 개입한다. 정부는 사회서비스 입법을 통해 서비스 대상, 내용, 가격 등을 결정한다. 셋째, 개인의 삶의 질을 높이기 위해 개별적인 맞춤형 서비스를 제공한다. 종합하여 볼 때, 장애인을 위한 사회서비스란 정부가 서비스 대상, 내용, 가격 등을 결정하는 서비스로 개인의 일상생활을 지원하기 위해 맞춤형으로 제공하는 대인서비스이다.

현재 「사회보장기본법」 제3조 제4항에서는 사회서비스를 "국가, 지방자치단체 및 민간부문의 도움이 필요한 모든 국민에게 복지, 보건의료, 교육, 고용, 주거, 문화, 환경 등의 분야에서 인간다운 생활을 보장하고 상담, 재활, 돌봄, 정보의 제공, 관련 시설의 이용, 역량 개발, 사회참여 지원 등을 통하여 국민의 삶의 질이 향상되도록 지원하는 제도"로 포괄적으로 규정하고 있다.

(2) 우리나라 장애인서비스의 발전

장애인을 대상으로 하는 서비스는 사회서비스 개념이 도입되기 이전부터 다양한 방식으로 제공되었다. 1980년대 이전의 서비스는 주로 아동, 장애인 등 요보호대상 위주의 생활서비스가 제공되었다. 당시 시설서비스는 잔여적인 의미가 강한 사회복지서비스로 인식되었다.

이후 1983년 사회복지사업법이 개정되고 종합복지관 가형, 나형, 그리고 사회복지관으로 나누어지면서 국가의 지원을 받는 장애인 대상의 서비스가 지역사회에도 증가하기 시작하였다. 당시 영구임대아파트 단지 내 사회복지관의 건립이 법제화되면서 1990년대 지역사회의 복지관은 큰 폭으로 증가하였다. 동시에 재가장애인을 위한 서비스의 필요성과 중요성이 강조되기 시작하였다. 특히 지역사회복지관이 가정봉사원파견사업을 실시하게 되면서 도움을 필요한 장애인의 집으로 찾아가는 유급 가정봉사원의 서비스가 확대되었다.

2000년대에는 아동, 노인, 장애인을 대상으로 하는 서비스사업이 개별적으로 법제화된 시기이다. 아동을 대상으로 하는 보육서비스가 2000년대 「영유아보육법」 개정을 통해 확대되었고, 장애인활동보조서비스가 2007년 전자바우처서비스로 도입되었다. 당시 타인의 도움이 필요한 개인을 지원하는 재가서비스로서 장애인활동보조서비스와 노인장기요양서비스가 동시에 논의되었으나, 2008년 노인장기요양서비스가 단독으로 법제화되면서 장애인활동보조서비스와 분리되어 도입되었다. 이후 2011년 「장애인활동지원법」이 제정되면서 지금의 장애인활동지원사업이 제도화되었다.

특히 2000년 이후 장애인 대상의 서비스에서 장애인의 자기결정권이 강조되는 경향을 보이는데, 이러한 인식 변화와 함께 2007년 전자바우처서비스가 도입되었다. 보건복지부가 운영하는 전국 단위 장애인 대상 전자바우처서비스로는 발달장애인지원, 장애아동가족지원, 장애인활동지원 등이 있다. 정부가 장애인에게 직접 전자바우처를 지급하고 스스로 지역사회에서 필요한 서비스를 선택하도록 한다는 점에서 위의 서비스는 이용자 중심의 자기결정권을 강조하는 측면이 있을 것이다.

(3) 이용자 중심주의와 장애인의 자기결정권

정부는 복지서비스 제공을 효과적 · 효율적으로 관리, 감독하는 책임을 갖는다. 복지국가의 서비스 관리와 감독은 시기에 따라 전통적인 공공관리(public management), 1990년대 이후의 신 공공관리(new public management), 2000년대 이후의 개별화(personalisation) 관리방식으로 변화하는 경향이 있다(Leadbeater, 2004).

이 중 전통적인 공공관리란 서비스를 제공하는 방식의 초점을 정부와 제공기관에 두는 관리방식이다. 정부 정책결정자는 해당 분야 전문가의 조언을 수용하여 서비스 대상, 내용, 재원 등을 결정한다. 그리고 정부는 질 높은 서비스를 제공하기 위해 전문인력 양성을 추진한다. 전문가의 자격 기준을 공식화하고 전문가집단 스스로가 서비스의 질을 관리하도록 하는 방식이다.

1990년대 들어오면서 정부의 관료주의와 전문가 중심 서비스 제공이 갖는 비효율성이 비판되기 시작하였다. 그리고 이를 극복하려는 시도로 시장의 경영원리를 정부의 서비스 관리에 적용하는 신 공공관리가 확대하였다. 신 공공관리의 핵심은 정부가 다수의 기관을 서비스 제공기관으로 인정하여 경쟁구도를 구축함으로써 서비스 제공의 효율성을 높이는 것이다.

2000년대 들어오면서부터는 영역별로 서비스기관을 영리조직으로까지 확대하는 경향이 보인다. 그리고 이를 통해 흡사 시장과 유사하게 운영되는 복지서비스 유사시장이 구축된다. 여기서 정부는 서비스 대상자를 정해 직접 지원하고 서비스 이용자가 스스로 기관을 선택하도록 한다. 이 과정에서 전문가의 역할보다 이용자가 스스로 주체가 되어 서비스기관을 선택하는 행위가 중요해졌다. 최근에는 개별화 관리방식을 적용하여 이용자 선택의 폭을 서비스기관뿐만 아니라 정부 사업, 서비스 내용, 제공인력 등으로까지 확대하는 개인예산(personal budget)제도의 도입을 시도하고 있다.

이러한 이용자 중심주의의 확대가 장애인의 서비스 이용에 의미하는 바가 있다. 이용자 선택권을 강조하는 것은 장애인의 참여를 강화하는 방향과 맥을 같이 할 수 있기 때문이다. 장애인을 전문가의 치료 대상인 수동적인 객체가 아니라 스스로 서비스를 선택하는 적극적인 주체로 인식하게 한다는 점에서 의미가 있다.

2. 사회서비스 전자바우처

1) 전자바우처 제도

바우처(voucher)는 본래 이용 가능한 급여, 즉 재화나 서비스의 금액 혹은 수량이 기재된 증표(이용권)이다. 전자바우처란 바우처 유형의 하나로 서비스의 신청, 이용, 비용 지불/정산 등의 모든 과정이 전산시스템을 통해 처리하는 전달수단을 의미한다. 바우처를 이용한 서비스 전달은 서비스 대상자에게 서비스를 이용할 수 있는 구매력을 전달하여 스스로 기관을 선택하도록 한다. 정부는 정책 목적이나 취지에 따라 이용자의 선택권을 조정 및 통제하고 이를 통해 서비스 기관을 관리한다. 그리고 서비스를 이용할 수 있는 대상, 서비스의 유형, 양, 범위 등을 규정한다. 서비스 이용의 합리성을 높이기 위해 서비스 대상자에게 본인부담금을 도입할 수 있으며, 서비스 제공인력의 자격이나 면허를 관리하여 서비스의 품질을 인증할 수 있다. 다음의 〈그림 11-2〉는 공급기관 지원방식과 전자바우처를 활용한 수요자(이용자) 지원방식의 차이를 보여준다.

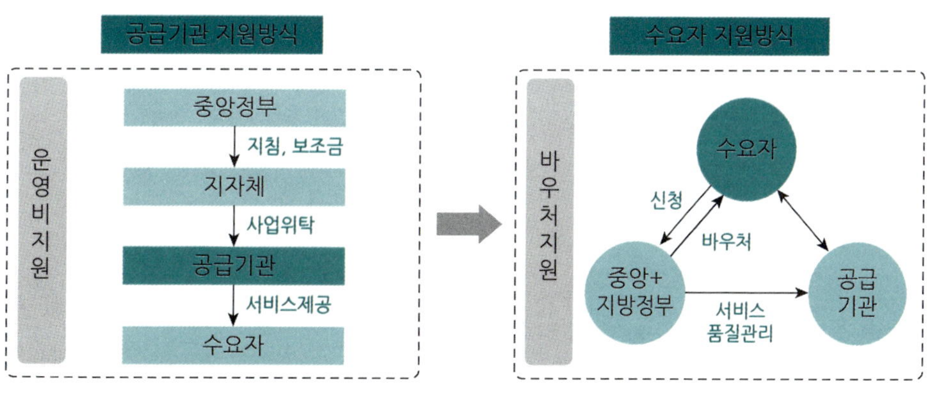

〈그림 11-2〉 공급기관 지원방식과 수요자 지원방식

출처: 보건복지부 전자바우처사회서비스 홈페이지(2021).

공급기관 지원방식은 중앙정부가 지침을 통해 지자체에 보조금을 지원하고 지자체가 기관을 공개모집 및 심사하여 서비스 대상자에게 서비스를 제공하도록 정부의 사업을 위탁하는 것이다. 이때 정부는 서비스 제공기관에 운영비를 지원함과 동시에 재정 운영을 적절하게 했는지 정기적으로 평가할 의무가 있다.

한편 수요자 지원방식은 중앙정부와 지자체가 이용자의 신청을 받아 최종적으로 서비스 대상자를 결정하고 직접 대상자에게 재정지원을 바우처로 한다. 서비스 대상자는 바우처를 갖고 기관을 선택하여 이용한다. 이 경우에도 정부는 기관의 서비스 품질을 적절히 유지하고 관리, 감독할 책임을 갖는다.

2) 전자바우처 사회서비스 운영 현황

우리나라의 주요한 서비스는 보건복지부의 중앙집권화된 전자바우처시스템을 통해 제공 및 관리되고 있다. 현재 보건복지부의 전자바우처 사회서비스는 장애인활동지원서비스, 산모/신생아건강관리지원사업, 지역사회서비스투자사업, 가사간병방문지원사업, 장애아동가족지원사업, 발달장애인지원사업, 임신출산진료비지원제도, 청소년산모임신출산의료비지원사업, 기저귀/조제분유지원사업, 아이돌봄지원사업, 에너지바우처사업, 여성청소년생리대바우처지원사업이다. 한국표준산업분류(2017년 개정) 11개 단위사업 중 가장 비중이 큰 성인 및 아동돌봄서비스인 장애인활동지원, 노인장기요양, 아이돌봄지원이 전자바우처로 중앙정부가 운영하고 있는 것이다. 이 중 노인장기요양서비스는 보건복지부산하 국민건강보험공단이 주관하여 전자바우처시스템으로 운영하고 있다.

2007년 도입된 전자바우처시스템을 통해 보건복지부는 서비스 운영을 위해 필요한 인프라를 단시간에 구축하였다. 정부가 기관을 개별적으로 평가하여 서비스기관으로 위탁하는 것보다 이용자에게 바우처로 구매력을 주고 이를 사용할 수 있는 유사시장(quasi-market)을 창출하여 민간조직의 참여를 허용하는 것이 단시간에 많은 기관의 참여를 유도할 수 있기 때문이다. 법적인 조건을 갖추고 보건복지부 및 지자체가 인정한다면 기존의 사회복지시설뿐만 아니라 지역사회의 민간비영리조직 그리고 경우에 따라 개인사업자도 서비스를 제공할 수 있다. 다음의 〈표 11-1〉은 전자바우처 서비스별 제공기관과 제공인력의 규모를 보여준다.

〈표 11-1〉 2021년 사회서비스 제공기관 및 제공인력 현황 (단위: 개소, 백 명)

사업명	제공기관 수	제공인력 수
합 계	11,258	1,760
장애인활동지원	1,018	1,115
산모・신생아건강관리지원사업	1,083	188
가사・간병방문지원사업	397	48
지역사회서비스투자사업	5,371	220
발달재활서비스	2,327	133
언어발달지원사업	177	3
발달장애인부모상담지원사업	188	3
발달장애인주간활동서비스	377	32
발달장애학생 방과후활동서비스	320	19

주: 기간은 2021.1.1.~2021.12.31.
출처: 보건복지부 사회서비스 전자바우처 홈페이지(2023).

지역주민이 전자바우처서비스 대상자가 되기 위해서는 시 · 군 · 구 행정복지센터에 신청을 해야 한다. 그리고 사업별로 정해져 있는 선정과정을 통해 대상자로 선정되면 시 · 군 · 구로부터 전자바우처를 발급받을 수 있다. 전자바우처 형태로는 쿠폰형과 포인트형이 있다. 시간당 단가가 정해져 있는 활동지원 등의 서비스는 쿠폰형으로 지급되고 단가산정이 어려운 지역사회서비스투자사업의 서비스는 현금결제와 동일한 포인트형으로 지급된다.

서비스 대상자는 전자바우처로 결제하고 기관 혹은 자택에서 서비스를 이용할 수 있다. 이 과정에서 보건복지부 및 관련 중앙기관은 대상자 선정기준과 과정 그리고 서비스 유형 및 바우처 지급방법 등을 결정하는 역할을 한다. 그리고 한국사회보장정보원은 대상자가 서비스를 이용한 후 바우처 사용의 결제를 승인하고 해당 인력에게 비용을 지급하는 등의 정산업무를 담당한다. 다음의 〈표 11-2〉는 전자바우처서비스별 이용자의 규모를 보여준다.

〈표 11-2〉 전자바우처서비스 이용자 현황 (단위: 백 명)

사업명	이용자 수
합 계	6,252
장애인활동지원	1,095
산모・신생아건강관리지원사업	1,257
가사・간병방문지원사업	85
지역사회서비스투자사업	2,860
발달재활서비스	844
언어발달지원사업	4
발달장애인부모상담지원사업	8
발달장애인주간활동서비스	54
발달장애학생 방과후활동서비스	45

주: 기간은 2021.1.1.~2021.12.31., 기간 내 결제이력이 존재하는 대상자.
출처: 보건복지부 사회서비스 전자바우처 홈페이지(2023).

3) 이용자 중심의 서비스 품질관리

정부의 서비스 제공방식이 전통적인 공공관리에서 이용자 중심주의가 강조되는 신 공공관리로 변화하면서 기존의 공급자 중심의 평가 또한 변화하고 있다. 공급자 중심의 평가란 운영비를 지원한 정부가 기관을 평가하는 방식으로,

주로 서비스제공실적, 재정집행과정, 제공인력의 자격 등을 평가한다. 평가는 주로 정부관료와 전문가집단이 진행한다. 반면 이용자 중심의 평가는 서비스를 이용한 이용자가 직접 기관의 서비스를 평가하는 방식으로 주로 품질과 만족도 평가로 이뤄진다.

보건복지부의 전자바우처서비스제도는 「사회서비스 이용 및 이용권 관리에 관한 법률」 제30조와 「사회서비스 이용 및 이용권 관리에 관한 법률」 시행규칙 제19조에 근거하여 3년마다 1회 이상의 서비스 품질평가를 실시하고 있다. 보건복지부가 실시하는 품질평가의 대상은 산모·신생아 건강관리지원사업, 가사·간병방문지원사업, 노인돌봄종합서비스, 지역사회서비스투자사업이다. 서비스 품질평가는 1차 자체평가와 2차 현장평가로 진행한다.

일반적으로 서비스의 품질이란 서비스 우수성에 대해 이용자가 인식하는 전반적인 판단이나 태도를 말한다(Parasurarman et al., 1998). 사회복지현장에서는 품질을 평가하기 위해 시장의 용역서비스 대상으로 개발된 SERVQUAL 모형을 서비스 특성에 맞게 수정해 활용하고 있다. SERVQUAL 모형은 시장과 공공 영역을 통틀어 현재 가장 많이 활용되고 있는 품질 평가도구이다(이유재·라선아, 2006). SERVQUAL 모형은 유형성(tangibles), 신뢰성(reliability), 응답성(responsiveness), 공감성(empathy), 확신성(assurance)의 5개 영역으로 그 내용은 다음과 같다.

① 유형성: 기관의 인테리어 등 외형적인 요소에 만족하는 정도
② 신뢰성: 제공인력이 계약에 의한 서비스를 제공한다고 신뢰하는 정도
③ 응답성: 제공인력이 이용자의 요구에 즉각적으로 도움을 주는 정도
④ 공감성: 제공인력이 서비스와 관련하여 이용자와 의사소통하는 정도
⑤ 확신성: 제공인력의 능력과 안전성에 관해 믿고 있는 정도

서비스품질에는 서비스 제공과정에서 이용자가 인식하는 객관적인 내용뿐만 아니라 주관적인 평가, 판단, 태도 등이 포함된다. 이용자의 품질평가가 서비스 만족도와 동일하게 보일 수 있지만, 만족도는 이용자가 서비스를 이용한 후 발생한 성과에 관한 평가이고 품질은 서비스 제공과정 전반에 관한 평가라는 점에서 구별된다(Rust & Oliver, 1994; 이유재 · 박현아, 2020).

3. 장애인활동지원서비스

장애인활동지원서비스는 자립생활 이념에서 장애인의 일상생활을 지원하고 지역사회 참여를 촉진한다는 목적을 갖는다. 이러한 활동지원서비스는 2000년대 초반 서울시자립생활센터의 활동보조서비스 시범사업으로 시작하였다. 이후 그 필요성에 사회적 공감대가 형성되고 2007년 「장애인복지법」이 개정되면서 활동보조서비스가 전국 사업으로 확대하게 되었다.

우리나라의 활동지원서비스는 질병, 장애 등으로 장기간 타인의 도움이 필요한 장애인의 일상생활을 지원한다는 점에서 장기요양(long term care) 제도에 해당한다. 장기요양은 본래 장애뿐만 아니라 질병, 노령 등의 다양한 원인으로 인해 발생하는 일상생활지원 욕구에 부응하는 서비스이다. 그러나 우리나라에서는 노인을 위한 장기요양서비스와 장애인활동보조서비스로 구분하여 2007년 「노인장기요양보험법」과 2011년 「장애인활동지원에 관한 법률」로 입법화되었다. 「장애인활동지원에 관한 법률」 제1조에서는 활동지원서비스를 신체적 · 정신적인 이유로 일상생활과 사회생활을 영위하기 어려운 장애인의 자립생활을 지원하고 가족의 부담을 줄여 장애인의 삶의 질을 향상시키는 사업으로 정의하고 있다.

1) 급여기준과 대상자 선정

장애인활동지원서비스의 대상은 만 6세 이상~만 65세 미만으로 「장애인복지법」에 의한 등록장애인이다. 급여대상자가 되기 위해서는 신청주의 원칙에 따라 장애인 스스로 주민등록상 주소지 읍 · 면 · 동에 신청해야 한다. 다만 신체 또는 정신적 사유로 본인이 급여신청을 할 수 없는 경우에는 대리신청이 가능하다. 급여신청은 국민연금공단으로 전송되고 공단은 방문조사 담당자 2인 1조를 신청자 자택으로 파견하여 '서비스 지원 종합조사표'에 따라 신청인의 신체, 정신기능의 상태를 조사한다. 그리고 서비스가 필요한 정도를 평가하여 종합조사결과가 42점 이상인 경우 활동지원급여 대상자로 선정한다. 다음의 〈그림 11-3〉은 활동지원급여 신청 및 선정절차를 개관하고 있다.

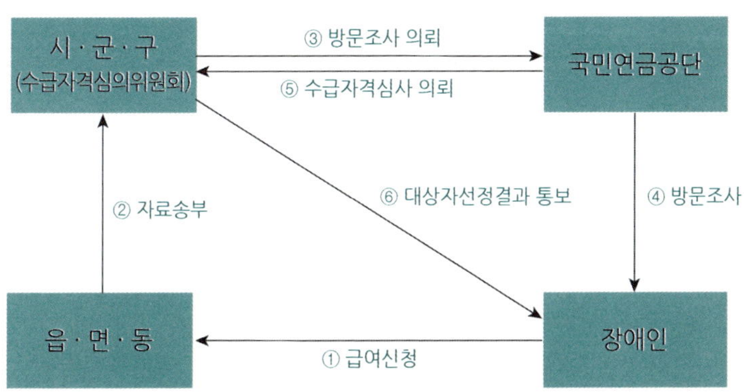

〈그림 11-3〉 활동지원급여 수급자 선정과정

출처: 보건복지부(2021). 장애인활동지원사업 안내.

활동지원서비스 대상자 선정에서 가장 중요한 것은 서비스 지원 종합조사의 결과이다. 이 조사표는 신청자의 기능제한, 사회활동, 가구특성 3영역을 조사하는 36개 문항으로 구성되어 있다. 기능제한 영역은 신청자 일상생활수행능력을 평가하기 위한 문항으로 ADL, IADL, 인지특성으로 구성된다. ADL(Activities of daily living)은 일상생활수행능력으로 목욕하기, 식사하기 등 사람들이 일상적으로 하는 활동에서 독립성을 유지하는 정도를 확인하는 항목이다. IADL(Instrumental Activities of Daily Living)은 도구적 일상생활수행능력으로 전화 사용하기, 금전관리 등 사회에서 기능할 때 필요한 도구적 기능을 수행하는 능력을 확인하는 항목이다.

사회활동과 가구환경 영역은 개인이 처한 환경을 고려해 활동지원의 필요 정도를 조사하기 위한 항목으로 구성되어 있다. 사회활동으로는 직장생활과 학교생활에 도움이 필요한 정도를 점수화한다. 가구환경 영역에서는 1인 독거가구, 취약가구(본인 외 장애인가구원 존재 여부 등), 본인을 제외한 가족의 사회생활 여부 등을 가구특성으로 점수화한다. 다음의 〈표 11-3〉은 성인을 대상으로 하는 '서비스 지원 종합조사'의 항목이다.

〈표 11-3〉 서비스지원 종합조사 조사항목 및 종합점수 산정방법(성인용 만 19세 이상 조사표)

성인(만 19세 이상)	종합점수=$(0.01225X_1+0.05583X_2+CX_3)\times30$

조사영역	조사항목	문항별 점수				산정방법
기능제한 (X_1)	일상생활동작(ADL)	①	②	③	④	13개 항목의 문항별 점수를 합산
	1. 옷 갈아입기	0점	4점	8점	24점	
	2. 목욕하기	0점	3점	6점	18점	
	3. 구강청결	0점	2점	4점	12점	
	4. 음식물 넘기기	0점	2점	4점	12점	
	5. 식사하기	0점	4점	8점	24점	
	6. 누운 상태에서 자세 바꾸기	0점	2점	4점	12점	
	7. 옮겨 앉기	0점	5점	10점	30점	
	8. 시청각복합평가	0점	6점	12점	36점	
	9. 앉은 자세 유지	0점	3점	6점	18점	
	10. 실내이동	0점	4점	8점	24점	
	11. 실외이동	0점	8점	16점	48점	
	12. 배변	0점	6점	12점	36점	
	13. 배뇨	0점	4점	8점	24점	
	계	318점				
	수단적 일상생활동작(IADL)	①	②	③	④	8개 항목의 문항별 점수를 합산
	1. 전화사용	0점	2점	4점	12점	
	2. 물건사기	0점	2점	4점	12점	
	3. 식사준비	0점	4점	8점	24점	
	4. 청소	0점	2점	4점	12점	
	5. 빨래하기	0점	2점	4점	12점	
	6. 약챙겨먹기	0점	2점	4점	12점	
	7. 금전관리	0점	2점	4점	12점	
	8. 대중교통이용	0점	4점	8점	24점	
	계	120점				
	인지행동특성	①	②	③		8개 항목의 문항별 점수를 합산
	1. 주의력	0점	10점	20점		
	2. 위험인식 및 대처	0점	9점	18점		
	3. 환각 · 망상	0점	2점	4점		
	4. 조울상태	0점	2점	4점		
	5. 문제행동	0점	4점	8점		
	6. 공격행동	0점	4점	8점		
	7. 자해행동	0점	4점	8점		
	8. 집단생활부적응	0점	12점	24점		
	계	94점				
사회활동 (X_2)	사회활동	①	②			항목 간 합산되지 않고 최대 24점만 인정
	1. 직장생활	0점	24점			
	2. 학교생활	0점	12점			
가구환경 (X_3)	가구특성	①	②			항목 간 합산되지 않고 최대 36점만 인정
	1. 독거가구	0점	36점			
	2. 취약가구	0점	36점			
	3. 본인을 제외한 가족의 사회생활	0점	12점			
	주거특성	①	②			항목 간 합산되지 않고 최대 4점만 인정
	1. 이동에 제한이 있고, 지하층 또는2층 이상 거주	0점	2점			
	2. 이동에 제한이 있고, 엘리베이터 없는 지하층 또는 2층 이상 거주	0점	4점			

출처: 보건복지부(2021). 장애인활동지원사업 안내.

2) 급여 내용과 서비스 제공

활동지원서비스 시간은 서비스 지원 종합조사표 최종 점수에 따라 1구간(465점 이상)~15구간(42점 이상 75점 미만), 그리고 특례구간(42점 미만의 구간)으로 서비스 월 한도액으로 정해진다. 활동지원급여는 서비스 종류별로 시간당 금액 혹은 서비스 1회당 금액으로 정해져 있다. 서비스수급자는 자신에게 할당된 월 한도액에 맞춰 서비스를 이용하게 된다. 그리고 본인부담금이 존재하는데, 기초생활보장제도의 생계, 의료급여수급자는 별도의 본인부담금이 없으며, 그 밖의 경우는 소득수준에 따라 20,000원부터 170,700원이 본인부담금으로 부과된다(2021년 기준).[1)]

활동지원급여서비스의 유형은 활동보조, 방문목욕, 방문간호 세 가지이다. 이 중 활동보조서비스는 식사, 실내이동 도움 등의 신체활동지원, 청소, 세탁 도움 등의 가사활동지원, 등하교 및 출퇴근, 외출동행 등의 사회활동지원, 자녀양육, 의사소통 도움 등의 서비스이다. 방문목욕은 장애인의 가정을 방문하여 제공하는 목욕서비스이며, 방문간호는 간호, 진료, 요양상담, 구강위생 등의 간호서비스이다.

---

1) 활동지원급여에 대한 본인부담금(2021년도 기준) (단위: 원)

구분		본인부담률	8구간 (3,786천원)	7구간 (4,206천원)	6구간 (4,627천원)	5구간 (5,048천원)	4구간 (5,468천원)	3구간 (5,889천원)	2구간 (6,309천원)	1구간 (6,730천원)
생계·의료급여 수급자		면제	–	–	–	–	–	–	–	–
차상위계층		정액	20,000	20,000	20,000	20,000	20,000	20,000	20,000	20,000
기준중위소득	70% 이하	4%	151,400	168,200	170,700	170,700	170,700	170,700	170,700	170,700
	120% 이하	6%	170,700	170,700	170,700	170,700	170,700	170,700	170,700	170,700
	180% 이하	8%	170,700	170,700	170,700	170,700	170,700	170,700	170,700	170,700
	180% 초과	10%	170,700	170,700	170,700	170,700	170,700	170,700	170,700	170,700

구분		본인부담률	특례 (660천원)	15구간 (842천원)	14구간 (1,262천원)	13구간 (1,683천원)	12구간 (2,103천원)	11구간 (2,524천원)	10구간 (2,945천원)	9구간 (3,365천원)
생계·의료급여 수급자		면제	–	–	–	–	–	–	–	–
차상위계층		정액	20,000	20,000	20,000	20,000	20,000	20,000	20,000	20,000
기준중위소득	70% 이하	4%	26,400	33,600	50,400	67,300	84,100	100,900	117,800	134,600
	120% 이하	6%	39,600	50,500	75,700	100,900	126,100	151,400	170,700	170,700
	180% 이하	8%	52,800	67,300	100,900	134,600	168,200	170,700	170,700	170,700
	180% 초과	10%	66,000	84,200	126,200	168,300	170,700	170,700	170,700	170,700

서비스 대상자는 자신이 거주하는 지역에서 장애인자립생활센터, 장애인지역사회재활시설, 지역자활센터 등 활동지원기관을 스스로 선택할 수 있다. 서비스 제공인력은 활동지원급여의 서비스 종류별로 상이하게 규정되어 있으며, 원칙적으로 가족이나 가까운 친지가 서비스를 제공하는 것은 금지되어 있다. 유형별로 서비스 제공인력의 범위를 살펴보면, 활동보조의 경우는 활동지원사, 요양보호사, 사회복지사 등, 방문목욕은 요양보호사, 방문간호는 치위생사, 간호사 등이 제공할 수 있다. 다음의 〈표 11-4〉는 활동지원급여별 서비스인력의 조건을 보여준다.

〈표 11-4〉 급여 종류별 활동지원 인력의 조건(2021년 기준)

급여 종류	급여 내용	활동지원인력의 범위
활동보조	수급자의 가정 등을 방문하여 신체활동, 가사활동 및 이동보조 등을 지원	• 활동지원사 교육기관에서 교육과정을 수료한 자 • 노인복지법에 따른 요양보호사, 사회복지사업법에 따른 사회복지사, 의료법에 따른 간호사·간호조무사 및 유사 경력자 중 전문과정(32시간), 현장실습(10시간)을 이수한 자
방문목욕	목욕설비를 갖춘 차량을 이용하여 수급자의 가정 등을 방문하여 목욕을 제공	• 노인복지법에 따른 요양보호사 중 1급 자격을 가진 자
방문간호	의사·한의사·치과의사의 '방문간호지시서'에 따라 수급자의 가정 등을 방문하여 간호, 진료보조, 요양상담 또는 구강위생 등을 제공	방문간호사 • 의료법에 따른 간호사로서 2년 이상의 간호업무 경력자 • 의료법에 따른 간호조무사로서 3년 이상의 간호보조업무 경력자 및 노인장기요양보험법 시행령 제11조 제3호 나목에 따른 교육이수자 • 의료기사 등에 관한 법률에 따른 치과위생사

출처: 보건복지부(2021). 장애인활동지원사업 안내.

4. 발달재활서비스

발달재활서비스는 신체적 · 정신적 장애를 가진 아동에게 치료와 기능적 회복을 목적으로 제공하는 서비스이다. 「장애아동 복지지원법」의 제8조에 따르면 발달재활서비스는 언어 · 청능, 미술 · 음악, 행동 · 놀이 · 심리, 감각 · 운동 등을 통하여 장애아동의 재활 및 발달에 도움을 주기 위한 사업으로 정의되어 있다. 장애아동을 위한 재활치료서비스는 2008년 지역사회서비스 투자사업의 장애아동재활치료사업으로 시작하였다. 이후 장애아동을 위한 재활치료의 필요성이 사회적으로 인정되면서 2009년 2월 전국사업으로 확대되었다. 그리고 2012년 8월 「장애아동 복지지원법」에 의해 지금의 발달재활서비스가 되었다.

발달재활서비스는 2009년 전국사업으로 확대할 시기에 전자바우처사업으로 운영이 결정되었다. 당시 정부는 민간기관의 자발적인 참여를 유도하여 부족한 재활서비스기관 인프라를 확충하고자 한 것이다. 실제로 전국사업 초기에 부족했던 서비스 제공기관은 민간비영리뿐만 아니라 민간영리, 협동조합 등으로 다양해졌고 기관의 수 또한 2009년 636개에서 2019년 2,195개로 증가하였다(사회서비스 전자바우처 홈페이지, 2021, 전자바우처 사업현황 및 성과).

1) 급여기준과 대상자 선정

발달재활서비스의 대상자는 만 18세 미만의 등록장애인으로 최대 만 20세까지 서비스 이용이 가능하다. 서비스 대상자의 장애 유형은 뇌병변, 지적, 자폐성, 청각, 언어, 시각 6개 유형으로 한정되며, 6세 미만의 아동일 경우는 등록장애인이 아니더라도 의사의 진단서로 서비스 지원이 가능하다. 또한 서비스 대상은 장애아동 가족의 소득이 기준중위소득 180% 이하로 한정된다. 소득기준이 기준중위소득 180%를 초과하는 경우에는 장애아동 2명 이상 가구, 부모 중 1명 이상이 중증장애인일 경우 대상자가 될 수 있다. 다음의 〈표 11-5〉는 가구원 수에 따른 소득기준을 보여준다.

〈표 11-5〉 가구원 수에 따른 소득기준(2021년 기준) (단위: 천 원)

가구원 수	1인	2인	3인	4인	5인
기준중위소득 65%	–	1,945	2,516	3,087	3,658
기준중위소득 120%	2,109	3,590	4,645	5,699	6,753
기준중위소득 180%	3,163	5,386	6,967	8,549	10,130

출처: 보건복지부 홈페이지(2021).

2) 급여 내용과 서비스 제공

발달재활서비스는 정신적 · 감각적 장애아동의 인지, 의사소통, 적응행동, 감각 · 운동 등의 기능 향상과 행동발달지원을 목적으로 한다. 서비스의 내용은 장애아동 및 부모의 수요에 따라, 그리고 사업을 실시하는 기관에 따라 다양한 서비스를 개발할 수 있게 하였다. 현재 언어 · 청능(聽能), 미술 · 음악, 행동 · 놀이 · 심리, 감각 · 운동 등이 발달재활서비스로 제공되고 있다.

발달재활서비스는 장애인복지관, 사설기관 등 시 · 군 · 구 지정을 받은 제공기관에서 제공한다. 서비스 대상자는 전자바우처를 통해 이용을 원하는 제공기관과 계약을 한 후 서비스를 이용한다. 전자바우처지원액은 대상자의 소득기준에 따라 상이하게 정해진다. 다음의 〈표 11-6〉은 소득기준에 따른 전자바우처 지원액과 본인부담금의 수준을 보여준다.

〈표 11-6〉 소득기준에 따른 바우처 지원액 및 본인부담금(2021년 기준) (단위: 원)

소득기준	등급	정부지원금	본인부담금
기초생활수급자	(다형)	22만원	면제
차상위계층	(가형)	20만원	2만원
차상위계층 초과~기준중위소득 65% 이하	(나형)	18만원	4만원
기준중위소득 65% 초과~120% 이하	(라형)	16만원	6만원
기준중위소득 120% 초과~180% 이하	(마형)	14만원	8만원

출처: 보건복지부 홈페이지(2021).

보건복지부는 발달재활서비스 인력의 자격 및 인정기준을 언어재활, 청능재활, 미술재활, 음악재활, 놀이심리재활, 행동재활, 재활심리, 감각재활, 운동재활의 영역으로 구분하여 관련 분야의 국가자격증 또는 국가공인자격증을 소지한 자로서 「고등교육법」에 따른 학교나 「학점인정 등에 관한 법률」에 따라 인정받은 교육훈련기관에서 14과목 이상을 이수한 자로 정하고 있다. 이러한 인력 기준은 최근 늘어나고 있는 감각재활, 운동재활서비스와 관련해서는 논쟁의 여지가 있다. 감각재활, 운동재활서비스는 「의료기사 등에 관한 법률(의료기사법)」이 물리치료사, 작업치료사 등 의료기사에 의해서만 제공하도록 하고 있기 때문이다. 이와 관련된 논의는 현재 진행 중이다.

5. 장애아가족 양육지원

장애아가족의 양육자는 장애아의 돌봄부담뿐만 아니라 비장애 형제자매 등 다른 가족구성원을 돌봐야 하는 이중고를 겪고 있다. 장애아가족 양육지원사업은 장애아가족의 돌봄부담을 줄이고 보호자의 정상적인 사회활동을 돕기 위한 서비스를 지원한다. 「장애아동복지법」의 제24조에 의하면 장애아가족 양육지원서비스는 장애아동가족의 일상적인 양육부담을 경감하고 보호자의 정상적인 사회활동을 돕기 위해 돌봄 및 일시적 휴식지원서비스를 지원하는 것을 목적으로 하고 있다.

이 사업을 통해 장애아가족은 일시적인 장애아동돌봄서비스를 제공받거나 가족상담, 모임 등의 휴식지원 프로그램을 제공받을 수 있다. 장애아가족 양육지원사업은 기존의 장애인 정책이 장애인 당사자의 자립, 생활안정, 사회활동을 중심으로 하는 상황에서 장애아가족의 양육부담에 관한 사회적 관심을 반영하여 도입되었다는 점에서 의의가 있다.

1) 급여기준과 대상자 선정

장애아가족 양육지원사업의 대상자는 만 12세 미만 장애아동으로 「장애인복지법」에 근거해 장애의 정도가 심한 장애아동과 생계주거를 같이 하는 가정이다. 대상자로 선정된 후에는 만 18세까지 이용이 가능하다. 신규로 선정되는 대상의 경우는 만 6세 미만 아동 가정을 우선으로 하고 있다. 그밖에 소득기준으로는 장애아동가족의 소득이 건강보험료 본인부담금 기준으로 기준중위소득 120% 이하여야 한다. 국가의 예산으로 지원되는 유사서비스(예를 들어, 장애인활동지원, 아이돌봄서비스, 청소년 발달장애학생, 방과 후 활동서비스 등 기타 유사서비스)를 이미 이용하고 있는 경우는 장애아가족 양육서비스 대상에서 제외한다. 다음의 〈표 11-7〉은 소득기준과 가구원 수에 따라 장애아가족 양육지원사업에서 지원하는 연간 바우처 금액을 보여준다.

〈표 11-7〉 소득기준에 따른 바우처 지원액(2021년 기준)　(단위: 천 원)

가구원 수	1인	2인	3인	4인	5인
기준중위소득 65%	–	1,945	2,516	3,087	3,658
기준중위소득 120%	2,109	3,590	4,645	5,699	6,753

출처: 보건복지부 홈페이지(2021).

2) 급여 내용과 서비스 제공

장애아가족 양육지원사업의 지원내용은 크게 돌봄서비스와 휴식지원프로그램 두 영역으로 구성된다. 돌봄서비스는 양육자가 질병, 사회활동 등으로 인해 일시적인 돌봄지원이 필요할 때 교육과정을 수료한 돌보미가 서비스를 제공한다. 돌봄서비스는 장애아동의 가정뿐만 아니라 돌보미가정에서도 제공될 수 있으며 연간 720시간, 월 120시간 이내로 제공되는 것이 원칙이다. 이러한 돌봄서비스는 시 · 도에서 지정한 제공기관에서만 이용할 수 있다. 현재 시 · 도별로 1~2개의 기관이 운영 중이다. 장애아돌봄서비스를 제공하는 돌보미의 기본업무는 학습 · 놀이활동, 안전 · 신변보호 처리, 외출지원 등의 장애아 양육지원, 장애아동의 건강관리 및 응급조치, 장애아동의 학대 발견 및 신고, 세 영역으로 구성되어 있다.

다음으로 휴식지원프로그램은 장애아가족으로 양육지원사업의 돌봄서비스를 이용 중인 가정을 주로 대상으로 한다. 장애아가족 돌봄서비스를 제공하고 있는 돌보미는 장애아가족 상담서비스, 생활지도, 자조모임 결성지원을 위한 정보를 장애아가족에게 제공하고 있다. 물론 돌봄서비스 대상자가 아니더라도 만 18세 미만의 모든 장애아가족이 휴식지원프로그램의 서비스를 이용할 수 있다. 장애아가족 양육지원사업의 휴식지원프로그램은 17개 시도별로 1개씩 지정된 장애인부모회, 장애인종합복지관 등에서 이용할 수 있다. 현재 휴식지원프로그램으로 가족관계 회복 및 돌봄노동 분담을 위한 장애아가족 문화 · 교육프로그램, 휴식박람회, 가족캠프, 가족치료, 부모교육, 비장애 형제자매교육 등을 제공하고 있다.

CHAPTER 12

장애인복지제공기관에 대한 이해

학습목표

1. 장애인복지시설과 기관의 유형에 대해 이해한다.
2. 장애인복지시설의 기능을 구분하여 설명할 수 있다.
3. 장애인 지원기관의 New Wave에 대해 이해한다.

장애인복지 현장을 실제적으로 이해하기 위해서는 장애인복지제공기관에 대해 이해하는 것이 필요하다. 즉 장애인복지제공기관의 유형 및 기능에 대해서 학습하는 것이 필요하다. 이 장에서는 장애인복지시설 및 기관을 장애인거주시설, 장애인 지역사회재활시설, 장애인 직업재활시설, 장애인 의료재활시설로 장애인복지제공기관을 구분하여 기관의 유형 및 기능을 살펴보고자 한다. 이외에 시대의 변화에 따라 새롭게 설립되고 있는 장애인 지원기관의 New Wave를 살펴보고자 한다.

1. 장애인거주시설[1)]

1) 장애인거주시설

장애인거주시설이란 연령과 관계없이 원 가정에서 생활할 수 없는 장애인들이 장애를 이유로 개별적 보호를 필요로 하거나, 장애를 이유로 개인적으로 거주시설을 획득하지 못하는 경우에 숙박시설 또는 개별적 보호와 숙박시설을 동시에 제공하는 곳을 말한다. 장애 유형이 같거나 유사한 장애를 가진 사람들을 이용하게 하여 그들의 장애 유형에 적합한 주거지원 · 일상생활지원 · 지역사회생활지원 등의 서비스를 제공하는 시설이다(「장애인복지법」 시행규칙 제41조 별표4). 장애인거주시설에는 크게 장애 유형별 거주시설, 장애인장애의 정도가 심하여 항상 도움이 필요한 장애인을 위한 시설인 중증장애인거주시설과 6세 미만의 장애영유아를 위한 시설인 장애영유아거주시설로 구분할 수 있다. 장애 유형별 거주시설에는 지체장애인 및 뇌병변장애인을 위한 시설, 시각장애인을 위한 시설, 청각 · 언어장애인을 위한 시설과 지적장애인 · 자폐성장애인을 위한 시설이 포함된다. 「장애인복지법」 제34조(재활상담 등의 조치), 제57조(장애인복지시설의 이용 등) 및 제60조의2(장애인거주시설 이용 절차)의 규정에 따라 장애인거주시설에서 각종 서비스를 제공받을 수 있는 대상자의 자격기준과 이용절차를 마련하여 이용대상을 명확히 하고 있다. 제공되는 주요 서비스로는 주거지원, 일상생활지원, 지역사회생활지원 및 요양서비스가 장애인거주시설 이용자에게 제공된다. 장애인거주시설 이용자의 인권보호를 위한 장애인거주시

1) 이 내용은 「제III권. 장애인복지시설 사업안내」(보건복지부, 2023)의 해당 시설에 관한 내용을 참조하여 기술하였음.

설 인권실태조사가 3년 단위로 전수조사가 실시되고 있으며, 장애인거주시설 이용자의 인권침해를 예방하고 인권침해 발생 시 확인과 필요한 조치를 통해 이용자의 인권이 보장될 수 있도록 하기 위하여 거주시설 내에 인권지킴이단을 설치 · 운영하고 있다(「장애인복지법」 제60조의4 제4항).

2) 단기거주시설

장애인 단기거주시설은 보호자의 일시적 부재 등으로 도움이 필요한 장애인에게 단기간 주거서비스, 일상생활지원서비스, 지역사회생활서비스를 제공하는 시설이다(「장애인복지법」 시행규칙 제41조 별표4). 장애인에게 일정기간 주거 · 일상생활 · 지역사회생활 등을 제공하고 아울러 장애인을 돌보는 보호자의 단기간 휴식을 제공하여 가족기능의 회복 · 유지를 지원한다. 수행되는 주요사업으로는 이용자 개인의 희망과 욕구를 최대한 보장하기 위한 개별 서비스지원, 일상생활에 필요한 자립생활 지원, 사회적 인지기술 지원, 정서안정 · 여가 지원, 이용자 권리사업, 직업지원 사업과 가족지원사업 등이 있다.

3) 공동생활가정

장애인 공동생활가정은 장애인들이 스스로 사회에 적응하기 위하여 전문인력의 지도를 받으며 공동으로 생활하는 지역사회 내의 소규모 주거시설이다(「장애인복지법」 시행규칙 제41조 별표4). 지역사회 내 일반주택을 이용하여 장애인들이 스스로 사회에 적응하도록 가정생활, 사회활동 등의 자립생활을 지원하는 공동생활가정은 이용 장애인들의 사회통합과 사회적 자립을 목표로 이용자 개개인의 존엄이 유지됨과 동시에 독립적 생활이 최대한 보장되는 방식으로 운영된다. 입주기준은 공동생활가정에서 생활하는 것이 재활 및 자립에 더 효과적이라고 인정되는 자, 낮시간 동안 근로, 고용훈련, 교육 및 재활훈련 등에 참여하고 있는 자와 사회재활교사의 도움을 받아 공동생활을 하는 데 큰 지장이 없는 자이다. 제공되는 주요 사업은 이용자 개인의 희망과 욕구를 최대한 보장하기 위한 개별 서비스 지원, 일상생활에 필요한 자립생활 지원, 사회적 인지 기술 지원, 정서안정 · 여가 지원, 이용자 권리사업, 직업지원사업과 가족지원업 등이 있다.

2. 장애인 지역사회재활시설[2)]

1) 장애인복지관

장애인복지관은 장애인에 대한 각종 상담 및 사회심리 · 교육 · 직업 · 의료재활 등 장애인의 지역사회생활에 필요한 종합적인 재활서비스를 제공하고 장애에 대한 사회적 인식 개선사업을 수행하는 시설이다(「장애인복지법」 시행규칙 제41조 별표4). 즉, 장애인복지관이란 지역사회의 장애인지역재활시설로서 가정 내 생활하는 장애인을 대상으로 장애의 사정과 평가, 사회심리와 직업재활, 특수교육, 의료재활 등 장애인의 지역사회생활에 필요한 종합적인 복지서비스를 제공하면서 지역사회의 장애인 및 비장애인을 대상으로 장애에 대한 사회적 인식 개선을 위한 계몽, 홍보 및 조사연구 등의 사업을 하는 시설이다. 장애인

2) 이 내용은 「제III권. 장애인복지시설 사업안내」(보건복지부, 2023)의 해당 시설에 관한 내용을 참조하여 기술하였음.

복지관은 7개 영역의 서비스영역의 사업을 수행하되, 복지관의 목표와 이용자의 욕구, 복지관의 규모와 환경, 복지관의 자원 등에 맞게 유연하고 다양하게 조합하고 응용할 수 있다. 서비스 영역은 ① 이용자 욕구에 따른 개인별 지원계획 수립, ② 기능 향상을 통해 발달을 촉진시키기 위한 중재(치료)와 컨설팅, ③ 재미있고 의미 있는 낮활동 및 행동지원, ④ 직업지원, ⑤ 가족(지원자) 지원, ⑥ 사례관리 및 권익옹호, ⑦장애인이 지역사회 내에서 성공적으로 자립할 수 있는 기반 조성 및 완전한 사회참여 도모를 위한 지역사회 중심 지원 서비스(CBSS)이다.

2) 장애인 주간보호시설

장애인 주간보호시설은 장애인을 주간에 일시 보호하여 장애인에게 필요한 재활서비스를 제공하는 시설이다(「장애인복지법」 시행규칙 제41조 별표4). 일상생활 및 지역사회생활을 영위하는 데 지원이 필요한 장애인에게 낮 시간 동안 활동 위주의 프로그램 및 교육 지원 등을 제공하는 시설로, 운영사업은 「장애인복지법령」, 「사회복지사업법령」 및 「보조금관리에 관한 법률」에 의하되, 세부사항은 이 지침에 따라 수행한다. 제공되는 주요 서비스로는 자립생활능력을 배양을 위한 일상생활 지원, 의미 있는 낮 시간 활동을 여가활동 지원, 일상생활에 필요한 지식과 구성원으로써의 권리의 이해를 위해 필요한 교육 · 훈련 지원, 지역사회적응활동 지원, 특별활동 지원, 자원봉사자 개발 및 실습생교육지도 등이 있다.

3) 장애인 체육시설

장애인 체육시설은 장애인이 체육활동을 하여 체력증진 및 신체적 기능을 회복하고 재활할 수 있도록 지원하는 것을 목적으로 한다. 시설 이용자는 등록장애인인 것이 원칙이지만 지역사회와의 유대강화를 위해 지역주민도 함께 이용할 수 있다. 또한 「장애인복지법」 제2조에 근거하여 장애인이 아니더라도 전문의 소견이 있거나 체육시설 평가 결과 서비스 지원이 필요하다고 판단한 자도 우선 이용 가능하다.

주요 사업으로는 재활체육사업(특수체육 등의 재활운동, 뇌병변 척수손상 등의 재활을 위한 수중재활, 수중운동 등), 생활체육사업(헬스장, 종목별 장애인생활체육 프로그램 운영, 어울림생활체육 프로그램 운영, 각종 생활체육대회 개최 및 참가지원 등), 문화여가사업(계정스포츠캠프, 체험행사지원 등), 지역연계 체육사업(시설대관, 체육동호회지원, 찾아가는 체육서비스 등), 사회서비스사업(발달재활서비스 등)이 있다.

4) 장애인 생활이동지원센터

장애인 생활이동지원센터는 이동에 상당한 제약이 있는 장애인에게 차량운행을 지원하여 직장 출·퇴근 및 외출 보조, 시장 보기, 민원업무 보조, 병원 이용보조 등 각종 이동서비스를 제공하는 것을 목적으로 한다. 이 센터의 운영 주체는 사단법인 한국시각장애인연합회 및 시·도 지부, 시·군·구 지회이다. 연합회가 사업을 수행할 수 없는 불가피한 사유가 있는 경우 자치단체가 사업 주체를 따로 정할 수 있다. 장애인 생활이동센터는 「장애인복지법」 제58조 제2항에 따른 장애인 지역사회재활시설로 한국시각장애인연합회 운영 체계와는 엄격히 분리된 독립채산제로 운영하도록 하고 있다. 이용 대상은 센터가 소재한 지역의 등록장애인을 우선으로 하며, 인근 지역 장애인도 센터 업무의 특별한 사정이 없다면 이용 가능하다.

5) 장애인 수어통역센터

장애인 수어통역센터는 의사소통에 지장이 있는 청각 · 언어장애인에게 수어통역 및 상담서비스를 제공함으로써 원활한 일상생활 및 사회생활을 할 수 있도록 지원하는 것을 목적으로 한다. 사업 주체는 사단법인 한국농아인협회로 중앙협회에 수어통역센터 지원본부를, 시 · 도협회에 수어통역 지역지원본부를, 시 · 군 · 구 지회에 수어통역센터를 두고 있다. 동 기관이 사업을 수행할 수 없는 불가피한 사유가 있는 경우에는 지방자치단체가 사업 주체를 따로 정할 수 있다. 이 센터 또한 「장애인복지법」 제58조 제2항에 따른 장애인 지역사회재활시설로 한국농아인협회 운영 체계와는 엄격히 분리된 독립채산제로 운영한다.

주요 사업으로는 청각 · 언어장애인 상담지도(개별상담 및 사후관리), 출장 수어통역서비스(각종 법률 · 취업 · 관공서 이용 등의 민원해결, 가족문제 상담, 심리부적응에 대한 출장서비스 등), 수어교육 및 보급사업, 그리고 청각 · 언어장애인의 복지증진을 위한 사업이 있다.

6) 점자도서관

점자도서관은 시각장애인 등 독서 소외계층과 그 가족의 정보접근성 및 삶의 질 향상과 자립을 지원하는 것을 목적으로 한다. 이용 대상은 등록장애인, 「독서문화진흥법」 제2조 제3호에 의한 독서 소외인, 점자 문화 향유에 관심이 있는 비장애인이다.

주요 사업으로는 점자도서 · 녹음도서 · 큰 글자 도서 · 기타 대체 자료 제작 · 보급사업, 복지정책자료 · 각종 소식지 등 출판사업, 점자도서 · 녹음도서 · 큰 글자 도서 · 기타 대체 자료 열람 · 대출사업, 점자도서 · 녹음도서 · 큰 글자 도서 · 기타 대체 자료 제작 자원활동인력의 교육 · 훈련 · 양성사업, 시각장애인 등 독서 소외인의 독서문화진흥을 위한 각종 사업, 지식정보문화접근권 향상을 위한 사업, 홍보사업 등이 있다.

3. 장애인 직업재활시설[3)]

1) 장애인근로사업장

장애인근로사업장은 직업능력은 있으나 이동 및 접근성이나 사회적 제약 등으로 취업이 어려운 장애인에게 근로의 기회를 제공하고, 최저임금 이상의 임금을 지급하며, 경쟁적인 고용시장으로 옮겨갈 수 있도록 돕는 것을 목적으로 한다. 장애인근로작업장은 체계적인 직업재활서비스를 제공하면서 근로장애인의 고용 및 근로에 대해서는 「근로기준법」 등 근로관계 법령을 준수하고 있다.

근로장애인의 최소인원은 30명으로 작업공정 등을 고려하여 중 · 경증장애인을 적절히 작업 배치하고, 전체 근로장애인 중 60% 이상을 심한 장애인으로 고용한다. 그리고 장애인거주시설과 동일한 법인이 운영하는 장애인근로작업장의 경우 해당 거주시설에 생활하는 장애인 외의 이용장애인이 50% 이상 유지되어야 한다. 특정 장애인거주시설의 인원 또한 50%를 넘지 않아야 한다.

---

3) 이 내용은 「제III권. 장애인복지시설 사업안내」 (보건복지부, 2023)의 해당 시설에 관한 내용을 참조하여 기술하였음.

2) 장애인보호작업장

장애인보호작업장은 직업능력이 낮은 장애인에게 직업적응능력 향상, 직업능력 향상훈련 등의 훈련기회를 제공하고, 보호고용환경에서 근로의 기회를 제공하는 것을 목적으로 한다. 장애인 근로자는 근로에 상응하는 임금을 지급받으며, 장애인근로작업장이나 그 밖의 경쟁적인 고용시장으로 옮겨가는 것을 목표로 한다. 장애인보호작업장 또한 장애인거주시설 등과 분리하여 하나의 단독시설로 운영하여야 한다.

근로장애인은 의료, 직업능력, 심리, 교육평가 등의 결과와 초기면접의 정보들을 토대로 전문가들이 참여하는 위원회에서 적격 여부를 평가한 결과로서 당장 경쟁적인 고용시장이나 장애인근로사업장에서 생산능력을 발휘하기 어려운 장애인으로 선정한다. 그리고 근로장애인의 80% 이상은 심한 장애인으로 고용한다. 장애인보호작업장의 인원은 최소 10명이다.

장애인보호작업장은 근로장애인에게 근로계약 체결 내용에 따라 근로에 상응하는 유상임금을 지급한다. 또한 근로장애인의 욕구와 능력을 파악하여 이들에게 적합한 개인별 직업재활계획을 수립하여 제공하고 주당 8시간 이상의 재활프로그램을 실시하고 있다.

3) 장애인 직업적응훈련시설

장애인 직업적응훈련시설은 직업능력이 극히 낮은 장애인에게 직업활동, 일상생활훈련 등을 제공하여 기초작업능력을 습득하도록 하고, 작업평가 및 사회적응훈련 등을 실시하여 장애인보호작업장 또는 장애인근로사업장이나 그 밖의 경쟁적인 고용시장으로 옮겨갈 수 있도록 돕는 것을 목적으로 한다. 장애인 직업적응훈련시설은 중증장애인, 특히 발달장애인에게 일상생활훈련, 사회적응 및 직업적응훈련 등 재활프로그램 및 훈련 중심의 서비스를 제공하고 있다. 이 시설 또한 장애인거주시설, 장애인복지관 등과 분리하여 하나의 단독시설로 직업재활시설의 역할을 정립하도록 하고 있다.

훈련장애인은 의료, 직업능력, 심리, 교육평가 등의 결과와 초기면접의 정보들을 토대로 전문가들이 참여하는 위원회에서 적격 여부를 평가한 결과로서 당장 장애인보호작업장이나 장애인근로사업장에서 생산능력을 발휘하기 어려운 심한 장애인으로 선정한다. 그리고 발달장애인이 80% 이상 유지되어야 한다. 장애인직업적응훈련시설의 인원은 최소 20명이다.

장애인직업적응훈련시설은 훈련장애인의 욕구와 능력을 이해하고 이들에게 적합한 개인별 직업재활계획을 수립하여 지원하며, 주당 30시간 이상의 재활기능기초훈련, 직업기초기능훈련 등을 실시하고 있다.

4. 장애인 의료재활시설

1) 재활병·의원

재활병 · 의원이란 장애인을 위한 의료재활사업을 효율적으로 수행하기 위해 설치한 사회복지법인 등 비영리법인의 부설 시설이다. 재활병 · 의원장은 의료관계 법령과 장애인복지 관련 법령이 정하는 바에 따라 장애인 의료재활을 위한 서비스를 제공한다.

주요한 서비스로는 입원 및 통원, 낮병원을 통한 장애인 진료, 장애인의 진단 및 포괄적이고 전문적인 재활치료, 장애인에 대한 의료재활 상담, 장애인의 기타 질환에 대한 진단 및 치료, 장애인보조기구의 제작, 판매, 검수 및 수리, 장애인 재활 및 재발 방지에 관한 교육, 장애인 등록을 위한 진단이 있다.

장애인을 우선적으로 진료하며 진료의 여유가 있을 때 지역주민을 대상으로도 서비스를 제공할 수 있다. 그리고 「의료급여법」 제3조에 의한 수급권자와 시장 · 군수 · 구청장이 특별히 무료진료가 필요하다고 인정한 경우는 진료가 무료로 제공된다. 재활병 · 의원의 입원진료기간은 원칙적으로 6개월 미만으로 정해져 있다.

2) 지역장애인보건의료센터

지역장애인보건의료센터는 장애인에게 종합적이고 체계적인 건강보건관리서비스를 제공하여 장애인의 건강 증진과 삶의 질 향상에 기여하는 것을 목적으로 한다. 「건강검진기본법」에 따른 국가건강검진기관 또한 「장애인건강권법」 제20조에 따라 지역장애인보건의료센터로 지정받을 수 있다.

지역장애인보건의료센터는 의료법에 따른 병원급 의료기관으로 장애인의 진료, 재활의료 및 공공의료 활동을 수행한다. 구체적으로 그 기능은 첫째, 장애인 건강보건관리 및 재활의료지원사업, 둘째, 여성장애인 모성보건사업, 셋째, 보건의료인력 및 장애인 및 가족교육, 넷째, 장애인 건강검진, 진료 재활서비스이다. 현재 지역장애인보건의료센터는 전국에 17개 설치되어 있다.[4)]

4) 서울특별시, 경기도 각각 2개 기관, 인천광역시, 강원특별자치도, 대전광역시, 충청북도, 충청남도, 전북특별자치도, 광주광역시, 전라남도, 대구광역시, 경상북도, 경상남도, 부산광역시, 제주특별자치도 각각 1개 기관이 있다. 정부는 2024년 말까지 19기관으로 확대 예정이다.

3) 정신건강복지센터

정신건강복지센터는 보건복지부 국립건강센터의 기관으로 기초와 광역센터로 설치된다. 정신건강복지센터는 시 · 군 · 구 지역사회 중심의 정신건강사업 및 자살예방사업의 기획 및 수립, 조정뿐만 아니라 정신건강문제에 대한 통합적이고 지속적인 서비스의 제공을 목적으로 한다.

주요 사업으로는 중증정신질환관리, 자살고위험군 조기발견 및 치료, 아동 · 청소년 정신건강증진, 재난정신건강서비스지원, 행복e음 보건복지통합전달체계 구축이 있다. 정신건강복지센터 이외에 보건복지부 국립건강센터의 기관으로는 중독관리통합지원센터, 자살예방센터, 정신재활시설, 정신요양시설, 정신의료기관, 마약류 중독자 치료보호기관이 있다.

4) 낮병원

낮병원은 입원치료와 외래치료의 중간형태인 부분 입원의 한 유형으로, 이용자가 낮에는 병원에서 정신과 재활치료를 받고 밤에는 자택에서 가족들과 생활하면서 증상 조절, 규칙적인 생활, 사회기술 등을 습득하여 사회복귀를 준비하는 곳이다.

주된 이용자는 정신과 증상의 일부는 호전되었으나 잔존 증상 및 기능 저하로 인해 대인관계나 사회생활에 어려움이 있는 자, 퇴원 이후에도 집에만 있거나 장기간 의욕 없이 지내는 자, 병식이 있고 치료는 받으려는 동기가 뚜렷한 자이다. 치료팀은 정신건간강의학과 전문의사, 정신보건사회복지사, 정싱심보건임상심리사, 간호사로 구성된다. 주요 프로그램으로 집단치료, 심리치료, 인지재활훈련, 미술치료, 사회기술훈련, 건강교육, 시청각교육 음악치료를 제공한다.

5. 장애인 지원기관의 New Wave

1) 장애인 자립생활지원센터

자립생활센터(Center for Independent Living: CIL)는 1970년대 초 미국에서 처음 설립되었으며, 장애인 당사자주의 이념을 바탕으로 장애인의 선택권과 자기결정권에 기반한 지역에서의 통합적 삶을 주요한 이념으로 삼고 있다(이연진, 2021). 우리나라의 자립생활센터는 2000년 9월에 최초로 개소하였으며, 장애인의 권리 확보를 위한 운동과 자립생활에 필요한 개별화된 서비스를 제공해 왔다(김용득 외, 2023). 자립생활센터는 주로 동료상담, 정보제공 및 의뢰, 자립생활 기술훈련, 자립생활에 대한 교육 및 홍보사업, 대변자 역할 및 활동, 활동지원사 연계, 주택서비스 및 복지서비스 상담 등의 역할을 수행한다(김경혜, 2004). 장애인 당사자가 기관장직을 맡고 있으며, 장애인 당사자 운동에 기반하여 설립된 만큼 복지서비스 제공기관이자 장애인 권리운동체로서의 속성을 동시에 지니는 점이 특징이다.

2) 장애인가족지원센터

장애인가족지원센터는 장애인의 가족들이 지역사회 내에서 건강하고 행복한 공동체적 삶을 영위할 수 있도록 지원하는 기관이며, 이를 위해 장애인가족 각각의 특성을 반영한 개별적 지원과 사회적 인식 개선 등의 활동을 수행하고 있다.[5] 장애인가족지원센터는 지자체의 예산을 지원받아 운영하므로, 지역에 따

5) 출처: 서울장애인부모연대 홈페이지(https://www.sebumo.or.kr)

라 역할이 상이한 점도 있다. 장애인가족지원센터의 주요 역할은 장애인가족 상담, 사례지원, 동료상담가 양성 및 파견활동, 긴급돌봄 및 방학돌봄, 가족캠프 및 사회활동 프로그램 등 다양하다. 이는 장애인가족에게 직접 지원하는 미시적 역할이며, 장애인가족에 대한 조사연구와 인식개선사업 등 거시적 역할을 수행하기도 한다. 명칭 측면에서는 전장애를 포괄하고 있으나, 실질적으로는 발달장애인 자녀를 둔 가족을 대상으로 하는 사업이 많으며, 장애인부모단체에서 위탁운영하기도 한다.

3) 발달재활서비스 제공기관

발달재활서비스는 성장기의 정신적 · 감각적 장애아동의 기능 향상과 행동발달을 위한 서비스 및 정보제공을 의미한다.[6] 발달재활서비스 제공기관은 장애아동에게 적합한 발달재활서비스를 제공하기 위한 계획을 수립하고 실시하는 기관이라 정의할 수 있다. 발달재활서비스 제공기관은 주로 언어치료, 음악치료, 미술치료, 심리행동치료 등을 제공하는 역할을 수행한다(김정희 외, 2014). 주로 바우처 형태의 사업으로 진행되며, 민간에서 사업자가 유료의 치료서비스 기관 운영을 하면서, 공적 지원이 이루어지는 바우처 형태의 발달재활서비스를 동시에 제공하는 유형이 많다. 장애아동의 기능 향상이나 행동발달을 지원할 수 있고 이로 인해 장애아동의 가족이 겪는 양육부담을 경감할 수 있는 효과가 있다(강정배 외, 2014). 다만, 발달재활서비스의 이용 대상은 만 18세 미만의 뇌병변, 지적, 자폐성, 청각, 언어, 시각장애 아동에 한정되어 다양한 장애아동의 욕구를 반영하지 못한다는 한계가 있다(강정배 외, 2014). 또한, 발달재활서비스의 영역이 모호하여 기관마다 제공하는 서비스 유형이 굉장히 상이하

6) 출처: 보건복지부 홈페이지(https://www.mohw.go.kr)

다는 한계도 있다(김정희 외, 2014). 바우처 사업 수업기관으로서 장애인복지기관 중 가장 시장화된 서비스 제공기관이라고 할 수 있다.

4) 발달장애인지원센터

발달장애인지원센터는 발달장애인의 통합적 지원체계를 수립하고 이에 필요한 기술지원 및 상담, 홍보와 교육 등을 수행하는 기관으로(김진우 외, 2014), 2014년 「발달장애인 권리보장 및 지원에 관한 법률」(이하, 발달장애인법)이 제정되면서, 발달장애인지원센터의 설치가 의무화되었다(심석순, 2015). 「발달장애인법」 제34조(발달장애인지원센터의 임무)에 발달장애인지원센터의 역할이 명시되어 있는데, 그 내용을 살펴보면, 발달장애인에 대한 연구수행 지원, 발달장애인이 이용 가능한 복지정보 데이터베이스 구축 및 정보 제공, 발달장애인 가족 및 관련 서비스 종사자에 대한 지침 · 편람 마련 및 교육지원, 발달장애인에 대한 인식개선 홍보, 발달장애인 지원 프로그램 개발, 발달장애인 권리침해 모니터링 및 권리구제 지원, 후견인 후보자 추천 등이 있다. 발달장애인지원센터는 당사자와 그 가족에게 직접적인 서비스를 제공하기보다는 정보제공 및 교육을 수행하며 지역을 대상으로 인식개선 교육 및 연구 수행 등의 역할을 수행하고 있다. 발달장애인을 위한 생애주기별 개인별 지원계획을 수립하고 지역자원을 연계하는 것도 발달장애인지원센터의 주요 업무이다.

5) 발달장애인 평생교육센터

발달장애인 평생교육센터는 학령기 이후 계속 교육을 받고자 하는 성인 발달장애인에게 직업능력 향상과 사회적응 교육 등을 제공하는 기관으로[7], 18세 이상의 발달장애인이 이용할 수 있다. 비발달장애인 중심의 교육 현장은 발달장애인에게 일상적 삶을 위한 적절한 배움의 기회를 제공하지 못하므로(남영란, 2019), 발달장애인 평생교육센터가 등장하게 되었다. 학령기 이후 돌봄, 교육, 직업훈련 등을 원하는 발달장애인이 늘어나는 데 비하여 인프라가 부족한 현실에서, 발달장애인을 위해 요구되는 낮활동 이용기관이라고 볼 수 있다. 발달장애인 평생교육센터의 교육과정은 필수과목과 선택과목으로 구분된다. 필수과목은 의사소통, 일상생활훈련, 사회적응, 건강관리, 직업전환교육, 긍정적 행동지원을, 선택과목은 여가, 문화, 스포츠 등 발달장애인이 희망하는 프로그램을 운영한다.[8)]

6) 발달장애인 주간활동서비스 제공기관

발달장애인 주간활동서비스는 발달장애인에게 낮 시간에 자신의 욕구를 반영한 지역사회 기반 활동을 제공하는 것으로, '의미 있는 하루, 바람직한 하루'를 보내는 것을 주요 목표로 삼고 있다.[9)] 발달장애인 주간활동서비스 제공기관은 발달장애인이 지역사회의 다양한 기관이나 장소를 이용할 수 있도록, 동료 이용자와 함께 낮시간을 보낼 수 있도록 서비스를 제공하는 기관이다. 발달장애인 주간활동서비스 제공기관은 만 18세부터 65세 미만의 발달장애인이 이용할 수 있고 취업 및 직업훈련 등 타 공공 및 민간서비스를 이용 중인 발달장애인은 이용할 수 없다. 발달장애인 주간활동서비스는 제공기관의 운영 방향에 따라 제공하는 서비스들이 상이하지만, 일반적으로 참여형 프로그램(산책, 직장탐방, 여행, 교육, 문화관람)과 창의형 프로그램(자조모임, 음악활동, 미술활동, 바리스타 교육, 도예, 공예품 만들기 등)으로 구분된다.[10)]

7) 출처: 서울시 홈페이지(https://news.seoul.go.kr/welfare)
8) 출처: 서울장애인부모연대 홈페이지(https://www.sebumo.or.kr)
9) 출처: 사회서비스 전자바우처 홈페이지(https://www.socialservice.or.kr:444)

7) 장애인권익옹호기관

장애인권익옹호기관은 장애인 학대를 예방하고 학대받은 장애인을 지원하는 기관이다. 「장애인복지법」 제59조의11(장애인권익옹호기관의 설치 등)에 "국가는 장애인의 학대를 예방하기 위하여 장애인권익옹호기관을 설치 · 운영하여야 함"을 명시하고 있어, 이로 인해 장애인권익옹호기관은 의무적으로 설치하여야 한다. 장애인권익옹호기관은 중앙과 지역에 따라 역할이 조금씩 상이하다. 중앙장애인권익옹호기관은 전국의 연계체계를 구축하고 지역기관이 업무를 수행할 수 있도록 지원하는 역할을 한다. 그 외에도 장애인 학대 예방 관련 연구 및 실태조사나 관련 프로그램의 개발 및 보급, 장애인 학대 예방을 위한 교육 및 홍보, 장애인 학대 전문인력의 양성 및 능력 개발, 장애인 관련 기관 간 협력체계 구축 등의 역할도 수행한다. 지역기관은 직접적으로 학대 피해를 입은 장애인과 그 가족, 보호자들을 지원하는 업무를 담당하고 있다. 지역기관은 장애인 학대 신고접수, 현장조사, 응급조치, 피해자 회복 지원, 사후 모니터링 등의 현장 업무를 수행한다.

8) 학대 피해 장애인 쉼터(학대 피해 장애아동 쉼터 포함)

학대 피해 장애인 쉼터는 학대를 받은 장애인을 위한 시설로, 최근 증가하는 장애인 학대와 인권침해를 사후지원하기 위해 설치되었다. 학대 피해 장애인 쉼터는 학대 피해 장애인이 임시시설과 같은 곳에서 일정 기간 머무는 곳을 의미한다. 「장애인복지법」 제59조의13(피해 장애인 쉼터)에 "피해 장애인 혹은 피해 장애아동의 임시보호 및 사회복귀 지원을 위하여 장애인 쉼터를 설치 · 운영

10) 출처: 장애인복지통합정보망 홈페이지(https://www.bokjibank.or.kr)

할 수 있다"고 명시하고 있다. 학대 피해 장애인 쉼터는 숙식제공뿐만 아니라 긴급분리 및 보호, 치료 및 회복, 자립생활을 위한 맞춤형 개별 서비스(사례 지원 포함)를 제공하고 있으며, 상담 및 치료지원, 건강관리, 여가활동 및 사회참여, 직업재활훈련 등의 계획을 수립하고 시행하기도 한다(유경민 외, 2017).

9) 장애인 주거전환지원센터

장애계에서 탈시설-자립운동이 대두되면서 장애인의 삶의 공간은 거주시설에서 지역 주거로의 전환이 이루어지게 되었다. 그러나 거주시설을 퇴소한 장애인은 살아갈 집, 생활비, 일자리 등 일상과 연관된 정보를 얻는 것에 장벽을 겪기 쉽다(서종녀, 2014). 이로 인해 장애인 전환지원의 필요성을 깨닫게 된 정부는 장애인 주거전환지원센터를 설립하게 되었다. 장애인 주거전환지원센터는 탈시설주거전환지원단, 장애인 자립전환지원센터, 장애인 전환서비스 등 다양하게 불리지만 장애인에게 맞춤형 전환서비스를 제공한다는 점에 주목할 필요가 있다. 주거전환을 위한 지원 단계는 장애인 개인별 서비스 계획 수립, 초기 정착지원, 정착 유지지원으로 구분된다.[11] 개인별 서비스 계획 수립 단계에서는 탈시설/독립을 위한 준비교육 및 자조모임, 서비스 이용 계획 등을 실시하며, 초기 정착지원은 서비스 안내 및 인적 네트워크 형성(자립지원사, 공공후견인 등), 응급안전안심서비스 등을 연계한다. 정착 유지지원은 서비스 연계 상황 확인, 장애인 생활 및 욕구 변화 확인 등 모니터링을 실시한다.

11) 출처: 인천광역시 장애인주거전환지원센터 홈페이지(https://able-community.or.kr/major/systematization)

6. 기타

모든 지자체에 마련되어 있지는 않지만, 장애인복지 욕구에 부응하면서 전국에 한두 곳이라도 운영되고 있는 센터를 소개하고자 한다. 2024년 기준 서울시에만 마련되어 있는 헬렌켈러센터나 경계선지능인지원센터가 대표적인 사례이다. 장애인 내부적으로도 소수에 해당하는 시청각중복장애인, 장애아동, 또는 장애로 인정되지 않으나 지적장애인과 유사점이 많은 경계선지능인을 위한 센터 등 현재 장애인복지 지형은 점점 다양해지고 있다.

1) 헬렌켈러센터

시청각중복장애인은 시각장애인이나 청각언어장애인과는 다른 욕구를 지니고 있지만, 이들을 위한 지원체계는 부족한 상황이다(서해정 외, 2018). 이에, 헬렌켈러센터가 등장하게 되었다. 헬렌켈러센터는 시각과 청각에 모두 장애가 있는 시청각중복장애인에게 맞춤형 서비스를 제공하고 권익옹호와 사회통합을 위한 사업을 수행하는 기관이다.[12] 헬렌켈러센터는 교육 및 연구 사업(촉감놀이치료, 인지 · 음악치료, 점자교육, 촉수화 교육), 네트워크 구축(사례지원 대상 선정, 동료상담가), 지역사회통합(문화예술체험, 캠프 등), 자립생활지원(점자정보단말기 지원, 직업재활 훈련), 인식개선사업 등을 수행하고 있다.

12) 출처: 밀알복지재단 홈페이지(https://miral.org)

2) 경계선지능인 평생교육 지원센터

경계선지능인은 지능지수 71~84 사이에 해당하며, 비장애인에 비해 일상생활과 사회생활, 학습에 장벽을 겪기도 한다. 경계선지능인은 지적장애인의 기준(지능지수 70 이하)에 해당하지 않아 장애와 관련한 제도적 지원을 받지 못해 복지 사각지대에 놓이게 된다.[13] 이에, 느린학습자 지원 조례가 지방자치단체별로 제정되면서 이들을 위한 지원센터가 설립되기에 이르렀다. 대표적으로 서울시 경계선지능인 평생교육지원센터가 이에 해당된다.[14] 서울시 경계선지능인 평생교육지원센터는 평생교육팀, 연구기획팀, 자립지원팀으로 구성되며, 평생교육팀은 지원 대상자 발굴, 심리정서 지원, 맞춤형 프로그램 운영, 지역연계 등의 역할을 수행한다. 연구기획팀은 정책연구 및 실태조사, 경계선지능인 교재 개발 등의 역할을 수행한다. 자립지원팀은 자조모임, 직업역량강화교육, 가족기능강화사업, 경계선지능인 전문가 및 인식개선 전문강사 양성 등의 사업을 수행한다.

3) 장애아동지원센터

장애아동지원센터는 장애아동과 가족이 건강하고 행복한 삶을 영위할 수 있도록 이들의 복지 욕구와 환경을 고려해 지역 내 유관기관을 연계하고 필요한 서비스를 통합적으로 전달하는 기관이다. 장애아동지원센터는 중앙장애아동지원센터(이하, 중앙), 지역장애아동지원센터(이하, 지역)으로 구분되며, 현재 중앙장애아동지원센터는 중앙발달장애인지원센터와 통합 운영하고 있다. 중앙

13) 출처: 나라살림연구소 홈페이지(http://firiall.net/project/1321)

14) 출처: 서울특별시 경계선지능인 평생교육지원센터 홈페이지(https://sbifc.org)

은[15] 지역의 운영 컨설팅 및 업무종사자 교육, 업무 매뉴얼 발간, 지역의 사업 이행 점검 및 관리 등 주로 관리감독하는 역할을 수행한다. 또한, 주간활동서비스나 긴급돌봄사업, 가족휴식지원사업, 상담지원 등 발달장애아동과 관련한 전반의 사업들을 관리하고 운영지원하는 업무를 수행한다. 지역은[16] 개인별 지원계획을 수립하고 장애아동과 가족이 이용할 수 있는 서비스를 안내한다. 그 외에는 주간활동서비스, 방과후활동서비스, 가족휴식지원사업 등을 실시하는 기관에 관한 정보를 제공하며, 긴급돌봄센터와 연계하여 서비스를 제공하기도 한다.

4) 보조기기센터

보조기기센터는 장애인에게 맞는 보조기기를 연계하는 기관이다. 보조기기센터는 중앙과 지역으로 구분된다. 중앙[17]은 사례관리팀과 품질관리팀으로 구분되는데, 사례관리팀은 보조기기 정책 및 서비스 기반 연구, 지역보조기기센터 운영 지원 및 관리 지원, 보조기기 통합정보전달체계 구축, 전문인력 교육연수 및 정책홍보, 이용자 및 이용실태 모니터링 등을 수행한다. 품질개선지원은 보조기기 품질시험 및 표준관리, 보조기기 사전 · 사후관리, 국내 보조기기 품질향상 지원, 보조기기 품질관리기반 구축 등의 역할을 수행한다. 지역은[18] 보조기기를 필요로 하는 장애인을 상담한 후, 보조기기 임대나 맞춤제작 및 개조, 의류 리폼, 보조기기 소독 및 세척 등의 서비스를 제공한다.

---

15) 출처: 한국장애인개발원 홈페이지(https://www.koddi.or.kr)
16) 출처: 인천광역시 발달장애인지원센터 홈페이지(https://www.broso.or.kr/incheon)
17) 출처: 중앙보조기기센터 홈페이지(https://www.knat.go.kr)
18) 출처: 서울시보조기기센터 홈페이지 (http://www.seoulats.or.kr)

5) 특수교육지원센터

특수교육지원센터는 「장애인 등에 대한 특수교육법」 제11조(특수교육지원센터의 설치 · 운영)에 의거하여 지역별 교육지원청에 의무적으로 설치되었다. 특수교육지원센터의 주요 역할은 특수교육대상자의 조기발견, 특수교육대상자의 진단 · 평가, 정보관리, 특수교육 연수, 교수 · 학습활동의 지원, 특수교육 관련서비스 지원, 순회교육 등을 제공하는 것에 있다. 그 외에도 세부적인 역할은 지방자치단체마다 조금씩 상이한데, 일반적으로 보조공학기기 확충 및 대여 시스템 구축, 장애 유형별 특성에 따른 상담 및 정보 지원, 장애 특성별 집중적인 특수교육 지원 및 관련 서비스(보행훈련, 심리 · 행동 적응훈련, 청능훈련 등), 맞춤형 교육 등을 제공하고 있다(서효정 외, 2021).

Social Welfare for People with Disabilities

PART 03

장애와 인권

CHAPTER 13

장애여성과 인권

학습목표

1. 장애남성, 비장애여성과 달리 장애여성만이 경험하는 고유한 특징에 대해 이해한다.
2. 장애여성의 권리보장을 위한 법적 체계 및 근거에 대해 고찰한다.
3. 장애여성이 직면하고 있는 현안에 대한 현황과 문제점 및 개선과제에 대해 고찰한다.

우리 사회에서 장애여성에 대한 이미지는 성폭력 · 가정폭력의 피해자 또는 임신 · 출산 · 양육의 어려움을 겪고 있는 사회적 약자이다. 장애여성 역시 우리 사회구성원 중 히니로시 지역사회에 살아가는 존재이지만, 대부분의 사람들의 인식 속에 장애여성은 보통 사람들과는 완전히 구분되는 특별한 존재로 여겨지고 있다. 장애인 정책에서조차 장애여성은 없는 존재와 마찬가지였는데, 이는 장애여성들의 차이와 경험에서 비롯된다. 이누도 잇신 감독의 〈조제, 호랑이, 물고기들〉이라는 영화에서 주인공 조제는 지체장애가 있는 여성으로서 할머니에 의해 양육되며 성인이 된 이후까지도 숨겨진 존재로 살아가는 모습을 보인다. 비장애여성, 장애남성과 다른 장애여성의 차이와 경험에 대한 이해를 통해, 다중차별 속의 장애여성에 대한 효과적인 지원책 마련이 가능하다는 점에서 중점지원 대상으로서 장애여성을 살펴보고자 한다.

1. 장애여성에 대한 이해

1) 무성적 존재로서의 무력감

장애여성은 사회화 과정에서 장애남성 또는 비장애여성과 어느 부분 공유되기도 하지만 본질적으로 다른 차이를 경험한다. 대표적인 것 중의 하나가 장애여성이 경험하는 무력감(powerlessness)이다. 스타플(Staple, 1990)은 무력감의 본질을 구조적이거나 사회적인 것으로 보았다. 즉, 사회적 실재는 힘이 있는 사람들이 기득권을 강화시키는 방향으로 구조화되고 유지되는 경향이 있다. 이러한 상황에서 무력감을 느끼는 개인은 힘이 없기보다는 힘이 없는 집단에 속해 있기 때문에 파워를 가질 수 없다. 이러한 무력감의 원인에 대해 파슨스(Parsons, 1991)는 일반적으로 사람들이 경제적 불안정, 정치적 영역에서의 경험 부족, 정보에 대한 접근성 부족, 경제적 지지 결여, 추상적이고 비판적인 사고에 대한 훈련 부족, 신체적이고 정서적인 스트레스 등으로 인해서 스스로 무력하다고 느끼며 권한과 힘의 부재를 경험하게 된다고 설명한다.

장애여성은 성정체성과 관련하여 장애남성과 다른 소외를 경험한다. 장애남성에게 육체의 손상은 기능적 장애만을 의미하는 반면, 장애여성에게 기능적 손상은 '정상적인 여성성'의 상실로 간주되어 육체적 손상을 가진 장애여성은 여성이라는 범주에서 제외된다는 것이다. 이러한 사회적 시선은 장애여성을 무성적인(asexual) 존재로 규정하거나 아내 혹은 어머니로서의 전통적인 여성역할을 수행하지 못하는 존재로 가치절하한다(Fawcett, 2000).

장애여성의 무력감은 장애로 인해 생산적인 사회구성원이 될 수 없다는 사회적 편견과 무성적인 존재로 대우받으면서 인식되는 여성으로서의 역할상실감 등을 통해 학습된다. 장애는 곧 무능력이라는 잘못된 편견을 경험하면서 생기는 무력감은 장애남성의 경험과 공유될 수 있는 부분이지만, 무성적인 존재로 대우받으면서 인식되는 무력감은 장애남성은 경험하지 않는 다른 영역의 무력감이다. 그리고 비장애여성도 가정 내에서의 돌봄 관련 성역할 강조로 비장애남성에 비해 생산적 사회구성원으로서 역할이 간과된다는 점에서는 장애여성의 경험과 공유될 수 있다. 그러나 성정체성 면에서 무성적 존재로 대우받는다는 것에서 장애여성의 무력감 경험은 비장애여성과 차이가 있다.

장애여성 중 상당수는 가족 내에서 여성성을 억압받으며 성장하고, 비장애여성에게는 당연한 모성의 성역할 기대를 받지 못하면서, 스스로를 무성적인 존재로 인식하도록 강요받는다. 장애여성의 여성성 억압은 모성의 성역할 배제에만 한정되는 것이 아니라, 무성적 존재로 대우받아 성적인 존재로서 기본권리와 성에 관해 알 권리에서도 배제된다. 이러한 배제는 적절한 성적 자기결정권을 행사할 수 있는 기본적인 정보에서 소외됨으로 인해 오히려 성폭력에 심각하게 노출되는 이율배반적인 상황으로 연결되는 심각성을 나타내기도 한다.

2) 비가시성

어느 사회에서나 장애여성은 숨겨진 존재로 살아간다. 장애여성은 그들을 가치절하하는 사회환경에서 여러 가지 방식으로 드러나지 않는 존재로 표현된다. 실제로 세상 속에 나타나는 빈도가 적고, 사실상 공공연히 나타나는 일이 거의 드물며, 신체적으로 보이지 않을 뿐 아니라 심리적으로도 보이지 않는다. 또 소수집단으로서 다수의 사람들에 의해 무시당하고 있다(Lonsdale, 1975).

장애여성들은 두 가지 방식으로 무가치한 대우를 받고 있다. 즉 장애인으로서 의존적이고 비생산적이라는 고정관념의 대상이 되며, 이중적 무능력자라는 낙인으로 인해 여성으로서, 성인으로서 기대되는 역할을 박탈당한다. 장애여성들은 근로자나 로맨틱한 애인, 양육자 또는 어머니로 기대받지 못한다. 사회적으로도 어린이도 아니고 성인도 아닌 중간 상태의 존재로 규정된다. 이러한 미묘하고 끊임없는 종류의 억압과 맞서 투쟁해 나가기는 매우 어려운데, 이러한 억압이 장애여성들이 싸우기 위해 필요한 자기에 대한 감각을 훔쳐가기 때문이다. 장애여성들은 이러한 가치절하된 지위를 경험함으로써 스스로를 눈에 보이지 않는 존재처럼 느낀다(Gill, 1996).

이러한 장애여성들의 비가시성은 장애여성들이 특히 심각하게 경험하는 문제이다. 일례로 장애여성의 경우 장애남성과 비장애여성에 비해 교육에서 쉽게 배제된다. 장애남성은 경제적 부양을 담당하는 가장의 역할을 담당할 수 있도록 교육기회에서 배제되지 않게 지원하는 부모가 많다. 그러나 장애여성은 피부양자로 역할을 한정하기 때문에 부모는 교육을 부수적인 것으로 인식하여 가족 내의 상황에 따라 쉽게 교육기회에서 배제시킬 수 있다. 이러한 교육의 배제로 인해 장애여성은 가족 내에서도 형제자매와 다른 자신의 위치를 내면화하게 되면서 스스로를 의존적이고 무력하여 가족구성원으로서 의견을 드러낼 수 없는 비가시적인 존재로 인식하게 만들기도 한다. 또한 이러한 가족 내의 경험은 그대로 사회 속으로 연결되어, 사회가 요구하는 독립적인 성인으로서의 준비가 되지 못한 장애여성이 사회 속에서의 자신의 위치와 역할을 발견할 수 없게 된다. 이러한 특성은 장애여성 당사자를 위한 각종 정책과 제도, 서비스에서도 당사자의 욕구를 반영할 수 없도록 그들의 의견을 낼 수 있는 능력 자체를 억압하는 효과까지 영향을 미치기도 한다.

장애여성이 경험하는 무력감은 차별과 억압의 결과로 나타난 것으로 이해될 수 있으며, 이러한 차별과 억압을 경험하는 장애여성에게 무력감은 너무나 본질적인 문제이다. 또한 장애여성의 비가시성은 비장애인의 무관심으로 인해 야기되며, 장애여성들은 이러한 비가시성으로 인해 더욱더 무력감을 내면화하게 된다. 무력감과 비가시성은 장애여성들이 경험하는 차별의 원인으로 나타나기도 하고 결과로서 나타나기도 하는 등 서로 밀접한 관계를 맺고 있다. 그러므로 이러한 무력감과 비가시성을 야기하고 있는 사회구조적인 상황에 대한 이해와 더불어 장애여성들의 문제를 이해함으로써 장애여성의 경험을 실체적으로 드러낼 수 있을 것이다.

3) 다중차별

장애여성은 장애와 여성이라는 두 조건이 합쳐지면서 장애남성과 다른 복합적인 어려움을 경험하고 있다. 이러한 어려움이 다중차별(multi discrimination)이다. 다중차별은 이중차별(double discrimination)의 개념에서 출발한다. 우리나라에서는 1990년대 말과 2000년 초에 걸쳐 김정애(1999), 오혜경 외(1999), 김미옥(2002) 등의 연구자들이 이중차별론을 제기한 바 있다. 이중차별이라는 개념은 장애여성이 여성이자 장애인으로서 겪고 있는 어려움으로 인해 야기되는 장애여성의 이중적 소외상태, 그들의 생활과 경험에 관련된 이용가능한 정보의 부족과 그들이 경험하는 구조적 불평등을 영속회시기는 상황에 대한 변화의 필요성을 강조한다. 이는 장애여성이 여성과 장애인이라는 소수집단에 이중적으로 속해 장애차별과 동시에 성차별을 받는 사회적 약자라는 점에 대해서는 어느 정도 사회적 합의가 이루어진 것으로 볼 수 있다. 이러한 논리가 반영된 대표적인 법률 예는 장애여성에게 고용장려금을 두 배로 지급할 수 있는 근거조항으로 볼 수 있다. 「장애인고용촉진 및 직업재활에 관한 법률」 제30조(장애인고용장려금의 지급) 제3항에서 "다만, 중증장애인과 장애여성의 지급단가는 중증장애인 및 장애여성이 아닌 장애인에게 적용되는 지급단가의 2배 범위에서 따로 정할 수 있다"고 명시하고 있다.

하지만 장애라는 조건과 여성이라는 조건을 같은 비중으로 보기는 어렵다. 따라서 이 두 가지 조건이 단순히 합쳐져서 장애여성의 문제를 만드는 것으로 설명하기에는 무리가 따른다. 이중차별의 개념으로는 유형별, 정도별, 계층별로 장애여성 안에 엄연히 존재하는 다양한 차이를 반영하기 어렵다. 더욱이 장애문제와 여성문제 모두 개인의 문제가 아니라 사회적인 상호작용 속에서 그러한 조건을 이유로 차별하는 사회로 인해 발생하는 문제이기 때문에, 그 두 가지 조건이 단순하게 합쳐질 뿐만 아니라 조건 그 자체가 상호작용을 하는 가운데 복합적인 문제를 만들어낼 수밖에 없는 것이 현실이기 때문이다. 가령, 장애가 있는 여성이 제도교육의 기회를 갖지 못한 채 고립되어 살아갈 수밖에 없는 상황에 놓여 있다면, 어느 정도의 교육을 받은 장애남성과 비교했을 때 두 배의 어려움이 아니라 그 이상의 차별을 경험할 수밖에 없을 것으로 예상된다.

결국 이중차별은 '여성으로서의 경험'과 '장애인으로서의 경험'을 분리하여 구체적인 경험을 드러내기 때문에 때로는 여성으로서 비장애여성의 경험과 장애인으로서 장애남성의 경험과 공유되는 부분도 있지만, 결코 하나로 환원될 수 없는 장애여성의 고유한 경험의 양상을 그대로 드러낼 수 없는 한계를 가지고 있다. 이러한 한계를 해결하기 위해 우리나라의 장애여성들은 장애인권리협약 제정을 위한 논의과정에서 장애여성들의 차별경험을 다중차별로 봐야 한다는 데 전 세계의 합의를 이끌어내서 이를 장애여성조항에 반영하였다. 이 결과 「장애인권리협약」 제6조(장애여성) 제1항에는 "당사국은 장애여성과 장애소녀가 다중적 차별의 대상이 되고 있음을 인정하고, 이러한 측면에서 장애여성과 장애소녀가 모든 인권과 기본적인 자유를 완전하고 동등하게 향유하도록 보장하기 위한 조치를 취한다"고 되어 있다.

다중차별은 장애여성에게 가해지는 이중차별 이상의 복합적이고 가중적인 불이익을 의미한다. 즉, 장애차별, 여성차별과 장애와 여성의 혼합(장애+여성의 상호작용)으로 나타나는 복합적 불이익을 경험한다는 것이다. 장애여성은 장애인이기 때문에 주어지는 사회적 억압기제와 집합적 배제 · 분리를 경험하고, 여성이기 때문에 주어지는 가부장적 지배구조와 무성적 인지 · 왜곡을 통해 결혼,

출산, 양육, 성폭력 등에 무성적 시각의 투영을 경험한다. 그리고 장애인과 여성의 상호작용 결과로 나타나는 복합적 불이익인 빈곤과 같은 경제적 결핍이나 정치적 무기력 등을 경험한다는 것이다(이동영, 2009).

다중차별은 유형별, 정도별, 계층별로 장애여성 안에 엄연히 존재하는 다양한 차이를 이중차별에서 설명하기에 무리가 있다는 현실을 반영한다. 더욱이 장애문제와 여성문제 모두 개인의 문제가 아닌 사회적인 상호작용 속에서 발생하는 사회적 문제이기 때문에 그 두 가지 조건은 단순하게 합쳐질 뿐만 아니라 조건 그 자체가 상호작용을 하는 가운데 복합적인 문제를 만들어낼 수밖에 없는 현실을 반영한 개념이다.

2. 장애여성 관련법

우리나라에서 장애여성의 건강한 지역사회 생활을 위해 사회적 · 교육적 · 직업적 욕구 등과 관련된 보건-의료-직업-교육-주거 등 서비스가 제공되고 있다. 이러한 서비스들은 국제법(유엔장애인권리협약)과 국내법(장애인복지법, 장애인차별금지 및 권리구제 등에 관한 법률, 장애인 건강권 및 의료접근성 보장에 관한 법률, 장애인고용촉진 및 직업재활에 관한 법률 등)을 기반으로 한다.

1) 유엔장애인권리협약

모든 장애인이 인권과 기본적 자유를 비장애인과 동일하게 가지고 있음에도 불구하고, 사회에서 장애인들의 고유한 존엄성이 보장 혹은 존중되지 않는 문제를 해결하기 위해 「유엔장애인권리협약」은 2006년 유엔총회에서 만장일치로 채택되었다. 「유엔장애인권리협약」은 여성에 대한 초점보다는 전반적인 장애인들의 권리와 복지, 인권문제의 변화를 위해 총 50조로 구성되어 있다. 「유엔장애인권리협약」의 내용은 크게 3부분으로 구성되는데, ① 총칙을 규정한 부분(제1조~제9조), ② 시민 · 자유권 및 경제 · 사회 · 문화적 권리를 규정한 부분(제10조~제30조), ③ 위원회 등에 대해 규정한 부분(제31조~제50조) 등이다.

「유엔장애인권리협약」 중 장애여성과 관련된 조항은 〈표 13-1〉과 같다.

〈표 13-1〉 「유엔장애인권리협약」 중 장애여성 관련 내용

구분	조문 내용
전문	(d) 경제적, 사회적 및 문화적 권리에 관한 국제규약, 시민적 및 정치적 권리에 관한 국제규약, 모든 형태의 인종차별 철폐에 관한 국제협약, 여성에 대한 모든 형태의 차별 철폐에 관한 협약, 고문 및 그 밖의 잔혹한, 비인도적인 또는 굴욕적인 대우나 처벌의 방지에 관한 협약, 아동의 권리에 관한 협약, 모든 이주근로자와 그 가족의 권리 보호에 관한 국제협약을 상기하며 (p) 인종, 피부색, 성별, 언어, 종교, 정치적 또는 기타 견해, 국적, 민족적, 토착적, 사회적 출신, 재산, 출생, 연령 또는 그 밖의 신분에 따라 복합적이거나 가중된 형태의 차별의 대상이 되는 장애인이 직면하고 있는 어려운 상황에 대하여 우려하며, (q) 장애여성과 장애소녀가 가정 내외에서 폭력, 상해 또는 학대, 유기 또는 유기적 대우, 혹사, 또는 착취를 당할 더 큰 위험에 직면해 있는 경우가 많음을 인정하고, (s) 장애인의 인권과 기본적인 자유의 완전한 향유를 증진하기 위한 모든 노력에 성인지적 관점이 포함되어야 할 필요성을 강조하고,
제3조 일반원칙	(g) 남녀의 평등
제6조 장애여성	(a) 당사국은 장애여성과 장애소녀가 다중적 차별의 대상이 되고 있음을 인정하고, 이러한 측면에서 모든 인권과 기본적인 자유의 완전하고 동등한 향유를 보장하기 위한 조치를 취한다. (b) 당사국은 여성이 이 협약에서 정한 인권과 기본적인 자유를 행사하고 향유하는 것을 보장하기 위한 목적으로, 여성의 완전한 발전, 진보 및 권한 강화를 보장하기 위하여 모든 적절한 조치를 취한다.

제8조 인식제고	(b) 성별과 연령을 이유로 하는 것을 포함하여 삶의 모든 영역에서 장애인에 대한 고정관념, 편견 및 유해한 관행을 근절할 것
제16조 착취, 폭력과 학대로부터의 자유	(a) 당사국은 가정 내외에서 성별을 이유로 한 유형을 포함하여 모든 형태의 착취, 폭력 및 학대로부터 장애인을 보호하기 위하여 모든 적절한 입법적, 행정적, 사회적, 교육적 및 그 밖의 조치를 취한다. (b) 당사국은 특히 장애인과 그 가족 및 보호자를 위하여 착취, 폭력 및 학대를 방지하고 인지하며 신고하는 방법에 대한 정보 및 교육의 제공을 포함하여 성별과 연령을 고려한 적절한 형태의 지원 및 보조를 보장함으로써 모든 형태의 착취, 폭력 및 학대를 방지하기 위한 모든 적절한 조치를 취한다. 당사국은 연령, 성별 및 장애를 고려하여 이러한 보호서비스를 제공한다. (c) 당사국은 모든 형태의 착취, 폭력 및 학대의 발생을 방지하기 위하여 독립적인 기관이 장애인에게 제공되도록 고안된 모든 시설과 프로그램을 효과적으로 감시할 것을 보장한다. (d) 당사국은 보호서비스의 제공을 포함하여 모든 형태의 착취, 폭력 및 학대의 피해자가 된 장애인의 신체적, 인지적 및 심리적 회복, 재활 및 사회적 재통합을 촉진하기 위한 모든 적절한 조치를 취한다. 그러한 회복 및 재통합은 개인의 건강, 복지, 자아존중, 존엄성 및 자율성을 증진하는 환경에서 이루어지며, 성별과 연령에 따른 특수한 요구를 반영한다. (e) 당사국은 장애인에 대한 착취, 폭력 및 학대 사례를 확인하고 조사하며 적절한 경우에는 기소하기 위하여, 여성과 아동에 중점을 둔 입법과 정책을 포함하여 효율적인 입법과 정책을 마련한다.

「유엔장애인권리협약」은 제6조에 "장애여성 단독조항에 장애여성의 다중차별의 문제를 인정하고 장애여성이 모든 인권과 기본적 자유를 동등하고 완전하게 누릴 수 있도록 역량강화와 성인지적 관점을 반영한 조치들을 취해야 한다"고 규정하고 있다. 성인지적 관점과 장애여성 및 소녀들의 역량강화, 개발, 향상을 위한 각국의 구체적인 조치 마련 및 이행의무를 강조하였고, 인식제고, 건강 등의 조항에 장애여성 관련 내용이 반영되어 있다. 또한 「유엔장애인권리협약」은 장애여성에 대한 권리증진과 삶의 영유권에 대하여 언급하고 있음에도 불구하고 장애여성이 경험하는 임신, 출산 등에 대한 모성보장권, 건강권, 근로의 권리에 대한 내용은 언급되어 있지 않다는 특징을 보이고 있다. 「유엔장애

인권리협약」의 장애여성 관련 조항을 근거로 상충되는 국내법을 재정비해야 하는 과제를 안고 있다.

2) 장애인인권헌장

「장애인인권헌장」은 1998년 12월 9일 선포되었고, 총 13개조로 구성되어 있다. 「장애인인권헌장」 중 장애인의 권리와 국가 · 사회의 책임을 명시한 제11조에 "장애여성은, 임신, 출산, 육아 및 가사 등에 있어서, 생활에 필요한 보호와 지원을 받을 권리를 가진다"라고 되어 있다. 「장애인인권헌장」은 장애여성의 생물학적 차이를 근거로 한 임신, 출산, 양육문제와 폭력문제 등에 초점을 두고 있다.

3) 장애인복지법

1981년에 제정된 「심신장애자복지법」이 수차례 개정되면서 9장 90조로 이루어진 「장애인복지법」이 제정되었다. 장애인의 인간다운 삶과 기본적인 권리보장을 위한 국가와 지방자치단체 등의 책임을 명시하고 있다. 특히, 장애인의 의료, 교육, 직업, 생활 등에 관한 지원의 필요성과 실질적인 서비스를 포함하고 있어 장애인의 복지와 사회활동 등 사회통합 보장을 명시하고 있다.

「장애인복지법」 중 장애여성과 관련된 조항은 〈표 13-2〉와 같다.

〈표 13-2〉 「장애인복지법」 중 장애여성 관련 내용

구분	조문 내용
제7조 (여성장애인의 권익보호 등)	• 국가와 지방자치단체는 여성장애인의 권익을 보호하고 사회참여를 확대하기 위하여 기초학습과 직업교육 등 필요한 시책을 강구하여야 한다.

제9조 (국가와 지방자치단체의 책임)	② 국가와 지방자치단체는 여성장애인의 권익을 보호하기 위하여 정책을 강구하여야 한다.
제17조 (장애발생 예방)	① 국가와 지방자치단체는 장애의 발생 원인과 예방에 관한 조사 연구를 촉진하여야 하며, 모자보건사업의 강화, 장애의 원인이 되는 질병의 조기 발견과 조기 치료, 그 밖에 필요한 정책을 강구하여야 한다. ② 국가와 지방자치단체는 교통사고·산업재해·약물중독 및 환경오염 등에 의한 장애발생을 예방하기 위하여 필요한 조치를 강구하여야 한다.
제37조 (산후도우미의 지원 등)	① 국가 및 지방자치단체는 임산부인 여성장애인과 신생아의 건강관리를 위하여 경제적 부담능력 등을 고려하여 여성장애인의 가정을 방문하여 산전·산후조리를 돕는 도우미(이하, "산후조리도우미"라 한다)를 지원할 수 있다. ② 국가 및 지방자치단체는 제1항의 규정에 따른 산후조리도우미 지원사업에 대하여 보건복지부령이 정하는 바에 따라 정기적으로 모니터링(산후조리도우미 지원사업의 실효성 등을 확보하기 위한 정기적인 점검활동을 말한다)을 실시하여야 한다. ③ 산후조리도우미 지원의 기준 및 방법 등에 관하여 필요한 사항은 대통령령으로 정한다.
제55조 (활동지원급여의 지원)	② 국가 및 지방자치단체는 임신 등으로 인하여 이동이 불편한 여성장애인에게 임신 및 출산과 관련한 진료 등을 위하여 경제적 부담능력 등을 고려하여 활동지원사의 파견 등 활동보조서비스를 지원할 수 있다.

제7조에서 국가와 지방자치단체의 장애여성의 권익보호와 사회참여 확대를 위한 기초학습과 직업교육 등 필요시책 의무를 규정하고 있고, 제9조에서 장애여성의 권익보호를 위한 국가와 지방자치단체의 책무를 규정하고 있다. 제17조(장애발생 예방)에서 국가와 지방자치단체는 장애의 발생원인과 예방에 관한 조사연구를 촉진하여야 하며, 모자보건사업의 강화, 장애의 원인이 되는 질병의 조기발견과 조기치료, 그 밖에 필요한 정책을 강구하여야 한다고 규정하고 있고, 제37조(산후도우미의 지원 등)에서 국가와 지방자치단체는 임산부인 장애여성의 산전 · 산후조리를 돕기 위해 도우미 파견을 할 수 있으며, 정기적인 모니터링에 대해 규정하였다. 마지막으로 제55조(활동지원급여의 지원)에서 국가

및 지방자치단체는 임신 등으로 인해 이동이 불편한 여성장애인에게 임신 · 출산 진료 등을 위하여 활동보조인을 파견, 지원할 수 있다고 규정하고 있다.

「장애인복지법」의 장애여성 관련 조항은 산후조리도우미 지원과 임신한 장애여성에 대한 활동보조서비스 지원에 대한 내용에 초점이 맞춰져 있어서, 임신 · 출산 · 양육과 폭력문제 해결 외에도 장애여성이 교육과 노동 등 모든 권리를 동등하게 누릴 수 있도록 보장하는 내용이 포함될 필요가 있다. 이외에 장애여성의 권익 보호를 위한 조항은 기초학습과 직업교육 등 필요한 시책을 강구하여야 한다는 제7조뿐이어서, 장애여성 관련 정책과 프로그램의 디자인, 실행, 모니터, 평가에 장애여성의 참여를 보장하는 조항 마련도 고려할 필요가 있다.

4) 장애인 차별금지 및 권리구제 등에 관한 법률

2007년 제정된 「장애인 차별금지 및 권리구제에 관한 법률」은 6장, 50조로 구성되어 있으며 생활 모든 영역에서 장애를 이유로 차별을 금지하며, 장애를 이유로 차별받은 사람의 권익을 보장한다는 것을 명시하고 있다.

「장애인 차별금지 및 권리구제에 관한 법률」 중 장애여성과 관련된 조항은 〈표 13-3〉과 같다.

〈표 13-3〉 「장애인 차별금지 및 권리구제에 관한 법률」 중 장애여성 관련 내용

구분	조문 내용
제4조 (차별행위)	② 제1항 제3호의 "정당한 편의"라 함은 장애인이 장애가 없는 사람과 동등하게 같은 활동에 참여할 수 있도록 장애인의 성별, 장애의 유형 및 정도, 특성 등을 고려한 편의시설 · 설비 · 도구 · 서비스 등 인적 · 물적 제반 수단과 조치를 말한다.
제25조 (체육활동의 차별금지)	② 국가 및 지방자치단체는 자신이 운영 또는 지원하는 체육프로그램이 장애인의 성별, 장애의 유형 및 정도, 특성 등을 고려하여 운영될 수 있도록 하고 장애인의 참여를 위하여 필요한 정당한 편의를 제공하여야 한다.

第28条 (모·부성권의 차별금지)	① 누구든지 장애인의 임신, 출산, 양육 등 모·부성권에 있어 장애를 이유로 제한·배제·분리·거부하여서는 아니 된다. ④ 국가 및 지방자치단체에서 직접 운영하거나 그로부터 위탁 혹은 지원을 받아 운영하는 기관은 장애인의 피임 및 임신·출산·양육 등에 있어서의 실질적인 평등을 보장하기 위하여 관계 법령으로 정하는 바에 따라 장애 유형 및 정도에 적합한 정보·활동보조 서비스 등의 제공 및 보조기기·도구 등의 개발 등 필요한 지원책을 마련하여야 한다.
第29条 (성에서의 차별금지)	① 모든 장애인의 성에 관한 권리는 존중되어야 하며, 장애인은 이를 주체적으로 표현하고 향유할 수 있는 성적 자기결정권을 가진다.
第31条 (건강권에서의 차별금지)	② 의료기관 등 및 의료인 등은 장애인의 의료행위와 의학연구 등에 있어 장애인의 성별, 장애의 유형 및 정도, 특성 등을 적극적으로 고려하여야 하며, 의료행위에 있어서는 장애인의 성별 등에 적합한 의료 정보 등의 필요한 사항을 장애인 등에게 제공하여야 한다.
第32条 (괴롭힘 등의 금지)	① 장애인은 성별, 연령, 장애의 유형 및 정도, 특성 등에 상관없이 모든 폭력으로부터 자유로울 권리를 가진다.
第33条 (장애여성에 대한 차별금지)	① 국가 및 지방자치단체는 장애를 가진 여성임을 이유로 모든 생활 영역에서 차별을 하여서는 아니 된다. ② 누구든지 장애여성에 대하여 임신·출산·양육·가사 등에 있어서 장애를 이유로 그 역할을 강제 또는 박탈하여서는 아니 된다. ③ 사용자는 남성근로자 또는 장애인이 아닌 여성근로자에 비하여 장애여성 근로자를 불리하게 대우하여서는 아니 되며, 직장보육서비스 이용 등에 있어서 다음 각호의 정당한 편의제공을 거부하여서는 아니 된다. 1. 장애의 유형 및 정도에 따른 원활한 수유 지원 2. 자녀상태를 확인할 수 있도록 하는 소통방식의 지원 3. 그 밖에 직장보육서비스 이용 등에 필요한 사항 ④ 교육기관, 사업장, 복지시설 등의 성폭력 예방교육 책임자는 성폭력 예방교육을 실시함에 있어서 장애여성에 대한 성인식 및 성폭력 예방에 관한 내용을 포함시켜야 하며, 그 내용이 장애여성을 왜곡하여서는 아니 된다. ⑤ 교육기관 및 직업훈련을 주관하는 기관은 장애여성에 대하여 다음 각호의 차별을 하여서는 아니 된다. 다만, 다음 각호의 행위가 장애여성의 특성을 고려하여 적절한 교육 및 훈련을 제공함을 목적으로 함이 명백한 경우에는 이를 차별로 보지 아니한다. 1. 학습활동의 기회 제한 및 활동의 내용을 구분하는 경우 2. 취업교육 및 진로선택의 범위 등을 제한하는 경우 3. 교육과 관련한 계획 및 정보제공 범위를 제한하는 경우 4. 그 밖에 교육에 있어서 정당한 사유 없이 장애여성을 불리하게 대우

	하는 경우 ⑥ 제3항을 적용함에 있어서 그 적용대상 사업장의 단계적 범위와 제3항 제3호에 필요한 사항의 구체적 내용 등은 대통령령으로 정한다.
제34조 (장애여성에 대한 차별금지를 위한 국가 및 지방자치단체의 의무)	① 국가 및 지방자치단체는 장애여성에 대한 차별요인이 제거될 수 있도록 인식개선 및 지원책 등 정책 및 제도를 마련하는 등 적극적 조치를 강구하여야 하고, 통계 및 조사연구 등에 있어서도 장애여성을 고려하여야 한다. ② 국가 및 지방자치단체는 정책의 결정과 집행과정에 있어서 장애여성임을 이유로 참여의 기회를 제한하거나 배제하여서는 아니 된다.

「장애인 차별금지 및 권리구제에 관한 법률」 제3장 (장애여성 및 장애아동 등) 제33조, 제34조 외에도 제4조 (차별행위), 제25조 (체육활동의 차별금지), 제28조 (모 · 부성권의 차별금지), 제29조 (성에서의 차별금지), 제31조 (건강권에서의 차별금지), 제32조 (괴롭힘 등의 금지)에 장애여성 관련 내용이 들어 있다.

「장애인 차별금지 및 권리구제에 관한 법률」은 장애여성 당사자가 직접 참여하여 만든 법안이기에 단독조항 등 관련 내용이 상당히 반영되었다는 특징을 가지고 있다.

5) 장애인고용촉진 및 직업재활법

1990년 제정된 「장애인고용촉진 및 직업재활법」은 장애인고용의무 및 부담금, 한국장애인고용촉진공단의 업무, 기금 및 기타 사항에 대하여 언급하고 있으며 6장 87조로 구성되어 있다. 주요 목적은 장애인이 직업능력에 맞는 사회생활을 하며, 이를 통하여 인간다운 삶을 살 수 있도록 장애인의 고용촉진 및 직업재활을 촉진하는 것이다.

「장애인고용촉진 및 직업재활법」 중 장애여성과 관련된 조항은 〈표 13-4〉와 같다.

〈표 13-4〉 「장애인고용촉진 및 직업재활법」 중 장애여성 관련 내용

구분	조문 내용
제3조 (국가와 지방자치단체의 책임)	② 국가와 지방자치단체는 사업주·장애인, 그 밖의 관계자에 대한 지원과 장애인의 특성을 고려한 직업재활 조치를 강구하여야 하고, 장애인의 고용촉진을 꾀하기 위하여 필요한 시책을 종합적이고 효과적으로 추진하여야 한다. 이 경우 중증장애인과 여성장애인에 대한 고용촉진 및 직업재활을 중요시하여야 한다.
제21조 (장애인 고용 사업주에 대한 지원)	① 고용노동부장관은 장애인을 고용하거나 고용하려는 사업주에게 장애인 고용에 드는 다음 각호의 비용 또는 기기 등을 융자하거나 지원할 수 있다. 이 경우 중증장애인 및 여성장애인을 고용하거나 고용하려는 사업주를 우대하여야 한다.
제22조 (장애인 표준사업장에 대한 지원)	② 고용노동부장관은 제1항에 따른 융자 또는 지원을 할 때에 다음 각호의 사업주를 우대하여야 한다. 1. 중증장애인과 여성장애인을 고용하거나 고용하려는 사업주
제30조 (장애인 고용장려금의 지급)	③ 고용장려금의 지급단가 및 지급기간은 고용노동부장관이 「최저임금법」에 따라 월 단위로 환산한 최저임금액의 범위에서 제33조 제3항에 따른 부담기초액, 장애인 고용부담금 납부 의무의 적용 여부, 그 장애인 근로자에게 지급하는 임금, 고용기간 및 장애 정도 등을 고려하여 다르게 정할 수 있다. 이 경우 중증장애인과 여성장애인에 대하여는 우대하여 정하여야 한다.

「장애인고용촉진 및 직업재활법」 제3조, 제21조, 제22조 와 제30조에 장애여성 관련 조항이 반영되어 있다. 장애인 의무고용제와 장애인고용촉진 및 직업재활기금이 성 중립적으로 운용되고 있어 장애여성의 고용촉진 및 직업재활을 중요시해야 하는 국가의 책무를 다하고 있다고 보기 어렵다는 한계를 가지고 있다.

6) 장애인 건강권 및 의료접근성 보장에 관한 법률

2019년 6월 12일에 일부개정 및 시행된 「장애인 건강권 및 의료접근성 보장

에 관한 법률」은 장애인의 건강권과 관련된 지원, 보건관리체계 확립, 의료접근성 보장을 필두로 장애인의 건강한 삶과 건강증진을 목적으로 제정되었다. 법률은 6장 28조로 구성되어 있다.

「장애인 건강권 및 의료접근성 보장에 관한 법률」 중 장애여성과 관련된 조항은 〈표 13-5〉와 같다.

〈표 13-5〉 「장애인 건강권 및 의료접근성 보장에 관한 법률」 중 장애여성 관련 내용

구분	조문 내용
제6조 (장애인 건강보건관리종합계획의 수립)	① 보건복지부장관은 「장애인복지법」 제11조에 따른 장애인정책조정위원회의 심의를 거쳐 장애인 건강보건관리종합계획(이하, "종합계획"이라 한다)을 5년마다 수립하고 「국민건강증진법」 제4조 및 제4조의2에 따라 국민건강증진종합계획 및 실행계획을 수립·시행함에 있어서 종합계획이 포함되도록 하여야 한다. 5. 모성권 보장 등 여성장애인의 건강보건관리에 관한 사항
제19조 (중앙장애인보건의료센터)	① 보건복지부장관은 장애인 보건의료에 관한 다음 각호의 업무를 수행하게 하기 위하여 보건복지부령으로 정하는 시설, 인력, 장비 등의 기준을 충족하는 기관을 중앙장애인보건의료센터로 지정할 수 있다. 10. 여성장애인의 임신과 출산 시 장애 유형에 맞는 전문의료서비스 제공
제20조 (지역장애인보건의료센터)	① 특별시장·광역시장·도지사·특별자치시장·특별자치도지사(이하, "시·도지사"라 한다)는 장애인 건강보건관리에 관한 다음 각호의 업무를 수행하게 하기 위하여 「의료법」 제3조에 따른 의료기관(이하, "의료기관"이라 한다) 중 보건복지부령으로 정하는 시설·인력·장비 등의 기준을 충족하는 의료기관을 지역장애인보건의료센터로 지정할 수 있다. 4. 여성장애인의 임신과 출산 시 장애 유형에 맞는 전문의료서비스 제공

「장애인 건강권 및 의료접근성 보장에 관한 법률」에서는 장애인 건강보건관리 종합계획의 수립 및 중앙 장애인보건의료센터와 지역 장애인보건의료센터에서 장애여성의 모성권 보장 및 임신과 출산 시 장애 유형에 맞는 전문의료서비스 제공을 포함하도록 명시하고 있다.

3. 장애여성의 관련 현안과 이슈

1) 장애여성과 교육

교육은 모든 인간의 사회참여를 위해 반드시 필요한 전제조건으로서 인적자본 형성의 주요 요소가 되며, 교육권은 법으로 규정되어 보장되는 인간의 기본적인 권리이다. 교육의 기회균등사상에 따라 우리나라는 의무교육제도를 시행하고 있다. 의무교육제도를 크게 보면 ① 취학의 의무 ② 학교설치의 의무 ③ 교육보장의 의무의 세 가지로 구성되어 있다. 즉, 보호자에게는 아동을 취학시킬 의무를 주고, 지방공공단체에는 학교설치의 의무를, 제3자에게는 교육보장의 의무를 부여하여 국민은 누구나 일정한 기간 동안 의무교육을 받게 하고 있다. 의무교육은 학령아동의 완전취학을 근본으로 하기 때문에 교육을 받는 학생에게 일체의 경제적 부담을 주지 않고 무료로 실시하는 무상교육이 일반적이다. 장애인의 경우도 1994년 특수교육진흥법의 전반적인 개정을 통하여 장애아동의 초·중등과정이 의무화되었다. 그러나 장애인의 경우 장애를 이유로 취학유예를 합법적으로 인정받을 수 있기 때문에 현실적으로는 상당수가 취학을 유예하고 있거나 적절한 교육 환경에 배치되지 못한 실정이다. 이러한 공교육 기회에서의 소외는 장애인에게 여러 가지 경제적·사회적 차별을 가져오게 되며, 이로 인한 사회적인 불평등의 결과를 도출할 수밖에 없는데, 장애여성은 공교육 소외가 가장 두드러지게 나타나는 집단으로, 장애여성의 경우에는 교육의 기회가 심각하게 제한되어 있다.

〈표 13-6〉 성별 교육 정도

구분	성별		연령별				장애 정도		전체
	남자	여자	17세 이하	18~44세 이하	45~64세 이하	65세 이상	중증 (1~3급)	경증 (4~6급)	
무학	2.9	16.9	2.1	0.7	2.9	15.4	7.0	9.9	8.9
초졸	22.0	37.6	64.1	2.5	14.3	43.4	26.3	30.0	28.6
중졸	19.3	15.7	21.0	6.3	20.3	18.9	15.6	19.1	17.8
고졸	37.1	21.5	11.9	52.8	44.1	16.3	35.9	27.3	30.5
대졸 이상	18.7	8.2	0.8	37.8	18.4	6.0	15.2	13.7	14.3
계	100.0	100.0	100.0	100.0	100.0	100.0	100.0	100.0	100.0
전국 추정	1,506,643	1,103,912	65,534	343,066	893,562	1,308,393	975,206	1,635,349	2,610,555

주: 만 7세 이상

출처: 한국보건사회연구원(2020). 장애인실태조사.

2020년 '장애인실태조사' 결과를 살펴보면 장애여성 중 무학이 16.9%로 장애남성(2.9%)의 거의 6배 수준에 달하고, 대학 이상의 학력을 가진 여성의 비율은 8.2%로 장애남성(18.7%)의 3분의 1 수준에 불과한 것으로 나타나 장애여성의 교육률이 현저히 낮음을 알 수 있다. 또한 유치원(보육시설)-초등학교-중학교-고등학교-대학교 입학 및 전학에서 차별을 받았다는 장애여성의 응답이 25.9%(장애남성, 24.0%), 42.8%(33.8%), 36.5%(32.0%), 28.3%(25.8%), 14.5%(6.5%)로 모든 응답에서 장애남성보다 높게 나타나고 있다. 특히 초등학교 입학 및 전학의 차별 경험 여부의 차이는 9%에 달하고 있고, 대학교 입학에서의 차별 경험도 9%의 남녀 차이를 드러내서, 장애여성이 장애남성에 비해 더 많은 교육상의 차별을 경험하고 있다는 사실을 확인할 수 있다. 보다 면밀한 조사를 통해 장애여성의 교육수준이 낮게 나타나는 사회환경적 또는 개인적 요인을 파악할 필요가 있다. 장애여성의 학업 포기, 중단의 이유는 경제적으로 어려워서가 65.8%로 나타났으며, 집에서 다니지 못하게 해서 15.7%, 심한 장애로 인해서가 9.7%로 나타났다. 장애남성의 경우 2순위는 심한 장애로 인해서가 16.8%로 높았고, 장애여성이 2순위였던 집에서 다니지 못하게 해서는 장애남성의 경우는 3.5%로 응답하였다. 장애를 가진 아들에 비하여 장애를 가진 딸에 대한 교육적 욕구와 지원이 가정 내에서 현저하게 낮은 현실을 보여준다. 우리 사회에 여성은 덜 배워도 괜찮다는 인식이, 특히 장애를 가진 여성에 대해서는 더욱 낮은 교육기대와 지원으로 드러나고 있다. 장애여성의 사회적 성취와 교육에 장애여성 가족의 낮은 기대가 장벽이 되고 있는 것으로 해석할 수 있다.

2) 장애여성과 노동

장애여성 노동의 가장 큰 특징은 낮은 경제활동참가율을 보인다는 것이다. '2020년 장애인실태조사' 결과에 의하면, 15세 이상 장애인의 실업률은 5.8%인데, 성별로 보면 장애남성의 실업률이 4.7%인데 비해 장애여성의 실업률은 8.9%로 거의 2배 이상 실업률이 높은 것을 알 수 있다. 장애남성의 경제활동참가율은 40.7%인데 비해 장애여성의 경제활동참가율은 18.7%에 그쳐 경제활동참가에서는 장애남성이 3배 이상 참가율이 높다는 것을 알 수 있다. 2021년 한국장애인고용공단에서 실시한 '장애인경제활동실태조사'에 따르면 장애인구 중 임금근로자는 여성이 109,693명, 남성이 349,154명으로 나타나 각각 23.9%, 76.1%로 나타났다. 이는 수치적으로 장애남성이 장애여성보다 2~3배 많이 일하고 있음을 보여준다. 또한 임금근로자 중 비정규직 비율을 보면 장애여성은 82.5%, 장애남성은 61.8%로 나타나 장애여성의 경제활동 참여율이 낮고 고용안정성이 떨어짐을 보여준다. 또한, '2020년 장애인 실태조사'에서 "장애여성으로 지내면서 가장 어려운 점이 무엇인가"에 대한 답변으로 취업 등 경제적 자립의 어려움이 가장 높은 응답률(22.5%)을 보였고 있으며, 그 다음으로 사회의 편견과 무시, 다중차별(11.7%)이 장애여성으로서의 삶을 어렵게 하는 요인으로 나타나, 노동시장 참여를 통한 경제적 자립에서 장애여성이 심각한 어려움을 경험하는 것을 알 수 있다.

〈표 13-7〉 성별 취업인구 및 취업률 (단위: %, 명)

구분	15세 이상 인구	경제활동인구			비경제 활동인구	경제 활동 참가율	취업률	실업률	인구대비 취업자 비율
		계	취업	실업					
남자	1,468,667	597,105	568,934	28,171	871,562	40.7	95.3	4.7	38.7
여자	1,089,228	203,934	185,873	18,061	885,294	18.7	91.1	8.9	17.1
계	2,557,895	801,039	754,807	46,232	1,756,856	31.3	94.2	5.8	29.5

출처: 한국보건사회연구원(2020). 장애인실태조사.

이처럼 경제활동참가율이 낮은 이유는 장애여성이 교육에서 차별로 인한 낮은 교육 수준으로 인해 노동시장에 진입할 수 있는 기회가 원천적으로 차단된 이유도 크다고 할 수 있다. 개인적으로 아무리 노력해도 경쟁 위주, 능력 우위의 시장논리가 관철되는 노동시장의 장벽을 돌파하기 어려울 수밖에 없는 것이다.

또한, 2020년 장애여성 취업자의 종사장 지위를 보면, 상용근로자 남성은 40.5%인데 비해 여성은 26.9%로 낮은 비율을 나타낸 반면, 임시근로자의 경우는 남성은 16.7%, 여성은 29.8%로 거의 2배 이상 높게 나타났다. 고용주의 경우도 남성은 4.2%에 비해 여성은 1.2%로 3배까지 낮은 비율을 보여, 장애남성에 비해 장애여성 취업자의 고용불안정이 매우 심각한 상황임을 알 수 있다.

〈표 13-8〉 종사상 지위 (단위: %, 명)

구분	성별		연령별				장애 정도		전체
	남자	여자	17세 이하	1~44세 이하	45~64세 이하	65세 이상	심한 장애	심하지 않은 장애	
상용근로자	40.5	26.9	–	58.9	40.5	16.8	37.7	37.0	37.2
임시근로자	16.7	29.8	–	23.4	14.1	27.4	27.6	17.5	19.9
일용근로자	9.7	11.3	–	6.4	8.3	15.8	9.6	10.3	10.1
고용주	4.2	1.2	–	1.5	4.9	2.5	3.8	3.4	3.5
고용원이 없는 자영업자	28.0	29.2	–	9.0	31.0	37.1	20.1	30.9	28.3
무급가족종사자	0.8	1.7	–	1.3	1.3	0.4	1.2	1.0	1.0
계	100.0	100.0	–	100.0	100.0	100.0	100.0	100.0	100.0
전국 추정수	568,934	185,873	–	156,116	374,787	233,904	184,590	570,217	754,807

출처: 한국보건사회연구원(2020). 장애인실태조사.

3) 장애여성의 재생산 및 모성권

장애여성들은 무성적 존재로서의 무력감을 경험하고 다중차별에 처하게 되면서, 재생산권 및 모성권을 보장받지 못하는 현실에 처해지는 동시에 또한 엄마가 되는 장애여성은 스스로에 대해 엄마역할을 성공적으로 성공적 수행하기 어려운 존재로 여긴다.

재생산권은 국내법적 개념이기보다는 국제기구 및 세계여성회의 등을 통해 반복적인 선언으로 주장되기 시작하면서 권리로 인식된 개념이다.[1] 국제기구

1) 1994년 카이로에서 열린 세계인구회의에서 채택된 행동강령에 의하면, "재생산권은 이미 국가 법률, 국제인권법 그리고 기타 유엔이 합의한 문서에서 인식되는 인권의 어떤 측면을 포함한다. 재생산권이란 모든 커플과 개인들이 그들의 자녀의 수, 터울, 시기를 자유롭고 책임 있게 결정할 수 있는 기본적 권리 및 그 권리를 행사할 수 있는 정보와 수단, 그리고 가장 높은 수준의 성적·재생산적 건강을 누릴 권리를 포함한다." 이는 그동안 여성의 출산력을 인구통제 수단으로 여겨온 기존의 국제기구·인구기관들과 여성 자신의 내재된 권리로 바라

및 세계여성회의에서 선언된 재생산권의 내용을 정리하면, 첫째, 성관계에 있어서의 피임 등과 관련한 평등한 성적 자기결정권, 둘째, 재생산의 여부 · 시기 및 횟수조절 등과 관련하여 강요된 낙태를 하지 않을 권리 및 원치 않는 임신에 대해 자유로운 결정으로 낙태할 권리로서 낙태 관련권, 셋째, 출산의 과정에서 육체적 · 정신적으로 안전한 보장을 위한 건강권을 그 내용으로 한다고 볼 수 있다(차선자, 2007). 장애여성에게 재생산권은 무성적으로 장애여성을 대우하고 전통적 의미에서 여성의 성역할로 간주되고 있는 능력이 없다고 여겨져 기회를 제한하거나 실제 성역할을 수행하고 있어도 가치를 인정하지 않는 현실에서 중요한 의미를 가진다. 모성권은 장애여성들도 비장애여성과 동일하게 출산, 육아 등 어머니로서의 역할을 수행할 수 있는 권리를 의미한다. 장애를 가진 부모의 자녀양육과 관련된 기존의 연구들은 부모의 장애로 인해 자녀에게 미치는 부정적인 영향에 초점을 두고 있어 장애여성의 모성능력에 대한 부정적인 측면이 주로 부각되고 있다(Olsen & Clake, 2003; Olsen & Wates, 2003).

그러나 우리 사회의 장애여성 재생산권 및 모성권 관련 정책은 모성권을 중심으로 매우 협소하게 시행되고 있다. '2020년 장애인실태조사'에 따르면, 장애여성에게 가장 필요한 서비스는 임신, 출산에 관한 정보제공(16%), 자녀양육지원서비스(15.2%)로 나타났다. 출산비용지원(9.1%), 임신출산 전문병원(8.0%)이나 활동지원서비스(10.1%)에 훨씬 앞서는 욕구로 나타났다. 정책적 영역에서 협소하게나마 시행되고 있는 모성권 보장정책이나 필요도는 더욱 강조되고 있다.

재생산권은 임신, 출산, 양육에 제한된 권리가 아니라 장애여성이 전 생애에 있어 성적 주체로서 성과 재생산에 관하여 자유롭게 선택하고 실현할 수 있는 권리이자 인권적인 측면에서 누구에게나 보장되어야 하는 보편적 권리이다. 그럼에도 임신, 출산, 양육 중심의 정책은 다양한 삶의 조건을 가진 이들을 배제

보는 여성주의자들의 주장이 절묘하게 결합되고, 재생산권을 여성의 건강, 권리, 평등, 힘 기르기의 중요성을 포함하는 통합적인 인권의 틀로 위치시키는 계기가 됐다.

시킨다. 또한 현행 정책 다수가 소득 및 장애 정도를 기준으로 대상자를 제한시키거나 유사서비스 중복불가의 원칙으로 필요한 지원들을 권리로써 보장받을 수 없게 만드는 문제가 있다.

국가인권위원회(2019)의 '장애인차별예방을 위한 장애여성 재생산권 및 모성권 보장정책 모니터링' 결과, 보건복지부에서 시행하고 있는 '장애여성 출산비용 지원'에 대해서는 장애여성 당사자 중 63.4%가 모르는 것으로 나타났고, 3~40대 장애여성은 대부분 자녀양육 시 어려움을 경험하고 있었다. 18세 이상 29세 이하 장애여성은 '자녀양육 및 교육비용' 27.4%, '아이를 돌볼 사람이나 시설 부족' 26.2%, '주변의 편견 및 시선 때문에' 26.0%로, 자녀양육 시 경제적 어려움이나 돌봄지원의 어려움이 크고, 주변의 편견으로 인한 어려움도 다른 연령대에 비해 응답률이 높았다. 18세 이상 29세 이하 장애여성은 임신과 관련하여 겪는 어려움으로 '자녀가 장애를 가질까봐 두려움'이 38.2%로 가장 많았고, '가족들의 출산 반대' 27.4%, '본인의 건강악화' 26.2%의 순으로 어려움이 많았다. 30대 장애여성이 임신기간 동안 힘들었던 점은 '본인의 건강악화'가 18.8%로 가장 많았다. 출산 후 산후조리는 18세 이상 29세 이하 장애여성은 47.9%가 충분하다고 응답하였고, 30대 장애여성은 59.1%, 40대 장애여성은 50.4%가 출산 후 산후조리가 충분하다고 생각하고 있는 것으로 나타났다. 장애여성의 재생산권 보장을 위해 관련 서비스를 제공하고 있는 병원을 현장방문하여 모니터링을 실시한 결과, 장애여성 친화적 병원시설을 갖춘 병원이 절대적으로 부족하다는 의견과 장애여성의 임신과 출산과 관련하여 장애 유형별 특성과 치료방안에 대한 의료진의 정보가 부족한 실태를 확인되었다.

4) 개선과제

장애여성의 현안에 대한 개선과제는 국가인권위원회(2019)의 장애여성 관련

차별예방 정책 모니터링 결과를 통해 살펴보고자 한다.

(1) 장애여성과 교육

첫째, 장애여성 맞춤형 교육이 필요하다. 기본적으로 학력이 비장애여성이나 장애남성에 비해 낮은 장애여성은 직업을 가지거나 사회생활을 위해, 경제활동을 위해 다양한 교육을 필요로 한다. 그러나 낮은 학력으로 인해 일반적으로 실시하는 교육을 완전히 수용할 수 없는 경우와 장애여성 중에서 비교적 학력이 높은 장애여성에게 개별적으로 필요한 교육지원이 필요하다. 이러한 맞춤형 교육은 장애 유형별 특성, 교육수준별 특성, 향후 계획에 따른 고려하여 다차원적으로 제공되어야 한다.

둘째, 장애여성을 위한 학령기 교육과 평생교육의 상호보완적 협력 및 성인지 관점이 필요하다. 공교육은 의무교육을 통해 국민이 정당한 교육을 받고 미래를 준비할 수 있도록 하기 위한 가장 기본적인 조건임에도 장애여성은 그러한 공교육에서 그동안 소외된 부분이 있었다. 특히 사회구조적 문제로 인해 교육에서 소외된 장애여성은 모든 국민들 중 가장 열악한 교육적 환경에 놓여 있으며 여전히 장애여성의 학력은 장애남성의 절반 수준에 그치고 있다. 장애인을 대상한 공교육 보장이 통합교육 및 특수교육을 바탕으로 교육계 내에서 확산되고 있는데, 이 과정에서 성인지 관점을 충분히 적용해야 할 것이다. 평생교육은 기본적인 공교육을 바탕으로 각자 자신의 삶을 원하는 방식으로 설계하기 위해 주어져야 하며, 전 생애에 걸쳐 자유롭게 선택할 수 있어야 한다. 교육의 평등이 평생교육의 평등으로 이어지고 전생애주기에 걸친 교육으로 이어져야 한다. 장애여성의 채워지지 않은 평생교육 욕구가 있다면 이제는 이러한 부분에 정책적 고려가 필요하며, 장애통합적이고 성인지적인 평생교육 시스템을 마련해야 할 것이다.

(2) 장애여성과 노동

첫째, 저소득 장애여성의 낮은 임금을 보존할 수 있는 근로수당에 대한 고려가 필요하다. 중증장애여성이 수급자가 되기 용이하게 하기보다는 일을 통해 낮활동 및 자아실현을 할 수 있는 기회를 제공하고, 저소득을 보충할 수 있는 근로수당을 지원하여 장애여성의 사회참여를 증진하는 방안 마련이 필요하다. 한편 미취업 장애여성에 대해서는 취업을 위한 직업훈련을 받는 동안 생계유지를 위한 훈련수당의 증액이 필요하다.

둘째, 장애여성 맞춤형 고용 전제 훈련 및 편의시설제공이 필요하다. 훈련 중 자녀양육의 문제나 가사와의 이중부담의 문제, 고용 유지를 위한 출퇴근 이동 문제 등 장애여성이 취업훈련을 받는 동안 필요하고 취업 이후에도 유지되어야 하는 지원서비스에 대한 고려가 필요하다. 또한 장애여성의 구직활동 및 취업을 위한 체계가 보다 실질적으로 갖추어져야 한다. 즉, 고용을 전제로 한 훈련이 필요하며, 인턴제도와의 연계 및 실질 고용으로 이어지는 선순환체계가 마련되어야 한다.

셋째, 장애여성이 접근하기 쉬운 곳을 중심으로 장애여성의 고용에 관한 정보를 적극적으로 제공하는 노력이 요구되어, 장애여성에게 정보를 용이하게 제공할 필요가 있다. 또한 취업한 장애여성의 낮은 소득수준이나 일자리의 질이 장애남성에 비해 열악한 것으로 나타났다. 이를 위해 앞에서 언급한 임금보장뿐만 아니라 승진보장 등을 통해 장애여성이 경력을 유지할 수 있도록 하고 필요한 경우 직무조정이나 직무재배치 등을 통해 고용안정을 지원할 필요가 있다.

(3) 장애여성의 재생산 및 모성권

첫째, 장애여성 출산 통계 구축이 필요하다. 정책연구를 위해 통계가 구축되어야 함에도 불구하고 여성장애인의 재생산권 및 모성권 관련 현황을 살펴볼 수 있는 국가통계가 미비하다. 따라서 '전국 출산력 및 가족보건복지실태조사'에 각 항목별 장애 관련 문항 추가, '다문화 통계'에 장애여성 관련 문항이 추가되어야 한다.

둘째, 장애여성의 재생산권리 및 양육지원정책의 국가서비스화가 필요하다. 특히 장애여성을 대상으로 하는 산후조리원, 장애여성 홈헬퍼 지원 확대, 출산비 지원 확대가 요구된다. 자녀를 양육하는 장애여성의 양육지원서비스를 국가서비스화하는 것에 대한 고려가 필요하다.

셋째, 장애여성이 지역의 장애 관련 기관과 협조체계를 구축하여 장애여성의 건강검진 시기 도래 시 병원을 방문하여 진료를 받을 수 있도록 지원하는 체계를 마련해야 한다. 장애여성의 경우 주기적으로 건강검진을 받지 않는다거나 병원 방문에 대한 거부감으로 진료를 받는 데 대한 심리적 어려움을 호소하므로, 관련 기관 및 단체에서는 병원 방문 시 이동 및 의사소통을 지원하고, 병원에서는 장애여성의 건강검진 및 진료에 대한 안내를 기관 및 단체를 통해 지속하는 것이 중요하다.

CHAPTER 14

발달장애와 인권

학습목표

1. 발달장애인의 법적 정의와 특징 및 현황에 대해 이해한다.
2. 발달장애인의 권리보장을 위한 법적 체계 및 근거에 대해 고찰한다.
3. 발달장애인 주간활동서비스와 공공후견지원사업의 현황과 개선과제에 대해 고찰한다.

1960년대 스칸디나비아지역을 중심으로 발달장애인의 비정상적 생활환경에 대한 문제제기에서 정상화이론[1]이 출발했다(Wolfersbergers, 1972). 영국에서는 '발달장애인의 일상적인 생활을 강조하는 보통의 생활(ordinary life)', '사람들이 가치를 인정받으면서 살도록 하기(valuing people)' 등이 발달장애인 정책의 핵심적인 용어로 사용되었을 정도로 발달장애인은 장애정책에서도 주목받지 못하고 오랜 세월 배제되어 왔다.

전체 장애인 수의 10% 정도에 지나지 않지만 발달장애에 대한 구체적인 이해를 전제해야만 발달장애인의 교육, 직업재활 및 고용, 정보접근성 등의 개입 효과를 담보할 수 있는 특성을 가진다는 점에서 중점 지원 대상으로서 발달장애인을 살펴보고자 한다.

1) 정상화이론은 1960년대 후반 스칸디나비아에서 발달장애인(지적장애인) 서비스 실천의 원칙으로 제기된 이론으로 시설보호에 반대하며, 일상적인 생활형태와 리듬을 강조하는 개념이다.

1. 발달장애의 이해

1) 발달장애의 정의

발달장애는 발달이 평균으로부터 유의미하게 일탈하여 신체적 · 정신적 또는 두 가지 영역 모두에서 심각하고 만성적인 장애가 지속될 가능성이 있는 장애를 말한다.

발달장애라는 개념은 미국 공법 88-164, 『정신지체 시설 및 지역사회정신건강센터 건축법』(Mental Retardation Facilities and Community Mental Health Centers Construction Act of 1963)에서 소개되기 시작하였다. 이 법에서는 발달장애를 정신지체, 뇌성마비, 간질 또는 18세 이전에 발생하는 기타 여러 신경학적 장애를 의미하는 것으로, 비교적 항구적으로 증상이 나타날 수 있다고 정의하였다. 그러나 1984년 미국 공법 98-527인 「발달장애인법」(The Developmental Disabilities Act of 1984)에서는 발달장애에 특별히 정신지체 · 뇌성마비 등의 특정 장애의 명칭을 표현하지 않았으며, 22세 이전에 발생하는 것으로 연령을 변경하였다. 또한 발달장애의 진단을 충족시키기 위해서 적어도 주요 일상생활에서 3가지 이상의 기능에 명백한 제한이 나타나야 한다고 규정하였다. 여기서 말하는 주요한 일상생활은 자기관리(self-care), 수용 및 표현언어(receptive and expressive language), 학습(learning), 이동(mobility), 자기지시(self-direction), 독립생활능력(capacity for independent living), 경제적 자족(economic sufficiency)의 7가지 영역이다. 이 정의에서 만성적인 것은 인생에 걸쳐서 그 상태가 지속적으로 유지될 것이라는 것을 뜻한다. 그러나 장애의 상태가 심각하여 중증(severe)이라는 의미는 그 한계가 명확하지 않다. 예를 들어, 이 법률에 따르면 정신지체이면서 장애의 정도가 매우 가벼운(mild) 수준은 발달장애의 범주에 포함시켜야 하는지 의문을 제기할 수 있다. 그리고 신체적 · 정신적 또는 신체와 정신 양측 모두에서 장애를 나타내는 것을 어떻게 규정하느냐에 따라 학습장애, 자폐범주성장애, 뇌성마비 등을 발달장애에 포함시키기도 하고 그렇게 하지 않는 사람들도 있다. 또한 발달장애는 통상 자폐범주성장애를 지칭하는 경우가 있다. 그 이유는 '정신장애의 진단 및 통계편람-제4판(DSM-IV)'의 전반적 발달장애(pervasive developmental disorders: POD)에 자폐성장애, 레트장애, 소아기붕괴성장애, 아스퍼거장애, 달리 분류되지 않는 전반적 발달장애를 소개하고 있기 때문이다(국립특수교육원, 2009).

우리나라에서 발달장애라는 장애 유형은 1999년 1월 「장애인복지법」이 전부개정되면서 처음으로 등장했다. 당시 법률의 개정으로 장애인에 대한 정의가 일반적인 것으로 변경되고, 2000년부터 장애 범주가 5가지에서 10가지로 확대되면서 당시 「장애인복지법」 시행령 〈별표 1〉에서 정의한 발달장애인은 "소아기 자폐증, 비전형적 자폐증에 의한 기능 및 능력 장애로 인하여 일상생활 혹은 사회생활을 영위하기 위한 기능 수행에 제한을 받아 도움이 필요한 사람"을 의미했다. 이는 현재의 자폐성장애인을 의미하는 것으로 처음에는 자폐성장애인을 발달장애인이라고 법적으로 칭하였다. 그러나 지난 2007년 「장애인복지법」이 다시 개정되고 같은 해 10월 시행령이 개정되면서 발달장애는 자폐성장애로, 정신지체는 지적장애로 장애명이 변경되면서 발달장애라는 용어가 법적인 용어에서 제외되었다. 이후 2019년 「발달장애인 권리보장 및 지원에 관한 법률」이 제정되면서, 발달장애인에 대한 법적 정의가 마련되었다(김진우, 2014).

우리나라는 「발달장애인 권리보장 및 지원에 관한 법률」 제2조에서 발달장애인을 다음과 같이 정의하고 있다.

「발달장애인 권리보장 및 지원에 관한 법률」 제2조

발달장애인이란 「장애인복지법」 제2조 제1항의 장애인으로서 다음 각 목의 장애인을 말한다.

가. 지적장애인: 정신 발육이 항구적으로 지체되어 지적능력의 발달이 불충분하거나 불완전하여 자신의 일을 처리하는 것과 사회생활에 적응하는 것이 상당히 곤란한 사람

나. 자폐성장애인: 소아기 자폐증, 비전형적 자폐증에 따른 언어·신체표현·자기조절·사회적응 기능 및 능력의 장애로 인하여 일상생활이나 사회생활에 상당한 제약을 받아 다른 사람의 도움이 필요한 사람

다. 그 밖에 통상적인 발달이 나타나지 아니하거나 크게 지연되어 일상생활이나 사회생활에 상당한 제약을 받는 사람으로서 대통령령으로 정하는 사람

현재 우리나라의 발달장애인의 정의는 지적장애와 자폐성장애를 포괄할 뿐만 아니라, 그 밖에 통상적인 발달이 나타나지 아니하거나 크게 지연되어 일상생활이나 사회생활에 상당한 제약을 받는 사람까지를 포함한다고 할 수 있다.

2) 주요 발달장애의 이해

(1) 지적장애의 법적 정의와 특징

우리나라 「장애인복지법」상 지적장애인(장애의 정도가 심한 장애인에 해당함)은 '지능지수가 70 이하인 사람으로서 교육을 통한 사회적 · 직업적 재활이 가능한 사람'이다.

특수교육학 용어사전(특수교육원, 2009)에서 지적장애는 다음과 같이 설명하고 있다.

지적장애는 정신지체 용어를 대체한 새로운 용어이다. 미국정신지체협회(American association mental retardation: AAMR, 현 American association on intellecual development disorder: AAIDD)에서 이전에 정신지체로 명명했던 장애인들에게 동일하게 적용되는 용어이다. 정신지체 대신에 지적장애를 선호하게 된 데에는 여러 가지 원인들이 있지만, 그 중에서도 다음의 5가지가 가장 주요한 이유이다.

① 지적장애는 미국정신지체협회(American association on intellectual development disorder: AAIDD)와 세계보건기구(WHO)에서 기술하고 있는 변화된 장애의 개념을 반영한다.
② 지적장애는 기능적 행동들과 상황적(맥락적) 요인들 모두에 초점을 두고 있는 현재의 전문적인 실제들과 조화된다.
③ 지적장애는 사회-생태학적 구조에 기반을 두고 있기 때문에 개별화된 지원제공을 위한 근거를 논리적으로 제시한다.
④ 지적장애는 장애인들에게 덜 불쾌한 용어이다.
⑤ 지적장애는 국제적인 용어 사용의 추세에 보다 더 일치한다.

이와 같이 지적장애가 정신지체라는 용어보다 더 잘 수용됨에 따라 미국정신지체협회도 2007년 1월부터 명칭을 미국지적장애 및 발달장애협회(American association on intellectual development disorder: AAIDD)로 변경하였다. 우리나라 「장애인복지법」에서는 지적장애라고 하고 있으며, 「장애인 등에 대한 특수교육법」에서는 정신지체라는 용어가 사용되고 있다.

신현석(2013)은 지적장애의 특성을 다음과 같이 제시하고 있다.

① 동기유발 부족: 지적장애인은 학령기에서부터 자주 실패에 부딪히기 때문에 실패를 미리 예상하는 경향이 있다. 즉, 실패의 쓴 경험에서 도피하기

위해 그들은 실패를 야기하는 상황을 피하는 경향을 보이며, 결과적으로 자기성취 예언과 목표를 낮게 설정하는 경향이 있다. 학업을 성취하지 못하거나 성공감과 만족감을 갖지 못하는 경우 어떤 상황이나 대상을 피하고 싶어 한다. 그것이 결국 부정적인 영향을 미치게 된다.

② 의존적인 경향: 지적장애인은 문제상황을 해결하기 위해 일반적으로 다른 사람에게 의존하는 경향을 보인다. 이는 곧 그들 자신의 능력에 대한 불신의 결과이다. 따라서 지적장애아동의 경우 교사나 조력자, 동료아동의 도움을 요구하는 의존 경향을 나타낸다.

③ 부정적 자아 개념: 지적장애인은 일반적으로 열등한 자아 개념을 가진다. 그들은 자신의 능력과 잠재성에 대해 부정적이다. 이런 부정적 자아 개념은 생활에의 부적응과 중요한 상관관계를 가지고 있다.

④ 말과 언어의 지체: 말과 언어의 발달은 지적발달과 밀접하게 연관되어 있기 때문에 지적장애인은 말과 언어의 구사에 많은 어려움을 지니고 있다. 특히, 음의 대치와 생략 같은 조음장애가 자주 발생하고, 구어발달의 지연, 제한된 어휘, 그리고 정확하지 않는 문법 사용 등을 포함한 언어장애를 갖는 것이 보통이다.

⑤ 주의집중력 및 단기기억력 부족: 지적장애인은 주의집중의 3요소, 즉 주의집중 지속시간, 주의집중의 범위와 초점, 선택적 주의(중요한 자극특성의 변별)에 심한 곤란을 가지며, 일반적으로 장기적으로는 정보를 보유하지만 단기기억분에서는 한계를 가지고 있다.

⑥ 적응능력의 부족: 지적장애인의 대인관계가 원만하지 못하고 여러 상황에 적응하지 못하는 것은 적응능력이 부족하기 때문이다. 특히 자기지향성, 책임감, 사회적 기술 등이 부족하여 부적절한 행동을 하게 되고 이로 인해 주위 사람들로부터 거부당하는 것을 볼 수 있는데, 이러한 거부는 비장애인들이 지적장애인에 대한 행동의 부적절성을 의식하는 데서도 비롯된다.

(2) 자폐장애의 법적 정의와 특징

우리나라 「장애인복지법」상 자폐성장애인(장애의 정도가 심한 장애인에 해당함)은 '제10차 국제질병사인분류(International Classification of Diseases, 10th Version)의 진단기준에 따른 전반성발달장애(자폐증)로 정상발달의 단계가 나타나지 않고, 기능 및 능력장애로 일상생활이나 사회생활에 간헐적인 도움이 필요한 사람'이다.

특수교육학 용어사전(특수교육원, 2009)에서 자폐범주성장애는 다음과 같이 설명하고 있다.

> 자폐범주성장애(자폐스펙트럼장애)는 자폐의 정도와 예후가 매우 다양함을 강조하여 과거 사용되던 자폐증의 진단명을 수정한 용어이다. 자폐범주성장애는 사회적 상호작용에서의 질적 결함, 의사소통의 질적 결함, 제한적이고 반복적인 상동적 특징을 보이는 행동 중 최소한 한 가지 이상의 영역에서 발달지체나 비정상적인 기능이 3세 이전에 나타난다.
>
> 자폐범주성장애의 원인은 복합적인 생물학적 요인으로 추정되고 있으나 아직까지 명확한 원인이 제시되지 못하고 있는 상황이다. 오랫동안의 실증연구들을 통하여 밝혀진 적절한 중재방법으로는 조기중재, 응용행동분석, 아동의 관심에 근거한 교육프로그램 제공, 예측 가능한 시간표, 작은 단계로 세분화한 교수 제공, 고도로 구조화된 환경에서 아동의 관심에 따른 활동 참여, 가족 참여 등이 제시되고 있다.

자폐성장애인이라는 용어에서도 쉽게 알 수 있듯이 자폐스펙트럼장애를 지닌 사람들은 자폐 성향의 정도나 발달특성 등이 각기 다르며, 모든 자폐성장애인이 자폐성장애의 모든 특성을 다 보이는 것도 아니며, 몇 가지 유사한 특성들을 지니고 있다고 해서 자폐스펙트럼장애를 가지고 있다고 단정할 수도 없다.

자폐인 100명을 만나면 100명이 다 달라서 그에 맞춘 진단과 처방과 교육이 다 달라진다는 점이 자폐라는 장애가 쉽지 않은 점이라 할 수 있다.

자폐인 중의 하나인 템플 그랜딘(Temple Grandin)의 저서 『어느 자폐인 이야기』(2011)에서 정리한 자폐아동의 특징을 정리해 보면 다음과 같다.

첫째, 자폐증이란 감각통합과 처리에 이상이 있기 때문에 겪는 신경계의 장애이다. 감각은 외부세계의 정보를 받아들여 뇌에 전달하고, 그럼으로써 뇌가 그에 반응하고, 판단하고, 말과 행동을 할 수 있게 하는 기제이다. 그런데 자폐아동은 감각이 받아들인 정보를 제대로 처리하고 통합하는 과정에서 비장애인과 달리 어려움을 경험한다. 감각채널이 서로 뒤섞이기 때문에 들으면서 동시에 보기가 힘들고, 친구가 말하는 것을 듣고 있을 때는 고양이가 무릎에 뛰어올라도 알아차리지 못한다고 한다. 감각장애가 심한 사람들은 현실이 어떤지 파악하기가 힘들다. 자폐의 행동은 이상스럽게 보이는 경우가 많지만, 사실 이런 행동은 왜곡되거나 지나치게 강렬한 감각자극에 대한 반응일 뿐이다. 행동을 관찰해 보면 어떤 감각에 문제가 있는지 알 수 있다. 눈앞에서 손가락을 튕기는 아이는 시각처리에 문제가 있을 수 있고, 손으로 귀를 막는 아이는 청각이 지나치게 예민한 경우다.

영화 "템플 그랜딘(2010)"은 템플 그랜딘의 생애를 다룬 영화이다. 영화에서 엄마나 이모가 아이를 끌어안으려 하는데, 아이가 포옹을 거부하고 밀어내는 장면이 나온다. 그렇다면 이 아이가 엄마나 이모를 싫어하기 때문인가? 그렇지 않다. 시각이나 청각처럼, 촉각의 감각 과부하를 처리할 능력이 없어서이기 때문이다. 한 자폐인 여성은, 자기는 접촉을 좋아하지만 그걸 느낄 시간을 갖기 위해서는 자기가 먼저 접촉을 시도해야 한다고 말했다. 예전에는 자폐인들의 이런 이상한 행동을 아무도 이해하지 못했지만, 전부터도 많은 자폐아들이 매트리스 밑으로 기어 들어가거나 몸이 끼는 좁은 장소에 들어가 있고는 했었다. 그래서 템플 그랜딘은 예방주사를 놓기 위해 소의 몸을 압박하는 슈트를 본떠서 자신이 들어갈 수 있는 압박슈트를 발명해냈다. 압박슈트로 소의 몸을 좌우와 앞뒤에서 일정한 압력을 가해 눌러 주면 소는 안정감을 느끼고 주사를 놓을 때도 조용히 잘 참아내고는 한다. 이 원리를 자신에게 적용한 것이다. 여기서 중요한 것은 그 압력을 자신이 조절할 수 있었다는 점이다. 다른 사람의 포옹을 받을 경우에는 그 압력의 크기를 짐작할 수 없고 그 감각이 너무 압도적으로 밀려 들어와서 공포감에 포옹을 밀어내고는 했지만, 이 압박슈트로는 포옹이 주는 적당한 압력을 즐기면서도 스스로가 자극을 감당할 수 있었다.

둘째, 자폐장애인은 사고나 행동에 유연성이 부족하다. 자폐장애인들은 정해진 순서나 루틴이 아니면 큰 불안감을 느끼는 경우가 많은데, 이런 자폐장애인에게는 어떤 사회적 행동이 적절하고 어떤 것은 적절하지 않은지 확실하게 말해주어야 한다. 예기치 않은 상황을 만났을 때 재빠르게 반응하기가 힘든 것은, 아마도 그 다음 장면을 상상하기 힘들기 때문일 수 있다. 상황에 대처하는 유연성과 임기응변능력을 가진다는 것은 자폐장애인에게 성장의 큰 표시이다.

셋째, 자폐장애인은 언어와 대화에도 장애를 가진다. 대부분의 자폐아동들에 있어서 언어발달은 거의 일어나지 않거나 지연되는 현상을 보이며, 언어발달이 일어나더라도 말의 의미를 적절하게 이해하지 못한다. 자폐아동은 단어를 부적절하게 사용할 때가 많다. 이런 부적절한 단어는 말하고자 하는 바와 논리적 · 연상적 연관이 있을 때도 있고 그렇지 않을 때도 있다. 예를 들어 어떤 자폐아동은 밖에 나가고 싶을 때 "개"라고 말한다. 그 아이에게는 "개"라는 단어가 밖에 나가는 것과 연관이 되는 것이다.

3) 발달장애인의 현황

2021년 현재 우리나라 전체 등록장애인은 264만여 명이다. 정신적 장애인의 한 유형으로 분류되어 있는 발달장애인은 지적장애인과 자폐성장애인으로, 지적장애인은 22만1천여 명, 자폐성장애인은 3만3천여 명으로 발달장애인은 2010년 7.0%, 2015년 8.5%, 2019년 9.2%, 2022년 10.3%로 증가하는 추세이다(통계청, 2022).

〈표 14-1〉 2021년 등록장애인 중 발달장애인 현황

등록장애인 현황	계	남자	여자
지적장애인	221,557	133,375	88,182
자폐성장애인	33,650	28,218	5,432
발달장애인 전체	255,207	161,593	93,614
등록장애인 전체	2,644,700	1,528,280	1,116,420

출처: 통계청(2022).

〈표 14-2〉 2020년 발달장애인 출현율

성별 / 장애 유형		전체		남자		여자	
		추정수(명)	구성비(%)	추정수(명)	구성비(%)	추정수(명)	구성비(%)
계		2,622,950	100	1,515,782	100	1,107,168	100
지적장애	계	214,792	8.2	136,671	9.0	78,121	7.1
	0~9세	12,555	5.8	9,523	7	3,032	3.9
	10~19세	32,501	15.1	21,038	15.4	11,463	14.7
	20~29세	52,288	24.3	36,316	26.6	15,972	20.4
	30~39세	42,522	19.8	27,432	20.1	15,090	19.3
	40~49세	33,456	15.6	19,248	14.1	14,208	18.2
	50~59세	25,320	11.8	12,876	9.4	12,444	15.9
	60~69세	11,824	5.5	7,056	5.2	4,768	6.1
	70세 이상	4,326	2	3,182	2.3	1,144	1.5

자폐성장애	계	29,466	1.1	25,140	1.7	4,326	0.4
	0~9세	29,466	100	25,140	100	4,326	100
	10~19세	7,651	26	6,426	25.6	1,225	28.3
	20~29세	10,275	34.9	8,826	35.1	1,449	33.5
	30~39세	8,393	28.5	6,960	27.7	1,433	33.1
	40~49세	3,033	10.3	2,814	11.2	219	5.1
	50~59세	114	0.4	114	0.5	0	0
	60~69세	0	0	0	0	0	0
	70세 이상	0	0	0	0	0	0

출처: 통계청(2022).

2. 발달장애인 관련법

1) 정신지체장애인의 권리선언(1971)

1971년 유엔(UN)에서 선포한 '정신지체장애인의 권리선언'은 1975년의 '장애인 권리선언'과 1998년의 '장애인 인권헌장'에 보다 먼저 제정되었으며, 정신지체장애인들의 인간으로서의 동등한 권리주장과 인정을 담고 있다.

제1조 정신지체인은 국민으로서 일반 시민과 동등한 기본적 권리를 갖는다.

제2조 정신지체인은 그 상태가 아무리 심하다 할지라도 그의 능력과 가능성을 최대한도로 발전시킬 수 있도록 적절한 의학적 조치와 교육, 훈련, 재활 및 지도를 받을 권리를 가진다.

제3조 정신지체인은 안정된 경제생활을 보장받을 권리가 있다. 또한 생산적이며 뜻있는 직업에 종사할 권리를 갖는다.

제4조 정신지체인은 가족과 함께 살 권리가 있다. 또한 모든 사회생활에 참여하며 여가를 즐길 수 있는 조치가 마련되어야 한다. 정신지체인과 동거하는 가족들은 부조를 받아야 한다. 만일 시설에서의 양호가 필요한 자라면 그 시설은 최대한도로 가정적 분위기가 조성되어야 한다.

제5조 정신지체인은 자기의 개인적인 복지나 이익을 보호하기 위해 필요할 때는 자격 있는 후견인을 가질 권리가 있다.

제6조 정신지체인은 착취와 남용과 학대로부터 보호받을 권리가 있다. 만일 고소를 당한다면 그의 심신상의 책임능력을 충분히 인정하여 공정한 재판을 받게 해야 한다.

제7조 정신지체인이 중증으로 그 모든 권리를 유용하게 행사할 수 없을 경우 또는 그 권리의 일부나 전부가 제한하도록 배제되어야 할 필요가 생겼을 경우에 이에 적용하는 절차가 남용되지 않도록 법적으로 보장되어 있어야 한다.

2) 발달장애인 권리보장 및 지원에 관한 법률(2014)

(1) 제정과정 및 의미

「발달장애인 권리보장 및 지원에 관한 법률(이후 발달장애인지원법)」은 발달장애인의 의사를 최대한 존중하고, 생애주기에 따른 특성 및 복지 욕구에 적합한 지원과 권리옹호를 통해 인간다운 삶을 영위할 수 있도록 하는 목적으로 제정되었다.

「발달장애인지원법」의 제정과정을 살펴보면, 2005년부터 한국지적장애인복지협회를 중심으로 가칭 「지적장애인 등의 권리보장 및 지원에 관한 법률」을 제정하려는 노력이 있어 왔고, 2007년 지적장애인 등의 권리보장 및 지원에 관한 법률이 성안이 된 이후 장애인 부모 단체들이 다른 나라의 발달장애인 지원체계를 토대로 발달장애인 지원에 대한 법제화를 요구하기 시작하였다. 2012년 2월 한국장애인부모회, 한국지적장애인복지협회, 한국자폐인사랑협회, 전국장애인부모연대 등 발달장애인 관련 국내 주요 4개 단체가 「발달장애인지원법」의 제정을 목표로 2012년 2월 22일에 발달장애인법제정추진연대를 결성하였으며, 2012년 5월 30일에 김정록 의원에 의해 법률안이 대표 발의되었다. 위 법률안은 국회 보건복지위원회의 검토 및 심사를 거쳐 대안반영 폐기되었으며, 「발달장애인 권리보장 및 지원에 관한 법률」이라는 명칭으로 2014년 5월 20일 제정되어 이듬해인 2015년 11월 21일부터 시행되었다(송진성, 2017).

「발달장애인지원법」은 법조문의 배치에서부터 발달장애인의 권리를 보장하기 위한 의지가 담겨 있다. 즉, 원칙적으로 자신의 신체와 재산에 관해 스스로 결정할 권리가 있음을 천명하며(제3조 제1항), 자기결정권 보장(제8조)의 조문을 성년후견(제9조), 의사소통지원(제10조)의 앞에 위치하여 발달장애인의 권리를 보장함에 있어 발달장애인이 스스로 결정하도록 하는 것이 원칙임을 강조했다. 이후 법 제9조에서는 성년후견제의 이용을 위한 요건 및 절차를 명시하고 있는데, 구체적으로 성인 발달장애인에게 의사결정의 대리 또는 지원이 필요한 상당한 이유가 있는 경우에는 지방자치단체의 장이 「민법」에 따라 가정법원에 후견심판을 청구하게 된다. 이와 관련한 발달장애인 '공공후견지원사업'은 국가와 지방자치단체의 예산으로 후견서비스를 제공하는 것으로 2013년 9월부터 시행되고 있다. 제10조에서는 의사소통지원을 정하여 발달장애인의 권리와 의무에 중대한 영향을 미치는 정보를 이해하기 쉬운 형태로 작성 · 배포하도록 하고 있으며, 이후 복지지원 및 서비스의 장에서는 사회복지서비스 신청, 계좌관리, 고용, 문화활동 등 다양한 범위의 활동에 있어서 발달장애인을 지원하도록 정하고 있는 등 「발달장애인지원법」은 자기결정권 보장과 의사존중에 대한 제 원칙을 법의 기본 목표로 담아냈다는 의의를 가진다(신진호 · 이아영, 2021).

「발달장애인지원법」은 다른 법과 다르게 서비스만을 규정하지 않고 권리보장을 함께 반영하고 있다. 「발달장애인지원법」은 자기표현이나 자기결정이 어려운 발달장애인의 특성을 반영하여 권리 보장과 서비스 보장을 동시에 제시함으로써, 발달장애인이 인권침해의 피해자나 의존적인 존재로서의 삶이 아니라 자기결정권을 누리는 인간다운 생활 보장을 위한 서비스 내용을 담고 있다.

(2) 「발달장애인지원법」의 내용과 구성

「발달장애인지원법」은 총 7장 44조 및 부칙으로 구성되어 있다. 발달장애인의 권리 보장으로 제8조~제17조와 발달장애인의 복지 욕구 및 필요를 전제한 복지 지원 및 서비스 조항으로 제18조~제29조로 크게 나눌 수 있다. 또, 이러한 발달장애인의 권리 및 서비스가 통합적으로 지원될 수 있도록 발달장애인지원센터의 설치 및 역할을 제33조~제38조에서 명시하고 있다.

「발달장애인지원법」의 제정 목적은 "발달장애인의 사회참여를 촉진하고, 권리를 보호하며, 인간다운 삶을 영위하는 데 이바지함을 목적으로 한다"고 제1조에 규정되어 있다.

우선, 「발달장애인법」은 발달장애인의 권리보장과 관련하여 성년후견제 이용지원, 의사소통지원, 자조단체의 결정, 형사 · 사법절차상 권리보장, 발달장애인에 대한 전담 조사제, 발달장애인 대상 범죄 방지, 신고의무, 현장조사, 보호조치 등의 내용을 명시하고 있다. 또한 발달장애인의 인권침해 예방 및 피해구제를 위해 제12조에서 형사 · 사법절차상에서 발달장애인을 위한 보조인을 동석할 수 있게 하고, 제13조에서는 발달장애인 전담 검사 및 전담 사법경찰관을 지정하게 하고, 제15조에서는 학대 등 발달장애인 인권침해 사실 신고 의무대상자를 규정하면서 발달장애인지원센터를 신고기관으로 명시하고 발달장애인지원센터의 조사권을 부여하여 발달장애인 인권침해와 범죄 피해 예방과 최소화를 도모하였다.

두 번째로, 발달장애인에 대한 서비스 지원에 대해 명시하고 있다. 「발달장애인법」 제19조에서 발달장애인 개인별 지원계획을 수립하여 개인의 복지 욕구 및 필요에 맞는 서비스 제공을 목표로 있고 있다. 제28조에서 소득보장에 관한 선언적 규정을 포함하고, 제30조~제32조에서는 발달장애인 당사자 외 가족 및 보호자를 위한 지원을 명시하고 있다. 그리고 발달장애인의 통합적 서비스 지원을 위해 발달장애인지원센터를 설치할 수 있도록 제33조~제38조에서 규정하고 있다.

권리보장	복지지원	
성년후견제 의사소통지원 자조단체 결성 형사·사법권리 전담조사제 범죄피해 방지 현장조사·보호	개인별 지원계획 조기진단개입 재활·발달지원 소득보장	가족지원 – 정보제공 – 상담지원 – 휴식지원 발달장애인지원센터 – 중앙센터 – 지역센터

(3) 「발달장애인지원법」에서의 자기결정권 보장

「발달장애인지원법」에서의 자기결정권 보장은 권리의 보장은 제8조에 명시되어 있다.

제8조 (자기결정권의 보장)

① 발달장애인은 자신의 주거지의 결정, 의료행위에 대한 동의나 거부, 타인과의 교류, 복지서비스의 이용 여부와 서비스 종류의 선택 등을 스스로 결정한다.
② 누구든지 발달장애인에게 의사결정이 필요한 사항과 관련하여 충분한 정보와 의사결정에 필요한 도움을 제공하지 아니하고 그의 의사결정능력을 판단하여서는 아니 된다.
③ 제1항 및 제2항에도 불구하고 스스로 의사를 결정할 능력이 충분하지 아니하다고 판단할 만한 상당한 이유가 있는 경우에는 보호자가 발달장애인의 의사결정을 지원할 수 있다. 이 경우 보호자는 발달장애인 당사자에게 최선의 이익이 되도록 하여야 한다.

발달장애인에게 특히 자기결정권이 보장되는 영역으로 자신의 주거지의 결정, 의료행위에 대한 동의나 거부, 타인과의 교류, 복지서비스의 이용 여부와 서비스 종류의 선택 등을 제시하고 있다. 이렇게 발달장애인의 자기결정권을 보장하기 위해서는 의사결정에 필요한 도움과 충분한 정보를 제공하여야 한다. 또한 발달장애인 당사자의 관점에서 당사자가 이해할 수 있는 방식이어야만 한다. 장애의 정도와 특성을 고려하여 '스스로 결정'하게 하려면 어떤 정보를 어떻게 설명할지, 쉬운 언어만으로 가능한지, 그림이나 상징, 기타 다른 방식은 가능한지 등 세세한 접근이 필요하다. 발달장애인에게 충분한 정보와 의사결정에 필요한 도움을 어떻게 마련할지 구체적인 지침이 필요하다.

제10조 (의사소통지원)

① 국가와 지방자치단체는 발달장애인의 권리와 의무에 중대한 영향을 미치는 법령과 각종 복지지원 등 중요한 정책정보를 발달장애인이 이해하기 쉬운 형태로 작성하여 배포하여야 한다.
② 교육부장관은 발달장애인이 자신의 의사를 원활하게 표현할 수 있도록 학습에 필요한 의사소통도구를 개발하고 의사소통지원 전문인력을 양성하여 발달장애인에게 도움이 될 수 있도록 「초·중등교육법」 제2조 각호의 학교와 「평생교육법」 제2조 제2호의 평

> 생교육기관 등을 통하여 필요한 교육을 실시하여야 한다.
> ③ 행정자치부장관은 국가와 지방자치단체의 민원담당 직원이 발달장애인과 효과적으로 의사소통할 수 있도록 의사소통 지침을 개발하고 필요한 교육을 실시하여야 한다.
> ④ 제1항부터 제3항까지에 따른 정책정보의 작성 및 배포, 의사소통도구의 개발·교육 및 전문인력 양성, 민원담당 직원에 대한 의사소통 지침 개발 및 교육 등에 필요한 사항은 대통령령으로 정한다.

장애를 이유로 하는 모든 차별을 금지하고 장애인들의 권리를 구제하기 위해 2007년 4월 제정되어 2008년 4월부터 시행 중인 「장애인차별금지 및 권리구제 등에 관한 법률」(이하, 장애인차별금지법)에서도 자기결정권 행사와 관련된 조항을 포함하고 있다.

김진우(2019)는 「장애인차별금지법」상 차별금지 조항이 발달장애인에게 효과적으로 작동하지 못하는 현실을 지적하고 있다. 즉, 일반원인으로서 다른 장애인과 마찬가지로 제7조에서 자기결정권과 선택권을 가지며, 각 차별 영역에서 정당한 편의를 제공해 주도록 요구할 수 있다. 아울러 소극적으로는 발달장애인 본인의 동의를 얻도록 제22조에 명시되어 있고, 적극적으로는 장애인 스스로 인식하고 작성할 수 있는 서식의 제작 및 제공을 요구하거나 가족·가정 및 복지시설에서 자신이 표명한 의사에 반하여 역할 강요 및 의사결정과정에서의 배제 등을 할 수 없도록 하고 있다. 그러나 중요한 것은 우리 사회가 발달장애인이 자기결정권을 행사할 수 있는 법적 절차가 마련되어 있지 않아 자신의 의사에 따라 스스로 선택하고 결정할 수 없는 구조에 갇혀 있다고 비판한다.

〈표 14-3〉 자기결정권 행사와 관련된 장애인 차별금지법 조항 및 그 내용

관계	관련 조항	내용
일반 원칙	제7조 (자기결정권 및 선택권)	① 장애인은 자신의 생활 전반에 관하여 자신의 의사에 따라 스스로 선택하고 결정할 권리를 가진다. ② 장애인은 장애인 아닌 사람과 동등한 선택권을 보장받기 위하여 필요한 서비스와 정보를 제공받을 권리를 가진다.
소극적	제22조 (개인정보보호)	① 장애인의 개인정보는 반드시 본인의 동의하에 수집되어야 하고, 당해 개인정보에 대한 무단접근이나 오·남용으로부터 안전하여야 한다. ③ 장애아동이나 정신장애인 등 본인의 동의를 얻기 어려운 장애인에 있어서 당해 장애인의 개인정보의 수집·이용·제공 등에 관련된 동의행위를 대리하는 자는 「민법」의 규정을 준용한다.
적극적	제13조 (차별금지)	③ 교육책임자는 당해 교육기관에 재학 중인 장애인 및 그 보호자가 제14조 제1항 각호의 편의제공을 요청할 때 정당한 사유 없이 이를 거절하여서는 아니 된다.
	제26조 (사법·행정절차 및 서비스 제공에 있어서의 차별금지)	⑤ 공공기관 및 그 소속원은 장애인이 사법·행정절차 및 서비스에 참여하기 위하여 장애인 스스로 인식하고 작성할 수 있는 서식의 제작 및 제공 등 정당한 편의제공을 요구할 경우 이를 거부하거나 임의로 집행함으로써 장애인에게 불이익을 주어서는 아니 된다.
	제30조 (가족·가정·복지시설 등에서의 차별금지)	① 가족·가정 및 복지시설 등의 구성원은 장애인의 의사에 반하여 과중한 역할을 강요하거나 장애를 이유로 정당한 사유 없이 의사결정과정에서 장애인을 배제하여서는 아니 된다. ② 가족·가정 및 복지시설 등의 구성원은 정당한 사유 없이 장애인의 의사에 반하여 장애인의 외모 또는 신체를 공개하여서는 아니 된다.

법에서 자기결정권 보장을 받을 수 있는 주체자로서 발달장애인을 인정한 것은 의미가 있지만, 의사결정능력이 충분하지 않을 때를 어떻게 판단할 것인가에 대한 기준이 제시되지 않았다. 이미 발달장애인에 대하여 어린아이 취급을 하고 금지·제한·통제의 대상으로 간주하고 있기 때문에, 의사결정능력이 충분치 않다고 판단할 근거에 대하여 세부적인 지침이 필요하다. 지침에는 의사결정능력이 충분히 않다고 판단할 수 있는 근거를 반드시 마련하여 포함해야 한다.

(4) 발달장애인에 대한 서비스 지원

「발달장애인법」 제19조에서 발달장애인 개인별 지원계획을 수립하여 개인의 복지 욕구 및 필요에 맞는 서비스 제공을 목표로 있고 있다. 제28조에서 소득보장에 관한 선언적 규정을 포함하고, 제30조~제32조에서는 발달장애인 당사자 외 가족 및 보호자를 위한 지원을 명시하고 있다. 발달장애인의 통합적 서비스 지원을 위해 발달장애인지원센터를 설치할 수 있도록 제33조~제38조에서 규정하고 있다.

제19조 (개인별 지원계획의 수립)

① 특별자치시장·특별자치도지사·시장·군수·구청장은 개인별 지원계획의 수립을 신청받은 경우 대상자 선정 여부 및 복지서비스 내용을 결정하여 제33조 제2항에 따른 지역발달장애인지원센터(이하, "지역발달장애인지원센터"라 한다)의 장에게 개인별 지원계획의 수립을 의뢰하여야 한다.

② 지역발달장애인지원센터의 장은 개인별 지원계획의 수립을 의뢰받은 경우 제1항에 따라 결정된 복지서비스의 범위에서 발달장애인 빛 그 가족의 특성을 고려하여 복지서비스의 내용, 방법 등이 포함된 개인별 지원계획을 수립하여야 한다.

③ 개인별 지원계획을 수립할 때에는 발달장애인에게 적합한 의사소통의 방식으로 의견진술의 기회가 충분히 제공되어야 한다.

④ 지역발달장애인지원센터의 장은 복지서비스 대상자에 대하여 수립된 개인별 지원계획의 승인을 특별자치시장·특별자치도지사·시장·군수·구청장에게 요청하여야 하며, 개인별 지원계획은 특별자치시장·특별자치도지사·시장·군수·구청장의 적합성 심사를 거쳐 승인을 얻은 경우 효력을 가진다.

⑤ 지역발달장애인지원센터의 장은 개인별 지원계획의 적합성 심사결과를 발달장애인 및 그 보호자에게 통보하여야 한다.

⑥ 개인별 지원계획을 통보받은 발달장애인과 그 보호자는 발달장애인의 복지 욕구를 고려하여 개인별 지원계획의 변경·수정을 지역발달장애인지원센터의 장에게 신청할 수 있다.

⑦ 개인별 지원계획을 변경·수정하는 경우에는 제4항과 제5항의 절차를 따른다.

⑧ 제1항부터 제7항까지에 따른 개인별 지원계획 수립의 의뢰 방법 및 절차, 수립방법 및 내용, 승인통보·신청·변경·수정방법 및 절차 등에 필요한 사항은 보건복지부령으로 정한다.

제28조 (소득보장)

국가와 지방자치단체는 발달장애인의 특수한 어려움을 고려하여 발달장애인이 적정한 생활수준을 유지할 수 있도록 장애인연금제도 등 관련 장애인복지제도의 개선을 위하여 노력하여야 한다.

제33조 (발달장애인지원센터)

① 보건복지부장관은 제4조에 따른 책무를 효과적으로 수행하고 발달장애인에 대한 통합적 지원체계를 마련하기 위하여 중앙발달장애인지원센터를 설치하여야 한다.
② 시·도지사는 발달장애인의 권리보호 활동, 당사자와 그 가족에 대한 상담 등을 담당하는 지역발달장애인지원센터를 특별시·광역시·특별자치시·도·특별자치도에 설치하여야 한다. 이 경우 시·도지사는 필요성을 고려하여 지역발달장애인지원센터를 시·군·구에 설치할 수 있다.
③ 시·도지사는 지역발달장애인지원센터를 시·군·구에 설치하는 경우 둘 이상의 시·군·구를 통합하여 하나의 지역발달장애인지원센터를 설치·운영할 수 있다. 이 경우 시·도지사는 지역발달장애인지원센터의 설치·운영에 필요한 비용을 관할구역의 발달장애인 수 등을 고려하여 시장·군수·구청장에게 공동으로 부담하게 할 수 있다.
④ 제1항 및 제2항에 따른 발달장애인지원센터의 설치기준과 운영, 직원의 자격과 배치기준 및 절차 등에 필요한 사항은 보건복지부령으로 정한다.
⑤ 발달장애인지원센터는 발달장애인(보호자를 포함한다)이 참여하는 운영위원회를 구성·운영할 수 있다.
⑥ 제5항에 따른 운영위원회 설치·운영에 필요한 사항은 보건복지부령으로 정한다.
⑦ 국가와 지방자치단체는 예산의 범위에서 발달장애인지원센터의 설치 및 운영에 필요한 경비의 전부 또는 일부를 지원할 수 있다.

(5) 발달장애인의 형사 · 사법 절차상 권리보장

발달장애인은 다른 사람들에 비해 자기방어 능력이나 상황판단력이 부족하여 형사사건의 피해자가 되기 쉽고, 의사소통과 진술과정에서의 어려움으로 사법절차에서 권리를 보장받기가 어렵다. 이러한 현실을 반영하여, 「발달장애인법」에서 발달장애인 이해 교육, 진술보조인, 사법절차상 신뢰관계인 동석, 전담검사와 전담 경찰 등을 규정하고 있다.

제12조 (형사 · 사법절차상 권리보장)

① 국민안전처장관, 경찰청장 및 제주특별자치도지사는 「국가공무원법」 제2조 제2항 제2호에 따른 경찰공무원과 「지방공무원법」 제2조 제2항 제2호에 따른 자치경찰공무원에게 발달장애인에 대한 올바른 인식확산을 위한 교육을 실시하여야 한다.
② 발달장애인이 재판의 당사자가 된 경우 그의 보호자, 제33조에 따른 중앙발달장애인지원센터 및 지역발달장애인지원센터(이하, "발달장애인지원센터"라 한다)의 직원이나 그 밖에 발달장애인과 신뢰관계에 있는 사람은 법원의 허가를 받아 법원의 심리과정에서 발달장애인을 위한 보조인이 될 수 있다.
③ 법원은 발달장애인을 증인으로 신문하는 경우 발달장애인 본인, 검사, 보호자, 발달장애인지원센터의 장의 신청이 있는 때에는 재판에 중대한 지장을 줄 우려가 있는 등 부득이한 경우가 아니면 발달장애인과 신뢰관계에 있는 사람을 동석하게 하여야 한다.
④ 수사기관이 발달장애인을 조사하는 경우에도 제2항 및 제3항을 따라야 한다.

제13조 (발달장애인에 대한 전담조사제)

① 검찰총장은 각 지방검찰청 검사장(檢事長)으로 하여금 발달장애인 전담 검사를 지정하도록 하여 특별한 사정이 없으면 이들로 하여금 발달장애인을 조사 또는 심문하게 하여야 한다.
② 경찰청장은 각 경찰서장으로 하여금 발달장애인 전담 사법경찰관을 지정하도록 하여 특별한 사정이 없으면 이들로 하여금 발달장애인을 조사 또는 심문하게 하여야 한다.
③ 검찰총장 및 경찰청장은 전담 검사 및 전담 사법경찰관에게 발달장애인의 특성에 대

한 전문지식과 의사소통방법 및 발달장애인 보호를 위한 수사방법 등에 관한 교육을 실시하여야 한다.
④ 검찰총장 및 경찰청장은 전담 검사 및 전담 사법경찰관에게 예산의 범위에서 수당을 지급할 수 있다.
⑤ 국민안전처장관 및 제주특별자치도지사도 제2항부터 제4항까지의 규정을 따라야 한다.

즉, 사법절차에서 발달장애인이 실질적으로 권리를 행사하고 범죄로부터 발달장애인을 보호하기 위한 제도를 규정하고 있다.

첫째, 지방검찰청, 경찰서 단위로 각각 발달장애인 전담 검사와 사법경찰관을 지정하고, 발달장애인 특성과 의사소통방법 등을 교육한다.

둘째, 발달장애인의 사법절차상의 권리보장을 위하여 발달장애인을 조력할 보조인이나 신뢰관계인 동석을 규정하고 있다.

셋째, 사회복지시설, 의료기관의 장 등 유관기관의 종사자는 발달장애인 대상 학대나 유기 등이 발생할 경우 신고의무를 지게 되며, 범죄 발생 시 발달장애인 지원센터의 현장조사, 보호조치가 이루어진다.

3. 발달장애인 복지서비스

1) 발달장애인 주간활동서비스

발달장애인 주간활동서비스는 발달장애인이 지역사회의 다양한 장소와 기관에서 자신이 원하는 일상 활동을 스스로 선택하고 동료와 함께 참여하면서 낮 시간을 의미 있게 보낼 수 있도록 지원하는 서비스이다(보건복지부, 2022). 「발달장애인 권리보장 및 지원에 관한 법률」 제29조의2[2]에 사업근거를 두고 있는 발달장애인의 활동서비스는 발달장애인에게 낮 시간에 자신의 욕구를 반영한 지역사회기반 활동에 참여함으로써 '의미 있는 하루, 바람직한 하루'를 보낼 수 있도록 하여, 장애인의 자립생활을 지원하고 사회참여를 증진시켜 삶의 질을 향상하기 위한 목적을 가지고 있다.

주간활동서비스는 발달장애인의 권리를 존중하고 완전한 참여가 가능하도록 해야 한다는 취지에서, 당사자의 욕구에 기반을 둔 활동서비스 필요성에 의해 2016~2017년 시범사업기간을 걸쳐 2019년 3월부터 본 사업으로 진입하게 되었다. 구체적으로 2019년 3월부터 만 18세 이상의 발달장애인에게 주간활동서비스를, 2019년 8월부터 만 12~18세 미만의 청소년 발달장애학생에게 방과후활동서비스를 제공하기 시작하였다.

(1) 성인 발달장애인의 주간활동서비스

주간활동서비스 이용자는 수급자격(제공시간)을 받아 원하는 지역 내 주간활동 제공기관에 등록하여 소그룹을 구성하고, 제공기관 및 외부 협력기관을 통해 주간활동을 이용할 수 있다. 성인 주간활동서비스의 주요 내용은 다음의 〈표 14-4〉와 같다.

---

2) 「발달장애인 권리보장 및 지원에 관한 법률」 제29조의2 (주간활동 · 방과 후 활동 지원)
① 국가와 지방자치단체는 발달장애인의 낮 시간 활동 및 지역사회 참여를 효과적으로 지원하기 위하여 주간활동서비스를 제공할 수 있다.
③ 제1항 및 제2항에 따른 주간활동서비스 및 청소년 발달장애인 방과 후 활동서비스의 내용 · 방법 등 필요한 사항은 보건복지부령으로 정한다.

〈표 14-4〉 성인 주간활동서비스 주요 내용

구 분	주요 내용
지원기준	• 만 18세 이상 65세 미만의 성인 발달장애인 대상 • 취업 및 직업훈련 등 다른 공공 및 민간서비스 이용자 제외 • 도전적 행동이 심하거나 돌봄을 받기 어려운 가정환경 등에 놓인 우선적 지원이 필요한 발달장애인 20% 이상 선정
제공시간	• 기본형(125시간) · 단축형(85시간) · 확장형(165시간) 등 3가지 유형으로 이용자 선택권 보장
제공기관	• 시설 및 인력기준 갖춘 기관 대상으로 특별자치시 · 특별자치도 · 시 · 군 · 구에서 공모를 통해 적정수의 제공기관 지정
제공서비스	• 이용자는 수급자격(제공시간)을 받아 원하는 지역 내 주간활동 제공기관에 등록하여 소그룹을 구성하고, 제공기관 및 외부 협력기관을 통해 주간활동 이용 • 참여형, 창의형 등 프로그램 자율 구성하되, 외부활동 30% 이상

출처: 보건복지부(2022).

(2) 청소년 발달장애학생 방과후활동서비스

발달장애인 부모들은 방과 후 돌봄 공백으로 인해 어려움을 호소해 왔고, 이에 가족의 돌봄 부담을 경감하기 위하여 2019년 9월 2일부터 청소년 발달장애학생 방과후활동서비스가 지역별로 순차적으로 진행되기 시작하였다.

〈표 14-5〉 청소년 발달장애학생 방과후활동서비스

구 분	주요 내용
지원기준	• 만 12세 이상 18세 미만의 「장애인복지법」상 등록된 지적 및 자폐성장애인 • 일반 중 · 고등학교 및 특수학교 재학 중인 학생 • 지역아동센터, 청소년 방과후아카데미, 장애인거주시설 입소자 등 다른 복지서비스 이용자 제외
제공시간	• 방과후활동은 이용자의 방과후활동 바우처 급여량 한도 내에서 월요일부터 토요일까지(9시~21시, 일일 최대 9시간) 이용자와 협의를 통해 적정하게 제공
제공기관	• (직접제공형) 특별자치시 · 특별자치도 · 시 · 군 · 구에서 공모를 통해 시설 및 인력기준 갖춘 적정수의 제공기관 지정

	• (학교연계형) 특별자치시 · 특별자치도 · 시 · 군 · 구에서 공모를 통해 유휴공간(교실, 체육관 등) 있는 학교와 공간사용 협약체결을 완료하고 인력기준 갖춘 기관을 대상으로 학교연계형 제공기관 지정
제공서비스	• 취미 · 여가, 자립준비, 관람 · 체험, 자조활동 등 이용자의 욕구 및 상황을 고려한 다양한 방과후활동서비스 제공

출처: 국가인권위원회(2022).

청소년 발달장애학생에게 방과후활동서비스를 제공하여 의미 있는 여가활동 및 성인기 자립준비를 지원하며, 다양한 참여 프로그램으로 방과후 돌봄사각지대를 해소하고 부모의 원활한 사회경제적 활동을 지원한다(국가인권위원회, 2022).

(3) 발달장애인 주간활동서비스의 개선 과제

국가인권위원회(2022)에서 발달장애인 복지서비스 중 발달장애인 주간활동서비스(주간, 방과후)의 모니터링 결과보고서에서 지적한 개선과제는 다음과 같다.

첫째, 주간활동서비스 급여량 확대에 따른 활동시간 개선이 필요하다. 발달장애인의 의미 있는 낮 시간을 보장하기 위해 신규로 개발된 주간활동서비스는 이용자의 욕구, 낮 시간 활동 등에 관한 종합조사를 거쳐 이용자를 선정하기 때문에 기본적으로 이용자의 낮활동과 달리 일상생활을 지원하는 활동지원시간이 삭감되는 구조는 바람직하지 못하므로, 가정 내 돌봄 부담을 줄이기 위해 주간활동지원서비스 예산을 확대하여 낮활동 시간을 삭감하지 않도록 개선할 필요가 있다.

둘째, 주간활동서비스 최소 서비스 기준 마련이 필요하다. 주간활동서비스기관이 서비스 제공의 목적과 방향에 따라 표준화된 서비스를 제공하기 위해서는 최소한의 서비스 기준이 마련되어야 한다. 서비스 대상자 선정 및 주간활동계획 수립 및 진행, 발달장애인의 안전과 권리보장, 서비스 기록 및 관리 등 전반적인 서비스 운영과 제공에 대한 최소기준이 제공되어야 하고, 매년 1회 이상 서비스 모니터링 등이 실시될 필요가 있다.

셋째, 이용자 개별서비스 계획의 적정성 평가 및 특화서비스 제공이 필요하다. 본 서비스는 발달장애인에게 낮 시간에 자신의 욕구에 반영한 지역사회 기반의 활동을 참여하는 것이 목적이다. 이에 장애청소년들에게는 방과후활동을, 성인에게는 낮활동 서비스를 제공하도록 되어 있으나, 실제 제공기관에 발달장애인 본인에게 적합한 서비스를 구성하고 제공하기 위한 개별 서비스가 수립되었는지 평가하는 시스템은 부재하다. 현재 지침에 따라 발달장애인지원센터에서 제공기관을 모니터링하고 있으나 이는 행정적인 것에 불과하며 질적인 평가는 미흡한 실정이다. 서비스의 목적에 맞게 주간활동서비스를 이용하는 발달장애인에게 적합한 서비스가 구성되었고 수립된 계획이 적절히 수행되고 있는지 정기적인 모니터링이 필요하다.

넷째, 어려운 행동을 하는 발달장애인을 위한 전문 종사자 양성 및 교육이 필요하다. 발달장애인의 도전적 행동은 지원자에게 가장 힘들어하는 부분이다. 발달장애인은 때때로 신체적 · 언어적인 공격성, 자해행동과 비정상적인 성적행동 등으로 자신뿐만 아니라 타인에게도 해를 끼치며, 이러한 도전적 행동으로 인해 종사자 등은 업무에 큰 부담과 불안을 느끼기도 한다. 현재 제공인력은 활동지원사 수준의 자격과 교육을 받고 있으나 이들이 낮 시간 동안 그룹으로 중증 발달장애인에게 서비스를 제공하기에는 근본적인 한계가 있다. 특히 발달장애인의 도전적 행동, 돌발상황, 행동처지에 대한 보수교육 등이 거의 이루어지지 못하고 있어 제공인력의 양성과정과 자격기준, 교육 커리큘럼 등의 재검토가 필요하다.

다섯째, 이용자의 낮 시간의 진행상태, 발달장애인의 발전 단계 등을 체계적으로 관리하기 위해 체계적인 욕구사정 및 서비스 조정이 필요하다. 개별 발달장애인의 서비스 이용에 대한 체계화된 일지를 만들어 작성하고, 타 기관으로 발달장애인이 이전하는 경우에도 작성된 일지를 이관한 기관으로 공유해 발달장애인의 특성 및 발전과정을 쉽게 파악하도록 해야 할 것이다. 그리고 정기적으로 부모에게도 일지 내용에 대한 안내 및 상담도 이루어져야 하고 이에 대해 지침에 명시하고 필요한 양식도 개발할 필요가 있다.

2) 발달장애인을 위한 공공후견지원사업

성년후견제도는 질환 · 장애 · 기타 등의 이유로 자기결정을 수행하기 어려운 성인발달장애인, 치매환자, 정신장애인 등의 재산관리 및 신상관리에 대한 의사결정권한을 보장하기 위한 제도로, 우리나라의 경우 기존의 금치산 · 한정치산자제도에 보충성, 정상화, 자기결정권 이념 등을 접목한 성년후견제도가 2013년 7월부터 운영되고 있다.

성년후견제도는 사회복지서비스 분야에서도 개입의 사각지대였던 자기결정 능력이 취약한 성인 클라이언트의 재산권 행사에 대한 지원의 어려움을 보완해 줄 수 있는 대안으로 인정받고 있으나, 적지 않은 비용을 개인이 부담해야 하고, 복잡한 법원 청구과정으로 인해 사회적 취약계층의 경우에는 성년후견제도를 이용하는 데 어려움이 많은 제한점이 있었다. 이에 보건복지부에서는 사회적 취약계층 중 성인발달장애인을 대상으로 공공후견지원사업을 실시하고 있다(보건복지부, 2022). 공공후견지원사업은 성년후견제도의 의사결정 대리라는 근본적인 한계점을 최소화시키기 위해 특정후견 유형을 중심으로 지원하고 있다.

(1) 성년후견제도의 도입배경

성년후견제도의 도입배경은 국제적으로 장애인의 법 앞에서 평등을 규정하고 있는 유엔장애인권리협약(제12조)에 있다고 할 수 있다. 유엔총회에서 만장일치로 가결된 유엔장애인권리협약 제12조는 개인별 특성의 고려 없이 행위능력을 획일적으로 제한하여 자기결정권을 심각하게 훼손하는 기존 금치산 · 한정치산제도의 개정을 요구하고 있다. 우리나라는 2006년 유엔장애인권리협약에 서명하고 2008년 비준하면서, 「장애인차별금지 및 권리구제에 관한 법률」(2007), 「장애인활동지원에 관한 법률」(2011), 「발달장애인 권리보장 및 지원에 관한 법률」(2014)에 이어 2011년 3월 「민법」 개정을 통해 성년후견제도가 도입되어 2013년 7월부터 시행되었다. 성년후견제도는 장애인의 인권과 자기결정권을 보장하는 제도로서 프랑스(1968), 영국(1985), 독일(1992), 일본(1999) 등 여러 나라에서 시행 중이다.

(2) 발달장애인 후견인제도의 유형

「발달장애인지원법」에서 성년후견제와 관련하여 성년후견제 이용 지원에 대해 지방자치단체장은 성년의 발달장애인이 일상생활에서 의사결정의 능력부족으로 의사결정의 대리 또는 지원이 필요하다고 인정되거나 발달장애인의 권리를 적절하게 대변하여 줄 가족이 없는 경우, 별도의 조치가 없으면 권리침해의 위험이 상당하다고 판단되는 경우 그를 위하여 「민법」에 따라 가정법원에 성년후견개시, 한정후견개시 또는 특정후견의 심판을 청구할 수 있음을 명시하고 있다(민법 제9조의1). 지방자치단체의 장이 성년후견개시, 한정후견개시 또는 특정후견의 심판을 청구할 때에는 대통령령으로 정하는 요건을 충족하는 사람을 후견인 후보자로 하여 그 사람을 후견인으로 선임하여 줄 것을 함께 청구하여야 한다(동법 제9조의2). 또한, 지방자치단체의 장은 중앙발달장애인지원센터의 장에게 제2항에 따른 후견인 후보자를 추천하여 줄 것을 의뢰할 수 있다(동법 제33조의1). 국가와 지방자치단체는 제1항 및 제2항에 따라 선임된 후견인의 후견사무의 수행에 필요한 비용의 일부를 예산의 범위에서 보건복지부령으로 정하는 바에 따라 지원할 수 있다(동법 제9조의4).

발달장애인 후견제도는 크게 법정후견과 임의후견의 두 종류가 있고, 법정후견은 다시 성년후견, 한정후견, 특정후견으로 나뉜다. 성년후견은 원칙적 행위능력 상실자로 판단되어, 법원으로부터 성년후견개시 심판 확정 시 후견계약이 성립되며, 후견인은 원칙적으로 포괄적인 대리권과 취소권에 대한 권리를 갖지만 후견인 권한이 너무 크기 때문에 자기결정권 침해가 크다는 특징으로 권하지는 않는 후견 유형이다. 다음으로 한정후견은 원칙적으로는 본인의 행위능력을 제한하지 않고, 예외적으로 가정법원이 결정한 사항에서만 후견인의 동의를 얻고 결정하여 이에 따른 결정에만 취소할 수 있는 법적 효력을 갖는다. 대리권 역시 개별적 사정을 고려하여 구체적으로 필요한 범위에서만 부여하고, 후견인은 포괄적인 재산권이 없고 재산목록 작성의무 또한 갖지 않는다(박인환, 2015). 특정후견인은 계속적인 보호를 목적으로 하는 것이 아니라 일시적 후원 또는 특정한 사무에 관한 보호를 목적으로 한다라고 명시하여 본인의 의사를 고려한다는 점을 강조하고 있다. 특정한 사무에 한정된 보호를 목적으로 히여 본인의 의사에 반하여 할 수 없음을 명시하고 있다(민법 제14조의2)(권민규, 2013). 임의후견은 본인이 후견인을 선정할 수 있어 사적자치의 원리와 본인의 의사존중이라는 장점을 가지고 있다. 즉, 피후견인은 자신의 선택에 따라 임의후견인에게 포괄적 재산권 및 신상보호권을 부여할 수 있고, 위임계약을 체결하여 재산관리와 신상보호(요양)에 관한 의무를 부과하는 것이 가능하다(조성혜, 2014). 재산관리 외에 의료 · 복지 등 다양한 영역에서 피후견인 보호 가능, 한정후견 · 특정후견으로 피후견인의 자기결정권을 최대한 보장하는 것이 성년후견의 임무이며, 금치산 · 한정치산제와의 차이점이다.

(3) 공공후견지원사업의 개요

보건복지부는 2013년 9월부터 발달장애인을 위한 공공후견지원사업을 시행하고 있다. 2022년 보건복지부에서 안내하는 공공후견지원사업의 개요는 다음의 〈표 14-6〉과 같다.

〈표 14-6〉 공공후견지원사업 개요

구 분	주 요 내 용	
지원내용	• 후견심판청구 지원 및 공공후견인 활동 지원	
목표물량	• 후견심판청구: 600건, 공공후견인 활동: 1,263명	
사업대상	후견심판 청구지원	• 성인(만 19세 이상) 발달장애인(지적·자폐성장애인)
	공공후견인 활동지원	• 법원에서 선임된 공공후견인[피후견인의 가족(민법 제779조)이 후견인이 되는 경우는 비용 미지원]
지원금액	• 후견심판청구: 실비(1인당 연간 최대 50만원) ※ 예외적으로 50만원을 초과한 금액 소요 시 중앙 및 지역발달장애인지원센터의 판단을 통해 지급 가능 • 공공후견인 활동: 월 15만원(월 최대 40만원) ※ 후견법인이 공공후견인이 되는 경우 활동비 동일(단, 상한 제한 없음) ※ 1명의 후견인이 다수의 피후견인을 후견할 경우 활동비 지급에 관하여는 후견법인 간 논의하여 지급(단, 지급금액은 40만원을 초과할 수 없음)	
공공후견인 자격	• 지정기관에서 공공후견인 후보자 양성 교육을 받거나 받을 예정인 사람 또는 보건복지부가 지정한 공공후견법인으로, 피후견인과의 관계 및 공공후견인 활동 적합성 고려 • 중앙발달장애인지원센터의 장이 추천하는 자(발달장애인 권리보장 및 지원에 관한 법률 시행규칙 제2조 근거)	
선정방식	• 읍·면·동에서 대상자 발굴하여 시·군·구에서 후견필요성 조사·확인 후 대상자 선정 ※ 공공후견법인은 지역사회에서 서비스의 내용과 절차에 대해 홍보하고 서비스 대상자 발굴을 위해 협조해야 함	
후견 유형	• 특정후견을 원칙으로 함	

공공후견인 감독관리	• 후견인 정기보고서 점검(매월 제출, 후견인 또는 후견법인을 통해서 수령) • 시·군·구가 후견인의 감독 관리 업무 시, 후견법인과 중앙·지역발달장애인지원센터의 업무 협조를 구하여 지도·점검 가능

이러한 공공후견지원사업은 「민법」 제14조의2 및 발달장애인 지원계획(2012.7, 국가정책조정회의)과 「발달장애인 권리보장 및 지원에 관한 법률」 제9조에 근거하여, 의사결정능력 부족으로 어려움을 겪고 있는 성인 발달장애인에게 공공후견 서비스를 제공하여 궁극적으로 발달장애인의 자립생활지원을 도모하기 위한 목적을 가진다.

(4) 공공후견인의 자격기준 및 직무

공공후견인이란 후견인 중 공익을 목적으로 의사결정능력장애를 갖고 있는 피후견인을 위해 재산관리 및 신상보호 등의 복리를 지원하는 자발적 봉사의 후견인을 의미한다. 후견인의 법적 요건은 「민법」에서 규정하고 있는데, 후견인에 대한 별도의 요건을 정하고 있지는 않고 결격사유만 규정하고 있다.

제937조 (후견인의 결격사유)
다음 각호의 어느 하나에 해당하는 자는 후견인이 되지 못한다.
1. 미성년자
2. 피성년후견인, 피한정후견인, 피특정후견인, 피임의후견인
3. 회생절차개시결정 또는 파산선고를 받은 자
4. 자격정지 이상의 형의 선고를 받고 그 형기(刑期) 중에 있는 사람
5. 법원에서 해임된 법정대리인
6. 법원에서 해임된 성년후견인, 한정후견인, 특정후견인, 임의후견인과 그 감독인
7. 행방이 불분명한 사람
8. 피후견인을 상대로 소송을 하였거나 하고 있는 자 또는 그 배우자와 직계혈족

발달장애인 후견인의 직무는 가정법원에서 권한을 부여하는 범위(법정후견) 또는 후견 계약의 내용에 따라(임의후견) 재산관리와 신상관리를 주로 하게 되며, 의사결정의 대행, 의사결정을 할 수 있도록 지원, 사무의 후원 등이 있다. 그러나 이러한 역할을 주목적으로 수행하는 것이 아니라 피후견인의 의사결정이 결여된 시점에서 의사결정을 대리하는 것을 주목적으로 하는 제도이다. 후견인이 의사결정을 대리(대신)할 때 여러 사정을 고려해 그의 복리에 부합하는 방향으로 그 사무를 처리해야 한다(민법 947조). 재산관리영역으로 성년후견인은 피후견인의 재산을 조사하여 2개월 내에 그 목록을 작성한다(동법 제941조). 후견인과 피후견인 사이에 채권 · 채무의 관계가 있고 후견감독인이 있는 경우에는 후견인은 재산목록의 작성을 완료하기 전에 그 내용을 후견감독인에게 제시하여야 한다(동법 제942조). 한정후견인, 특정후견인은 부여받은 재산관리의 권한의 범위 내에서 위와 같은 권한이 인정될 수 있을 것이다. 신상보호영역으로 신상의 범위는 피후견인의 요양과 보호를 포함한다. 이러한 범주에 포함되는 행위로는 피후견인의 의료행위(치료, 요양), 주거 또는 거주의 결정, 통신의 비밀과 자유, 신체의 안전성 등이 대표적이다. 재산관리권한이 있는 후견인도 주거용 부동산을 처분할 경우 가정법원의 허락을 받아야 한다(동법 제947조의 5)(전동일 등, 2013). 즉, 성년후견제도는 신상영역에서의 의사결정은 제한 능력자의 의사결정능력이 결여된 시점에서만 행사될 수 있다는 것이 가장 큰 특징이다(제철웅 등, 2014).

후견인의 의무는 크게 선관주의 의무와 의사존중 의무를 뜻한다. 선관주의 의무란 선량한 관리자의 주의를 뜻하며, 개인의 직업 및 사회적 지위에 따라 거래상 보통 일반적으로 요구되는 정도의 주의를 말하고, 일반적 · 객관적 기준에 의해 요구되는 정도의 주의를 말한다(민법 제956조, 제681조). 즉, 후견인이 피후견인의 재산에 대해 자기재산과 동일한 주의의무를 갖는 것은 자기를 위해 하는 것과 동일한 주의의무 또는 고유재산에 대하는 것과 동일한 주의의무 등으로 표현되기도 한다. 의사존중의무를 「민법」에서는 "성년후견인은 피성년후견인의 재산관리와 신상보호를 할 때 여러 사정을 고려하여 그의 복리에 부합하는 방법으로 사무를 처리하여야 한다. 이 경우 성년후견인은 피성년후견인의 복리에 반대하지 아니하면 피성년후견인의 의사를 존중하여야 한다(동법 제947조)"고 규정하면서 피후견인의 의사존중에 대한 적극적인 의무이행을 준용하고 있다(제철웅 등, 2014).

(5) 발달장애인 공공후견지원사업 개선 과제

국가인권위원회(2022)에서 발달장애인 복지서비스 중 발달장애인 공공후견지원사업의 모니터링 결과보고서에서 지적한 개선 과제는 다음과 같다.

첫째, 후견인과 피후견인의 다양한 의사소통지원 방안 마련 및 사전정보교류 강화가 필요하다. 후견인들은 후견심판 준비 및 개시에 앞서 보완 및 개선 과제로 시 · 군 · 구 담당자와 피후견인을 함께 만나 의견을 나누는 시간이 충분히 확보되지 못하는 점과 피후견인에 대한 정보를 충분히 전달받지 못한 점을 들었다. 또한 후견인과 피후견인 간 의사소통이 어렵다는 비율이 5명 중 2명 이상이었으며, 피후견인의 의사반영률이 낮았다. 따라서 후견인과 피후견인의 의사소통에 대한 방법과 지원체계에 대한 점검이 필요하다.

둘째, 공공후견심판청구를 위한 실무인력 확대방안 마련이 필요하다. 공공후견지원은 매년 증가추이를 보이고 있으나, 후견심판청구와 확정까지 짧게는 3개월에서 길게는 1년 이상이 걸리고 있으며, 공공후견심판청구를 위한 상담, 현장점검, 증빙서류, 심판청구서 작성 등의 사무업무를 지원하는 실무인력의 부족으로 공공후견 개시까지의 기간은 더 길어지고 있는 것이 현실이다. 따라서 신속한 발달장애인 공공후견 개시를 위해서는 심판청구 준비기간을 단축해야 하며, 이를 위해 각 지역 지원센터에서 공공후견 사무업무를 지원하는 실무인력의 보충이 시급하다.

셋째, 공공후견인 활동비 인상을 위한 예산 증액이 필요하다. 후견인은 피후견인의 후견업무 수행을 위한 직접적인 활동뿐만 아니라, 평소 피후견인과의 친밀감 형성 및 욕구파악 등을 위해 주기적인 만남이 이뤄진다. 피후견인과의 만남 및 업무횟수에 비해 활동비가 적절하지 않다는 의견이 있다. 따라서 업무처리를 위한 실질적인 후견활동뿐만 아니라 욕구파악 및 친밀감 형성 등의 활동을 고려하여 적절한 활동비 지급이 필요하며, 이를 위해 예산 증액이 필요하다.

CHAPTER 15

장애인과 접근권

학습목표

1. 장애인접근권(장애인편의보장)의 의미와 범위에 대해 이해한다.
2. 장애인접근권 보장의 과제 및 발전방안에 대해 고찰한다.
3. 장애인접근권 논의에서 주요 이슈로 언급되는 유니버설 디자인의 의미와 가능성에 대해 고찰한다.

장애인의 접근권(장애인편의보장)은 장애인복지의 궁극적 목표인 장애인의 자립생활과 사회통합을 위해 반드시 보장되어야 할 가장 기본적이고도 중요한 권리 중 하나이다. 이러한 권리의 보장은 장애인도 비장애인과 마찬가지로 모든 사회환경에 마음껏 접근 · 이용 · 이동(보행 포함)함으로써 개인(장애인)과 환경의 조화로운 삶의 영위를 가능케 하는 초석이 된다. 이에 접근권은 접근대상으로서의 개인과 환경, 그리고 접근방식으로서의 물리적 측면과 비물리적 측면을 모두를 고려한 다차원적 접근이 필요하다. 즉, 환경/물리적 측면은 시설접근권, 시설이용권, 이동권(보행권 포함) 등이, 환경/비물리적 측면은 정보접근권이, 개인/물리적 측면은 보조기기(보조공학) 등이, 개인/비물리적 측면은 활동보조서비스와 성년후견서비스 등이 각각 중요한 이슈로 검토되어야 한다. 최근 장애인접근권 보장과 관련하여 권리보장의 제한성(스티그마 발생 등)은 최소화하고 보장성은 최대화할 수 있는 대안으로 유니버설 디자인(UD)에 대한 관심이 증대되고 있다. 이는 장애인'만'의 특수한 조치가 아닌 장애인'도' 비장애인과 함께 할 수 있는 보편적 재화 및 서비스의 사용이라는 기본가치를 적용한 개념이므로 이에 대한 고려와 전략 마련이 중요할 것이다.

1. 장애인접근권의 개념과 범위

장애인의 접근권(接近權, right to access) 보장은 장애인의 일상적 시설이용 등 삶의 과정에서 부딪치는 모든 '걸림돌'을 제거하고, 도움이 되는 '디딤돌'을 놓는 것이다. 즉, 장애인도 비장애인과 마찬가지로 '독립적이고', '동등하게', 그리고 '자유롭게' 모든 생활영역에 '통합적 접근, 이동, 이용' 등이 보장되어야 한다는 의미이다.[1] 이를 다시 표현하면, 장애인접근권의 궁극적 이상점은 개인(장애인)과 환경의 최적화된 조화로운 삶의 보장이다.[2]

1) 장애인의 모든 생활영역에의 접근 · 이동(보행 포함) · 이용의 보장은 권리관점에서 논의할 경우 '장애인접근권'이고, 사회보장적 관점에서 논할 경우 '장애인편의보장'이다. 따라서 접근권과 편의보장은 관점상 표현의 차이일 뿐 내용상 차이는 없으며, 같은 맥락에서 이해해도 무방하다.

2) 우리나라 관련법에서 '접근권'과 '이동권'을 법률용어로 정의내리고 있는데, 「장애인 · 노인 · 임산부 등의 편의증진보장에 관한 법률」(이하, 장애인등편의법) 제4조(접근권)에서는 "장애인 등은 인간으로서의 존엄과 가치 및 행복을 추구할 권리를 보장받기 위하여 장애인 등이 아닌 사람들이 이용하는 시설과 설비를 동등하게 이용하고 정보에 자유롭게 접근할 수 있는 권리를 가진다."라고 규정하고 있고, 「교통약자의 이동편의증진법」의 제3조(이동권)에서는 "교통약자는 인간으로서의 존엄과 가치 및 행복을 추구할 권리를 보장받기 위하여 교통약자가 아닌 사람들이 이용하는 모든 교통수단, 여객시설 및 도로를 차별 없이 안전하고 편리하게 이용하여 이동할 수 있는 권리를 가진다."라 밝히고 있다.

이에 장애인접근권은 장애인복지의 핵심적 이념인 자립생활 이념(독립적으로), 인권보장 이념(평등하게, 자유롭게), 사회통합 이념(통합적 접근, 이동, 이용)을 포함하는 동시에 구현하는 중요한 요소가 되는 것이다. 따라서 장애인접근권은 그 자체로서 장애인의 가장 기본적인 삶을 보장하는 '목적'이 되는(그 자체로서 의미 있는 권리실현) 동시에 다른 사회생활을 가능케 하는 전제조건의 충족이란 측면에서 '수단'이 되기도 하는(다른 권리를 실현하기 위한 수단) 이중적 성격을 지니게 된다. 가령, 어떤 한 장애인이 어떤 건물의 시설과 설비를 비장애인과 마찬가지로 마음껏 이용하는 것은 당연히 그 자체로서도 의미 있는 기본권 보장이다. 그런데 그 건물이 학교건물이고, 그 시설과 설비가 학교시설과 설비이며, 이에 대한 이용은 해당 장애인이 교육을 받기 위한 것이라면, 이는 교육권이라는 또 다른 기본권을 보장하기 위한 전제조건으로서 접근권이 수단으로 활용되었음을 의미한다. 만약 이 과정에서 접근권 보장이 되지 않았다면 교육을 받을 권리 역시 보장되기 힘들 것이다. 이와 같이 접근권은 교육, 노동, 문화 등 다른 영역의 동등한 참여와 원활한 향유를 가능케 하는 필수적 요소임을 이해해야 할 것이며, 따라서 이에 대한 비(非)보장이나 저(低)보장은 기본적 삶을 저해하는 1차적 차별을 야기하고, 동시에 다른 삶의 영역(교육, 노동, 문화 등)까지 저해하는 2차적 차별도 야기한다.

그렇다면 장애인이 일상적 · 사회적 제반영역에서 어떤 측면들이 고려되고 실천되었을 때 접근권이 보장되는가? 즉, 접근권의 보장범위를 어디까지로 보아야 할 것인가?

이에 대해 학문분야나 학자마다 다소 차이가 있기는 하지만, 장애인접근권의 목표점을 감안한 개념을 생각해 보면 정답의 근사점을 찾을 수 있다. 즉, 앞서 장애인접근권을 '개인과 환경의 조화로운 삶의 보장'이라 했기에 ① 접근대상으로서 '개인과 환경' 모두에 대한 고려가 요구되고, 또한 ② 접근방식으로서 '물리적 측면과 비물리적 측면' 모두에 대한 고려가 함께 필요하다. 접근권의 범위를 접근대상과 접근방식을 기준으로 하위영역을 구분하여 해당 내용을 구체적으로 살펴보면 〈표 15-1〉과 같다.[3]

〈표 15-1〉 접근권의 범위와 내용

대상 \ 방식	물리적 측면	비물리적 측면
환경	〈영역 1〉 • 시설접근과 이용 • (시설 간)이동과 보행	〈영역 2〉 • 정보접근과 이용
개인	〈영역 3〉 • 보조기기(보조공학서비스)	〈영역 4〉 • 보조인(활동지원서비스) • 후견인(성년후견서비스)

우선, 접근대상으로서의 환경은 환경개선(환경상 미비로 인해 접근과 이동(보행 포함), 그리고 이용상 발생할 수 있는 장애물에 대한 개선)을, 개인은 대인지원(신체적 · 정신적 장애로 인해 대상물 등에 대한 접근과 이동(보행 포함), 이용이 어려울 때 기기나 사람을 통해 개인에게 도움을 주는 것)을 각각 의미한다.

그리고 접근방식으로서의 물리적 측면은 가시적 실체가 있는 시설 및 설비, 기기 등에 관련한 것을 말하고, 비물리적 측면은 물리적 측면 이외의 것으로 정보(방송 및 통신 포함), 인적 서비스 등의 편의증진과 관련한 것을 말한다.

이에 〈표 15-1〉에 제시된 영역 1의 환경/물리적 측면은 사회환경의 물리적 시설 및 장비 등에 문제없이 접근 · 이동하고, 제한 없이 이용할 권리와 관련한

3) 접근권을 매우 협소하게 규정하여 '환경에 대한 물리적 · 비물리적 측면'으로 한정하여(〈표 14-1〉의 영역 1과 영역 2로 설명하기도 하고, 또 〈표 14-1〉에서 제시된 것 이외에 다른 사회영역 전체를 포함시켜 '교육, 노동, 문화 등 모든 사회영역에의 접근'으로 광범위하게 설명하기도 한다. 그러나 전자의 경우는 대상에서 중요한 개인(장애인)에 대한 이슈가 누락되어 일정부분 한계를 갖고 있고, 후자의 경우 다른 영역의 고유한 권리인 교육권(혹은 교육수권), 노동권, 문화권(혹은 문화향유권) 등의 존재를 무시하는 것이므로 일정부분 한계를 갖고 있다.

것을 의미한다. 시설접근권(시설에 접근할 수 있는 권리), 시설이용권(시설을 이용할 수 있는 권리), 이동권(시설 간 이동에 불편이 없을 권리), 보행권(이동상 안전하고 편리하게 보행할 권리) 등이 여기 해당된다.[4] 가령, 병원 주출입구에 휠체어 장애인을 위한 경사로가 설치되어야 하고, 보행로에 시각장애인을 위한 점자블록(점자유도블록)이 설치되어야 하는 것 등이 환경의 물리적 측면 개선을 통한 접근권보장의 예이다.

영역 2의 환경/비물리적 측면은 정보접근권이 해당된다. 즉 장애인도 의사소통이나 정보통신서비스 과정에 원활하게 접근하고 참여하며 정보를 유익하게 활용할 수 있어야 하기에 이에 수반되는 제약조건을 제거하고 필요자원을 지원하는 것은 접근권 보장의 중요한 측면이다. 가령, 시청 홈페이지에 시각장애인의 접근 및 이용이 가능하도록 화면 확대나 음성지원 프로그램을 적용하는 것, 청각장애인도 TV방송을 시청(접근 및 이용)할 수 있도록 폐쇄화면에 수어통역 서비스를 제공하는 것 등이 이에 해당된다.

영역 3의 개인/물리적 측면은 장애인(개인)에 대한 지원서비스 중 물리적 장치로서의 기기 혹은 기구를 통한 것을 의미하는데, 따라서 장애인보조기기(혹은 보조기구, 보장구, 보조공학)[5] 등이 이에 해당된다. 가령, 하지 지체장애인을

---

4) 보행권은 이동권의 개념 안에 포함시켜 설명할 수 있다. 그러나 우리나라 관련법(「장애인 · 노인 등의 보행안전 및 편의증진에 관한 법률」)에서 보행권을 별도로 규정하고 있는 만큼 중요 개념으로 살펴볼 가치가 있다는 취지에서 분리하여 설명한다.

5) 우리나라 「장애인복지법」에서는 '장애인보조기구'란 용어로 사용하고 있고("장애인이 장애의 예방 · 보완과 기능 향상을 위하여 사용하는 의지(義肢) · 보조기 및 그 밖에 보건복지부장관이 정하는 보장구와 일상생활의 편의증진을 위하여 사용하는 생활용품"), 「장애인 · 노인 등의 보조기기지원 및 활용 촉진에 관한 법률」에서는 '보조기기'란 용어를 사용하고 있으며("장애인 등의 신체적 · 정신적 기능을 향상 · 보완하고 일상활동의 편의를 돕기 위하여 사용하는 각종 기계 · 기구 · 장비"), 「건강보험법」에서는 '보장구(補裝具)로 사용하고 있는데(제51조의 장애인에 대한 특례), 이 세 용어 모두 동일용어로 혼용이 가능하다. 본서에서는 보조기기란 용어를 주로 사용하되 학술적으로 이보다 다소 포괄적 의미를 담고 있는 보조공학이란 용어(보조기기 등을 포함한 환경, 기술 및 제반 서비스까지 포괄)도 함께 사용하고자 한다.

위한 휠체어, 청각장애인을 위한 보청기 등이 이에 해당된다.

영역 4의 개인/비물리적 측면은 장애인에 대한 지원서비스 중 인적지원(사람에 의한 지원)에 해당되는 것으로, 주로 신체적 장애인에게는 보조인에 의한 활동상의 지원(보조인에 의한 활동지원서비스)이, 주로 정신적 장애인에게는 사무판단 및 의사결정 관련 후견(후견인에 의한 후견서비스)에 의한 지원이 포함된다. 가령, 시각장애인의 보행과정에서 활동보조인에 의한 안내보행지원을 받는 것(활동지원서비스), 성인이 된 지적장애인이 중요한 재화나 서비스를 선택할 때 후견인이 합법적 · 합리적 의사결정을 지원하는 것(성년후견서비스) 등이 이에 해당된다.

이상의 내용을 각 영역별로 보다 구체적으로 살펴보면 다음과 같다.

1) 환경/물리적 측면: 시설접근권, 시설이용권, 이동권

환경에 대한 물리적 측면에서의 접근성 보장은 주택 등 거주시설, 은행 등 근린시설, 시청 등 공공시설 등 물리적 생활시설에 대한 접근 및 이용, 그리고 그러한 시설 간 이동(보행 포함)을 위한 보행로, 도로, 교통시설 및 수단 등에 대한 장벽제거와 편의제공이 해당된다. 이는 기본적으로 대다수의 물리적 환경과 그에 수반하는 시설조건들이 비장애인을 기준으로 설계 · 설치되었음을 감안할 때 신체적 기능손실이 있는 장애인에게는 불편한 장애물이고, 사회참여를 가로막는 제약이기 때문이다.

구체적으로, 시설접근권과 이용권은 우리나라의 경우 「교통약자의 이동편의 증진법」에 근거하여 주로 '장애인편의시설'이란 명목으로 시행되고 있다. 즉, 장애인의 시설접근과 이용상 편리를 도모할 수 있도록 하는 시설과 설비를 말하며, 구체적인 대상시설의 종류와 내용은 〈표 15-2〉와 같다. 대상시설은 크게 ① 공원, ② 공공건물 및 공중이용시설, ③ 공동주택, ④ 통신시설 등 4가지이다.

〈표 15-2〉 편의시설 설치 대상시설의 종류와 내용

편의시설의 종류		설치기준
① 공원	가. 장애인 등의 출입이 가능한 출입구	공원 외부에서 내부로 이르는 출입구는 주출입구를 포함하여 적어도 하나 이상을 장애인 등의 출입이 가능하도록 유효폭·형태 및 부착물 등을 고려하여 설치하여야 한다.
	나. 장애인 등의 통행이 가능한 보도	공원시설(공중이 직접 이용하는 시설에 한한다)에 접근할 수 있는 공원 안의 보도 중 적어도 하나는 장애인 등이 통행할 수 있도록 유효폭·기울기와 바닥의 재질 및 마감 등을 고려하여 설치하여야 한다.
	다. 장애인 등의 이용이 가능한 화장실	장애인 등이 편리하게 이용할 수 있도록 구조, 바닥의 재질 및 마감과 부착물 등을 고려하여 설치하되, 장애인용 대변기는 남자용 및 여자용 각 1개 이상을 설치하여야 하며, 영유아용 거치대 등 임산부 및 영유아가 안전하고 편리하게 이용할 수 있는 시설을 구비하여 설치하여야 한다.
	라. 점자블록	공원과 도로 또는 교통시설을 연결하는 보도에는 점자블록을 설치하여야 한다.
	마. 시각장애인 유도 및 안내 설비	시각장애인의 공원이용 편의를 위하여 공원의 주출입구 부근에 점자안내판·촉지도식 안내판·음성안내장치 또는 기타 유도신호장치를 설치할 수 있다.
	바. 장애인 등의 이용이 가능한 매표소·판매기 또는 음료대	매표소(장애인 등의 이용이 가능한 자동발매기를 설치한 경우와 시설관리자 등으로부터 별도의 상시서비스가 제공되는 경우를 제외한다)·판매기 및 음료대는 장애인 등이 편리하게 이용할 수 있도록 형태·규격 및 부착물 등을 고려하여 설치하여야 한다. 다만, 동일한 장소에 2곳 또는 2대 이상을 각각 설치하는 경우에는 그중 1곳 또는 1대만을 장애인 등의 이용을 고려하여 설치할 수 있다.
	사. 장애인 등의 이용이 가능한 공원시설	(1) 「자연공원법」 제2조 제10호에 따른 공원시설과 「도시공원 및 녹지 등에 관한 법률」 제2조 제4호에 따른 공원시설에 대하여는 공원시설의 종류에 따라 제3호 및 제6호에 따른 공공건물 및 공중이용시설과 통신시설의 설치기준을 각각 적용한다. (2) 공원의 효용증진을 위하여 설치하는 주차장에는 장애인전용 주차구역을 주차장법령이 정하는 설치기준에 따라 구분·설치하여야 한다.
	(1) 장애인 등의 통행이 가능한 접근로	(가) 대상시설 외부에서 건축물의 주출입구에 이르는 접근로는 장애인 등이 안전하고 편리하게 통행할 수 있도록 유효폭·기울기와 바닥의 재질 및 마감 등을 고려하여 설치하여야 한다. (나) 접근로를 (가)의 주출입구에 연결하여 시공하는 것이 구조적으로 곤란하거나 주출입구보다 부출입구가 장애인 등의 이용에 편리하고 안전한 경우에는 주출입구 대신 부출입구에 연결하여 접근로를 설치할 수 있다.

② 공공건물 및 공중이용시설	(2) 장애인전용 주차구역	(가) 부설주차장에는 장애인전용 주차구역을 주차장법령이 정하는 설치 비율에 따라 장애인의 이용이 편리한 위치에 구분·설치하여야 한다. 다만, 부설주차장의 주차대수가 10대 미만인 경우를 제외하며, 산정된 장애인전용주차구역의 주차대수 중 소수점 이하의 끝수는 이를 1대로 본다. (나) 자동차관련시설 중 특별시장·광역시장·시장·군수 또는 구청장이 설치하는 노외주차장에는 장애인전용 주차구역을 주차장법령이 정하는 설치기준에 따라 장애인의 이용이 편리한 위치에 구분·설치하여야 한다.
	(3) 높이 차이가 제거된 건축물 출입구	(가) 건축물의 주출입구와 통로에 높이 차이가 있는 경우에는 턱 낮추기를 하거나 휠체어리프트 또는 경사로를 설치하여야 한다. (나) (가)의 주출입구의 높이 차이를 없애는 것이 구조적으로 곤란하거나 주출입구보다 부출입구가 장애인 등의 이용에 편리하고 안전한 경우에는 주출입구 대신 부출입구의 높이 차이를 없앨 수 있다.
	(4) 장애인 등의 출입이 가능한 출입구 등	(가) 건축물의 주출입구와 건축물 안의 공중의 이용을 주목적으로 하는 사무실 등의 출입구(문) 중 적어도 하나는 장애인 등의 출입이 가능하도록 유효폭·형태 및 부착물 등을 고려하여 설치하여야 한다. 이 경우 제7조의2 제6호에 따른 국가 또는 지방자치단체의 청사(공중이 직접 이용하는 시설만 해당한다) 중「건축법 시행령」별표1 제3호에 따른 제1종 근린생활시설에 해당하지 아니하는 시설의 경우에는 장애인 등의 출입이 가능하도록 설치하는 출입구를 자동문 형태로 하여야 한다. (나) 교통시설의 승강장에 이르는 개찰구 중 적어도 하나는 장애인 등의 출입이 가능하도록 너비 등을 고려하여 편리한 구조로 설치하여야 한다.
	(5) 장애인 등의 통행이 가능한 복도 등	(가) 복도는 장애인 등의 통행이 가능하도록 유효폭, 바닥의 재질 및 마감과 부착물 등을 고려하여 설치하여야 한다. (나) 교통시설의 주출입구로부터 대합실 및 승강장에 이르는 통로는 유효폭, 바닥의 재질 및 마감과 부착물 등을 고려하여 설치하여야 한다.
	(6) 장애인 등의 통행이 가능한 계단, 장애인용 승강기, 장애인용 에스컬레이터, 휠체어리프트, 경사로 또는 승강장	(가) 장애인 등이 건축물의 1개 층에서 다른 층으로 편리하게 이동할 수 있도록 그 이용에 편리한 구조로 계단을 설치하거나 장애인용 승강기, 장애인용 에스컬레이터, 휠체어리프트 또는 경사로를 1대 또는 1곳 이상 설치하여야 한다. 다만, 장애인 등이 이용하는 시설이 1층에만 있는 경우에는 그러하지 아니하다. (나) (가)의 건축물 중 6층 이상의 연면적이 2천 제곱미터 이상인 건축물(층수가 6층인 건축물로서 각층 거실의 바닥면적 300제곱미터 이내마다 1개소 이상의 직통계단을 설치한 경우를 제외한다)에 근린공공시설, 노유자시설 중 노인복지시설 및 장애인복지시설, 의료시설, 교육연구시설 중 학교 및 도서관, 공공업무시설, 숙박시설, 판매시설, 문화 및 집회시설 중 공연장·관람장·전시장, 방송통신시설 중 방송국, 수련시설이 있는 경우에는 장애인용 승강기, 장애인용 에스컬레이터, 휠체어리프트 또는 경사

	로를 1대 또는 1곳 이상 설치하여야 한다. (다) 층수가 2층 이상인 교통시설에는 장애인 등이 주출입구로부터 대합실 및 승강장이 있는 층까지 편리하게 이동할 수 있도록 장애인용 승강기, 장애인용 에스컬레이터, 휠체어리프트 또는 경사로를 1대 또는 1곳 이상 설치하여야 한다. (라) 교통시설의 승강장은 장애인 등이 안전하게 승·하차할 수 있도록 기울기, 바닥의 재질 및 마감과 차량과의 간격 등을 고려하여 설치하여야 한다. (마) 교통시설 중 택시승강장과 차도의 경계에 높이 차이가 있는 때에는 턱 낮추기를 하거나 연석경사로를 설치하여야 한다.
(7) 장애인 등의 이용이 가능한 화장실	장애인 등이 편리하게 이용할 수 있도록 구조, 바닥의 재질 및 마감과 부착물 등을 고려하여 설치하되, 장애인용 대변기는 남자용 및 여자용 각 1개 이상을 설치하여야 하며, 영유아용 거치대 등 임산부 및 영유아가 안전하고 편리하게 이용할 수 있는 시설을 구비하여 설치하여야 한다.
(8) 장애인 등의 이용이 가능한 욕실	욕실은 1개실 이상을 장애인 등이 편리하게 이용할 수 있도록 구조, 바닥의 재질 및 마감과 부착물 등을 고려하여 설치하여야 한다.
(9) 장애인 등의 이용이 가능한 샤워실 및 탈의실	샤워실 및 탈의실은 1개 이상을 장애인 등이 편리하게 이용할 수 있도록 구조, 바닥의 재질 및 마감과 부착물 등을 고려하여 설치하여야 한다.
(10) 점자블록	건축물의 주출입구와 도로 또는 교통시설을 연결하는 보도에는 점자블록을 설치하여야 한다.
(11) 시각 및 청각장애인 유도·안내설비	(가) 시각장애인의 시설이용 편의를 위하여 건축물의 주출입구 부근에 점자안내판, 촉지도식 안내판, 음성안내장치 또는 그 밖의 유도신호장치를 점자블록과 연계하여 1개 이상 설치하여야 한다. (나) 삭제 〈2007.2.12.〉 (다) 공원·근린공공시설·장애인복지시설·교육연구시설·공공업무시설, 시각장애인 밀집거주지역 등 시각장애인의 이용이 많거나 타당성이 있는 설치요구가 있는 곳에는 교통신호기가 설치되어 있는 횡단보도에 시각장애인을 위한 음향신호기를 설치하여야 한다. (라) 청각장애인의 시설이용 편의를 위하여 청각장애인 등의 이용이 많은 곳에는 전자문자안내판 또는 기타 전자문자안내설비를 설치하여야 한다.
(12) 시각 및 청각장애인 경보·피난설비	(가) 시각 및 청각장애인 등이 위급한 상황에 대피할 수 있도록 청각장애인용 피난구유도등·통로유도등 및 시각장애인용 경보설비 등을 설치하여야 한다. (나) 교통시설의 승강장에서 장애인 등이 추락할 우려가 있는 경우에는 난간 등 추락방지설비를 갖추어야 한다.

	(13) 장애인 등의 이용이 가능한 객실 또는 침실	기숙사 및 숙박시설 등의 전체 침실 수 또는 객실의 1퍼센트 이상(숙박시설은 0.5퍼센트 이상)은 장애인 등이 편리하게 이용할 수 있도록 구조, 바닥의 재질 및 마감과 부착물 등을 고려하여 설치하되, 산정된 객실 또는 침실 수 중 소수점 이하의 끝수는 이를 1실로 본다.
	(14) 장애인 등의 이용이 가능한 관람석 또는 열람석	관람장 및 도서관 등의 전체 관람석 또는 열람석수의 1퍼센트 이상(전체 관람석 또는 열람석 수가 2천석 이상인 경우에는 20석 이상)은 장애인 등이 편리하게 이용할 수 있도록 구조 등을 고려하여 설치하되, 산정된 관람석 또는 열람석수 중 소수점 이하의 끝수는 이를 1석으로 본다.
	(15) 장애인 등의 이용이 가능한 접수대 또는 작업대	지역자치센터 및 장애인복지시설 등의 접수대 또는 작업대는 장애인 등이 편리하게 이용할 수 있도록 형태·규격 등을 고려하여 설치하여야 한다. 다만, 동일한 장소에 각각 2대 이상을 설치하는 경우에는 그 중 1대만을 장애인 등의 이용을 고려하여 설치할 수 있다.
	(16) 장애인 등의 이용이 가능한 매표소·판매기 또는 음료대	교통시설 등의 매표소(장애인 등의 이용이 가능한 자동발매기를 설치한 경우와 시설관리자 등으로부터 별도의 상시서비스가 제공되는 경우를 제외한다)·판매기 및 음료대는 장애인 등이 편리하게 이용할 수 있도록 형태·규격 및 부착물 등을 고려하여 설치하여야 한다. 다만, 동일한 장소에 2곳 또는 2대 이상을 각각 설치하는 경우에는 그 중 1곳 또는 1대만을 장애인 등의 이용을 고려하여 설치할 수 있다.
	(17) 임산부 등을 위한 휴게시설 등	임산부와 영유아가 편리하고 안전하게 휴식을 취할 수 있도록 구조와 재질 등을 고려하여 휴게시설을 설치하고, 휴게시설 내에는 모유수유를 위한 별도의 장소를 마련하여야 한다. 다만, 「문화재보호법」 제2조에 따른 지정문화재(보호구역을 포함한다)에 설치하는 시설물은 제외한다.
③ 공동주택	(1) 장애인 등의 통행이 가능한 접근로	(가) 대상시설 외부에서 건축물의 주출입구에 이르는 접근로는 장애인 등이 안전하고 편리하게 통행할 수 있도록 유효폭·기울기와 바닥의 재질 및 마감 등을 고려하여 설치하여야 한다. (나) 접근로를 (가)의 주출입구에 연결하여 시공하는 것이 구조적으로 곤란하거나 주출입구보다 부출입구가 장애인 등의 이용에 편리하고 안전한 경우에는 주출입구 대신 부출입구에 연결하여 접근로를 설치할 수 있다.
	(2) 장애인전용주차구역	(가) 부설주차장에는 장애인전용주차구역을 주차장법령이 정하는 설치비율에 따라 장애인의 이용이 편리한 위치에 구분·설치하여야 한다. 다만, 부설주차장의 주차대수가 10대 미만인 경우를 제외하며, 산정된 장애인전용주차구역의 주차대수 중 소수점 이하의 끝수는 이를 1대로 본다. (나) 장애인전용주차구역은 입주한 장애인가구의 동별 거주현황 등을 고려하여 설치한다.
	(3) 높이 차이가 제거된 건축물	(가) 건축물의 주출입구와 통로에 높이 차이가 있는 경우에는 턱 낮추기를 하거나 휠체어리프트 또는 경사로를 설치하여야 한다.

출입구	(나) (가)의 주출입구의 높이 차이를 없애는 것이 구조적으로 곤란하거나 주출입구보다 부출입구가 장애인 등의 이용에 편리하고 안전한 경우에는 주출입구 대신 부출입구의 높이 차이를 없앨 수 있다.
(4) 장애인 등의 출입이 가능한 출입구(문)	(가) 건축물의 주출입구는 장애인 등의 출입이 가능하도록 유효폭·형태 및 부착물 등을 고려하여 설치하여야 한다. (나) 장애인전용주택의 세대 내 출입문은 장애인 등의 출입이 가능하도록 유효폭·형태 및 부착물 등을 고려하여 설치할 수 있다.
(5) 장애인 등의 통행이 가능한 복도	복도는 장애인 등의 통행이 가능하도록 유효폭, 바닥의 재질 및 마감과 부착물 등을 고려하여 설치할 수 있다.
(6) 장애인 등의 통행이 가능한 계단·장애인용 승강기, 장애인용 에스컬레이터, 휠체어리프트 또는 경사로	아파트는 장애인 등이 건축물의 1개 층에서 다른 층으로 편리하게 이동할 수 있도록 그 이용에 편리한 구조로 계단을 설치하거나 장애인용 승강기, 장애인용 에스컬레이터, 휠체어리프트 또는 경사로를 1대 또는 1곳 이상 설치하여야 한다.
(7) 장애인 등의 이용이 가능한 화장실 및 욕실	장애인 전용주택의 화장실 및 욕실은 장애인 등이 편리하게 이용할 수 있도록 구조, 바닥의 재질 및 마감과 부착물 등을 고려하여 설치할 수 있다.
(8) 점자블록	시각장애인을 위한 장애인 전용주택의 주출입구와 도로 또는 교통시설을 연결하는 보도에는 점자블록을 설치할 수 있다.
(9) 시각 및 청각장애인 경보·피난설비	시각 및 청각장애인을 위한 장애인 전용주택에는 위급한 상황에 대피할 수 있도록 청각장애인용 피난구유도등·통로유도등 및 시각장애인용 경보설비 등을 설치할 수 있다.
(10) 장애인 등의 이용이 가능한 부대시설 및 복리시설	(가) 「주택법」 제2조 제6호에 따른 주택단지 안의 관리사무소·경로당·의원·치과의원·한의원·조산소·약국·목욕장·슈퍼마켓, 일용품 등의 소매점, 일반음식점·휴게음식점·제과점·학원·금융업소·사무소 또는 사회복지관이 있는 건축물에 대하여는 제3호 가목(1), (3) 내지 (7)의 규정을 적용한다. 다만, 당해 주택단지에 건설하는 주택의 총세대수가 300세대 미만인 경우에는 그러하지 아니하다. (나) 「주택법」 제2조 제8호 또는 제9호에 따른 부대시설 및 복리시설 중 (가)에 따른 시설을 제외한 시설(별표 1 제2호 및 제4호에 따른 편의시설 설치 대상시설에 해당하는 경우로 한정한다)에 대해서는 용도 및 규모에 따라 별표 1 제2호 및 제4호에 따른 공공건물·공중이용시설 및 통신시설의 설치기준을 각각 적용한다.

④ 통신시설	가. 장애인 등의 이용이 가능한 공중전화	(1) 공원, 공공건물 및 공중이용시설과 공동주택에 공중전화를 설치하거나, 장애인의 타당성 있는 설치요구가 있는 경우에는 휠체어사용자 등이 이용할 수 있는 전화기를 1대 이상 설치하여야 한다. 다만, 주변소음도가 75데시벨 이상인 경우에는 그러하지 아니하다. (2) 장애인 등의 이용이 많은 곳에는 시각 및 청각장애인을 위하여 점자표시전화기, 큰문자버튼전화기, 음량증폭전화기, 보청기 호환성 전화기, 골도전화기(청각장애인을 위하여 두개골에 진동을 주는 방법으로 통화가 가능한 전화기를 말한다) 등을 설치할 수 있다.
	나. 장애인 등의 이용이 가능한 우체통	우체통은 장애인 등의 접근 및 이용이 용이하도록 위치 및 구조 등을 고려하여 설치하여야 한다.

출처: 교통약자의 이동편의증진법 시행령 별표 2.

이동권은 우리나라의 경우 「교통약자의 이동편의증진법」상 '이동편의시설'로 불리어 구체적 내용이 시행·적용되고 있다. 구체적 대상시설은 크게 ① 교통수단, ② 여객시설, ③ 도로 등 3가지로 구체적 내용은 〈표 15-3〉과 같다.

〈표 15-3〉 이동편의시설의 종류와 내용

① 교통수단

대상시설 \ 이동편의시설		안내시설			내부시설				그 밖의 시설		
		안내방송	문자안내판	행선지표시	휠체어승강설비	휠체어보관함	교통약자용좌석	장애인전용화장실	수직손잡이	장애인접근가능표시	출입구통로
버스	시내버스(저상형)	○	○	○	○		○		○	○	
	시내버스(일반형)	○	○	○	○		○		○	○	
	시내버스(좌석형)	○	○	○	○		○			○	
	농어촌버스	○	○	○	○		○		○	○	
	시외버스	○	○	○	○		○			○	
철도차량		○	○	○	○	○	○	○		○	○
도시철도차량		○	○	○			○		○	○	○

항공기	○	○	○		○	○	○		○	○
선박	○	○	○	○	○	○	○		○	○
광역전철	○	○	○			○		○	○	○

② 여객시설

이동편의시설 / 대상시설	매개시설			내부시설					위생시설		
									장애인전용화장실		
	보행 접근로	주 출입구	장애인 전용주 차구역	통로	경사로	승강기	에스컬 레이터	계단	대변기	소변기	세면대
여객자동차 터미널	○	○	○	○	○	○	○	○	○	○	○
버스정류장											
철도 역사	○	○	○	○	○	○	○	○	○	○	○
도시철도 역사	○	○	○	○	○	○	○	○	○	○	○
환승시설	○	○	○	○	○	○	○	○	○	○	○
공항시설	○	○	○	○	○	○	○	○	○	○	○
항만시설	○	○	○	○	○	○	○	○	○	○	○
광역전철 역사	○	○	○	○	○	○	○	○	○	○	○

이동편의시설 / 대상시설	안내시설			그 밖의 시설								
	점자 블록	유도 및 안내 시설	경보 및 피난 시설	매표 소	판매 기	음료 대	개찰구	승강 장	보안 검사 장	여객 탑승 교	대기 시설	임산부 휴게 시설
여객자동차 터미널	○	○	○	○	○	○		○				○
버스정류장	○	○									○	
철도 역사	○	○	○	○	○	○	○	○				○
도시철도 역사	○	○	○	○	○	○	○	○				○
환승시설	○	○	○	○	○	○	○					○
공항시설	○	○	○	○	○	○			○	○		○
항만시설	○	○	○	○	○	○						○
광역전철 역사	○	○	○	○	○	○	○	○				○

③ 도로

이동편의시설 / 대상시설	교통약자가 통행할 수 있는 보도	교통약자가 통행할 수 있는 지하도 및 육교	장애인전용주차구역	교통약자가 이용할 수 있는 휴게실 및 지하도 상가	교통약자가 이용할 수 있는 음향신호기
도로	○	○	○	○	○
준용도로	○	○	○	○	○

출처: 교통약자의 이동편의증진법 시행령 별표 2.

보행권은 보행자가 쾌적한 보행환경에서 안전하고 편리하게 보행할 권리를 최대한 보장하고자 하는 것으로, 우리나라의 경우 「보행안전 및 편의증진에 관한 법률」에서 별도로 규정하여 다루고 있다. 보행권보장의 기본원칙은 첫째, 시설물의 설치, 차량의 소통 등 보행여건에 영향을 미치는 각종 제도 및 사업 등으로 인하여 보행자의 생명과 신체에 위험과 피해를 초래할 우려가 있는 때에는 해당 제도 및 사업 등에 따른 편익보다 보행자의 안전을 우선하여야 한다. 둘째, 특별한 사정이 없는 한 도로의 폭, 차량 및 보행자의 통행량 등이 유사한 지역 간에는 보행여건의 격차가 심각하게 발생하지 아니하도록 하여야 한다. 셋째, 보행정책의 수립 · 추진은 보행자의 안전과 목표지점에의 접근의 편리성과 함께 삶의 공간으로서의 쾌적성 및 미관성을 동시에 고려하여야 한다. 넷째, 보행권 증진 및 보행환경 개선사업을 추진하는 기관 간에 유기적 협조체제를 구축하여 안전한 보행환경이 체계적 · 합리적으로 조성 · 정비 · 관리될 수 있도록 하여야 한다. 보행권 보장을 위한 구체적 시설 종류와 내용을 살펴보면 〈표 15-4〉와 같다.

〈표 15-4〉 보행편의시설 종류와 내용

종류	내용
① 차량속도 저감시설	가. 고원식(高原式) 교차로 및 횡단보도 1) 차량의 속도를 낮출 필요가 있는 도로에 설치한다. 2) 교차로나 횡단보도 언덕의 경사부분과 횡단보도 부분 전체를 어두운 붉은색 아스콘으로 설치할 수 있고, 횡단보도 노면표시를 설치한다. 3) 고원식 횡단보도(주변 도로보다 약간 높게 만든 횡단보도를 말한다)를 설치하는 곳에는 배수처리를 고려해야 하며, 겨울철에 눈 등에 의하여 미끄러지는 것에 유의하여야 한다. 4) 어린이 보호구역 등 특히 과속으로 인한 사고가 우려되는 지점에서는 고원식 횡단보도 앞 길 가장자리 구역을 지그재그 형태로 표시하여 운전자의 주의를 환기시킨다. 나. 차도 폭 좁힘 운전자가 주행속도를 낮추도록 유도하기 위하여 물리적으로 차도의 폭을 좁게 하거나 시각적으로 차도의 폭이 좁게 보이도록 할 수 있다. 다. 과속방지턱 1) 낮은 주행속도가 요구되는 일정 도로구간에서 통행차량의 과속주행을 방지하고, 생활공간이나 학교지역 등 일정 지역에서 통과차량의 진입을 억제하기 위하여 과속방지턱을 설치할 수 있다. 2) 과속방지턱을 설치하는 경우에는 설치 길이 3.6미터, 설치 높이 10센티미터의 규격을 적용하여야 한다. 다만, 폭 6미터 미만의 좁은 도로 등 설치장소의 특성에 따라 설치 길이, 높이를 다르게 할 수 있다.
② 보행교통섬	가. 보행교통섬은 도로의 규모에 따라 직선형태 또는 굴절형태로 횡단보도의 중앙에 선택적으로 설치할 수 있다. 나. 보행교통섬의 최소폭은 1.5미터로 하여야 한다. 다. 보행교통섬의 전후에는 안전지대 노면표시 및 자동차 진입억제용 말뚝 등의 인공구조물을 설치할 수 있다.
③ 무단횡단 금지시설	가. 무단횡단 금지시설은 보행자의 무단횡단과 차량의 불법유턴 및 역주행 등으로 교통사고가 많은 구간 등에 설치할 수 있다. 나. 무단횡단 금지시설의 높이는 90센티미터를 표준으로 하며, 동일 높이로 설치하여 연속적인 시선유도가 이루어지도록 한다.
④ 보행자 통행을 위한 교통신호기	가. 교통신호기에는 보행자가 우선통행할 수 있도록 녹색신호 변경버튼을 설치할 수 있다.

⑤ 대중교통정보 알림시설 등 교통안내시설	가. 보행자에게 현재의 위치, 주변의 교통수단, 600미터 이내의 주요 시설물, 1.2킬로미터 이내의 여객시설(여객자동차터미널, 철도·환승·공항·항만시설 등), 그 밖에 관할 지방자치단체가 제공하려는 사항 등에 관한 정보를 제공하기 위한 보행자 안내표지판을 설치할 수 있다. 나. 보행자 안내표지판은 주요 교차로와 보도구간에 설치하며, 밤에도 알아볼 수 있어야 한다. 다. 보행자 안내표지판에 포함되는 지도에는 위치 및 방향에 관한 정보가 정확하게 나타나야 한다. 라. 보행자 안내표지판에는 시각장애인을 위한 점자표기를 할 수 있다.
⑥ 보도용 방호울타리	가. 보도용 방호울타리는 자동차가 낮은 속도로 진행하는 구간으로서 운전자에게 보도와 차도가 분리되어 있음을 시각적으로 나타내어 사고를 예방할 수 있는 구간에 설치한다. 나. 보도용 방호울타리의 설치로 인하여 도로의 차도 폭이 좁아지는 경우에는 일방통행의 지정, 도로의 유지·관리 및 배수 등을 충분히 고려하여야 한다.
⑦ 보행자 및 도로의 조명시설	가. 교통안전 및 도로이용효율의 향상, 운전자 및 보행자의 불안감 제거 및 피로감소, 범죄 예방과 감소를 위하여 보행자길에 조명시설을 설치하여야 한다. 나. 조명시설은 적절한 노면(路面) 밝기가 유지되고, 밝기가 균일하게 분포되도록 하여야 한다. 다. 횡단보도에 조명시설을 설치할 경우에는 차량의 진행방향에서 볼 때 횡단보도 앞에 설치하고, 횡단보도 방향으로 치우치도록 함으로써 운전자의 눈부심을 최소화하고 보행자를 식별하기에 유리하도록 하여야 한다.
⑧ 장애인용 음향안내시설	가. 장애인의 보행편의를 도모하기 위하여 장애인용 음향안내시설을 설치할 수 있다. 나. 장애인용 음향안내시설은 장애인이 들을 수 있도록 음향기준을 고려하여야 한다. 다. 장애인용 음향안내시설이 설치된 교통신호기는 녹색신호가 켜져 있는 동안에는 계속 균일한 신호음을 내야 한다.
⑨ 범죄 예방을 위한 영상정보처리기기	가. 보행자 대상 범죄를 예방하기 위하여 조명시설과 함께 영상정보처리기기를 설치할 수 있다. 나. 영상정보처리기기 외에 보행자를 범죄로부터 보호하기 위하여 그 밖의 안전시설(긴급단추 등)을 설치할 수 있다.

⑩ 자동차 진입억제용 말뚝	가. 자동차 진입억제용 말뚝은 보행자가 안전하고 편리하게 통행하는 데 방해가 되지 않는 범위에서 설치하여야 한다. 나. 자동차 진입억제용 말뚝은 밝은 색의 반사도료(反射塗料) 등을 사용하여 쉽게 식별할 수 있도록 설치하여야 한다. 다. 자동차 진입억제용 말뚝의 높이는 보행자의 안전을 고려하여 80~100센티미터 내외로 하고, 그 지름은 10~20센티미터 내외로 하여야 한다. 라. 자동차 진입억제용 말뚝의 간격은 1.5미터 내외로 하여야 한다. 마. 자동차 진입억제용 말뚝은 보행자 등의 충격을 흡수할 수 있는 재료로 하되, 속도가 낮은 자동차의 충격에 견딜 수 있는 구조로 하여야 한다. 바. 자동차 진입억제용 말뚝의 0.3미터 앞쪽에는 시각장애인이 충돌할 우려가 있는 구조물이 있음을 알 수 있도록 점형블록을 설치하여야 한다.
⑪ 점자블록	가. 점자블록은 시각장애인이 주의하여야 할 위치나 안내 대상시설 등의 정확한 위치를 확인할 수 있도록 설치한다. 나. 점자블록의 색상은 노란색을 원칙으로 하되, 주변 환경 여건에 따라 노란색을 사용하는 것이 부적절한 경우에는 주변 바닥재의 색상과 뚜렷하게 구별되는 색상을 사용한다. 다. 점형블록은 횡단지점, 대기지점, 목적지점, 보행동선의 분기점 등의 위치를 표시하거나, 장애물 주위에 설치하여 위험지점을 알리거나, 선형블록이 시작·교차·굴절되는 지점에 설치하여 방향을 지시하는 용도로 설치한다. 라. 선형블록은 보행동선의 분기점, 대기지점, 횡단지점 등에 설치된 점형블록과 연결하여 목적 방향으로 일정한 거리까지 설치하여 보행방향을 지시하거나, 보도에 연속적 또는 단속적으로 설치하여 보행동선을 확보·유지하는 용도로 설치한다.

출처: 보행편의증진법 시행규칙 별표 2.

2) 환경/비물리적 측면: 정보접근권

정보접근권은 의사표현과 정보이용에 필요한 통신, 수화(수어)통역, 자막, 점자 및 음성 등 모든 지원서비스를 보장받을 권리라 할 수 있다. 따라서 정보접근권은 크게 의사소통환경 접근과 정보통신환경 접근으로 구분할 수 있는데, 이 두 환경의 동등한 접근과 참여를 보장하는 것이 바로 정보접근권이라 하겠다.

의사소통환경은 정보흐름의 상호작용과정에 대한 환경을 말하는데, 이 경우 특히 감각장애로 인해 의사소통과정에 일정부분 제약을 받는 시 · 청각장애인이 주로 문제발생 상황에 놓이게 된다. 즉 의사소통은 시각과 청각을 이용하여 대상이나 상황에 대한 정보(시각 및 청각정보)를 인지하고, 이를 바탕으로 그에 걸맞는 피드백을 구현하는 쌍방의 순환적 과정을 통해 발현되는데, 시 · 청각정보의 제약은 이러한 흐름에 제약을 야기시킬 가능성을 높인다. 그러기에 충분한 지원과 배려가 없을 경우 의사소통의 정보접근과 참여가 제약된다. 가령, 공공기관에 점자안내책자나 수화(수어)통역사가 배치되어 있지 않다면 혹은 음성전화과정 중 청각장애인을 위한 수화(수어)중개서비스(통화과정의 음성정보를 수어(수화)를 변환하여 전달해주는 서비스)가 없다면 원활한 의사소통과 정보접근은 요원할 것이기 때문이다.

정보통신환경은 최근 일련의 정보화 사회에서 각종 통신 및 방송매체와 관련한 제반 환경을 의미하는데, 정보통신기기 자체에 대한 물리적 접근, 접근 이후 이용을 위한 조작 적합성과 편리성, 조작 후 해당 기기에서 제공하는 정보에의 접근과 활용 가능성 등이 모두 포함된다. 그런데 만약 이러한 모든 환경에 어느 일부라도 장애특성이 충분히 고려되어 있지 않다면 원활한 접근과 충분한 활용은 불가능하다.[6] 가령, PC나 TV, 스마트폰 등의 기기보급 자체가 비장애인보다 낮거나 혹은 PC보급은 되어 있으나 시각장애 편의제공이 되어 있지 않아 PC 내 윈도우 구현(소프트웨어 작동)이 어렵거나 혹은 조작은 되었으나 인터넷 환경에의 접근 및 활용이 안 되는 상황(웹접근성의 미비) 등이 해당된다.

6) 정보화사회에서 정보통신환경에의 원활한 접근과 참여는 온라인 환경에서의 지식획득, 상품구매, 대인관계 확장, 문화 콘텐츠의 향유와 창출, 의사표현의 창구역할 등을 통해 그 자체로서 중요한 삶의 일부분으로서 충분한 가치가 있는 것임과 동시에 이러한 활동이 오프라인의 현실생활에 중요한 영향을 미치게 된다는 점 역시 중요하다. 즉, 온라인상 활동은 오프라인상 협업증대, 대인관계 촉진, 정보의 공유, 사회 이슈에 대한 공감과 참여 등을 매개하고 촉진하는 매우 중요한 역할을 한다. 이에 이 부분이 정보접근권에서 보다 중요한 이슈로 다루어져야 할 것이다.

3) 개인/물리적 측면: 보조기기(보조공학)

보조공학(assistive technology) 혹은 보조공학기기(assistive technology device)는 다양한 기기나 기구, 서비스 등을 통해 장애인의 기능적 역량을 유지하거나 향상시키는 기술 혹은 그 산출물 전체를 의미한다. 국제표준화기구(ISO)에서는 보조공학을 "장애인이 사용하는 제품, 기기, 시스템으로 장애를 경감 또는 완화시키기 위해 제작되는 제품"으로 정의내리고 있다.

이에 보조공학에는 우리가 흔히 말하는 보조기기(혹은 보조기구, 보장구) 등은 물론 그러한 제품 창출의 기술, 제품 구현의 환경, 제반 서비스를 모두 포함하는 광범위한 의미이다. 즉, 단순히 장애인들이 가진 장애를 보완하고 대체하는 의미에 국한되지 않고, 장애인들의 삶의 질 향상을 위하여 활용할 수 있는 모든 공학적 수단을 포함한다.

보조공학의 영역은 우리나라의 경우 다음과 같이 10가지로 구분되고 있는데(김종인 · 우주형 · 이준우, 2004), 첫째, 감각장애인을 위한 보조공학(sensory aids for persons with visual, auditory, or tactile impairment), 둘째, 컴퓨터 대체 접근(computer adaptive access), 셋째, 보완대체 의사소통(augmentative and alternative communication: AAC), 넷째, 일상생활동작(activities for daily living), 다섯째, 이동(technology for personal mobility), 여섯째, 착석 및 자세(seating and position), 일곱째, 환경조정(environmental control), 여덟째, 주택 및 직장 환경 개조(home and environment modification), 아홉째, 여가활동(leisure and recreation activities), 열째, 작업장 조정(workplace accommodation) 등이 그것이다.

이외에도 다양한 생활영역에서 보조공학은 장애인의 제한된 삶을 보상해 줄 수 있는 수단으로 활용할 수 있으며, 궁극적으로 장애인들의 자립생활과 사회통합에 기여할 수 있는 것이다. 그러므로 보조공학기구는 장애인 개개인의 특성을 고려하여 제공되어야 하며, 사용하는 사람의 신체적 기능에 대한 평가가 우선적으로 이루어져야 하고, 활용방법을 잘 훈련하는 것이 원칙이다. 또한 보조공학에 있어서도 의사, 보조기사, 작업치료사 등 다학문적인 팀 접근을 통해 장애인 개인의 특성에 맞는 서비스를 제공하는 것이 필요하다.

4) 개인/비물리적 측면: 보조인(활동지원서비스), 후견인(성년후견서비스)

앞서 설명한 영역 3의 경우는 주로 '기기(보조기기)'를 통한 물리적 지원에 초점이 맞춰졌다면, 영역 4는 '사람(보조인 혹은 후견인)'에 의한 비물리적 서비스 제공에 초점이 맞춰져 있다.

(1) 활동지원서비스[7)]

장애인활동지원서비스는 장애인 개인에 대한 인적 지원서비스로 신체적 · 정신적 장애로 인해 이동 등 활동과정에서 발생하는 어려움에 대해 '활동지원사'가 지원해 주는 서비스를 말한다. 우리나라 활동지원서비스는 「장애인활동지원법」에 근거하여 제공되고 있다.

(2) 성년후견서비스

성년후견서비스는 장애나 질병, 노령 등으로 인해 의사결정상 어려움을 경험

---

7) 이하 활동지원서비스와 성년후견서비스의 주요 내용은 찾기 쉬운 생활법령정보 홈페이지(http://oneclick.law.go.kr)에 소개된 내용의 일부를 참고하여 재정리한 것임을 밝힌다. 아울러 다른 장에서 보다 구체적인 설명이 있는 관계로 이 장에서는 간략한 개요만 소개하기로 하겠다.

하는 성인에게 가정법원의 결정 또는 후견계약으로 선임된 후견인이 피후견인인 장애인의 재산관리 및 복지서비스 등 일상생활 전반에 관한 제반 보호와 지원을 제공하는 서비스이다.

우리나라의 경우 최근 「민법」 개정을 통해 관련 규정이 마련되었는데, 이는 기존의 금치산 · 한정치산 제도와 달리 장애인 당사자(피후견인)의 잔존능력을 최대한 존중하고, 경제적 영역뿐만 아니라 비경제적 영역의 지원까지도 가능하며, 후견인에 대한 실질적인 감독이 예정되어 있다는 점 등에서 장애인의 권리 보호에 상당한 기여를 할 것으로 기대되는 서비스이다.

2. 유니버설 디자인

1) 유니버설 디자인[8]의 개념

유니버설 디자인(Universal Design: UD) 혹은 보편적 설계, UD는 연령, 성별, 인종, 장애 등 신체적 조건과 상황적 맥락에 상관없이 '누구나' 편리하고 안전하게, '접근 가능하고 수용 가능한 형태'로 보편적 사용이 가능한 재화나 서비스, 환경 등의 설계를 의미한다. 즉, 유니버설 디자인은 '최소한의 부담'으로 '최대한의 활용'을 추구하는 디자인인 것이다. 이렇게 유니버설 디자인이 장애인접근권과 관련하여 중요한 이슈로 대두되고 있는 것은 접근권 보장의 방향성과 전

8) 이하 내용은 김보일(2012)의 박사학위논문("유니버설 디자인 원리에 기초한 공공도서관서비스 보편성 평가지표개발")의 내용 중 일부를 참고하여 재정리한 것임을 밝힌다.

략을 제시해줄 대안으로서 충분한 가치가 있다고 평가받고 있기 때문이다.

유니버설 디자인은 비단 장애인복지에 한정되는 개념은 아니다. 다른 비장애인과 관련한 모든 영역에 적용 가능하다.

장애인과 관련하여 적용해 보면, 장애인의 장애특성에 부합되는 장애인'만'의 특수한 사후적 조치가 아닌 장애인'도' 비장애인과 함께 공용할 수 있는 사전적 디자인을 구현하고자 하는 것이 유리버설 디자인이라 할 수 있을 것이다. 이는 장애인만을 위한 특수한 조치들로 인한 또 다른 장애인 배제와 분리문제를 최소화하고, 사회경제적 부담 역시 감소시킬 수 있는 장점이 있어 의미를 갖는다. 가령, 휠체어장애인이 지하철을 타기 위해 층계를 내려감에 있어 휠체어리프트를 활용하는 것(층계 옆의 벽에 장착된 이동수단)은 장애인만을 위한 특수한 사후적 조치로서의 장애인편의시설이지만, 만약 엘리베이터의 사전설치를 통해 이를 활용한다면 이는 모든 비장애인들의 편의를 증진시킴과 동시에 장애인도 함께 자연스럽게 활용 가능한 시설로 보편적 편의시설이 되는 것이다. 즉 전자는 장애인을 특수한 존재로 간주하고 사후적 별도의 조치를 통해 배려해야 할 대상으로 간주하며, 그러한 별도의 조치를 통해 분리된 특수한 형태로 편의를 증진하기에 동등하지도 정상적이지도 않은 것이다. 반면, 후자의 경우는 누구나 활용 가능한 조치를 장애인도 동등하게 그리고 자연스럽게 독립적으로 활용함으로써 통합적 접근과 참여가 가능해지는 것이다.

유니버설 디자인은 미국의 건축가이자 디자이너로서 휠체어장애인이었던 로널드 메이스(Ronald Mace)에 의해 1970년대 처음 사용되기 시작하였다. 메이스는 유니버설 디자인을 '연령이나 능력에 관계없이 모든 사람들이 최대한 사용하기 쉽게 만들어진 제품이나 환경에 대한 디자인'으로 정의하였다. 즉, 유니버설 디자인은 장애 여부, 연령, 성별, 신체적 차이, 인종, 문화 등 사람들이 갖고 있는 다양성을 개별적 특성 중 하나로 인식할 뿐 특별한 배려를 필요로 하는 요소로 인식하지 않는다. 그리고 단순히 제품이나 환경에 대해 현재에 국한하여 적용하는 것이 아니라 지속적으로 변화하는 다양한 사람들의 요구를 수용하여 충족하려 한다. 결국 유니버설 디자인이 내포하고 있는 핵심적 가치인 보편성은 정체되어 있는 것이 아니라 다양한 요구를 수용하여 유기적으로 변화하고 있는 것이라 하겠다. 즉 다양한 특수성을 반영한 보편성인 것, 특수성과 보편성의 조합인 것이다. 이에 유니버설 디자인을 그림으로 표현하면 〈그림 15-1〉과 같다. 주로 비장애인 성인의 평균적 특성에 기초하여 획일적으로 재화 등을 만들어내는 표준적 설계(Standard Design: SD)와 장애인과 노인 등 특수한 욕구를 가진 이들의 특수한 신체적 특성을 감안하여 그들만을 위한 특수재화를 만들어내는 무장애디자인(Barrier-free Design: BD)의 조합으로서 존재한다고 할 수 있다.

이처럼 유니버설 디자인은 모두가 사용할 수 있는 디자인을 추구함으로써 인간의 존엄성과 평등을 실현할 수 있는 새로운 사고방식이지만, 하나의 디자인을 모든 사람들이 사용하도록 하는 것은 사실상 불가능에 가깝다. 따라서 현실적으로는 가능한 한 많은 사람들이 사용할 수 있는 제품과 환경을 디자인하는 것이 유니버설 디자인의 목표라고 할 수 있다.

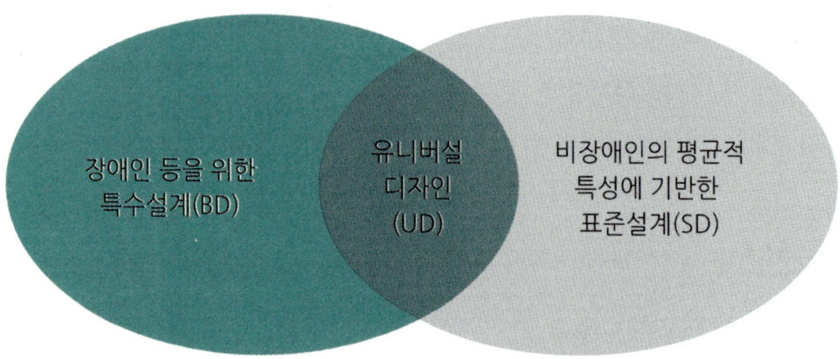

〈그림 15-1〉 유니버설 디자인의 개념

2) 유니버설 디자인의 원리와 원칙

(1) 유니버설 디자인 4가지 원리

메이스가 유니버설 디자인이라는 용어를 처음 사용하였으나 처음에는 모두를 위한 디자인이라는 막연한 개념으로 받아들여졌다. 그래서 메이스는 유니버설 디자인의 측면에서 조금 더 명확히 전달하고 측정 · 평가하기 위해 기능적 지원성(supportive design), 수용성(adaptable design), 접근성(accessible design), 안전성(safety oriented design)의 4가지 원리를 제시하였다.

첫째, 기능적 지원성(supportive design)은 사용자에 대하여 기능상 필요한 도움을 제공해야 하고 그 과정에서 불필요한 부담은 주지 않아야 함을 의미한다. 둘째, 수용성(adaptable design)은 제품이나 환경에 대하여 다양하게 변화하는 욕구를 가지고 있는 사람들을 수용하여 욕구를 충족시켜 주어야 한다는 것이다. 제품이나 환경에 대한 다양한 욕구의 충족은 신체적이거나 연령에 관계없이 유용하게 적용될 수 있다. 셋째, 접근성(accessible design)은 사용자가 접근하는데 위험이나 방해가 되는 장애물은 제거된 상태이어야 함을 의미한다. 장애물은 심적인 것과 물리적인 것을 말하며, 대부분의 장애물들은 많은 사람들을 방해하기 때문에 유니버설 디자인은 접근성을 장려한다. 넷째, 안전성(safety oriented design)은 위험요소 제거를 통해 미연에 안전사고를 방지하고 건강과 복지를 증진시키는 것을 말하며, 심리적인 복지, 소속감, 자기평가와 자기가치 등을 수반한다.

〈그림 15-2〉 유니버설 디자인의 4가지 원리

(2) 유니버설 디자인 7가지 원칙

메이스가 유니버설 디자인 4가지 원리를 제시한 후에 여러 학자들에 의해 수정안이 제시되었다. 그중 코넬(B. R. Connell) 등의 9명의 전문가들은 메이스가 제시한 유니버설 디자인 4가지 원리보다 유니버설 디자인의 개념을 더 구체화하여 유니버설 디자인 7원칙으로 발전시켰다. 이것은 1995년에 처음 제시되었으나 이후 개정되어 현재 활용되는 7가지 원칙은 1997년에 발표된 것이다.

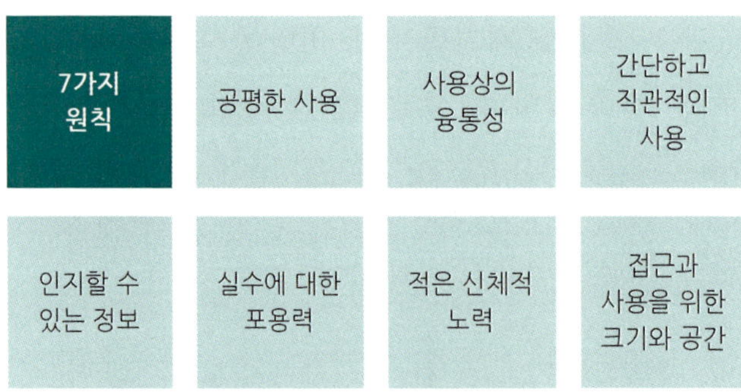

〈그림 15-3〉 유니버설 디자인의 7가지 원칙

첫째, 공평한 사용(equitable use)이다. 이는 능력이 다른 다양한 사람들이 사용하는데 있어서 유용하여야 한다. 모든 사용자들에게 동일한 사용방법을 제공함으로써 모든 사용자들에게 프라이버시의 유지, 보안성, 안전성을 제공하여야 하며, 사용하면서 일반인들과 차별화되어 모멸감이나 거부감을 느끼지 않아야 한다.

둘째, 사용상의 융통성(flexibility in use)이다. 사용자의 다양한 기호와 능력을 수용할 수 있어야 한다. 장애인과 같이 반응의 속도가 느린 경우에도 진행속도를 수용할 수 있어야 하며, 사용자의 사용방법을 정확히 도와주어야 한다.

셋째, 간단하고 직관적인 사용(simple and intuitive use)이다. 사용자의 경험과 지식, 능력에 관계없이 이해하기 쉬워야 하며 사용자의 기대와 직관에 부응해야 한다. 복잡하거나 불필요한 장식을 제거하여 오해의 소지가 없어야 하고, 일관성을 유지해야 한다.

넷째, 인지할 수 있는 정보(perceptible information)이다. 사용자의 지각능력이나 환경의 변화에 큰 영향 없이 공간의 정보가 사용자에게 효과적으로 전달되어야 한다. 중요한 정보가 사용자에게 쉽게 인지될 수 있도록 소리, 질감, 시각자료 등이 인체의 오감에 적절히 호소해야 한다.

다섯째, 실수에 대한 포용력(tolerance for error)이다. 공간에 대한 대응이 행동으로 생기는 위험으로부터 보호되어야 한다. 위험요소들을 분리하거나 제거하고 가장 많이 사용하는 요소에는 접근이 쉽도록 배치되어야 한다. 또한 위험에 대한 경각심을 주어야 한다.

여섯째, 적은 신체적 노력(low physical effort)이다. 사용하는 데 피로감을 최소한으로 느끼도록 하며, 편안하고 효율적으로 사용할 수 있도록 하여야 한다. 자연스러운 신체 자세를 유지하도록 하며 반복적인 행위는 최소한으로 줄이도록 한다.

마지막으로, 접근과 사용을 위한 크기와 공간(size and space for approach

and use)이다. 사용자의 신체조건과 이동성, 자세 등과 관계없이 접근할 수 있도록 적정 크기와 공간이 제공되어야 한다. 사용자의 시각을 방해하거나 위치에 따라서 변화되어서는 안 되며, 보조장치를 사용하거나 보조인의 도움을 받을 경우에도 적절한 공간이 제공되어야 한다.

3. 접근권 보장을 위한 과제와 대안

장애인 접근권 보장과 관련하여 개괄적 관점에서의 문제점은 한마디로 '양적 · 질적 부족'이고, 개선방안은 유니버설 디자인에 기초한 '양적 · 질적 확대'라 하겠다. 단순하지만 현실을 반영한 가장 중요한 포인트이다. 이하에서는 각 영역별 대표적 이슈를 중심으로 문제점과 개선방안을 간략히 살펴보고자 한다.

(1) 시설접근과 이용, 이동(보행 포함)에 관한 권리

이와 관련한 핵심적 과제는 장애인'만'의 특수한 편의시설보다는 장애인'도' 함께 활용할 수 있는 보편적 적용의 시설과 설비, 그리고 환경을 확충하여 동등한 권리보장의 취지를 극대화하는 것이 요구된다. 둘째, '계획'보다는 '실행'을 강화할 필요가 있다. 편의증진을 위한 국가차원의 계획들은 어느 정도 체계화가 되어 있으나, 늘 목표달성은 미진한 것이 문제이다. 계획대비 저조한 저상버스 도입률이 한 예이다. 보다 강력한 실천추진체계의 마련이 필요하다. 셋째, 계획 · 설치 · 사후관리에 이르는 일련의 과정에서 전문인력을 체계적으로 양성하고 공급할 필요성이 있다. 지속적 전문적 관리와 접근이 요구되며, 실행조차 없는 것도 문제이지만 잘못 실행되는 것 역시 문제이기 때문이다.

(2) 정보접근권

이와 관련하여 정보화 정책을 변화시키기 위한 노력이 필요하다. 먼저 경제적 효율성에 초점을 맞춘 '정보경제'에서 장애인 등 정보 소외 혹은 불평등계층에게 공정한 접근과 이용을 확대 보장하는 '정보복지'로의 전환과 강구가 요구된다. 둘째, 타 시설접근권과 마찬가지로 정보접근권에 대해서도 보다 체계적인 기준과 계획을 마련하여 연차별 추진이 의미 있게 진행되도록 국가차원의 노력이 필요하다. 셋째, 정보통신기기의 보급 확충과 정보화 교육의 확대를 통해 일차적 접근의 가능성을 높이는 것이 요구되며, 공공기관 등의 의사소통 편의제공 의무를 강화하여 정보통신환경과 의사소통환경 모두에서 충분한 보장이 가능하도록 해야 할 것이다.

(3) 보조기기

보조기기(보조공학)와 관련해서는 최근 「장애인보조기기법」이 제정되었으나 여러 미비점이 있어 이를 보완해야 할 것이다. 즉 법상 주된 목적은 장애인의 일상생활에 필요한 보조기기를 그 필요에 부합되도록 활용하게끔 지원한다는 것이다. 그런데 첫째, 보조기기를 사용하려는 장애인에게 충분한 경제적 경감조치를 명확히 밝히고 있지 않다는 점이 문제이다. 보조기기를 필요로 하는 장애인이 보조기기를 활용하지 못하는 주된 이유 중 하나는 바로 경제적 부담이다. 경제적 지원책을 충분히 마련해야 할 것이다. 대안으로 건강보험 확대적용을 통해 장애인보장구(보조기기)에 대한 의사처방의 경우 본인부담 없이 맞춤형 보조기기를 지원받을 수 있도록 하는 것이 요구된다. 둘째, 보조기기 지원업무의 요체인 지역보조기기센터(법 제14조)의 설치 및 운영을 국가의 의무가 아닌 지자체의 자율로 규정하여 자칫 실효성 없는 형식적 법으로 전락할 가능성이 높다. 따라서 애초 국가차원의 책임 있는 지원을 목표로 제정된 법인만큼 센터 설립 및 운영에 대한 명확한 책임규정과 이행을 명문화하는 것이 필요하다.

(4) 장애인활동지원서비스

활동지원제도의 문제점 중 우선 대상과 관련하여 최근 장애등급 3급까지 일부 대상이 확대되긴 하였으나, 별도의 인정조사에서 급여수급 여부가 불투명하여 실질적 서비스 확대로 이어지기 어렵다는 점이 있다. 이에 장애인등급제 폐지를 전제로 서비스별 평가체계 마련을 통한 서비스 적합성과 충분성 확보가 중요할 것이다. 둘째, 급여 종류와 수준의 현실성이 부족하다. 급여 종류를 장애 특성과 상황적 특성에 맞춰 확대 개편해야 할 것이고, 급여 수준을 급여 성격별 차이를 둔 상태에서(야간보조 등 노동 강도가 높은 상황에 대한 급여의 높은 수가인정 등) 전체적으로 상향조정할 필요가 있다. 셋째, 서비스제공기관의 행정 · 재정 관리의 체계적 지도감독을 통해 투명성과 체계성 있는 시행이 필요하다.

(5) 성년후견서비스

무엇보다도 장애인(피후견인)의 자기결정권을 최대한 보장할 수 있는 방향으로의 서비스 실행이 중요하다. 성년후견은 장애인을 무조건 대리하는 것이 아니라 보조적 지원하는 것이 주된 목적이기 때문이다. 아울러 둘째, 친족 등 개인후견과 임의후견에 대한 지속성 부족, 경제적 부담 등의 문제를 해결하기 위해 안정적이고, 영속적이며, 전문적인 후견서비스 제공을 위해 법인 후견제도의 구체적 적용을 체계적으로 마련하는 것이 필요하다. 셋째, 기존의 친족회를 폐지하고 감독기관으로서 성년후견감독인제도를 신설하였는데, 이는 특히 법정후견의 경우 감독인 없는 후견이 개시될 수도 있는 가능성이 있어 이를 포함한 감독인제도에 대한 체계화가 요구된다.

참고문헌

강정배, 조정민 (2014). 발달재활서비스 제도개선 방안에 관한 연구. **특수교육재활과학연구, 53**(2), 91-116.

고명석, 김선이, 박경미 (2020). **장애인복지론.** 서울: 동문사.

관계부처합동 (2017). 제5차 장애인정책종합계획(안)(2018~2022)

국가인권위원회 (2009). 장애인차별금지법 이행 가이드라인. 국가인권위원회.

국가인권위원회 (2022). 발달장애인 복지서비스 모니터링 결과보고서 - 주간활동서비스(주간, 방과후), 활동지원서비스, 공공후견인서비스, 주거서비스를 중심으로. 국가인권위원회.

국립특수교육원 (2009). 특수교육학 용어사전. 국립특수교육원.

권민규 (2013). 성년후견제도에 관한 연구. 경기대학교 행정대학원 석사학위논문.

김경혜 (2004). 장애인 자립생활센터의 운영 성과와 향후 과제. 서울연구원.

김명수 (2019). 장애인차별금지법의 제정배경과 개선방안. **홍익법학, 20**(1). 283-304.

김미옥 (2002). **여성장애인과 이중차별, 여성과 사회복지**. 이화여대출판부.

김성희, 이민경, 오미애, 오욱찬, 황주희, 권선진, 오다은 (2020). **장애인실태조사**. 한국보건사회연구원 · 보건복지부.

김성희, 이민경, 오욱찬, 오다은, 황주희, 오미애, 김지민, 이연희, 강동욱, 권선진, 백은령, 윤상용, 이선우 (2020). 2020년 장애인실태조사. 세종: 한국보건사회연구원.

김용득 (2016). 장애인복지: Inclusive Society를 위한 상상. 장애와 차별: 배융호 EM커뮤니티.

김용득, 김계향, 김상희, 이동림 (2023). 로직모델 기반 장애인자립생활서비스 성과 연구: Y장애인자립생활센터 사례를 중심으로. **사회복지연구, 54**(1), 187-215.

김용득, 이동석, 배융호, 윤상용, 이은기, 허곤, 윤재영, 이복실, 김고은 (2012). **장애와 사회복지**. 서울: EM커뮤니티.

김용환, 김태경, 양정안, 오승환, 한현지 (2020). **장애인복지론.** 서울: 동문사.

김정애 (1999). 여성장애인의 이중차별에 관한 연구. 가톨릭대학교 대학원 석사학위논문.

김정희, 조윤경, 박주영, 이외정 (2014). 발달재활서비스 제공기관의 서비스 및 인력 현황과 개선방안. **발달장애연구, 18**(1), 1-23.

김진우 (2014). **발달장애인복지론**. 서울: EM커뮤니티.

김진우 (2019). **장애인복지론**. 고양: 공동체.

김진우, 이승기, 이지수, 심석순, 김동기, 염형국, 윤덕찬 (2014). 발달장애인 개인별지원계획 수립연구. 보건복지부, 덕성여자대학교.

김찬 (2008). 복합부위통증증후군: 변태생리 기전, 진단, 치료. **대한의사협회지, 51**(6), 553-568

김현욱 (2022.1.16). SEO, 이미지 Alt Text(대체 텍스트)를 최적화해야 하는 이유. 디자인로그(DESIGN LOG). https://designlog.org/2512931

김현지, 김용진, 오윤지, 김태용, 이혜수 (2021). 2021 장애통계연보. 서울: 한국장애인개발원.

남영란 (2019). 사회복지관점에서 바라보는 장애인평생교육 연계방안. 2019년도 한국장애인평생교육복지학회 제6회 학술대회, 33-38.

박수지 (2009). 복지국가 사회서비스의 제도화 및 재구조화에 대한 고찰. **한국사회복지학, 61**(3), 155-177.

박인환 (2015). 의사결정지원을 위한 성년후견제도의 평가와 모색. **비교사법, 22**(2), 725-758.

배화옥, 임채영 (2020). **장애와 사회복지**. 서울: 학지사.

변경희, 신형익, 임정기, 이미정, 이정은, 이문규 (2015). 국제기능장애건강분류체계(ICF) 활용방안 연구. 보건복지부 · 한신대학교 산학협력단.

보건복지부 (2020). 지역통합돌봄 추진 가이드북.

보건복지부 (2021). 발달재활서비스.

보건복지부 (2021). 장애아양육지원.

보건복지부 (2021). 장애인복지법 하위법령 개정안 공포시행안.

보건복지부 (2021). 장애인활동지원사업 안내.

보건복지부 (2021). 전자바우처사회서비스.

보건복지부 (2022a). 2022년 발달장애인 지원사업안내.

보건복지부 (2022b). 제XI권 발달장애인 활동서비스 사업안내.

보건복지부 (2023). 제Ⅲ권 장애인복지시설안내.

보건복지부 · 한국장애인개발원 (2021). 활동지원사 양성교육과정.

서종녀 (2014). 시설거주 장애인의 탈시설을 위한 주거지원 정책 현황 및 발전방안 -서울시장애인전환서비스지원센터 사업을 중심으로- 비판과 대안을 위한 사회복지학회 학술대회 발표논문집, 777-792.

서지원 (2021). 모두가 행복할 권리 UN장애인 권리협약. 서울: 한국장애인개발원.

서해정, 임수경 (2018). 시청각중복장애인(Deaf-Blind)의 일상생활 욕구에 관한 탐색연구. **장애인복지연구, 9**(2), 97-127.

서효정, 강은영, 박윤정 (2021). 특수교육지원센터의 운영 및 역할에 대한 실태 및 개선 요구 분석. **지적장애연구, 23**(3), 115-139.

석말숙, 유영준, 송근창, 김행란, 박종균, 신준옥, 김승돈, 정금숙 (2020). **장애인복지론**. 경기: 양서원.

송진성 (2017). 「발달장애인 권리보장 및 지원에 관한 법률」에 대한 비판적 검토. **사회보장법연구, 6**(1), 181-209.

신진호, 이아영 (2021). 발달장애인 권리보장 및 지원에 관한 법률'에 나타난 의사결정 지원요소에 대한 비판적 고찰-영국 의사능력법(Mental Capacity Act 2005)을 중심으로-. **사회복지정책, 48**(3), 181-206.

신현석 (2013). **장애인복지론**. 고양: 공동체.

심석순 (2015). 발달장애인 서비스 전달체계의 비판적 고찰 : 발달장애인법의 발달장애인지원센터 설치조항을 중심으로. **비판사회정책, 48**, 187-218.

오혜경, 조선주, 김영숙 (1999). 여성장애우 평등생활과 삶의 질 향상을 위한 정책과제. 장애우권익문제연구소.

유경민, 이율희, 송기호 (2017). 피해장애인 쉼터 설치 및 운영에 관한 연구. 한국장애인개발원.

유동철 (2003). 장애인 고용의 간접차별에 관한 탐색적 연구: 취학연기로 인한 연령제한을 중심으로. **사회복지연구, 22**, 139-159.

유동철 (2017). **인권관점에서 보는 장애인복지**. 서울: 학지사.

이경준, 최윤영 (2020). **최신 장애인복지론 2판**. 서울: 학지사.

이동영 (2009). 국제장애인 국제협약 국내비준에 따른 장애여성정책의 발전방안에 관한 연구. **한국사회복지조사연구, 21**, 281-308.

이선우, 이수경 (2020). **장애인복지론**. 경기: 공동체.

이성아, 박승희 (2020). 발달장애인의 지원고용 직무 환경에서 사회적 통합의 의미와 사회적 통합 증진 방안. **장애와 고용, 30**(2), 171-206.

이연진 (2021). 경기도지역 장애인자립생활센터 체험홈 운영프로그램 분석 연구. **한국장애학, 6**(1), 53-79.

이유재, 라선아 (2006). **한국기업의 서비스 품질평가제도 변천과정**. 서울대학교 출판부.

이유재, 박현아 (2020). 고객만족, 서비스품질, 고객참여행동에 대한 종합적 고찰. **소비자학연구, 31**(5), 49-90.

이익섭 (1990). 한국장애인문제의 이해. **현대사회의 장에인복지(지역지도자교육자료집)**. 서울특별시 남부장애인복지관.

전동일, 김경란, 제철웅 (2013). 성년후견제도에 대한 성년후견수요자의 부모와 서비스 제공자의 인식 비교 연구. **디지털정책연구, 11**(4), 11-23.

전지혜 (2009). 장애인에 의해 '지각된 차별(perceived discrimination)'의 개념화와 법적 적용에 관한 연구. **사회복지연구, 40**(2), 399-425.

전지혜 (2015). 장애인 권리보장에 관한 국제인권규범연구. 서울: 한국장애인개발원.

전지혜 (2020). 보훈대상자의 장애 개념과 장애인 복지정책 과제. 수원: 보훈교육연구원.

전지혜 (2022). 2022년 장애인직업재활시설 인권실태 모니터링 매뉴얼. 서울특별시 장애인권익옹호기관 · 인천대학교.

정정희 (2021). 장애인차별금지법의 제정배경과 실효성 확보방안 검토. **법이론실무연구, 9**(2), 253-292.

제철웅, 백승흠, 이남철, 신창환, 서동명, 송남영, 박영숙, 이동석, 김정열 (2014). **발달장애인을 위한 후견제도의 이해와 실제**. 한국지적장애인복지협회·장애우권익문제연구소.

조성혜 (2014). 발달장애인을 위한 후견계약과 개선과제. **노동법논총, 32**, 269-306.

차선자 (2007). 생명과학기술과 여성의 자기결정권. **법조, 56**(8), 235-261.

찾기 쉬운 생활법령정보 (https://easylaw.go.kr)

최성재, 남기민 (2016). **사회복지행정론**. 경기: 나남출판.

충청신문 (2021.5.5). [목요세평] '장애 억압'이란 말 들어보셨나요? (http://www.dailycc.net/news/articleView.html?idxno=646712)

템플 그랜딘 (2011). **어느 자폐인 이야기**. 경기: 김영사.

통계청 (2021). 2020년 가계금융복지조사 보고서. 통계청 · 금융감독원 · 한국은행.

통계청 (2021). 경제활동인구조사.

한국장애인고용공단 (2019). 2019년 장애인경제활동실태조사.

Araujo, B. (2004). "A study of perceived discrimination and stress among Dominican immigrant women", A dissertation for Ph.D., The University of Michigan.

Bahle, T. (2007). Wege zum Dienstleistungsstaat: Deutschland, Frankreich, Großbritanien im Vergleich. Wiesbaden. VS Verlag fűr Sozialwissenscaften.

Barker, R. K. (1995). *The social work dictionary*. WA: NASW Press.

Barnes, C., Mercer, G., & Shakespeare, T. (1999). *Exploring Disability: A Sociological Introduction*. Polity Press.

Fawcett, B. (2000). *Feminist Perspectives on Disability*. London: Routledge.

Galton, F. (1869). *Hereditary Genius: its Laws and Consequences*. Macmillan and Co.

Gill, C. J. (1996). *Becoming Visible: Personal Health Experiences of Women with Disabilities, In Women with Physical Disabilities*. Paul H.

Goffman, E. (1963). *Stigma: Notes on management of spoiled identity*. Englewood Cliffs, NJ: Prentice-Hall.

Goffman, E. (1998). Stigma: Techniken der Bewältigung beschädigter Identät. Frankfurt a. M.

Hahn, M. (1987). Advertising the acceptable employable image: Disability and capitalism. *Policy Studies Journal, 15*(3), 551-570

Leadbeater, C. (2004). Personalisation through Participation: A New Script for Public Services. London: Demos.

Lonsdale, S. (1990). *Women and Disability: The Experience of Physical Disability Among Women*. London: Macmillan Education Ltd.

Nirge, B. (1980). The normalization principle. In R. Flynn & K. E. Nitsch (Eds.), *Normalization, social integration and community service*. Baltimore, MD: University Park Press.

OECD (2003). Transforming disability into ability.

Oliver, M. (1990). The individual and social models of disability. Paper presented at Joint Workshop of the Living Options Group and the Research Unit of the Royal College of Physicians.

Oliver, M. (1996). *Understanding Disability: From Theory to Practice*. St. Martin's Press.

Oliver, M., & Barnes, C. (1998). *Disabled People and social policy*: From Exclusion to Inclusion. Longman.

Olsen, R., & Clarke, H. (2003) Parenting and Disability: Disabled Parents' Experiences of Raising Children. The Policy Press.

Olsen, R., & Wates, M. (2003) Disabled parents: Examining research assumptions. Dartington, UK: Research in Practice.

Owens, J. (2015). Exploring the critiques of the social model of disability: the transformative possibility of Arendt's notion of power. *Sociology of Health & Illness, 37*(3), 385-403.

Parasurarman, A., Zeitmahl, V. A., & Berry L. L. (1998). SERVQUAL: A Multiple-item Scale for Measuring Consumer Perception of Service Quality. *Journal of Retailing, 64*(1), 12-40.

Parsons, R. J. (1991). Empowerment: Purpose and practice principle in social work. *Social Work With Groups, 14*, 7-21.

Priestley, M. (1998). Constructions and creations: Idealism, materialism and disability theory. *Disability and Society, 13*(1), 75-94.

Rust, R. T., & Oliver, R. L. (1994). Service Quality: Insights and Managerial Implication from the Frontier. In Rust, R. T. and Oliver, R. L. (Eds.), *Service Quality: New Direction in Theory and Practice* (pp.1-19). Thousand Oaks: Sage Publications.

Shakespeare, T. (2010). The Social Model of Disability. In Davis, L. J. (ed). *The Disability Studies Reader, 3*, New York, London: Routledge, 266-273.

Smart, J. (2001). *Disability, Society and the Individual*. Gaithersburg, MD: Asen Publishers.

Spencer, H. (1864). *Principles of Biology*. London: Williams & Norgate.

Staples. L. H. (1990). Powerful ideas about Empowerment. *Administration in Social Work, 14*, 29-42.

Talyor, S. J. (1987). *Community integration for people with severe disabilities*. New York: teachers College Press.

UN (2006). *CRPD: Convention on the Rights of Persons with Disabilities*. New York: Author.

UPIAS (1976). *Fundamental Principles of Disability*, London: Union of the Physically Impaired Against Segregation.

Wasserman, D. (1998). "Concept of Discrimination", In R. Chadwick(Ed.), *Encyclopedia of ethics*. San Diego, CA: Academic Press.

WHO (1980). ICIDH-1(International Classification of Impairments, Disabilities, and Handicaps): A manual of classification relating to the consequences of disease. Geneva: Author.

WHO (1997). ICIDH-2(International Classification of Functioning and Disability) : A manual of dimensions of disablement and functioning. Beta-1 draft for field trials. Geneva : Author.

WHO (2001). ICF: International Classification of Functioning, Disability, and Health. Geneva: Author.

WHO (2016). **국제 기능·장애·건강 분류 한글번역본 제2차 개정판**. 사회보장정보원 역. 서울: 사회보장정보원.

Wolfensberger, W. (1972). *The principal of normalization in human services*. Toronto: National Institute on Mental Retardation.

Wolfensberger, W. (1985). Social role valorization: A new insight, and a new team, for normalization. *Australian Association for the Mentally Retarded Journal, 9*(1), 4-11.

<인터넷자료>

강원도지역사회서비스지원단 홈페이지 (http://gwssf.or.kr)

국가법령정보센터 홈페이지 (www.law.go.kr)

- UN 장애인권리협약
- 교통약자의 이동편의 증진법
- 발달장애인 권리보장 및 지원에 관한 법률
- 장애아동 복지지원법

- 장애인 건강권 보장 및 의료접근성 보장에 관한 법률
- 장애인 등에 대한 특수 교육법
- 장애인 인권 헌장
- 장애인 차별금지 및 권리구제 등에 관한 법률
- 장애인, 고령자 등 주거약자 지원에 관한 법률
- 장애인, 노인 등을 위한 보조기 지원 및 활용촉진에 관한 법률
- 장애인고용촉진 및 직업재활법
- 장애인복지법
- 장애인복지법
- 장애인연금법
- 장애인차별금지 및 권리구제 등에 관한 법률
- 장애인활동지원법
- 한국수화언어법

보건복지부 홈페이지 (http://www.mohw.go.kr)

보건복지부 전자바우처사회서비스 (https://www.socialservice.or.kr)

복지로 홈페이지 (http://www.bokjiro.go.kr)

저자소개

곽지영
연세대학교 사회복지학 학사
연세대학교 사회복지학 석사
연세대학교 사회복지학 박사
현, 숭실사이버대학교 사회복지학과 교수

박수지
연세대학교 사회복지학 학사
연세대학교 사회복지학 석사
독일 유스투스-리비히 대학교 사회정책학 박사
전, 한국보건사회연구원 부연구위원
현, 강릉원주대학교 사회복지학과 교수

이동영
서강대학교 경영학 학사
연세대학교 사회복지학 석사
연세대학교 사회복지학 박사
현, 가톨릭관동대학교 사회복지학과 교수
현, 한국장애인복지학회 편집위원

전지혜
연세대학교 사회복지학 학사
연세대학교 사회복지학 석사
런던정치경제대학교 사회정책학 석사
미국 일리노이주립대학교 장애학 박사
전, 한국장애인개발원 부연구위원
현, 인천대학교 사회복지학과 교수

장애인복지론

초판발행 2024년 9월 10일 **1판 1쇄** | 2025년 9월 10일 **1판 2쇄**

지은이 곽지영 박수지 이동영 전지혜
펴낸이 최용구 | **펴낸곳** 도서출판 **신정**
주소 (04316) 서울시 용산구 원효로 89길 19 (원효로1가)
전화 02)3211-4782, 0266(영업부), 3211-4783(편집부), 3211-4784(팩스)
이메일 sjbook2002@naver.com | **홈페이지** www.sjbook.co.kr
등록 2001년 5월 11일 제13-702호
기획마케팅 최용구 장만동 최충구 송대용 | **책임편집** 석기은 황가연

ISBN 978-89-5912-865-5 93330
정가 26,000원